高等职业教育机电类专业"互联网+"创新教材

工 程 力 学

第 2 版

主　编　王亚双　杨　兵

副主编　董江宏　刘晓丹　曹　伟

参　编　徐福恩　李渊志　李国峰

　　　　丁国红　刘亚光

机 械 工 业 出 版 社

本书包括静力学和材料力学两部分，共十一章，分别为静力学基础、平面汇交力系、力矩和平面力偶系、平面任意力系、轴向拉伸与压缩、剪切和挤压、圆轴的扭转、直梁的弯曲、组合变形、压杆的稳定、有限元法与 ANSYS 软件简介。每章均以一个工程实例作为开始，从而提高学生的学习兴趣；以一个拓展园地作为结束，从而开阔学生的学习视野，培养职业精神，提升职业素养。

本书可作为高等职业院校、高等职业教育本科院校机械类专业和近机械类专业工程力学课程教材，也可作为相关行业工程技术人员参考用书。

本书配有电子课件、二维码资源、习题解答，凡使用本书作为教材的教师可登录机械工业出版社教育服务网 www.cmpedu.com 注册后免费下载。咨询电话：010-88379375。

图书在版编目（CIP）数据

工程力学/王亚双，杨兵主编. —2 版. —北京：机械工业出版社，2023.2
高等职业教育机电类专业"互联网+"创新教材
ISBN 978-7-111-72251-9

Ⅰ.①工… Ⅱ.①王… ②杨… Ⅲ.①工程力学-高等职业教育-教材
Ⅳ.①TB12

中国版本图书馆 CIP 数据核字（2022）第 252467 号

机械工业出版社（北京市百万庄大街 22 号 邮政编码 100037）
策划编辑：刘良超 责任编辑：刘良超
责任校对：樊钟英 张 薇 封面设计：王 旭
责任印制：常天培
北京机工印刷厂有限公司印刷
2023 年 5 月第 2 版第 1 次印刷
184mm×260mm·15.5 印张·340 千字
标准书号：ISBN 978-7-111-72251-9
定价：49.80 元

电话服务　　　　　　　　　网络服务
客服电话：010- 88361066　　机 工 官 网：www.cmpbook.com
　　　　　010- 88379833　　机 工 官 博：weibo.com/cmp1952
　　　　　010- 68326294　　金 书 网：www.golden-book.com
封底无防伪标均为盗版　　机工教育服务网：www.cmpedu.com

前　言

本书是按照现行的机械制造大类专业教学标准的要求和《国家职业教育改革实施方案》（国发〔2019〕4号）文件精神修订的。

修订后，本书具有以下特点：

1）有机融入了力学应用经典案例、力学家事迹、职业道德、工匠精神等素养提升元素，着力推进职教领域"三全育人"，实现职业技能和职业精神培养的高度融合。

2）第三批现代学徒制试点企业专家深度参与教材开发，着力提升学生综合素质和岗位胜任能力。

3）增加了二维码资源、课件等数字化教学资源，以适应"互联网+职业教育"发展需求，帮助教师充分运用信息技术、数字资源和信息化教学环境，突出教学重点，化解教学难点，优化教学过程，完成教学任务。

4）贯彻现行国家标准。

5）课后习题中增加了选择、判断、填空等题型，并在配套资源中提供了习题参考答案，以利于学生自学自查，满足学生个性化、多样化的学习需求。

6）将全书内容划分为必学与选学两部分，选学内容以"＊"标注，以适应不同专业、不同学时的需要，也充分满足广大社会学习者对职业教育学历提升的需求，搭建职业教育发展"立交桥"，完善现代职业教育体系，畅通技术技能人才成长渠道。

参与本书修订工作的有：廊坊职业技术学院王亚双（绪论、第11章）、丁国红（第1章）、徐福恩（第2章、附录）、杨兵（第4章）、董江宏（第5章）、刘晓丹（第6、第7章）、曹伟（第8章），河北省廊坊市高级技工学校刘亚光（第3章），廊坊精雕数控机床制造有限公司李国峰（第9章）、李渊志（第10章）。王亚双负责全书统稿工作。

由于编者水平有限，书中不足和错误在所难免，恳请读者批评指正。

编　者

二维码索引

目 录

第二部分　材料力学

绪 论

1. 工程力学的研究内容和任务

工程力学是研究物体机械运动的一般规律以及工程构件的受力、变形和破坏规律的科学。

机械运动是指物体在空间的位置随时间而变化的现象。它是人们日常生活和工程实际中存在的最普遍、最常见的一种运动形式，如汽车在公路上行驶、卫星绕地球运转、车床上的刀具切削工件等。平衡是机械运动的特殊情况。掌握物体机械运动的普遍规律，可以分析和解释许多发生在我们周围的机械运动现象。

在工程实际中，常常会遇到通过分析构件的受力情况、变形情况、破坏规律确定构件的形状和尺寸等问题，工程力学将为解决这些问题提供必要的理论基础。

本书介绍了工程力学中的静力学和材料力学两部分内容。其中静力学主要研究受力物体平衡时，作用力应满足的条件及其在工程上的应用；材料力学主要研究构件在外力作用下的变形和破坏规律，为合理设计构件提供有关强度、刚度、稳定性的基本理论和方法。

例 如图 0-1 所示，支承管道的三角托架由水平杆 AB 和斜杆 BC 两个构件组成。为设计这个结构，从力学角度来看，包括下述两方面的内容：

首先，必须确定作用在各个构件上的力，包括其大小和方向。概括来说就是对处于静止状态的物体进行受力分析、求解未知力。这是静力学所要研究的问题。

其次，在确定了作用在构件上的外力以后，还必须为构件选择合适的材料，确定合理的横截面形状和尺寸，以保证构件既能安全可靠地工作又符合经济要求。所谓安全可靠地工作，是指在载荷的作用下，构件不会破坏，即有足够的强度；不会产生过度的变形，即有足

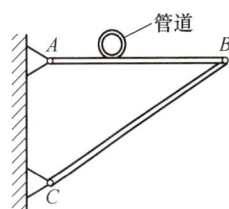

图 0-1

够的刚度；对于细长的受压杆件，如图 0-1 中的斜杆 BC，还要不产生纵向弯曲而丧失其原有的直线平衡状态，即有足够的稳定性。这是材料力学所要研究的问题。

显然，如果不清楚作用在构件上的力，就谈不上研究构件的强度、刚度和稳定性问题。所以，静力学所提供的基本理论和方法是材料力学分析问题的基础，静力学和材料力学紧密联系，在解决工程实际问题中缺一不可。

---

2. 工程力学的研究对象

工程力学的研究对象往往相当复杂，因此在实际问题中，常常抓住一些带有本质性的主要因素，略去次要因素，将所研究的物体抽象成力学模型作为研究对象。例如，由观察和试验可知，在外力作用下，任何物体都会产生变形，为了保证构件的正常工作，在工程中通常把构件的变形限制在很小的范围内，它与构件的原始尺寸相比是微不足道的。当我们对物体进行受力分析，研究物体的平衡与运动时，为了简化问题，抓住重点，可以不计这些变形。因此在静力学中，我们把物体看成是不变形的刚性物体，称为刚体。不仅如此，当物体的运动范围比它本身的尺寸大得多时，还可以忽略其形状和大小，将其抽象为一个具有质量的点，称为质点。刚体和质点是两种最基本的力学模型。但在材料力学中，研究构件的强度、刚度和稳定性问题时，变形则成为不可忽略的因素，这时，就不能把物体抽象为刚体和质点，而要把它作为变形体来研究。因此，工程力学的主要研究对象是刚体、质点、变形体。

3. 工程力学在专业学习中的地位和作用

工程力学是一门理论性较强同时又与工程实际紧密结合的技术基础课程。这门课程讲述力学的基础理论和基本知识，以及处理工程力学问题的基本方法，在基础课和专业课之间起着桥梁作用。通过本课程的学习，可以培养学生分析和解决简单工程力学问题的能力，为后续专业课程的学习做好铺垫，为学生以后学习不断出现的新理论、新技术和将来从事科学研究工作打下基础。

第一部分

静 力 学

静力学主要研究物体在力系作用下的平衡规律。力系是指作用于同一物体上的若干个力。具体地说，静力学将研究两个问题，即物体的受力分析和物体在力系的作用下的平衡条件。

在工程实际中，平衡规律有着广泛的应用。各种机器或建筑物，在设计时往往首先要进行静力学分析，以确定其各构件或零件的受力情况，从而选择合理的材料、形状和尺寸。因此，静力学是工程力学的基础，学好这一部分非常重要。

第 1 章

静力学基础

曲柄滑块是机器中的常用机构之一。如图 1-1 所示,曲柄 OA 为原动件,力 F 作用在滑块 B 上,在机构起动的瞬间,滑块 B 的受力情况如何呢?学完本章内容之后同学们就可以轻松解决这样的问题了。

1.1 静力学基本概念

1.1.1 力的概念

图 1-1

物理学中已经阐述过力的概念,即力是物体间相互的机械作用。力作用在物体上有两种效应:一是使物体的运动状态发生变化,称为力的外效应;二是使物体产生变形,称为力的内效应。静力学和运动力学主要研究力的外效应,材料力学主要研究力的内效应。

因为力是物体间相互的机械作用,所以它不能脱离物体而存在。

力对物体的作用效应取决于力的三要素:力的大小、方向和作用点。力的三要素中的任何一个要素发生变化,力的作用效应将随着发生变化。

在国际单位制中,力的单位是牛[顿](N),在工程单位制中,力的单位是公斤力(kgf),二者之间的换算关系为

$$1kgf \approx 9.8N$$

力是矢量,可用有向线段表示,如图 1-2 所示。线段的起点(或终点)表示力的作用点,线段的箭头表示力的方向,线段的长度(按照一定的比例尺画出)表示力的大小。按照规定矢量用黑体字母表示,如力 F,而用普通字母 F 表示力 F 的大小。

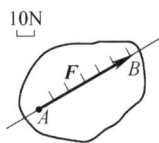

图 1-2

需要指出的是,力的作用点是力作用位置的抽象化。实际上,力的作用位置一般来说并不是一个点,而是分布作用于物体的一定面积上。当力的作用面积很小时,可将其抽象为一个点,称为力的作用点。力学中,将作用于物体某个点上的力称为集中力。通过力的作用点代表力的方向的直线称为力的作用线。如果力的作用面积较大,不能抽象为点时,则将作用于这个面上的力称为分布力。分布力可能作用在面上也可能作用在直线上,当分布力在面上或在直线上均匀分布时,称为均布力或均布载荷。均布载荷的作用强度用单位面积(或长度)上力的大小来度量,称为载荷集度,用符号 q 表示,单位为 N/m^2(或 N/m)。

1.1.2　力系的概念

同时作用在一个物体上的若干个力称为一个力系。如果一个力系作用在物体上，物体处于平衡状态，则称此力系为平衡力系。一个力系只有在满足一定条件时才能成为平衡力系，此条件称为力系的平衡条件。若两个力系分别作用于同一物体时，物体的运动状态完全相同，则此两力系互为等效力系。如果一个力和一个力系等效，则称这个力为力系的合力，而将力系中的各个力称为该合力的分力。

有时，作用于物体上的力系十分复杂，为便于分析讨论，需将复杂力系用一个等效的简单力系或一个等效的合力来代替，求与复杂力系等效的简单力系或合力的过程称为力系的简化。力系的简化是静力学中理论推导的主要方法。

按力系中各力作用线的分布情况，可将力系进行分类。各力作用线共面的力系称为平面力系，否则称为空间力系。本书中主要讨论平面力系。在平面力系中，各力作用线汇交于一点的称为平面汇交力系；各力作用线相互平行的称为平面平行力系；各力作用线任意分布的称为平面任意力系或平面一般力系。

1.1.3　刚体的概念

所谓刚体，是指在力的作用下不产生变形的物体，即在力的作用下物体内任意两点间的距离始终保持不变。刚体是静力学的主要研究对象。

事实上，任何物体在力的作用下总要产生一定程度的变形。但在一般情况下，工程中的构件和机械零件的变形都是很微小的，这种微小的变形对构件和机械零件的受力平衡没有实质性影响。这样，就可以忽略这种微小变形而将构件和机械零件抽象为刚体，这种抽象会使研究的问题大大简化。所以，刚体是在静力学中对物体进行抽象简化后得到的一种理想化的力学模型。在不加说明时，静力学中所研究的物体均可视为刚体。

当变形这一因素在所研究的问题中不容忽略时（如研究材料力学问题时），便不能再把物体视为刚体。

与刚体相对应，受力以后非常容易变形的物体称为变形体或柔体，如绳索、传送带、链条等。

1.1.4　平衡的概念

所谓平衡，是指物体相对于地面保持静止或做匀速直线运动，即指物体相对于地面的平衡。平衡是物体机械运动的一种特殊情况。

1.2　静力学公理

公理是人们通过长期观察和反复实践得到的结论，已被实践所证实，并为大家所公认。静力学公理是对力的基本性质的概括和总结，是静力学理论的基础。

公理一　二力平衡公理

作用在同一刚体上的两个力，使刚体处于平衡状态的充分必要条件是此二力大小相等，方向相反，且作用在同一条直线上（简称等值、反向、共线），如图 1-3 所示。二力平衡公理总结了作用于刚体上的最简单力系平衡时必须满足的条件。

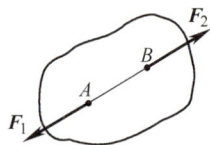

图 1-3

公理一只适用于刚体，不适用于变形体。对于刚体，等值、反向、共线作为二力平衡条件是必要的，同时也是充分的；但对于变形体，这个条件不是充分的。例如，绳索受到两个等值、反向的拉力作用时可以平衡，如图1-4a所示，而受到两个等值、反向的压力作用时则不能平衡，如图1-4b所示。

仅受两个力作用而处于平衡状态的构件称为二力构件。特殊的，如果构件为杆件则称为二力杆。如图1-5a所示的支架，其中 AB 杆不计重力，则其仅在 A、B 两点受到力的作用，是一个二力杆。根据二力平衡公理可以确定，AB 杆所受的力必定沿着 A、B 两点的连线，如图1-5b所示。

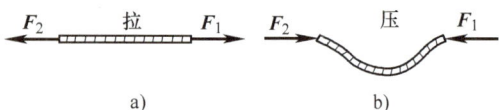

图 1-4

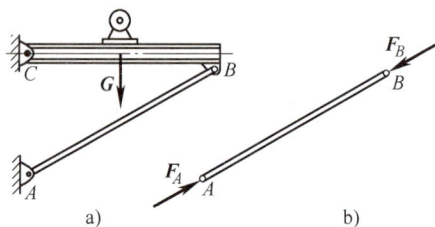

图 1-5

公理二 力的平行四边形法则

作用于物体上同一点的两个力，可以合成为一个合力，合力的作用点仍在该点，合力的大小和方向由这两个力所构成的平行四边形的对角线确定，如图1-6所示。

这种求合力的方法，称为矢量加法，合力矢量等于原来两力的矢量和。用公式表示为

图 1-6

$$F_R = F_1 + F_2$$

公理二不仅适用于刚体，也适用于变形体。

力的平行四边形法则总结了最简单力系的简化规律，它是复杂力系简化的基础。

公理三 加减平衡力系公理

在作用于刚体的已知力系中，加上或减去任意的平衡力系，不会改变原力系对刚体的作用效应。也就是说，加上或减去的平衡力系对刚体的平衡或运动状态毫无影响。

公理三只适用于刚体，不适用于变形体。

推论1 力的可传性原理

作用于刚体上的力，可沿其作用线移动至刚体上任意一点，而不改变原力对刚体的作用效应，如图1-7所示。

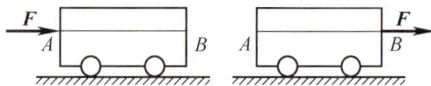

图 1-7

由力的可传性原理可知，对刚体而言力的作用点已不再是决定其作用效应的要素之一，取而代之的是力的作用线。因此，作用于刚体上的力的三要素是：力的大小、方向和作用线。

在应用力的可传性原理时，应注意下面两点：

1）力在移动过程中必须沿着作用线移动。

2）力在移动后必须作用在原刚体上，不能移动到其他刚体上去。

推论 2 三力平衡汇交原理

刚体受到同平面内互不平行的三个力作用而处于平衡状态，则此三力的作用线必汇交于一点。

当刚体受到同一平面内互不平行的三个力作用而处于平衡状态时，若已知其中两个力的方向，则可应用三力平衡汇交原理确定第三个力的方向。如图 1-8 所示的杆 AB，已知 F 和 F_{NA} 的方向，则可应用三力平衡汇交原理确定 F_{NB} 的方向。

强调指出，三力平衡汇交原理是刚体在共面、互不平行的三个力作用下处于平衡状态的必要条件，但不是充分条件。这一点与二力平衡公理不同。

公理四 作用与反作用定律

两个物体间的相互作用力总是同时存在，并且大小相等、方向相反，沿同一条直线分别作用于两个物体上，如图 1-9 所示。

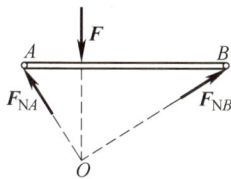

图 1-8

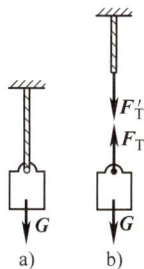

图 1-9

作用与反作用定律概括了自然界中物体间相互作用的关系。表明力总是成对出现的，有作用力就有反作用力，两者同时存在、同时消失。

作用与反作用定律不仅适用于刚体，也适用于变形体。

作用与反作用定律中讲的两个力，绝不能与二力平衡公理中的两个力相混淆：作用力与反作用力分别作用于两个物体上，而一对平衡力则作用于同一个物体上。这两个公理有本质的区别。

1.3 约束与约束反力

力学中常把物体分为两大类：自由体和非自由体。能在空中自由运动的物体称为自由体。例如，在空中飞行的飞机、炮弹和火箭等。受到其他物体的限制，不能自由运动的物体称为非自由体。例如沿钢轨运动的火车、夹持在机床刀架上的刀具等。

限制非自由体运动的物体称为该非自由体的约束。在上面的例子中，钢轨是火车的约束，刀架是刀具的约束。既然约束能阻碍物体的运动，也就能改变物体的运动状态，因此约束对物体的作用，实际上是力的作用，约束施加给被约束物体的力称为约束反力，简称反力。

除了约束反力以外，物体上还常常作用着主动改变物体运动状态的力，如重力、推力等，这类力称为主动力。主动力的大小和方向一般是预先给定的，彼此是独立的。通常，主动力决定约束反力的大小。在静力学中，可以根据力系的平衡条件由主动力求得约束反力的大小。

本节中主要讨论约束反力的作用点和方向。因为约束反力是限制物体运动的力，所以它的作用点在约束与被约束物体相互连接或接触之处，反力方向与约束所限制的运动方向相反，这是判断约束反力方向和作用点位置的准则。

如图1-10所示，灯是非自由体，重力 G 是灯的主动力，绳索是灯的约束，F_T 是灯受到的约束反力，因为绳索限制灯竖直向下运动，所以约束反力 F_T 的方向为竖直向上。

工程实际中，约束的种类很多，根据特性可将其分为几类。下面介绍几种常见的典型约束及其反力的确定方法。

1.3.1 柔体约束

由绳索、传送带、链条等柔体所形成的约束称为柔体约束。因为柔体只能受拉不能受压，不能抵抗弯曲变形，所以它只能限制被约束的物体沿柔体伸长方向的运动，而不能限制其他方向的运动。因此，柔体对物体的约束反力只能是沿着柔体背离物体的拉力。即柔体的约束反力作用在接触点，方向沿着柔体背离物体，恒为拉力，用符号 F_T 表示，如图1-11所示。

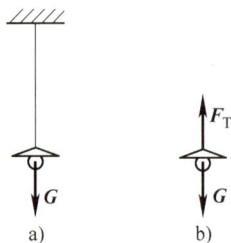

图 1-10

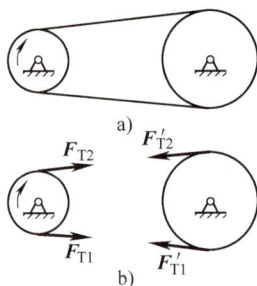

图 1-11

1.3.2 光滑接触面约束

如图1-12所示，两物体以点、线、面接触，略去接触处的摩擦所形成的约束称为光滑接触面约束，简称光滑面约束。

由图1-12可见，光滑面约束只能限制被约束的物体沿接触面公法线方向向约束体内的运动，而不能限制物体其他方向的运动。因此，光滑面约束的约束反力只能是沿着接触面的公法线指向被约束物体的压力。即光滑接触面约束的约束反力作用在接触点，方向沿着接触面的公法线方向，指向物体，恒为压力，用符号 F_N 表示。

光滑面约束在工程中极为常见。例如，图1-13a所示凸轮曲面对从动件的约束、图1-13b所示啮合齿轮的齿面约束等都是光滑面约束。

画光滑面约束的约束反力时，应注意下面两种情况：

1）当两个物体的接触点，有一物体无法线时，则约束反力沿另一物体的法线方向，如图1-14所示的 F_{NA}、F_{NB}。

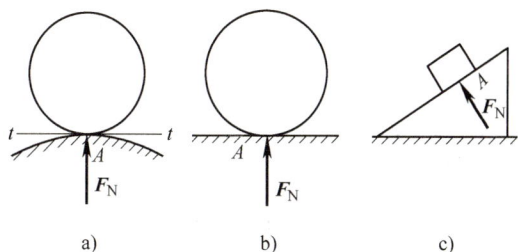

图　1-12

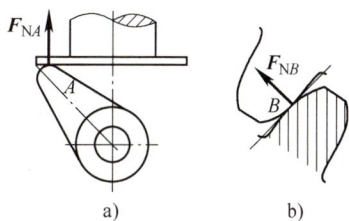

图　1-13

2）光滑面约束有单面约束和双面约束之分。如图 1-12a、b、c 所示，支承面只能单一地阻止物体向一个方向的运动，称为单面约束。如图 1-15 所示，物块放在水平槽中，槽面能阻止物体向两个方向的运动，称为双面约束。由于间隙的存在，在一种受力状态下，只有一面存在约束反力。在具体问题中，究竟哪一个面起作用，应根据受力分析及物体的平衡条件来确定。

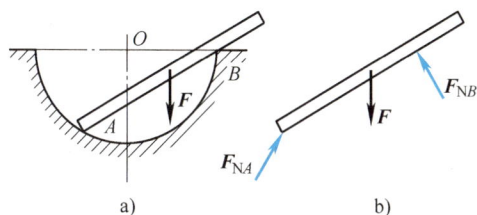

图　1-14

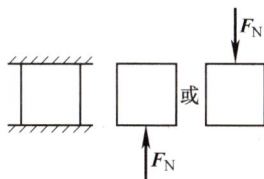

图　1-15

例 1-1　如图 1-16a 所示，直杆的棱角与方槽在 A、B、C 三点接触。画出直杆在 A、B、C 三点的约束反力。

解　A、B 两点处直杆无法线，约束反力 F_{NA}、F_{NB} 沿方槽的法线方向，指向直杆。C 点处方槽无法线，约束反力 F_{NC} 沿直杆的法线方向，指向直杆，如图 1-16b 所示。

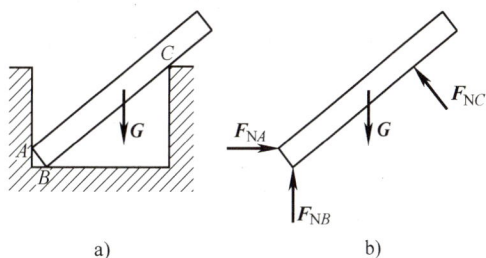

图　1-16

1.3.3　光滑圆柱铰链约束

两构件通过圆柱销连接，略去接触处的摩擦所形成的约束称为光滑圆柱铰链约束，简称铰链约束。铰链约束在结构上的共同特点是采用圆柱形销钉 C 将两个构件 A 和 B 连接在一起，如图 1-17a、c 所示。

铰链约束通常分为以下三种形式：

（1）固定铰链约束　相连的两个构件 A 和 B 中有一个固定作为机架或支承面，称为固定铰链约束，又称为固定铰链支座，如图 1-17a 所示。其结构示意图如图 1-17b 所示。

（2）中间铰链约束　相连的两个构件 A 和 B 中均无固定，称为中间铰链约束，如图 1-17c 所示。其结构示意图如图 1-17d 所示。

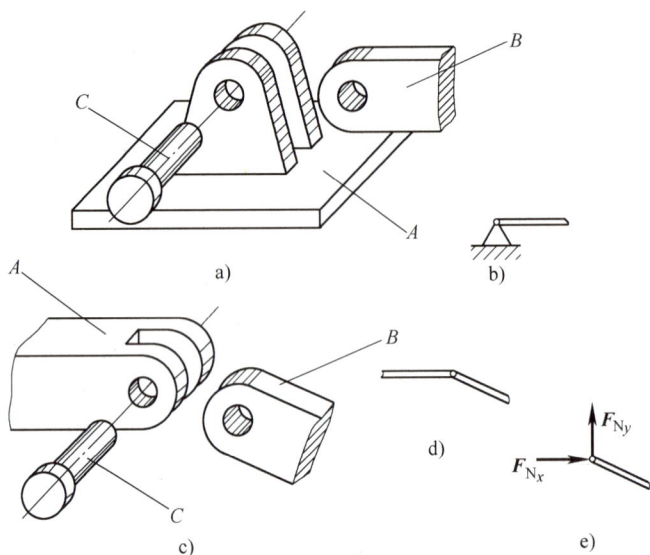

图 1-17

此两类约束的本质仍为光滑面约束，故约束反力沿圆柱面接触点的公法线方向，通过圆柱销中心。在构件所受外力未知的情况下，不能确定圆柱面的具体接触位置。因此，一般情况下这两类约束的约束反力为一个通过圆柱销中心的、大小和方向均为未知的力。通常此力用一对大小未知的正交分力表示，常用符号为 F_{Nx}、F_{Ny}，如图 1-17e 所示。

但在某些特殊情况下，这两类约束也能确定出约束反力的具体方向，此时应用的原理有：二力平衡公理、作用与反作用定律、三力平衡汇交原理。

在用上述原理确定铰链约束的约束反力时，应注意以下两点：

1）能用二力平衡公理或作用与反作用定律确定约束反力的具体方向时，必须画出具体方向，不允许画成一对正交分力。

2）能用三力平衡汇交原理确定约束反力的具体方向时，可以画出具体方向，也可以画成一对正交分力。

例 1-2　如图 1-18a 所示，支架 ABC 受到主动力 **F** 作用，画出 AB 杆和 BC 杆的受力图。

解　A、C 处为固定铰链约束，B 处为中间铰链约束，应用上述原理，可确定三处约束反力的具体方向。BC 杆为二力杆，故可用二力平衡公理确定 F_{NB}、F_{NC} 的具体方向，如图1-18b 所示。根据作用与反作用定律可确定出 F'_{NB} 的具体方向，用三力平衡汇交原理可确定出 F_{NA} 的具体

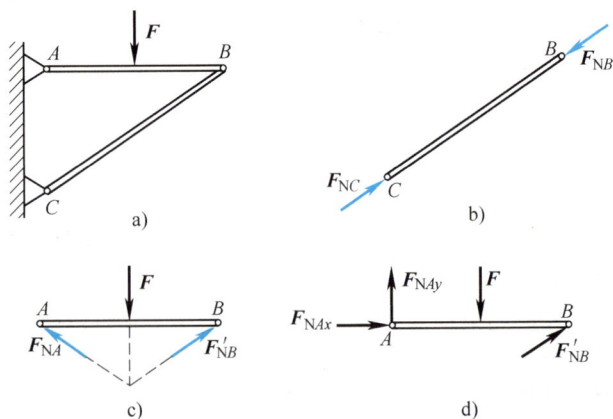

图　1-18

方向，如图 1-18c 所示。还可以将约束反力 F_{NA} 画成一对正交分力，如图 1-18d 所示。

（3）活动铰链约束 在铰链约束下面装几个滚轮，使它能在支承面上任意移动，这种约束称为活动铰链约束，又称为活动铰链支座，如图 1-19a 所示。其结构示意图如图 1-19b 所示。此类约束常见于屋架、桥梁等结构中。它只能限制构件沿支承面法线方向的运动，故其约束反力通过铰链中心并与支承面相垂直，用符号 F_N 表示，如图 1-19c 所示。

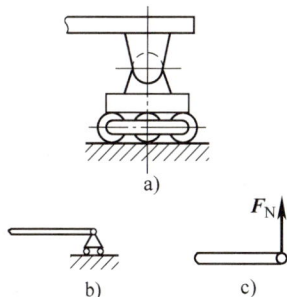

图 1-19

1.4 受力分析与受力图

工程中所遇到的物体几乎都是受到一定约束的非自由体，它们与周围的物体相互连接着，在主动力和约束反力的作用下保持平衡。为了分析某一物体的受力情况，需要把该物体从与它相联系的周围物体中分离出来，使研究对象成为自由体，单独画出它的简图，这个步骤叫作选研究对象或取分离体。确定所研究的物体受到哪些力的作用，搞清约束的类型和约束反力的方向，这个分析过程称为物体的受力分析。在研究对象上画出所有的主动力，并解除全部约束，代之以相应的约束反力，这样得到的图形称为受力图。画受力图具体步骤如下：

1）明确研究对象，画出分离体。

2）在分离体上画出全部主动力。

3）在分离体解除约束处画出约束反力。

例 1-3 小球的重力为 G，在 A 处用绳索系在竖直墙上，如图 1-20a 所示。球与墙面间的摩擦不计，画出小球的受力图。

解 1）选小球为研究对象，画出分离体。

2）画出主动力 G。

3）画出全部约束反力。绳索的约束反力 F_T 沿着绳索背离物体；光滑面约束的约束反力 F_{NB} 垂直于墙面指向物体，如图 1-20b 所示。

例 1-4 杆 AB 如图 1-21a 所示，中点 C 作用一主动力 F。不计自重，画出杆 AB 的受力图。

解 1）选杆 AB 为研究对象，画出分离体。

2）画出主动力 F。

3）画出全部约束反力。活动铰链的约束反力 F_{NB} 竖直向上通过铰链中心；固定铰链的约束反力可用一对正交分力 F_{NAx}、F_{NAy} 表示，如图 1-21b 所示。也可以根据三力平衡汇交原理确定其具体方向，如图 1-21c 所示。

微课 1-1 例题 1-4

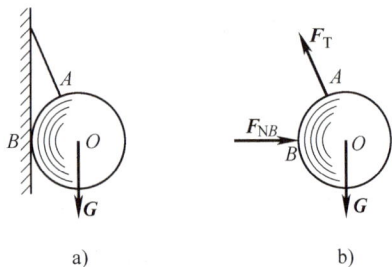

a)　　　　b)

图 1-20

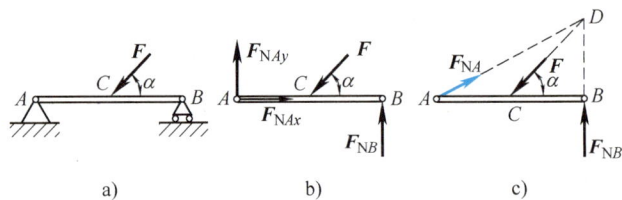

a)　　　　b)　　　　c)

图 1-21

例 1-5 如图 1-22a 所示，平面机构 *ABC* 中，力 *F* 作用在杆 *BC* 上。不计自重，画出构件 *AB*、*BC* 的受力图。

解 1）选构件 *AB* 为研究对象，画出分离体。由于自重不计，构件 *AB* 仅在 *A*、*B* 两点受到固定铰链和中间铰链的约束反力，所以 *AB* 是一个二力构件，可根据二力平衡公理确定约束反力 *F*$_{NA}$ 和 *F*$_{NB}$，如图 1-22b 所示。

2）选 *BC* 杆为研究对象，画出分离体。*BC* 杆受到三个力作用：主动力 *F*；*B* 点受到中间铰

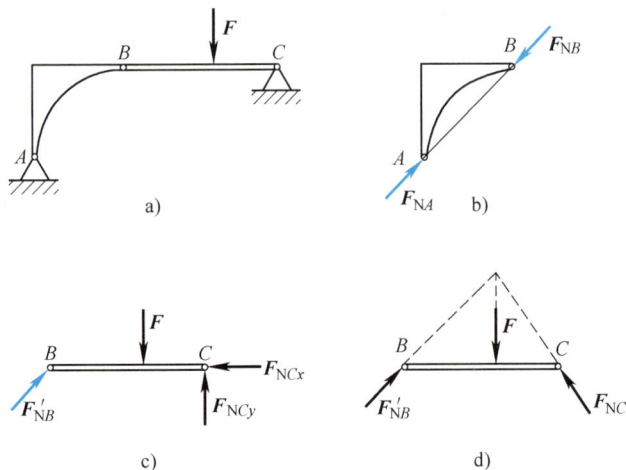

a)　　　　b)

c)　　　　d)

图 1-22

链约束，其约束反力 *F*′$_{NB}$ 可根据作用与反作用定律确定；*C* 点为固定铰链约束，其约束反力可用一对正交分力 *F*$_{NCx}$、*F*$_{NCy}$ 表示，如图 1-22c 所示。也可以根据三力平衡汇交原理确定 *F*$_{NC}$ 具体方向，如图 1-22d 所示。

例 1-6 如图 1-23a 所示，三角架由 *AC*、*BC* 两杆铰接而成，力 *F* 作用在销钉 *C* 上。两杆和销钉的自重不计，分别画出杆 *AC*、*BC* 及销钉 *C* 的受力图。

微课 1-2 例题 1-6

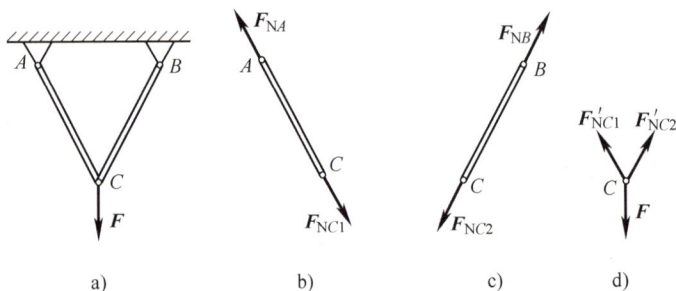

a)　　　　b)　　　　c)　　　　d)

图 1-23

解 1）选 *AC* 杆为研究对象，画出分离体。由于不计杆的自重，*AC* 杆仅在 *A*、*C* 两处

受到固定铰链和中间铰链的约束反力，所以 *AC* 杆是一个二力杆，可根据二力平衡公理确定约束反力 $\boldsymbol{F}_{NA}$ 和 $\boldsymbol{F}_{NC1}$，如图 1-23b 所示。

2）选 *BC* 杆为研究对象，画出分离体。同理可确定约束反力 $\boldsymbol{F}_{NB}$ 和 $\boldsymbol{F}_{NC2}$，如图 1-23c 所示。

3）选销钉 *C* 为研究对象，画出分离体。销钉 *C* 受到三个力作用：主动力 $\boldsymbol{F}$；*AC* 杆和 *BC* 杆对销钉 *C* 的反作用力 $\boldsymbol{F}'_{NC1}$ 和 $\boldsymbol{F}'_{NC2}$，此二力可根据作用与反作用定律确定，如图 1-23d 所示。

例 1-7 如图 1-1 所示曲柄滑块机构，曲柄 *OA* 为原动件，力 $\boldsymbol{F}$ 作用在滑块 *B* 上。不计各构件的自重与接触处的摩擦，画出滑块 *B* 的受力图。

解 选滑块 *B* 为研究对象，画出分离体。由于不计自重，滑块 *B* 只受到三个力作用：主动力 $\boldsymbol{F}$；滑块 *B* 与 *AB* 杆形成的中间铰链的约束反力 $\boldsymbol{F}_{NB}$；滑块 *B* 与导槽形成的光滑面约束的约束反力 $\boldsymbol{F}_N$。

为画出约束反力 $\boldsymbol{F}_{NB}$，可先画出 *AB* 杆的受力图。*AB* 杆是一个二力杆，可根据二力平衡公理确定其受力，然后根据作用与反作用定律确定 $\boldsymbol{F}_{NB}$ 的具体方向；滑块 *B* 与导槽形成的光滑面约束为一双面约束，在图示状态下，滑块 *B* 与右导槽面单面接触，从而产生垂直于右导槽面的约束反力 $\boldsymbol{F}_N$，由三力平衡汇交原理可知，$\boldsymbol{F}_N$ 与 $\boldsymbol{F}$、$\boldsymbol{F}_{NB}$ 汇交于一点，据此可画出约束反力 $\boldsymbol{F}_N$，如图 1-24 所示。

例 1-8 如图 1-25a 所示凸轮机构，力 $\boldsymbol{F}$ 作用在推杆上。不计各构件的自重与接触处的摩擦，画出推杆的受力图。

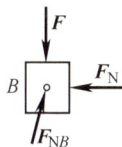

图 1-24

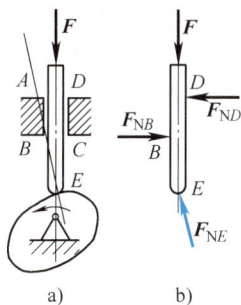

a)　　　　　b)

图 1-25

解 选推杆为研究对象，画出分离体。不计自重，推杆受到的作用力有：主动力 $\boldsymbol{F}$；凸轮与推杆形成的光滑面约束的约束反力 $\boldsymbol{F}_{NE}$；在图示状态下，推杆倾斜与导路在 *B*、*D* 两点接触，又形成两个光滑面约束，其约束反力为 $\boldsymbol{F}_{NB}$、$\boldsymbol{F}_{ND}$，如图 1-25b 所示。

例 1-9 如图 1-26a 所示棘轮机构，重物 *C* 的重力为 $\boldsymbol{G}$。画出棘轮 *O*、棘爪 *AB*、重物 *C* 的受力图。

解 1）选棘爪 *AB* 为研究对象，画出分离体。由于不计自重，棘爪 *AB* 仅在 *A*、*B* 两处受到约束反力，所以棘爪是一个二力构件，可根据二力平衡公理确定约束反力 $\boldsymbol{F}_{NA}$ 和 $\boldsymbol{F}_{NB}$，如图 1-26b 所示。

2）选重物 *C* 为研究对象，画出分离体。重物仅受两个力作用：重力 $\boldsymbol{G}$ 和绳索的约束反力 $\boldsymbol{F}_T$，如图 1-26c 所示。

3）选棘轮为研究对象，画出分离体。棘轮受到三个力作用：棘爪的约束反力 $\boldsymbol{F}'_{NB}$；绳

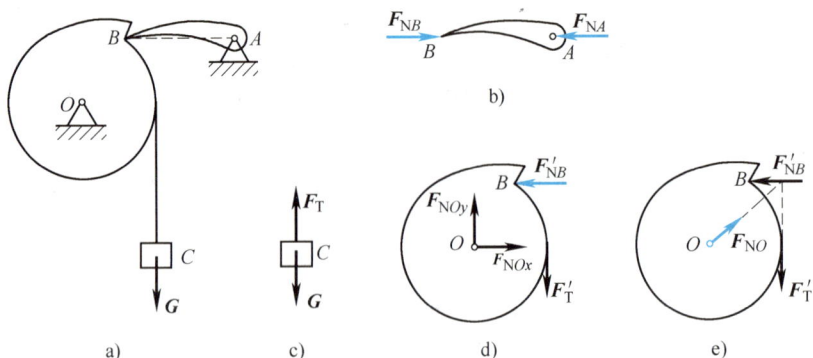

图 1-26

索的约束反力 $\boldsymbol{F}'_T$；铰链 O 处的约束反力 $\boldsymbol{F}_{NO}$。根据作用与反作用定律可以确定 $\boldsymbol{F}'_{NB}$ 和 $\boldsymbol{F}'_T$，铰链 O 处的约束反力可用一对正交分力 $\boldsymbol{F}_{NOx}$、$\boldsymbol{F}_{NOy}$ 表示，如图 1-26d 所示。也可以根据三力平衡汇交原理确定 $\boldsymbol{F}_{NO}$ 具体方向，如图 1-26e 所示。

小　结

1. 力是物体间相互的机械作用。力作用在物体上具有两种效应：一是使物体的运动状态发生变化，称为力的外效应；二是使物体产生变形，称为力的内效应。

力是矢量。力的三要素为力的大小、方向和作用点。作用于刚体上的力的三要素为力的大小、方向和作用线。

2. 静力学公理阐明了力的基本性质，是静力学的理论基础。

二力平衡公理是最简单力系的平衡条件。

力的平行四边形法则总结了最简单力系的简化规律，它是复杂力系简化的基础。

加减平衡力系公理是力系等效代换和简化的理论基础。

作用与反作用定律概括了自然界中物体间相互作用的关系，表明力总是成对出现的。

3. 作用于物体上的力可分为主动力和约束反力。约束反力是限制被约束物体运动的力，作用于约束与被约束物体的接触处，方向与约束所限制的运动方向相反。

常见的约束类型有：

（1）柔体约束　约束反力作用在接触点，方向沿着柔体背离物体，恒为拉力，用符号 $\boldsymbol{F}_T$ 表示。

（2）光滑接触面约束　约束反力作用在接触点，方向沿着接触面的公法线方向指向物体，恒为压力，用符号 $\boldsymbol{F}_N$ 表示。

（3）光滑圆柱铰链约束　固定铰链和中间铰链约束反力的方向一般情况下用一对正交分力 $\boldsymbol{F}_{Nx}$、$\boldsymbol{F}_{Ny}$ 表示，特殊情况下可确定其具体方向；活动铰链约束反力的方向垂直于支承面并通过铰链中心。

4. 在研究对象上画出所有的主动力，并解除其受到的全部约束，代之以相应的约束反力，这样得到的图形称为受力图。画受力图时应注意：

1）只画受力，不画施力。

2）解除约束后，才能画上约束反力。

习　题

1-1　填空题

（1）在外力的作用下形状和大小都不发生变化的物体称为_____。

（2）刚体只在两个力的作用下而处于平衡的充要条件是：_____。

（3）工程上把受两个力作用而平衡的物体称为_____。

（4）物体在一个力系作用下处于平衡状态，则称这个力系为_____。

（5）在刚体上可以任意增加或去掉一个任意_____，而不会改变刚体原来的运动状态。

（6）对于刚体来说力的三要素是：_____、_____、_____。

（7）如果一个力和一个力系等效，则该力为此力系的_____。

（8）作用在刚体内任一点的力，可在刚体内沿_____任意移动而不会改变它对刚体的作用效果。

（9）_____定律，不仅适用于刚体，也适用于变形体。

（10）限制非自由体运动的物体称为该非自由体的_____。约束对物体的作用，实质上是力的作用，约束施加给被约束物体的力称为_____，其作用点在_____，方向与_____相反。

1-2　选择题

（1）静力学研究的对象是（　　）。

A. 物体　　　　　　　B. 流体　　　　　　　C. 物质　　　　　　　D. 刚体

（2）二力平衡是作用在（　　）个物体上的一对等值、反向、共线的力。

A. 一　　　　　　　　B. 二　　　　　　　　C. 三　　　　　　　　D. 四

（3）如图 1-27 所示，刚架中 CB 段正确的受力图应为（　　）。

A. 图 A　　　　　　　B. 图 B　　　　　　　C. 图 C　　　　　　　D. 图 D

（4）物体受平面内三个互不平行的力作用而平衡，三个力的作用线（　　）。

A. 必汇交于一点　　　　　　　　　　B. 必汇交于二点

C. 必汇交于三点　　　　　　　　　　D. 汇交于一点、二点、三点都可能

（5）平衡是指物体相对地面处于（　　）的状态。

A. 静止　　　　　　　　　　　　　　B. 匀速运动

C. 加速运动　　　　　　　　　　　　D. 静止或匀速直线运动

（6）柔性体约束的约束反力，其作用线沿柔索的中心线（　　）。

A. 其指向在标示时可以先任意假设

B. 其指向在标示时有的情况可任意假设

C. 其指向必定是背离被约束物体

D. 其指向也可能是指向被约束物体

（7）如图 1-28 所示杆 ACB，其正确的受力图为（　　）。

A. 图 A　　　　　　　B. 图 B　　　　　　　C. 图 C　　　　　　　D. 图 D

（8）一般情况下，光滑面约束的约束反力可用（　　）来表示。

A. 一沿光滑面切线方向的力　　　　　B. 一个力偶

C. 一沿光滑面法线方向的力　　　　　D. A+C

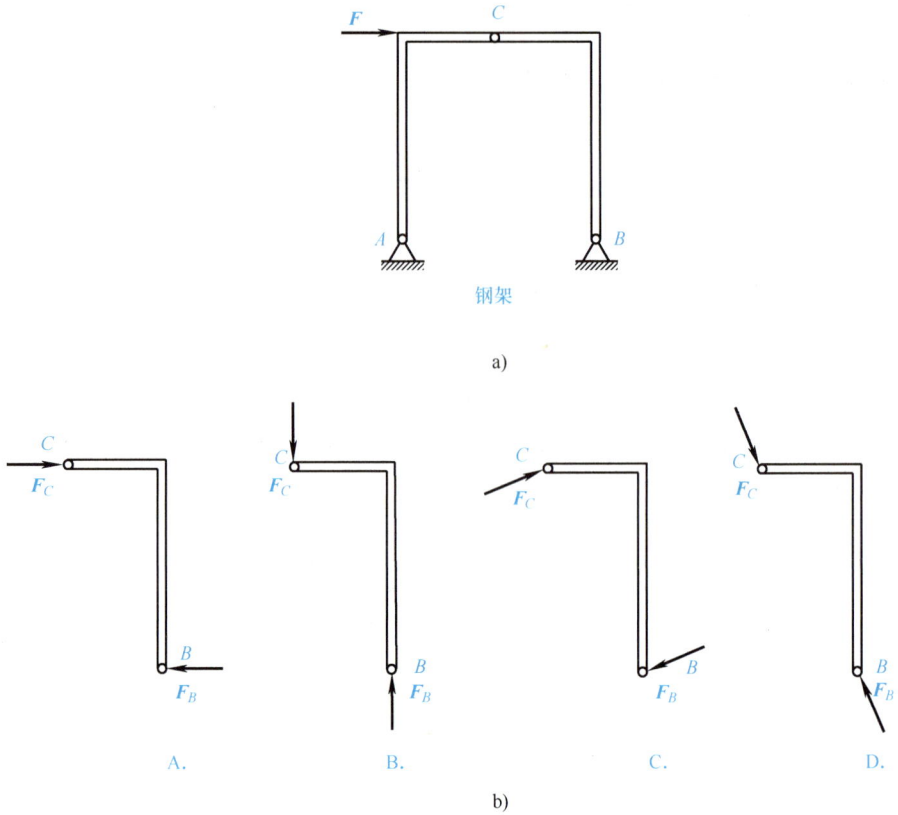

图 1-27

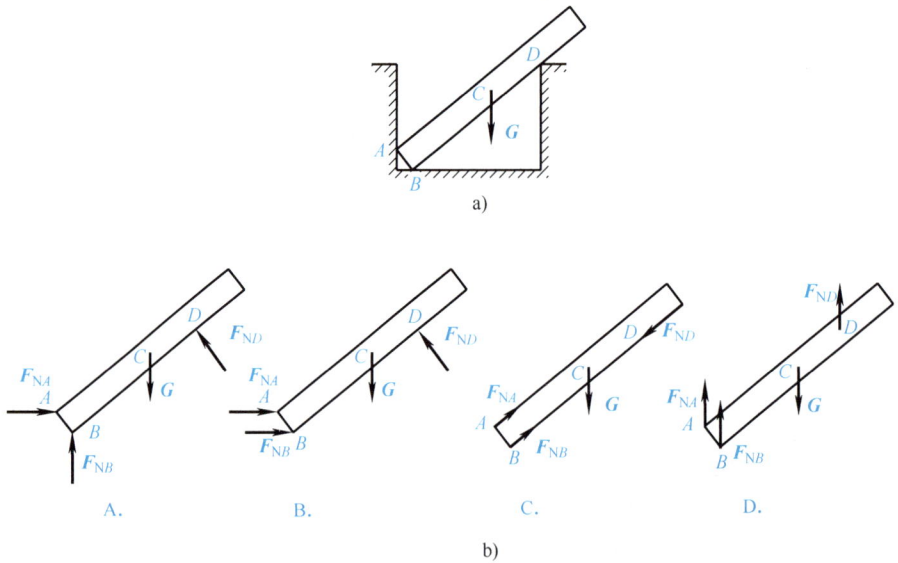

图 1-28

（9）限制物体任何方向移动，不限制物体转动的支座称为（　　）支座。

A. 固定铰链　　　　　B. 活动铰链　　　　　C. 固定端　　　　　D. 光滑面

（10）只限制物体垂直于支承面的移动，不限制物体其他方向运动的支座称为（　　）支座。

A. 固定铰链　　　　　　　B. 活动铰链　　　　　　C. 固定端　　　　　　D. 光滑面

1-3 判断题

（1）刚体是指在外力作用下大小和形状不变的物体。（　　）

（2）汇交力系中各个力的作用点为同一点。（　　）

（3）凡是只受到两个力作用的杆件都是二力杆件。（　　）

（4）在刚体上加上（减去）任意一力，对刚体的作用效应不会改变。（　　）

（5）力的可传性原理和加减平衡力系公理只适用于刚体。（　　）

（6）在同一平面内作用线汇交于一点的三个力构成的力系必定平衡。（　　）

（7）分力一定小于合力。（　　）

（8）作用在刚体上的三力非平行，若刚体是平衡的，则三力必汇交于一点。（　　）

（9）在静力学中，常把刚体受力分为两类，即主动力与约束反力。（　　）

（10）两物体间相互作用的力，总是大小相等、方向相反、沿同一直线，作用在同一物体上。（　　）

1-4 画出图 1-29 中各球的受力图。

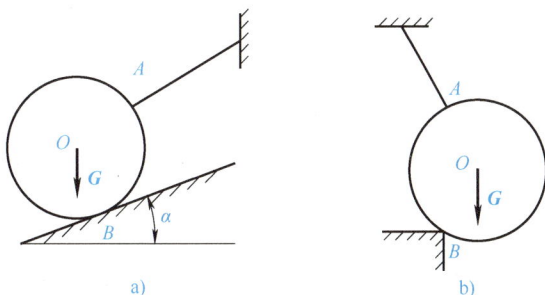

图　1-29

1-5 画出图 1-30 中各杆的受力图。

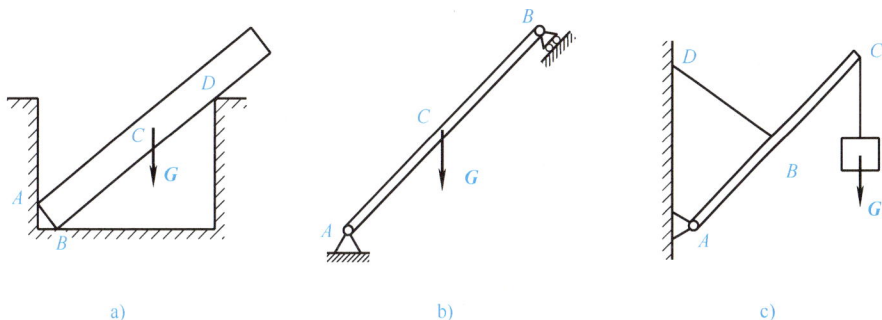

图　1-30

1-6 画出图 1-31 中各指定物体的受力图。

1-7 如图 1-32 所示三角架，力 F 作用在销钉 C 上。画出杆 AC、BC 及销钉 C 的受力图。

1-8* 如图 1-33 所示，梯子由 AB、AC 两杆在点 A 铰接，又在 D、E 两点用水平绳子连接，在 AB 杆的中点作用一竖直力 F。不计自重，分别画出杆 AB、AC 的受力图。

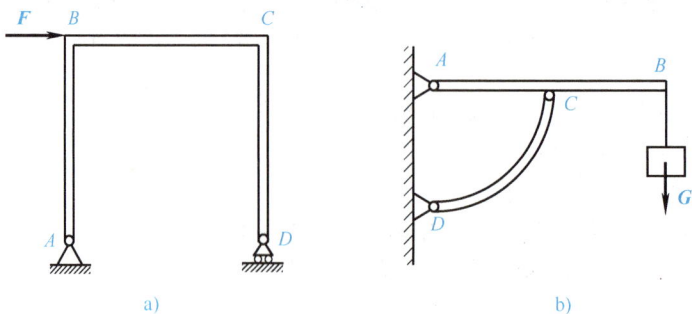

图　1-31

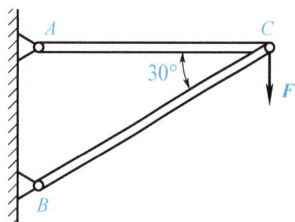

图　1-32

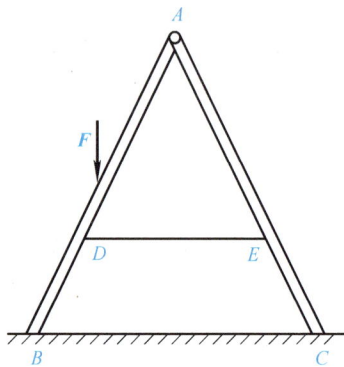

图　1-33

1-9*　如图 1-34 所示，曲柄连杆机构中，曲柄 *AB* 的重力为 *G*，活塞受力为 *F*。画出曲柄 *AB*、连杆 *BC* 及活塞 *C* 的受力图。

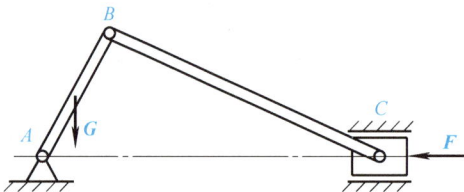

图　1-34

拓展园地

我国近代"力学之父"——钱伟长

钱伟长（1912 年 10 月 9 日—2010 年 7 月 30 日），江苏无锡人，我国著名科学家、教育家。他参与创建了我国大学里第一个力学专业——北京大学力学系；出版了我国第一本《弹性力学》专著；创建了上海市应用数学与力学研究所；开创了理论力学的研究方向和非线性力学的学术方向。他为我国的机械工业、土木建筑、航空航天和军工事业建立了不朽的功勋，被称为我国近代"力学之父"。

钱伟长生于江苏无锡。在18岁那年，他以中文和历史两个100分的成绩考入了清华大学。钱伟长属于"偏科生"，物理只考了5分，数学、化学共考了20分，英文因没学过是0分。但正是这样一个在文史上极具禀赋、数理上毫无兴趣的学生，却在进入历史系没多久做出了一个勇敢的决定：弃文从理。原因是这样的，1931年9月18日，日本发动了震惊中外的"九一八事变"，侵犯了东北三省。从收音机里听到了这个新闻后，钱伟长拍案而起，他说："我不读历史系了，我要学造飞机大炮，祖国的需要，就是我的专业！"起初，物理系主任根本不收他，经他软磨硬泡才勉强批准他试学一段时间。为了能尽早赶上课程，他早起晚睡，极度用功。到毕业时，钱伟长成为物理系最优秀的学生之一。

1940年3月，钱伟长来到加拿大多伦多留学，主攻弹性力学。当他第一次和导师辛格见面时，辛格得知钱伟长正在研究薄板薄壳的统一方程，感到非常高兴，这是当时世界亟待攻克的科学难点。辛格对钱伟长的研究所取得的初步成果表示肯定。辛格说，他正在从宏观上进行这方面的研究，虽然与钱伟长研究的角度不同，但可以将它分为宏观和微观两个部分，合成一篇论文，这样更有价值和意义了。听了辛格的提议，钱伟长高兴地答应了。就这样，钱伟长开始了微观的弹性力学方面的研究。最后，这篇题为《薄板薄壳的内禀理论》论文，由钱伟长写成初稿，辛格修改后，发表在为纪念美国著名科学家冯·卡门60岁寿辰的论文集里。这篇论文，是世界上第一篇有关板壳内禀的理论，具有极高的科学价值，被称为"钱伟长一般方程"和"圆柱壳的钱伟长方程"。爱因斯坦看了钱伟长的论文，曾惊叹道：太伟大了，他解决了一直困扰我的问题。

1946年，钱伟长回国，到清华大学任教，之后参与筹建了中国科学院力学研究所和自动化研究所。钱伟长同钱学森、钱三强一起于1956年共同制定了中国第一次12年科学规划，毛泽东主席戏称他们为"三钱"。20世纪70年代，钱伟长创立了中国力学学会理性力学和力学中的数学方法专业组，1980年又创办了中国最早的学术期刊《应用数学和力学》，促进了力学研究成果的国际学术交流，为我国的力学事业和中国力学学会的发展做出了重要贡献。

从义理到物理，从固体到流体，顺逆交替，委屈不曲，荣辱数变，老而弥坚，这就是他人生的完美力学！无名无利无悔，有情有义有祖国。

第2章

平面汇交力系

连杆增力夹具如图 2-1 所示，当 $F_1 = 100N$，$\alpha = 10°$ 时，$F_2 = ?$ 求解这类简单的工程实际问题就要用到平面汇交力系的知识。

凡各力的作用线均在同一平面内的力系，称为平面力系。在平面力系中，若各力的作用线全部汇交于一点，则称为平面汇交力系。本章将分别用几何法和解析法研究平面汇交力系的合成与平衡问题。

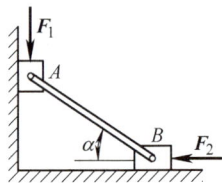

图 2-1

2.1 平面汇交力系合成与平衡的几何法

2.1.1 平面汇交力系合成的几何法

1. 二汇交力合成的三角形法则

设 F_1、F_2 二力作用于某刚体的 A 点，则由力的平行四边形法则可知，以 F_1、F_2 为两边，作平行四边形，其对角线即为它们的合力 F_R，并记作 $F_R = F_1 + F_2$，如图 2-2a 所示。

为简便起见，作图时可直接将 F_2 平移到 F_1 的末端，通过 $\triangle ABD$ 即可求得合力 F_R，如图 2-2b 所示，此法称为二汇交力合成的三角形法则。实际应用时，按一定比例作图，可直接量得合力 F_R 的近似值；也可以由正弦定理或余弦定理计算合力 F_R 的大小。

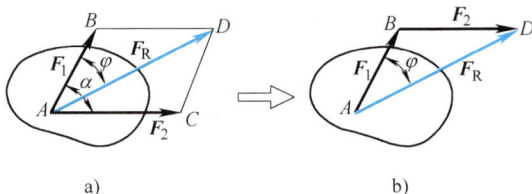

图 2-2

2. 多个汇交力合成的力的多边形法则

设在刚体上作用一平面汇交力系 F_1、F_2、F_3、F_4，其作用线汇交于 O 点，如图 2-3a 所示。求其合力 F_R，可连续使用上述三角形法则，即先求 F_1 与 F_2 的合力 F_{12}，再将 F_{12} 与 F_3 合成为 F_{123}，最后求出 F_{123} 与 F_4 的合力 F_R，力 F_R 即为该汇交力系 F_1、F_2、F_3、F_4 的合力，如图 2-3b 所示。用矢量式表示为

$$F_R = F_1 + F_2 + F_3 + F_4 = \sum F$$

在上面分析的过程中，F_{12}、F_{123} 也可省略，如图 2-3c 所示。故求合力 F_R 只需将各力 F_1、F_2、F_3、F_4 首尾相接，形成一条折线，最后将其连成一封闭的多边形，从 F_1 的起始点指向 F_4 的终止点所形成的矢量即为合力 F_R。此法称为力的多边形法则，也称为平面汇交力系合成的几何法。力多边形的封闭边即为该力系的合力。

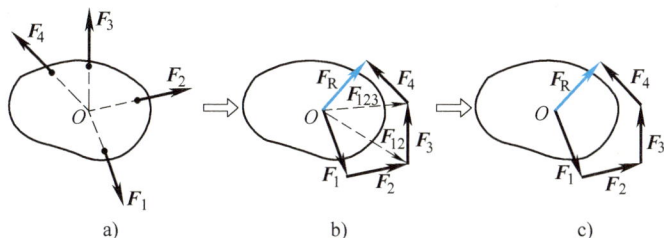

图　2-3

上述方法可以推广到平面汇交力系有若干个力的情况，于是可以得出结论：

用力的多边形法则可以将平面汇交力系合成为一个合力，画力的多边形时需将各力首尾相接，形成一条折线，最后连其封闭边。从第一个力的起始点指向最后一个力的终止点所形成的矢量即为合力 F_R。即平面汇交力系合成的结果是一个合力，其作用线过力系的汇交点，合力的大小和方向等于力系中各力的矢量和，用矢量式表示为

$$F_R = F_1 + F_2 + \cdots + F_n = \sum F \qquad (2-1)$$

应用力的多边形法则求合力时，应注意以下两点：

1）画力多边形时各个分力的次序是任意的，顺序不同只改变力多边形的形状，不改变合力的大小与方向。

2）画力多边形时各分力必须首尾相接，合力的箭头与最后一个分力的箭头相碰，合力为封闭边。

例 2-1　一固定于房顶的吊钩上作用有三个力 F_1、F_2、F_3，其大小和方向如图 2-4a 所示。用几何法求此三力的合力。

解　1）选取比例尺，如图 2-4b 所示。

2）按比例尺首尾相接地画出 F_1、F_2、F_3，连其封闭边即为合力 F_R，如图 2-4b 所示。

3）量出代表合力 F_R 的长度 AD，通过比例换算，得到 $F_R = 2000\text{N}$。

4）用量角器量得合力 F_R 与水平线之间的夹角 $\alpha = 60°$。

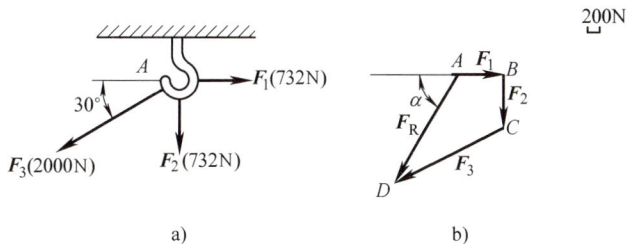

图　2-4

2.1.2　平面汇交力系平衡的几何条件

若刚体在一平面汇交力系作用下处于平衡状态，则该力系的合力为零；反之刚体受到一平面汇交力系作用，若力系的合力为零，则刚体处于平衡状态。于是得到刚体在平面汇交力系作用下处于平衡状态的充分必要条件是力系的合力等于零，即

$$F_R = \sum F = 0 \qquad (2-2)$$

若用力的多边形法则表示，即当平面汇交力系平衡时，由力系中各力首尾相连而成的力

多边形，其第一个力的起始点和最后一个力的终止点恰好重合在一起，构成一个封闭的力多边形。由此得到结论：

刚体在平面汇交力系作用下处于平衡状态的几何条件是此力系的力多边形首尾相连、自行封闭。

微课 2-1 例题 2-2

例 2-2 如图 2-5a 所示，支架 ABC 由水平杆 AB 与斜杆 BC 组成，A、B、C 三处均为铰链连接，B 端悬挂重物，其重力 $W = 8kN$。不计自重，试求两杆所受的力。

解 1）选销钉 B 为研究对象。

2）对销钉 B 进行受力分析，画受力图。

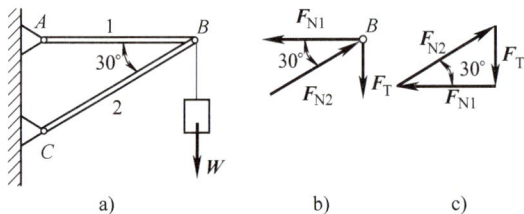

图 2-5

销钉 B 受到三个力作用：绳子的约束反力 F_T（大小等于重物的重力 W），其方向沿着绳索竖直向下；杆 AB、BC 对销钉的约束反力 F_{N1}、F_{N2}，由于自重不计，AB、BC 两杆均为二力杆，故 F_{N1}、F_{N2} 沿着各自杆的轴线，如图 2-5b 所示。显然，F_{N1}、F_{N2} 和 F_T 组成一平面汇交力系。

3）应用平衡的几何条件，求解未知力。

由平衡的几何条件，当销钉 B 平衡时，F_{N1}、F_{N2} 和 F_T 首尾相连组成一个封闭的力三角形，如图 2-5c 所示。解此三角形，得

$$\frac{F_T}{F_{N1}} = \tan 30°$$

$$\frac{F_T}{F_{N2}} = \sin 30°$$

故

$$F_{N1} = \frac{F_T}{\tan 30°} = \frac{W}{\tan 30°} = \frac{8}{\tan 30°} kN = 13.88 kN$$

$$F_{N2} = \frac{F_T}{\sin 30°} = \frac{W}{\sin 30°} = \frac{8}{\sin 30°} kN = 16 kN$$

根据受力图可知 AB 杆受拉力，BC 杆受压力。

例 2-3 如图 2-6a 所示，绳 AC、BC 吊起一重物，重物的重力 $G = 100N$，绳与水平线的夹角均为 45°。求绳的拉力。

解 1）选重物为研究对象。

2）对重物进行受力分析，画受力图。

重物受到三个力作用：重力 G、柔体的约束反力 F_{T1} 和 F_{T2}，此三力组成一平面汇交力系，如图 2-6b 所示。

3）应用平衡的几何条件，求解未知力。

由平衡的几何条件，当重物平衡时，F_{T1}、F_{T2} 和 G 首尾相连组成一个封闭的力三角形，如图 2-6c

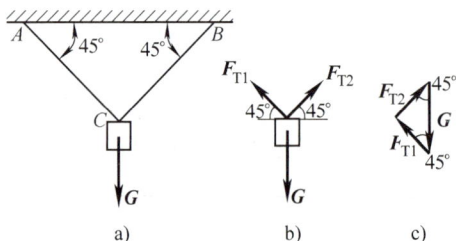

图 2-6

所示。解此三角形，得

$$\frac{F_{T1}}{G} = \cos45°$$

故 　　　　　　　　$F_{T1} = G\cos45° = 100 × \cos45° \text{N} = 70.7\text{N}$

此三角形为等腰三角形，则

$$F_{T2} = F_{T1} = 70.7\text{N}$$

由以上分析可知应用平面汇交力系平衡的几何条件解题，当力的封闭多边形为直角三角形时，求解未知力的过程简单、直观、准确、方便。

2.2　力的分解和力的投影

2.2.1　力的分解

把一个已知力沿两个已知方向分解求得的两个力，称为分力。如图 2-7 所示，F 为已知力，F_x、F_y 分别为力 F 沿 x、y 轴方向分解所得的分力。力的分解的作图过程与用平行四边形法则求合力的作图过程相反。两个已知方向可以任意，不一定互相垂直。当两个已知方向互相垂直时，画出的图形为一矩形，如图 2-7a 所示；当两个已知方向不互相垂直时，画出的图形为一平行四边形，如图 2-7b 所示。

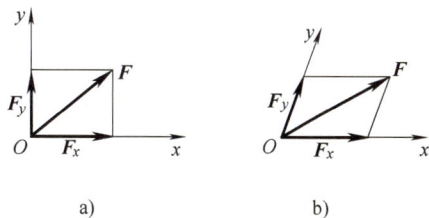

图　2-7

注意：分力是矢量。

2.2.2　力在直角坐标轴上的投影

设力 F 作用在刚体上的 A 点，建立直角坐标系 Oxy，使它与力 F 的作用线在同一平面内，如图 2-8 所示。从力 F 的起始点 A 和终止点 B 分别向 x 轴和 y 轴作垂线，得垂足 a、b 和 a'、b'。线段 ab 称为力 F 在 x 轴上的投影，用 F_x 表示。线段 $a'b'$ 称为力 F 在 y 轴上的投影，用 F_y 表示。

若已知力 F 的大小和它与 x 轴间的夹角 α（取锐角），则力 F 在直角坐标轴上的投影 F_x、F_y 分别为

$$\left.\begin{array}{l} F_x = ±F\cos\alpha \\ F_y = ±F\sin\alpha \end{array}\right\} \tag{2-3}$$

投影的正负号规定如下：若由 a 到 b（或由 a' 到 b'）的指向与坐标轴的正向一致时，力的投影为正值；反之，为负值。

例 2-4　在刚体上的 O、A、B、C、D 点，分别作用有力 F_1、F_2、F_3、F_4、F_5，各力的大小为 $F_1 = F_2 = F_3 = F_4 = F_5 = 20\text{N}$，方向如图 2-9 所示。求各力在 x、y 轴上的投影。

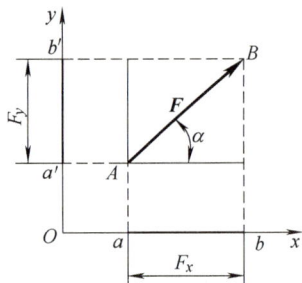

图 2-8

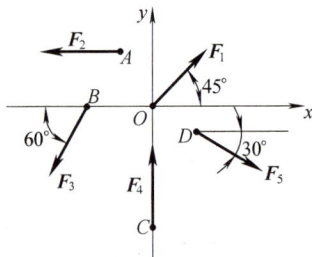

图 2-9

解 由式（2-3）得，各力在 x 轴上的投影为

$$F_{1x} = F_1\cos45° = 20×\cos45°\text{N} = 14.14\text{N}$$

$$F_{2x} = -F_2 = -20\text{N}$$

$$F_{3x} = -F_3\cos60° = -20×\cos60°\text{N} = -10\text{N}$$

$$F_{4x} = 0$$

$$F_{5x} = F_5\cos30° = 20×\cos30°\text{N} = 17.32\text{N}$$

各力在 y 轴上的投影为

$$F_{1y} = F_1\sin45° = 20×\sin45°\text{N} = 14.14\text{N}$$

$$F_{2y} = 0$$

$$F_{3y} = -F_3\sin60° = -20×\sin60°\text{N} = -17.32\text{N}$$

$$F_{4y} = F_4 = 20\text{N}$$

$$F_{5y} = -F_5\sin30° = -20×\sin30°\text{N} = -10\text{N}$$

强调指出，**力的投影和力的分力是两个不同的概念，前者是代数量，后者是矢量；投影无作用点，而分力必须作用在原力的作用点**。只有当一个力沿一对直角坐标轴分解时，所得到的两个分力的大小才分别等于该力在相应坐标轴上投影的绝对值，如图 2-10 所示。

反之，若已知力 $\boldsymbol{F}$ 在 x 轴和 y 轴上的投影 F_x、F_y 则可求出力 $\boldsymbol{F}$ 的大小和方向，即

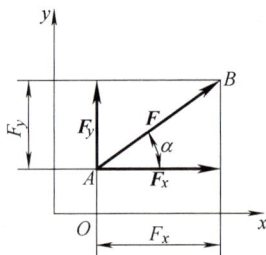

图 2-10

$$\left.\begin{array}{l} F = \sqrt{F_x^2 + F_y^2} \\ \tan\alpha = \left|\dfrac{F_y}{F_x}\right| \end{array}\right\} \tag{2-4}$$

式中 α——力 $\boldsymbol{F}$ 与 x 轴所夹锐角，力 $\boldsymbol{F}$ 的方向由 F_x 和 F_y 的正负号确定。

2.3 平面汇交力系合成与平衡的解析法

2.3.1 合力投影定理

设在刚体上一点作用一平面汇交力系 $\boldsymbol{F}_1$，$\boldsymbol{F}_2$，$\cdots$，$\boldsymbol{F}_n$，将式（2-1）两边分别向 x 轴及

y 轴投影，有

$$F_{Rx} = F_{1x} + F_{2x} + \cdots + F_{nx} = \sum F_x \left.\vphantom{\begin{array}{c}1\\1\end{array}}\right\}$$
$$F_{Ry} = F_{1y} + F_{2y} + \cdots + F_{ny} = \sum F_y$$

(2-5)

式（2-5）称为合力投影定理，即平面汇交力系的合力在坐标轴上的投影等于各个分力在同一坐标轴上投影的代数和。

2.3.2　平面汇交力系合成的解析法

平面汇交力系合成的解析法是用力在直角坐标轴上的投影来计算合力的大小、确定合力方向的方法。

由合力投影定理，求出合力在 x 轴和 y 轴上的投影 F_{Rx} 和 F_{Ry}，根据式（2-4）可求得合力的大小和方向为

$$F_R = \sqrt{F_{Rx}^2 + F_{Ry}^2} = \sqrt{\left(\sum F_x\right)^2 + \left(\sum F_y\right)^2} \left.\vphantom{\begin{array}{c}1\\1\\1\end{array}}\right\}$$
$$\tan\alpha = \left|\frac{F_{Ry}}{F_{Rx}}\right| = \left|\frac{\sum F_y}{\sum F_x}\right|$$

(2-6)

式中　α——合力 $\boldsymbol{F}_R$ 与 x 轴所夹锐角，合力 $\boldsymbol{F}_R$ 的方向由 $\sum F_x$ 和 $\sum F_y$ 的正负号确定。

例 2-5　用解析法求解例题 2-1。

解　建立直角坐标系 Axy，如图 2-11b 所示，应用合力投影定理求出

$$F_{Rx} = \sum F_x = F_{1x} + F_{2x} + F_{3x} = (732 + 0 - 2000 \times \cos 30°) \text{N} = -1000\text{N}$$

$$F_{Ry} = \sum F_y = F_{1y} + F_{2y} + F_{3y} = (0 - 732 - 2000 \times \sin 30°) \text{N} = -1732\text{N}$$

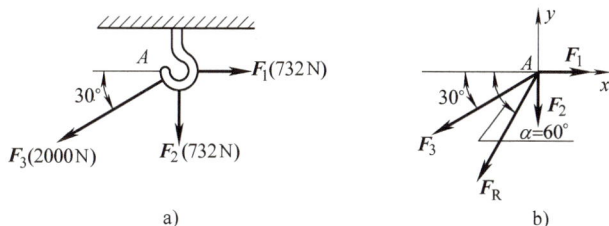

a)　　　　　　　　　　　　b)

图　2-11

再根据式（2-6）求得合力 $\boldsymbol{F}_R$ 为

$$F_R = \sqrt{\left(\sum F_x\right)^2 + \left(\sum F_y\right)^2} = \sqrt{(-1000)^2 + (-1732)^2}\text{N} = 2000\text{N}$$

$$\tan\alpha = \left|\frac{\sum F_y}{\sum F_x}\right| = \sqrt{3} \qquad \alpha = 60°$$

2.3.3　平面汇交力系平衡的解析条件

由式（2-2）可知，刚体在平面汇交力系作用下处于平衡状态的充分必要条件是力系的合力等于零。由式（2-6）得

$$F_R = \sqrt{\left(\sum F_x\right)^2 + \left(\sum F_y\right)^2} = 0$$

即

$$\left.\begin{array}{l} \sum F_x = 0 \\ \sum F_y = 0 \end{array}\right\} \qquad (2\text{-}7)$$

式（2-7）称为刚体在平面汇交力系作用下处于平衡状态的解析条件，又称为平面汇交力系的平衡方程。它表明当刚体在平面汇交力系作用下处于平衡状态时，力系中各力在任意两个直角坐标轴上投影的代数和均等于零。

用式（2-7）解题时，坐标轴的方向可以任意选择，因为平衡力系在任何方向都不会有合力存在。任选坐标轴可以列出无数个投影方程，但其中相互独立的却只有两个。因此，对于一个平面汇交力系，只能列出两个相互独立的平衡方程，求解两个未知量。

例 2-6 用解析法求解例题 2-3。

解 1）选重物为研究对象。

2）对重物进行受力分析，画受力图，如图 2-12b 所示。重物受到重力 G、柔体的约束反力 F_{T1} 和 F_{T2}。

3）建立坐标系 Cxy，如图 2-12b 所示。

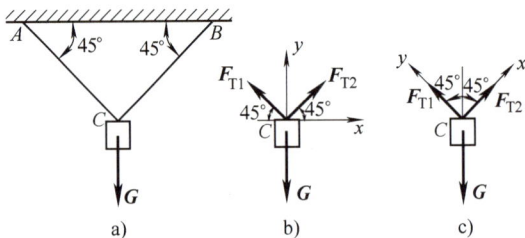

微课 2-2 例题 2-6

图 2-12

4）列平衡方程：

$$\sum F_x = 0 \qquad F_{T2}\cos 45° - F_{T1}\cos 45° = 0 \qquad (\text{a})$$

$$\sum F_y = 0 \qquad F_{T2}\sin 45° + F_{T1}\sin 45° - G = 0 \qquad (\text{b})$$

解方程求未知量，由式（a）得

$$F_{T1} = F_{T2}$$

代入式（b）得

$$2F_{T1}\sin 45° - 100\text{N} = 0$$

$$F_{T1} = F_{T2} = 70.7\text{N}$$

本题若以 F_{T2} 和 F_{T1} 的作用线作为 x 轴、y 轴，如图 2-12c 所示，则解题比较简便。因为两个未知量都在坐标轴上，列出的平衡方程均只含有一个未知量。

$$\sum F_x = 0 \qquad F_{T2} - G\cos 45° = 0$$

$$F_{T2} = 100 \times \cos 45° \text{N} = 70.7\text{N}$$

$$\sum F_y = 0 \qquad F_{T1} - G\sin 45° = 0$$

$$F_{T1} = 100 \times \sin 45° \text{N} = 70.7\text{N}$$

例 2-7 如图 2-13a 所示，滑轮 B 由两端铰接的刚杆 AB 和 BC 支承，重物的重力 $G = 2\text{kN}$，用绞车和绕过定滑轮 B 的绳子吊起。不计滑轮的大小和各接触处的摩擦，试求杆 AB

和 BC 所受到的力。

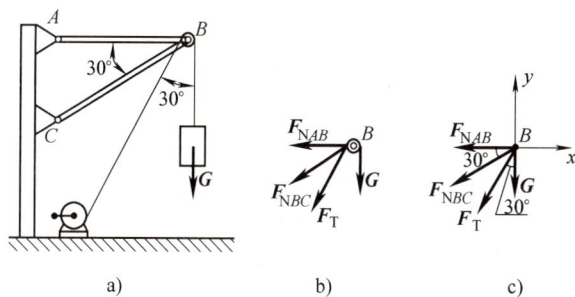

图　2-13

解　1）选滑轮 B 为研究对象。

2）对滑轮 B 进行受力分析，画受力图，如图 2-13b 所示。滑轮 B 受力有：主动力 $\boldsymbol{G}$；杆 AB 和 BC 给滑轮的约束反力 $\boldsymbol{F}_{NAB}$ 和 $\boldsymbol{F}_{NBC}$，因为杆 AB 和 BC 均为二力杆，所以这两个约束反力分别沿着各自杆的轴线，假设方向如图所示；绳子的约束反力 $\boldsymbol{F}_{T}$，显然 $F_T = G$。略去滑轮的大小，可将 $\boldsymbol{F}_T$ 和 $\boldsymbol{G}$ 作用于滑轮的转动中心 B 处，则 $\boldsymbol{G}$、$\boldsymbol{F}_{NAB}$、$\boldsymbol{F}_{NBC}$ 和 $\boldsymbol{F}_T$ 组成一平面汇交力系，如图 2-13c 所示。

3）建立坐标系 Bxy，如图 2-13c 所示。

4）列平衡方程：

$$\sum F_x = 0 \qquad -F_{NBC}\cos 30° - F_{NAB} - F_T \sin 30° = 0 \qquad (a)$$

$$\sum F_y = 0 \qquad -F_{NBC}\sin 30° - F_T \cos 30° - G = 0 \qquad (b)$$

解方程求未知量，由式（b）得

$$-F_{NBC}\sin 30° - 2 \times \cos 30° kN - 2kN = 0$$

$$F_{NBC} = -7.46kN \text{ （负号表示其实际方向与图示方向相反）}$$

代入式（a）得

$$7.46 \times \cos 30° kN - F_{NAB} - 2 \times \sin 30° kN = 0$$

$$F_{NAB} = 5.46kN$$

根据受力图可知 AB 杆为受拉杆，BC 杆为受压杆。

例 2-8　如图 2-14a 所示，轧路机的碾子重 $G = 15kN$，半径 $r = 60cm$，欲将此碾子拉过高 $h = 8cm$ 的台阶，在其中心 O 作用一水平拉力 $\boldsymbol{F}$，求此拉力 $\boldsymbol{F}$ 的大小和碾子对台阶的压力。

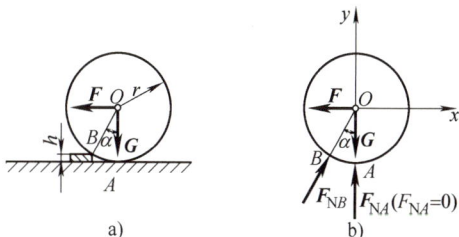

图　2-14

解　1）选碾子为研究对象。

2）对碾子进行受力分析，画受力图，如图2-14b 所示。碾子受力有：重力 $\boldsymbol{G}$、水平拉力 $\boldsymbol{F}$、地面的反力 $\boldsymbol{F}_{NA}$ 和台阶的反力 $\boldsymbol{F}_{NB}$，此四力构成一平面汇交力系。碾子越过台阶的瞬间，必须与地面上的 A 点脱离接触，即 $F_{NA} = 0$，这就是碾子越过台阶的力学条件。

3）建立坐标系 Oxy，如图 2-14b 所示。

4）列平衡方程：

$$\sum F_x = 0 \qquad -F + F_{NB}\sin\alpha = 0 \qquad\qquad (a)$$

$$\sum F_y = 0 \qquad F_{NB}\cos\alpha - G = 0 \qquad\qquad (b)$$

$$其中 \cos\alpha = \frac{r-h}{r} = \frac{60-8}{60} = 0.866$$

$$即 \quad \alpha = 30°$$

解方程求未知量，由式（b）得

$$F_{NB} = \frac{G}{\cos\alpha} = \frac{15}{0.866}\text{kN} = 17.32\text{kN}$$

由作用与反作用定律可知，$\boldsymbol{F}_{NB}$ 就是碾子对台阶的压力。

将 F_{NB} 值代入式（a）得

$$F = F_{NB}\sin\alpha = 17.32 \times \sin 30° \text{kN} = 8.66\text{kN}$$

在前面所介绍的例题中，已知力和未知力都作用在同一个物体上，这样的问题比较简单，只选一次研究对象即可。但工程中有些问题已知力和未知力分别作用在不同的物体上，这时只选一次研究对象就不能解决问题了。

例 2-9　压榨机的结构简图如图 2-15a 所示，在 A 铰链处作用一水平力 F 使滑块 C 压紧物体 D。若不计杆 AB、AC 的重力和各接触处的摩擦，求物体 D 所受的压力。

解　由作用与反作用定律可知，物体 D 所受的压力就是物体 D 对滑块 C 的约束反力，所以已知力作用在 A 铰链处，而未知力作用在滑块 C 上，它们分别作用在不同的物体上，此时选研究对象应该由已知力作用的物体出发，去寻找已知力和未知力相联系的"桥梁"，最后落到未知力作用的物体上，即需要选多次研究对象。

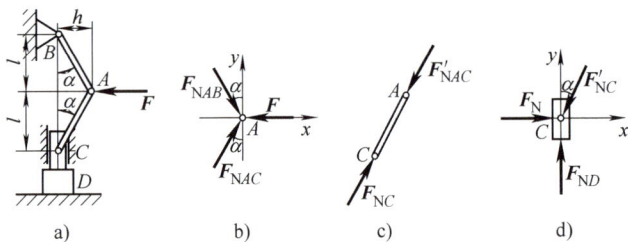

图　2-15

1）先选 A 铰链为研究对象。对 A 铰链进行受力分析，画受力图，如图 2-15b 所示。A 铰链共受到三个力的作用：主动力 F、AB 杆和 AC 杆的约束反力 F_{NAB} 和 F_{NAC}。因为 AB 杆和 AC 杆均为二力杆，所以这两个约束反力分别沿着各自杆的轴线，假设方向如图所示。建立坐标系 Axy，列平衡方程：

$$\sum F_x = 0 \qquad F_{NAC}\sin\alpha + F_{NAB}\sin\alpha - F = 0 \qquad\qquad (a)$$

$$\sum F_y = 0 \qquad F_{NAC}\cos\alpha - F_{NAB}\cos\alpha = 0 \qquad\qquad (b)$$

解方程求未知量，由式（b）得

$$F_{NAC} = F_{NAB}$$

代入式（a）得

$$F_{NAC} = F_{NAB} = \frac{F}{2\sin\alpha}$$

2）AC 杆是铰链 A 和滑块 C 联系的"桥梁"，故再选 AC 杆为研究对象。AC 杆是一个二力杆，画 AC 杆的受力图，如图 2-15c 所示。由二力平衡公理有

$$F'_{NAC} = F_{NC}$$

又由作用与反作用定律有 $F'_{NAC}=F_{NAC}$，所以 $F_{NC}=F_{NAC}$。

3）最后选滑块 C 为研究对象，进行受力分析，画受力图，如图 2-15d 所示。滑块 C 受到三个力作用：AC 杆的反作用力 F'_{NC}、物体 D 的约束反力 F_{ND} 和导槽的约束反力 F_N。F'_{NC} 可根据作用与反作用定律确定；F_{ND} 为一光滑面约束的约束反力，其方向竖直向上；滑块 C 与导槽形成的光滑面约束为一双面约束，在图示状态下，滑块 C 与导槽左面单面接触，从而产生垂直于导槽左面的约束反力 F_N。由三力平衡汇交原理，F_N 与 F'_{NC}、F_{ND} 汇交于一点，据此可画出约束反力 F_N。

因为 $F'_{NC}=F_{NC}$，故 $F'_{NC}=F_{NAC}=\dfrac{F}{2\sin\alpha}$

建立坐标系 Cxy，列平衡方程

$$\sum F_y=0 \qquad F_{ND}-F'_{NC}\cos\alpha=0$$

得
$$F_{ND}=F'_{NC}\cos\alpha=\frac{F}{2\sin\alpha}\cos\alpha=\frac{F\cot\alpha}{2}=\frac{Fl}{2h}$$

例 2-10 如图 2-16a 所示，连杆机构 $OABC$ 受水平力 F_1 和竖直力 F_2 作用处于平衡状态。已知 $F_2=4\text{kN}$，求力 F_1 的大小。

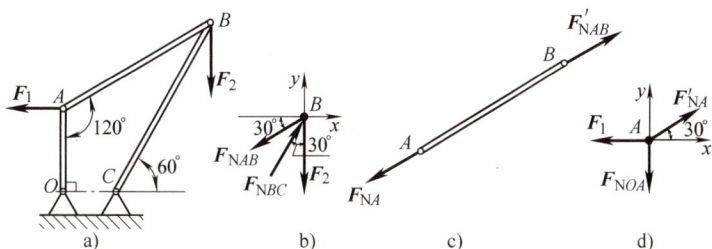

图 2-16

解 1）先选 B 铰链为研究对象。对 B 铰链进行受力分析，画受力图，如图 2-16b 所示。B 铰链共受到三个力的作用：主动力 F_2、AB 杆和 BC 杆的约束反力 F_{NAB} 和 F_{NBC}。因为 AB 杆和 BC 杆均为二力杆，所以这两个约束反力分别沿着各自杆的轴线，假设方向如图所示。建立坐标系 Bxy，列平衡方程：

$$\sum F_x=0 \qquad -F_{NAB}\cos30°+F_{NBC}\cos60°=0 \qquad (\text{a})$$
$$\sum F_y=0 \qquad -F_{NAB}\sin30°+F_{NBC}\sin60°-F_2=0 \qquad (\text{b})$$

解方程求未知量，由式（a）得
$$F_{NBC}=\sqrt{3}\,F_{NAB}$$

代入式（b）得
$$-F_{NAB}\sin30°+\sqrt{3}\,F_{NAB}\sin60°-F_2=0$$
$$F_{NAB}=F_2=4\text{kN}$$

2）AB 杆是铰链 A 和铰链 B 联系的"桥梁"，故再选 AB 杆为研究对象。AB 杆是一个二力杆，画 AB 杆的受力图，如图 2-16c 所示。由二力平衡公理有
$$F'_{NAB}=F_{NA}$$

又由作用与反作用定律有 $F'_{NAB}=F_{NAB}$，所以 $F_{NA}=F_{NAB}$。

3）最后选铰链 A 为研究对象，进行受力分析、画受力图，如图 2-16d 所示。铰链 A 受到三个力作用：主动力 F_1、AB 杆的反作用力 F'_{NA} 和 OA 杆的约束反力 F_{NOA}。F'_{NA} 可根据作用与反作用定律确定；OA 杆是一个二力杆，故其约束反力沿着杆的轴线，假设方向如图所示。

因为 $F'_{NA}=F_{NA}$，故 $F'_{NA}=F_{NAB}=F_2=4kN$

建立坐标系 Axy，列平衡方程：

$$\sum F_x=0 \qquad F'_{NA}\cos30°-F_1=0$$

得

$$F_1=F'_{NA}\cos30°=4×\cos30°kN=3.46kN$$

通过以上例题，可以总结出求解平面汇交力系平衡问题的主要步骤：

1）选研究对象。当已知力和未知力都作用在同一个物体上时，只选一次研究对象即可；当已知力和未知力分别作用在不同的物体上时，就要多次选择研究对象了，一般情况下，首先选有已知力作用的物体为研究对象，找到它和未知力联系的"桥梁"，然后选取该"桥梁"为研究对象，最后选未知力作用的物体为研究对象。

2）对研究对象进行受力分析，画受力图。

3）建立直角坐标系。应使坐标轴与较多力（特别是未知力）的作用线相平行或垂直，以便于计算力在坐标轴上的投影，同时尽量避免求解联立方程组。

4）列平衡方程，求解未知量。计算结果中出现负号时，说明实际受力方向与所设方向相反，不必去改受力图。

小 结

1. 平面汇交力系合成与平衡的几何法

用几何法将平面汇交力系合成，即用画力多边形的方法，将各力首尾相接，形成一条折线，最后连其封闭边。从第一个力的起始点指向最后一个力的终止点所形成的矢量即为合力 F_R。用公式表示为

$$F_R=\sum F$$

平衡条件是力的多边形首尾相连、自行封闭。用公式表示为

$$F_R=\sum F=0$$

2. 平面汇交力系合成与平衡的解析法

用解析法将平面汇交力系合成，即先求各个分力的投影，然后用合力投影定理求出合力的投影，再将其合成为一个力。用公式表示为

$$\left.\begin{array}{l}F_{Rx}=\sum F_x\\F_{Ry}=\sum F_y\end{array}\right\}$$

$$\left.\begin{array}{l}F_R=\sqrt{F_{Rx}^2+F_{Ry}^2}=\sqrt{(\sum F_x)^2+(\sum F_y)^2}\\\tan\alpha=\left|\dfrac{F_{Ry}}{F_{Rx}}\right|=\left|\dfrac{\sum F_y}{\sum F_x}\right|\end{array}\right\}$$

平衡条件是力系中各力在任意两个直角坐标轴上投影的代数和均等于零。即

$$\left.\begin{array}{l} \sum F_x = 0 \\ \sum F_y = 0 \end{array}\right\}$$

此式又称为平面汇交力系的平衡方程。平面汇交力系有两个相互独立的平衡方程，可求解两个未知量。

习　题

2-1　填空题

（1）如果平面力系中各力的作用线全部＿＿＿于一点，则此力系称为平面汇交力系。

（2）平面汇交力系平衡的必要与充分条件是＿＿＿＿＿＿＿＿，此时力多边形＿＿＿＿＿＿。

（3）沿力矢量的两端向两坐标轴作＿＿＿＿＿＿，两垂足在坐标轴上截下的这段长度称为力在坐标轴上的＿＿＿＿＿，力的投影是＿＿＿＿＿，有正负之分。

（4）已知一个力 F 沿直角坐标轴的两个投影为 F_x、F_y，那么这个力的大小 $F =$ ＿＿＿＿＿＿＿＿，方向角用 α 表示，其中 α 与投影之间的关系为＿＿＿＿＿。

（5）合力在任一轴上的投影等于各分力在同一轴上投影的代数和，这就是＿＿＿＿＿＿＿＿＿定理。

（6）求多个汇交力的合力的几何法通常要采取连续运用力＿＿＿＿法则来求得。

（7）平面汇交力系的合力，其作用线通过＿＿＿＿，其大小和方向可用力多边形＿＿＿＿＿表示。

（8）平面汇交力系平衡的解析条件是＿＿＿＿＿＿＿＿＿＿＿＿＿＿＿＿＿＿。

（9）平面汇交力系，有＿＿＿＿＿个独立的平衡方程，可求解＿＿＿＿个未知量。

（10）平面汇交力系的力多边形如图 2-17 所示，则

图 2-17a 中四个力关系的矢量表达式＿＿＿＿＿＿＿＿＿＿＿＿＿＿；

图 2-17b 中四个力关系的矢量表达式＿＿＿＿＿＿＿＿＿＿＿＿＿＿；

图 2-17c 中四个力关系的矢量表达式＿＿＿＿＿＿＿＿＿＿＿＿＿＿；

图 2-17d 中四个力关系的矢量表达式＿＿＿＿＿＿＿＿＿＿＿＿＿＿。

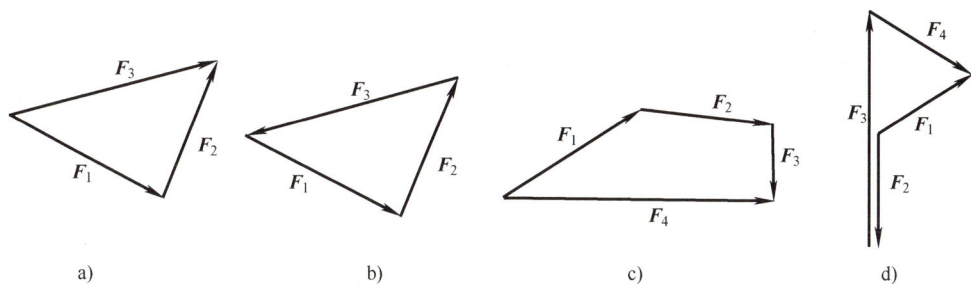

a)　　　　　　　　b)　　　　　　　　c)　　　　　　　　d)

图　2-17

2-2　选择题

（1）作用在刚体上两个不在一直线上的汇交力 F_1 和 F_2，可求得其合力 $F_R = F_1 + F_2$，则其合力的大小（　　）。

A. 必有 $F_R = F_1 + F_2$　　　　　　　　B. 不可能有 $F_R < F_1 + F_2$

C. 必有 $F_R > F_1$，$F_R > F_2$　　　　　　D. 可能有 $F_R < F_1$，$F_R < F_2$

（2）图 2-18 所示的力三角形，（　　）表示力矢 F_R 是 F_1 和 F_2 两力矢的合力矢量。

（3）图 2-19 所示的是由 F_R、F_1、F_2 三个力组成的平面汇交力系的力三角形，（　　）表示力系是平衡的。

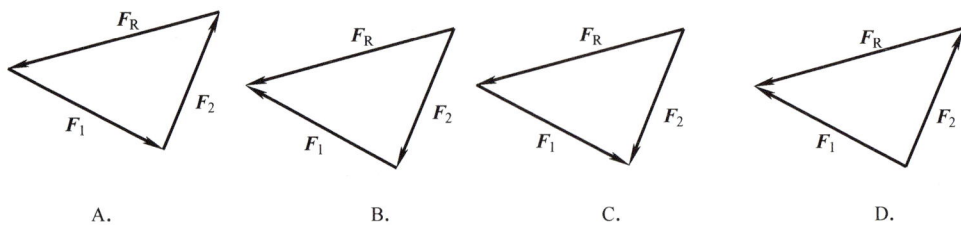

图 2-18

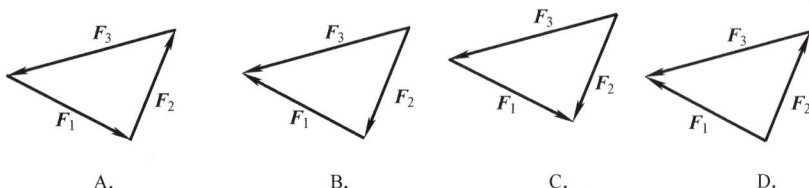

图 2-19

（4）以下四种说法，（   ）是正确的。

A. 力在平面内的投影是个矢量　　　　　　　B. 力在任一坐标轴上的投影和分力是相等的

C. 力在平面内的投影是个代数量　　　　　　D. 投影有正负，是矢量

（5）力在正交坐标轴上的投影大小（   ）力沿这两个轴的分力的大小。

A. 大于　　　　　　　　　　　　　　　　　B. 小于

C. 等于　　　　　　　　　　　　　　　　　D. 不等于

（6）力在相互不垂直的两个轴上的投影大小_____力沿这两个轴的分力的大小。

A. 大于　　　　　　　　　　　　　　　　　B. 小于

C. 等于　　　　　　　　　　　　　　　　　D. 不等于

（7）分力_____合力。

A. 大于　　　　　　　　　　　　　　　　　B. 等于

C. 小于　　　　　　　　　　　　　　　　　D. 不一定小于

（8）平面汇交力系的合力 F，在 x 轴上的投影为 0，则合力应（   ）。

A. 垂直与 x 轴　　　　　　　　　　　　　B. 平行于 x 轴

C. 与 x 轴重合　　　　　　　　　　　　　D. 不能确定

（9）某力 F 在某轴上的投影的绝对值等于该力的大小，则该力在另一任意与之共面的轴上的投影为（   ）。

A. 一定等于零　　　　　　　　　　　　　　B. 不一定等于零

C. 一定不等于零　　　　　　　　　　　　　D. 仍等于该力的大小

2-3　判断题

（1）无论平面汇交力系所含汇交力的数目是多少，都可用力多边形法则求其合力。（   ）

（2）应用力多边形法则求合力时，若按不同顺序画各分力矢，最后所形成的力多边形形状将是不同的。（   ）

（3）如果作用在刚体上的平面汇交力系的合力等于零，即力多边形自行封闭，则此力系平衡。（   ）

（4）作用在刚体上的所有力，在某一坐标轴上的投影的代数和为零，该刚体不一定平衡。（   ）

（5）两个力 F_1、F_2 在同一轴上的投影相等，则这两个力一定相等。（   ）

（6）两个大小相等的力，在同一轴上的投影也相等。（   ）

（7）某力在某轴上的投影为零，则该力不一定为零。（   ）

（8）用解析法求平面汇交力系的平衡问题时，投影轴的方位不同，平衡方程的具体形式不同，但计算

结果不变。（　　）

（9）用几何法求平面汇交力系合力时，作图时画力的顺序可以不同，其合力不变。（　　）

（10）用解析法求平面汇交力系平衡问题时，所选取的两个轴必须相互垂直。（　　）

2-4　已知 $F_1=200\mathrm{N}$，$F_2=150\mathrm{N}$，$F_3=200\mathrm{N}$，$F_4=100\mathrm{N}$，各力的方向如图 2-20 所示。求各力在 x、y 轴上的投影。

2-5　图 2-21 所示 F_1、F_2、F_3 三力共拉一碾子，已知 $F_1=1\mathrm{kN}$，$F_2=1\mathrm{kN}$，$F_3=1.732\mathrm{kN}$，各力的方向如图。求此三力合力的大小与方向。

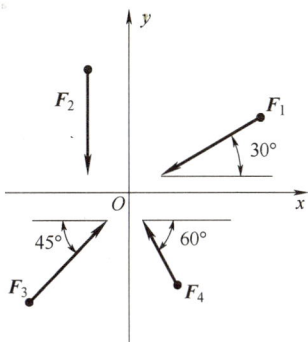

图　2-20

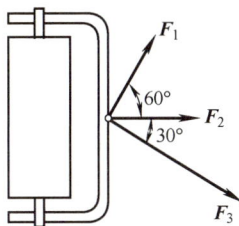

图　2-21

2-6　用两绳吊挂重物如图 2-22 所示，重物的重力 $G=200\mathrm{N}$。求绳 AB、BC 的拉力。

2-7* 圆盘的重力 $G=10\mathrm{kN}$，直径 $D=1.2\mathrm{m}$，施加一水平力 F 使它能跨过 $h=0.2\mathrm{m}$ 的台阶，如图 2-23 所示。求：（1）水平力 F 的大小；（2）若作用力 F 的方向可变，确定最小力 F 的大小和方向。

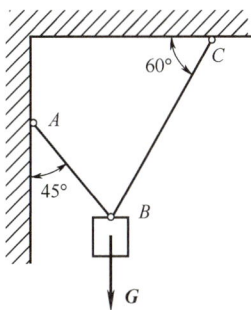

图　2-22

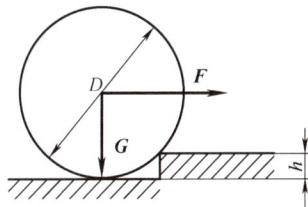

图　2-23

2-8* 三铰拱钢架在 D 点受水平力 F 作用，尺寸如图 2-24 所示。不计自重，求铰链 A、B 处的约束反力。

2-9* 连杆增力夹具如图 2-25 所示，已知推力 F_1 作用于 A 点，夹紧平衡时杆与水平线的夹角为 α。求夹紧时 F_2 的大小和 $\alpha=10°$ 时的增力倍数 F_2/F_1（杆重不计）。

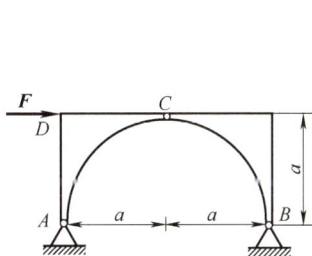

图　2-24

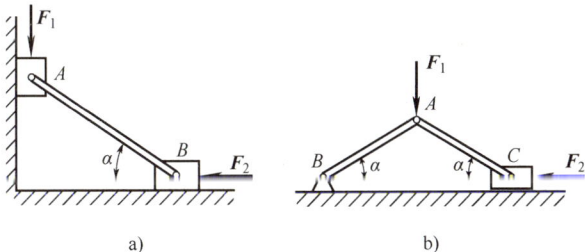

a)　　　　　　　　b)

图　2-25

拓展园地

我国古代的力学探索

力学是研究宏观物体机械运动规律的一门科学。在人类研究力学的历史过程中，特别是在古代力学发展过程中，我国的古代科学家做出了杰出的贡献，他们对运动和力等一些力学基本概念做了简单的描述；对静力平衡问题、杠杆原理等一些力学现象做了一定的研究；此外，对惯性、速度及流体等的研究也有所记载。他们对力学的研究是人类探索力学规律活动的一个重要组成部分。

东汉时期成书的《尚书纬·考灵曜》中指出："地恒动不止而不知，譬如人在大舟中，闭牖而坐，舟行而不觉也。"这是对机械运动相对性十分生动和浅显的比喻。其后的哥白尼、伽利略在论述这类问题时，都不谋而合地运用过几乎相同的比喻，但在时间上已经晚了一千四百年之多，这说明我国早在公元二世纪前对运动就有了相当深刻的认识。

墨家最早指出："力，刑之所以奋也。"这里的"刑"同"形"，指物体的运动状态；这里的"奋"字是由静到动、由慢到快的意思，明确含有加速度的意思。所以以上墨家的论点可解释为：力是物体由静到动、由慢到快做加速运动的原因。《墨经》中还记载道："力，重之谓，下、举，重奋也。"意思是物体的重量也就是一种力，物体下坠、上举都是基于重的作用，也就是用力的表现。古代一直把重量单位如"钧""石"等作为力的量度单位，也足以说明这一点。

古时人们曾用头发编成发辫来悬挂重物，结果发现发辫中有的头发被拉断，而有的头发不被拉断，对此墨家进行了细致的观察和深入的研究，终于发现：当这些头发共悬一件重物时，由于头发的松紧程度不同，被拉紧的那一部分头发承受了重物全部的重量，尽管重物的重量可能不是很大，但这些头发往往先被拉断，其他部分的头发也有可能相继被拉断。于是，墨家认为，假如重物的重量能够均匀地分配到每一根头发上，这些头发就有可能一根也不会断。所谓"轻而发绝，不均也。均，其绝也莫绝"就是这个意思。战国后期的名家公孙龙在墨家这个论点的基础上提出了"发引千钧"的设想，即如果头发的松紧程度相同，则能承受很重的物体。

惯性是力学中一个非常重要的基本概念。我们的祖先很早以前就开始注意惯性这一力学现象了，而且在生活和生产实践中，逐步形成了对惯性现象的初步认识。《考工记》中写道："马力既竭，车舟（辕）犹能一取也。"意思是说，马拉车的时候，马虽然停止前进，即不对车施加拉力了，但车辕还能继续往前动一动。这显然是对惯性的一个生动而直观的描述，这也是我国古代力学史上关于惯性最早的记载。

中国作为一个文明古国，在古代科学技术方面曾经在相当长的一段历史时期内相对于西方保持着明显的领先地位，这反映出我国古代人民的聪明才智和科学素养。在倡导科技创新的今天，我们回顾祖国灿烂的古代科技文明，应树立文化自信，一方面为祖先的辉煌成就而骄傲，另一方面以振兴民族科技为己任，为实现中华民族的伟大复兴贡献一分力量。

3 第 3 章
力矩和平面力偶系

钳工用丝锥攻螺纹时，要求双手均匀加力，如图 3-1 所示。如果单手用力可以吗？要回答这个问题，就得学习力矩和平面力偶系的知识。本章将研究具有转动效应的力矩和力偶的概念、性质；平面力偶系的合成与平衡条件；力的平移定理等内容。

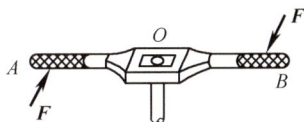

图　3-1

3.1 力对点之矩

3.1.1 力矩的概念

如图 3-2 所示，当用扳手拧紧螺母时，力 F 对螺母拧紧的转动效应不仅与力 F 的大小有关，而且与转动中心 O 到力 F 的垂直距离 d 有关。

因此，在力学中以物理量 Fd 及其转向来度量力使物体绕转动中心 O 转动的效应，这个量称为力 F 对 O 点之矩，简称力矩，记作

$$M_O(F) = \pm Fd \qquad (3-1)$$

式中　d——点 O 到力 F 作用线的垂直距离，称为力臂，单位为 m。

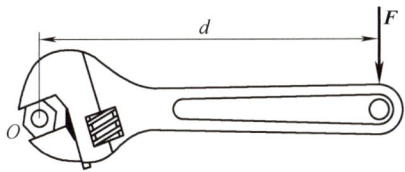

图　3-2

点 O 称为力矩中心，简称矩心。力矩是代数量，一般规定力使物体绕矩心做逆时针方向转动时，力矩为正；反之做顺时针方向转动时，力矩为负。在国际单位制中力矩的单位是 N·m。

3.1.2 力矩的性质

1）力对点之矩不仅取决于力的大小，而且与矩心的位置有关；力等于零或力的作用线通过矩心时，力矩为零。

2）力对点之矩不因该力沿其作用线移动而改变。因为力沿其作用线移动时，力和力臂均未发生改变。

3）互成平衡的两个力对同一点之矩的代数和等于零。互成平衡的两个力对同一点之矩的大小相等、转向相反，即一个为正值，另一个为负值，所以其代数和为零。

3.1.3 合力矩定理

合力矩定理给出了合力与其各个分力对同一点力矩之间的关系，即合力对作用面内任意一点之矩，等于该力在同平面内各个分力对同一点之矩的代数和。

$$M_O(F_R) = \sum M_O(F) \tag{3-2}$$

这个关系称为合力矩定理。用合力矩定理求力矩非常方便，尤其在力臂不易求出时。

例 3-1 如图 3-3a 所示，直齿圆柱齿轮的齿面受到法向压力 F_n 的作用，已知 $F_n = 1.5\text{kN}$，$\alpha = 20°$，齿轮的分度圆直径 $d = 60\text{mm}$。求力 F_n 对轴心 O 点的矩。

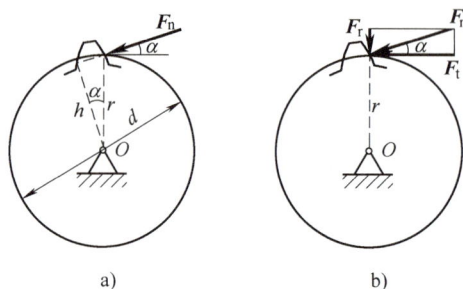

图 3-3

解 方法（1）根据力对点之矩的定义，有

$$M_O(F_n) = F_n h = F_n r \cos\alpha = 1500 \times 0.03 \times \cos20° \text{N} \cdot \text{m} = 42.3 \text{N} \cdot \text{m}$$

方法（2）将力 F_n 沿分度圆的切线和法线方向分解为一对正交分力：圆周力 F_t 和径向力 F_r，如图 3-3b 所示，则有

$$F_t = F_n \cos\alpha$$

$$F_r = F_n \sin\alpha$$

由合力矩定理得

$$M_O(F_n) = M_O(F_t) + M_O(F_r) = F_t r + 0 = F_n \cos\alpha \, r = 1500 \times 0.03 \times \cos20° \text{N} \cdot \text{m} = 42.3 \text{N} \cdot \text{m}$$

注意：上述合力矩定理不仅适用于平面汇交力系，同样适用于平面任意力系。

3.2 力偶

3.2.1 力偶的概念

在日常生活中，常见物体同时受到大小相等、方向相反、作用线相互平行的两个力作用。例如，用手拧水龙头（见图 3-4a）和汽车司机转动方向盘（见图 3-4b）的两对力就是这样的力。

在力学中，把同时作用在物体上的大小相等、方向相反、作用线相互平行的两个力称为力偶，记作（$\boldsymbol{F}$，$\boldsymbol{F}'$）。力偶的两个力所在的平面称为力偶的作用面。两力作用线之间的垂直距离，称为力偶臂，用 d 表示。

由图 3-4 可知，力偶作用在物体上只能使物体产生转动效应，而不会产生移动效应。同时力偶对物体的转动效应不仅与力偶中力的大小成正比，而且还与两力作用线间的垂直距离 d 成正比。因此，在力学中以物理量 Fd 及其转向来度量力偶对物体的转动效应，称为力偶矩，如图 3-5 所示，并记作 $M(\boldsymbol{F},\boldsymbol{F}')$ 或 M。即

$$M(\boldsymbol{F},\boldsymbol{F}') = M = \pm Fd \tag{3-3}$$

力偶矩为代数量。一般规定，力偶使物体做逆时针方向转动时，力偶矩为正，反之做顺时针方向转动时力偶矩为负。在国际单位制中，力偶矩的单位是 N·m。

综上所述，力偶对物体的转动效应取决于力偶矩的大小、力偶的转向和力偶作用面的方位，这三个因素称为力偶的三要素。

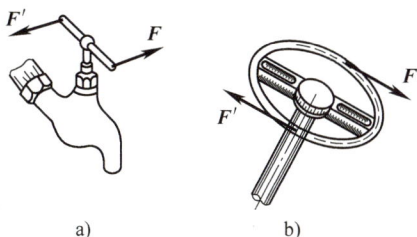

a)   b)

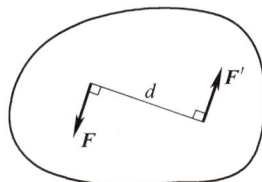

图　3-4　　　　　　　　　　　　　　　　图　3-5

3.2.2　力偶的性质

1）力偶对其作用面内任意一点的力矩值恒等于此力偶的力偶矩，而和力偶与矩心间的相对位置无关。

设在刚体某平面上 A、B 两点作用一力偶，其力偶矩 $M = Fd$，如图 3-6 所示。现求此力偶对作用面内任意一点 O 的力矩。设 x 为矩心 O 到 $\boldsymbol{F}'$ 作用线的垂直距离，则 $\boldsymbol{F}$ 与 $\boldsymbol{F}'$ 对 O 点力矩的代数和为

$$M_O(\boldsymbol{F}) + M_O(\boldsymbol{F}') = F(x+d) - Fx = Fd$$

即

$$M_O(\boldsymbol{F}) + M_O(\boldsymbol{F}') = M$$

不论 O 点选在何处，力偶对 O 点的力矩值，永远等于它的力偶矩，而和力偶与矩心间的相对位置无关。

2）力偶无合力，力偶不能与一个力平衡，只能与力偶平衡。

力偶是由一对大小相等、方向相反、作用线相互平行的力组成的。这样的一对力不可能有合力，即力偶不能与一个力等效，也不能与一个力平衡，力偶只能与力偶平衡。力偶和力是力学中两个基本元素。

3）力偶在任何坐标轴上投影的代数和恒为零。

如图 3-7 所示，刚体上作用一力偶 $M(\boldsymbol{F}$，$\boldsymbol{F}')$，x 轴为一任意方向的坐标轴，设 $\boldsymbol{F}$、$\boldsymbol{F}'$ 与 x 轴间的夹角为 α，则这两个力在 x 轴上投影的代数和为

$$\sum F_x = F\cos\alpha - F'\cos\alpha = 0$$

由于力偶在坐标轴上投影的代数和为零，故力偶对刚体的移动不会产生任何影响。

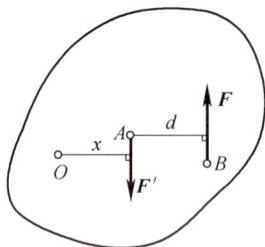

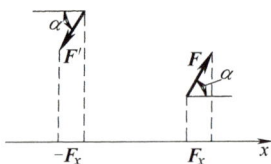

图 3-6   图 3-7

3.2.3 力偶的等效条件

若两个力偶分别作用在同一物体上时，物体的转动效应完全相同，则称此两力偶互为等效力偶。

三要素完全相同的力偶，彼此等效。这就是力偶的等效条件。

根据力偶的等效条件可知，在保持力偶三要素不变的条件下，力偶可以

1）在其作用面内任意移动。

2）任意改变力偶中力的大小、方向和力偶臂的长短。

如图 3-8a、b、c 所示，三个力偶的三要素完全相同，故它们彼此等效。在表示力偶时，已经没必要表明力偶的具体位置以及组成力偶的力的大小、方向和力偶臂的数值，可以简明地用一个带箭头的弧线来表示力偶矩，标出其值，如图 3-8d 所示。

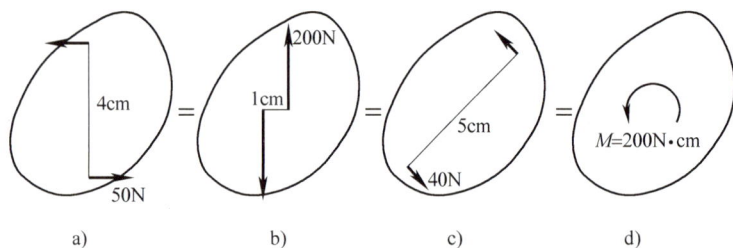

a)   b)   c)   d)

图 3-8

注意：力偶的性质及其等效条件只适用于刚体。对于变形体，如图 3-9a 所示的力偶（F_1，F_1'），如果换成力偶矩相等的力偶（F_2，F_2'），如图 3-9b 所示，尽管对构件的转动效应没有影响，但构件的变形却会发生变化。

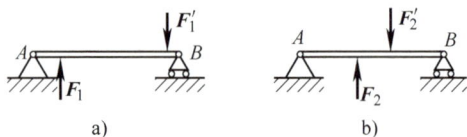

a)   b)

图 3-9

3.3 平面力偶系的合成与平衡

3.3.1 平面力偶系的合成

作用在同一平面内的若干个力偶，称为平面力偶系。平面力偶系的合成，即把力偶系中的所有力偶用一个与它等效的合力偶来代替。

由于平面内的力偶对物体的转动效应取决于力偶矩的大小和力偶的转向，因而只要求出各个分力偶矩的代数和，便可确定力偶系对物体总的转动效应。因此，平面力偶系的合成结果为一合力偶，合力偶矩等于各个分力偶矩的代数和，即

$$M_R = M_1 + M_2 + \cdots + M_n = \sum M \tag{3-4}$$

3.3.2 平面力偶系的平衡条件

平面力偶系的合成结果为一合力偶，因此，若使刚体在平面力偶系作用下处于平衡状态，即力偶系对刚体无转动效应，则合力偶矩必须等于零，即

$$\sum M = 0 \tag{3-5}$$

因此，平面力偶系平衡的充分必要条件是：力偶系中各力偶矩的代数和等于零。式（3-5）称为平面力偶系的平衡方程。

平面力偶系只有一个平衡方程，只能求解一个未知量。

例 3-2 用多头钻床在水平放置的工件上同时钻四个直径相同的孔，如图 3-10 所示，每个钻头的切削力偶矩为 $M_1 = M_2 = M_3 = M_4 = -15\text{N}\cdot\text{m}$。求工件受到的总切削力偶矩的值。

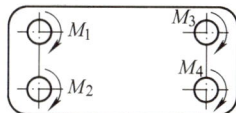

解 选工件为研究对象。

作用于工件的力偶有四个，各力偶矩大小相等、转向相同且在同一平面内。由式(3-4)可求出合力偶矩，即总切削力偶矩为

$$M_R = M_1 + M_2 + M_3 + M_4 = 4 \times (-15)\text{N}\cdot\text{m} = -60\text{N}\cdot\text{m}$$

负号表示切削力偶是顺时针转向。

知道总切削力偶矩后，就可以考虑夹紧措施，设计夹具。

例 3-3 杆 AB 受一力偶作用，其力偶矩 $M = 1200\text{N}\cdot\text{m}$，如图 3-11a 所示，$AB = 4\text{m}$。求支座 A、B 的约束反力。

解 1）选杆 AB 为研究对象。

2）对杆 AB 进行受力分析，画受力图。杆 AB 受一主动力偶 M 作用，B 点为一活动铰链约束，其约束反力 F_{NB} 竖直向上；根据力偶的性质二，力偶只能与力偶平衡，所以支座 A 的约束反力 F_{NA} 竖直向下，与 B 点的约束反力组成一对约束反力偶，如图 3-11b 所示。

3）列平衡方程：

$$\sum M = 0 \qquad F_{NA} \times 4\text{m} - M = 0$$

图 3-10

微课3-1 例题3-3

得
$$F_{NA} = \frac{M}{4m} = \frac{1200}{4}N = 300N$$

$$F_{NA} = F_{NB} = 300N$$

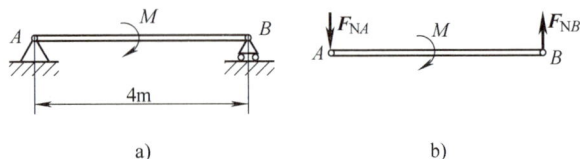

图 3-11

通过本例题的求解，可以总结出以下两点：

1）图 3-11 中的 AB 杆不是二力杆，因为杆上作用有力偶，一个力偶就含有两个力。

2）关于固定铰链和中间铰链的约束反力，确定其具体方向所应用的原理在第一章中列出了三条。到此可以总结出第四条，即应用力偶的性质二：力偶无合力，力偶不能与一个力平衡，只能与力偶平衡。

例 3-4 如图 3-12a 所示，多轴钻床在水平工件上钻孔时，每个孔的切削力偶矩 $M_1=M_2=M_3=20N\cdot m$，固定螺栓 A 和 B 的距离 $l=0.5m$，求两个螺栓所受的力。

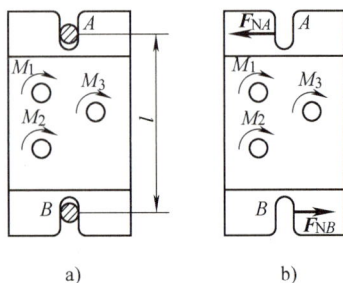

图 3-12

解 1）选工件为研究对象。

2）对工件进行受力分析，画受力图。工件受主动力偶 M_1、M_2 和 M_3 的作用；根据力偶的性质二，力偶只能与力偶平衡，所以 F_{NA} 和 F_{NB} 必组成一对约束反力偶，根据光滑面约束反力的特性可画出其具体方向，如图 3-12b 所示。

3）列平衡方程：
$$\sum M = 0 \qquad F_{NA}l - M_1 - M_2 - M_3 = 0$$

得
$$F_{NA} = \frac{M_1+M_2+M_3}{l} = \frac{20+20+20}{0.5}N = 120N$$

$$F_{NA} = F_{NB} = 120N$$

由作用与反作用定律可知，F_{NA}、F_{NB} 即为两个螺栓所受到的力。

例 3-5 如图 3-13a 所示，平面机构 $OABC$ 中，已知作用在杆 OA 上的力偶矩为 M_1，为使机构在 $\alpha=\beta=45°$ 时保持平衡，求作用在杆 BC 上的力偶矩 M_2。设 $OA=a$，$BC=b$，各杆的自重与各接触处摩擦不计。

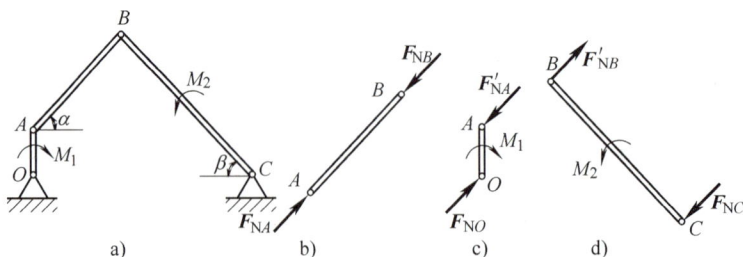

图 3-13

解 1）选研究对象，进行受力分析，画受力图。

已知力偶 M_1 作用于 OA 杆上，未知力偶 M_2 作用于 BC 杆上，OA 杆和 BC 杆之间联系的"桥梁"是 AB 杆，故分别选 OA 杆、AB 杆、BC 杆为研究对象，画出分离体，并在 OA 杆、BC 杆上分别画出已知力偶 M_1、未知力偶 M_2。

分析可知，AB 杆为二力杆，所以 F_{NA}、F_{NB} 均沿杆 AB 的轴线，且 $F_{NA} = F_{NB}$，方向假设如图 3-13b 所示。

根据作用与反作用定律，可确定 OA 杆 A 铰链处的约束反力 F'_{NA}，且 $F'_{NA} = F_{NA}$，根据力偶的性质二，力偶只能与力偶平衡，故 F_{NO} 与 F'_{NA} 组成一对约束反力偶，即 F_{NO} 平行于 F'_{NA}，且 $F_{NO} = F'_{NA}$，如图 3-13c 所示。

同理可以画出 BC 杆的受力图，如图 3-13d 所示，且有 $F_{NC} = F'_{NB}$。

由以上分析可知，$F_{NO} = F'_{NA} = F_{NA} = F_{NB} = F'_{NB} = F_{NC}$。

2）列平衡方程：

对于 OA 杆

$$\sum M = 0 \qquad F'_{NA} a\cos 45° - M_1 = 0$$

得

$$F'_{NA} = \frac{M_1}{a\cos 45°}$$

故

$$F'_{NA} = F_{NA} = F_{NB} = F'_{NB} = \frac{M_1}{a\cos 45°}$$

对于 BC 杆

$$\sum M = 0 \qquad M_2 - F'_{NB} b = 0$$

得

$$M_2 = F'_{NB} b = \frac{M_1 b}{a\cos 45°} = \frac{b}{a}\sqrt{2} M_1$$

通过以上例题，可以总结出求解平面力偶系平衡问题的基本步骤：

1）选研究对象。当已知力偶和未知力（或力偶）都作用在同一个物体上时，只选一次研究对象即可；当已知力和未知力（或力偶）分别作用在不同的物体上时，就要多次选择研究对象。

2）对研究对象进行受力分析，画受力图。分析已知力偶和待求未知力（或力偶）的关系，紧紧围绕力偶只能和力偶平衡这一要点去解决问题。

3）列平衡方程，求解未知量。列平衡方程时要注意力偶矩的正负，计算结果中出现负号时，说明实际受力方向或力偶的转向与所设方向相反，不必去改受力图。

3.4 力的平移定理

由力的可传性原理可知，作用在刚体上的力可沿其作用线移动至刚体上任意一点，而不改变力对刚体的作用效应。现在的问题是，在不改变力对刚体作用效应的前提下，能不能将作用在刚体上的力平行移动到作用线以外的任意一点呢？力的平移定理回答了这个问题。

定理 作用于刚体上的力，可平行移动到刚体内任意一点，但必须同时附加一个力偶，

微课 3.2 力的平移定理

其力偶矩等于原来的力对新的作用点之矩。

设力 F 作用在刚体上的 A 点，现要把它平行移动到作用线以外的 O 点，条件是不能改变原力 F 对刚体的作用效应，如图3-14a所示。

在新作用点 O 上加上大小相等、方向相反且与力 F 平行的两个力 F' 和 F''，并使 $F' = F'' = F$，如图3-14b所示。显然新加上的两个力满足二力平衡公理，是一个平衡力系，不改变原力 F

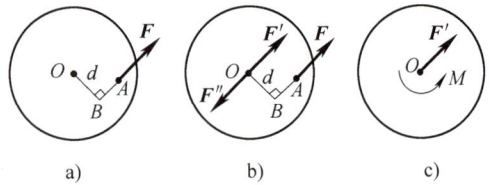

图 3-14

对刚体的作用效应，即力系（F、F'、F''）与力 F 是等效的。换个角度来看，F 和 F'' 组成一个力偶，称为附加力偶，其力偶矩 M 等于原力 F 对 O 点之矩，即 $M = M_O(F)$。于是，原作用于 A 点的力 F 由作用在 O 点的力 F' 和一个力偶（F、F''）所代替，如图3-14c所示。由于 $F' = F$，可以认为是力 F 平行移动到了 O 点，但是作为等效力系，还必须附加一力偶，其附加力偶矩为

$$M = M_O(F)$$

力的平移定理是力系简化的依据，也是分析和解决工程实际问题的重要方法。

例如，钳工攻螺纹时，要求双手均匀加力，这时丝锥仅受到一个力偶作用；若双手用力不匀或单手加力，如图3-15所示，分析力 F 对丝锥的作用效应：将力 F 平行移动到转动中心 O，则有平移力 F' 和附加力偶 M，附加力偶 M

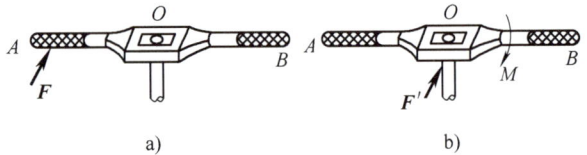

图 3-15

使丝锥转动，力 F' 使丝锥产生弯曲变形，容易引起丝锥折断。

如图3-16所示，传动轴上的齿轮受到圆周力 F 的作用。分析力 F 对轴的作用效应：将力 F 平行移动到轴心 O 点，则有平移力 F' 和附加力偶 M，力 F' 使轴产生弯曲变形，附加力偶 M 使轴转动。

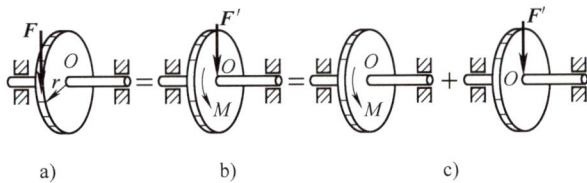

图 3-16

如图3-17所示，乒乓球受到力 F 的作用。分析力 F 对球的作用效应：将力 F 平移至球心，得到平移力 F' 和附加力偶 M，力 F' 使球移动，附加力偶 M 使球转动。

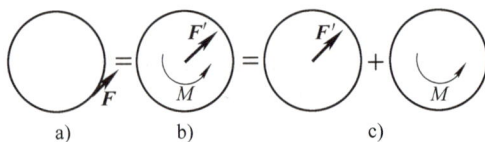

图 3-17

由以上实例可见，力对作用线以外的转动中心，有两种效应：一是平移力对物体产生移动效应，当物体受到约束不能移动时，就会引起变形；二是附加力偶对物体产生转动效应。

小　结

1. 力矩是度量力使物体绕矩心转动效应的物理量，矩心到力作用线的垂直距离称为力臂，力矩定义为

$$M_O(\boldsymbol{F}) = \pm Fd$$

2. 合力矩定理——力系中合力对某点之矩等于各个分力对同一点之矩的代数和，即

$$M_O(\boldsymbol{F_R}) = \sum M_O(\boldsymbol{F})$$

3. 同时作用在物体上的大小相等、方向相反、作用线相互平行的两个力称为力偶，力偶作用在物体上只能使物体产生转动效应，而不会产生移动效应。力学中以 F 与 d 的乘积作为度量力偶对物体转动效应的物理量，称为力偶矩 M。即

$$M = \pm Fd$$

力偶的三要素为：力偶矩的大小、力偶的转向和力偶作用面的方位。凡三要素相同的力偶彼此等效。

4. 力偶的性质有：

1）力偶对其作用面内任意一点的力矩值恒等于此力偶的力偶矩，而和力偶与矩心间的相对位置无关。

2）力偶无合力，力偶不能与一个力平衡，只能与力偶平衡。

3）力偶在任何坐标轴上投影的代数和恒为零。

5. 平面力偶系的合力偶矩等于各分力偶矩的代数和，平面力偶系的平衡条件为

$$\sum M = 0$$

此式又称为平面力偶系的平衡方程。平面力偶系只有一个平衡方程，只能求解一个未知量。

6. 力的平移定理——作用于刚体上的力，可平行移动到刚体内任意一点，但必须同时附加一个力偶，其力偶矩等于原来的力对新的作用点之矩。由此可知：力对其作用线外任意一点的作用为一个平移力和一个附加力偶的联合作用，平移力对物体产生移动效应，附加力偶对物体产生转动效应。

习　题

3-1　填空题

（1）力矩是度量力使物体绕矩心_____的物理量，矩心到力作用线的垂直距离称为_____。

（2）力矩是力与力臂之积，常表示为_____。

（3）一般规定，力 $\boldsymbol{F}$ 使物体绕矩心 O 点逆时针方向转动时为_____，反之为____。

（4）合力对平面上任一点的矩等于各分力对同一点的矩的_____。

（5）力偶对物体只产生_____，而不产生移动效应。

（6）力偶的主要特点：力偶的二力在其作用面内任一坐标轴的投影的代数和____，因而力偶_____；力偶不能与一个力____，也不能与一个力____，力偶只能与_____平衡。

（7）力偶对物体的转动效应取决于_____、_____和_____三个

要素。

（8）平面内两个力偶等效的条件是这两个力偶的_____。

（9）平面力偶系平衡的充要条件是_____。

（10）作用于刚体上的力，可平行移动到刚体内任意一点，但必须同时附加一个_____。

3-2　选择题

（1）如图 3-18 所示，大小相等的四个力，作用在同一平面上且力的作用线交于一点 C，试比较四个力对平面上点 O 力矩，哪个力对 O 点之矩最大（　　）。

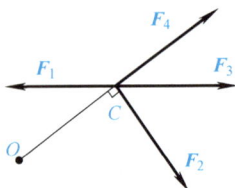

图　3-18

A. 力 F_1　　　　　B. 力 F_2　　　　　C. 力 F_3　　　　　D. 力 F_4

（2）力偶矩的大小取决于（　　）。

A. 力偶合力与力偶臂　　　　　　　　B. 力偶中任一力和力偶臂

C. 力偶中任一力与矩心位置　　　　　D. 力偶在其平面内的位置及方向

（3）关于力对点之矩的说法（　　）是错误的。

A. 力对点之矩与力的大小和方向有关，而与距心位置无关

B. 力对点之矩不会因为力矢沿其作用线移动而改变

C. 力的数值为零，或力的作用线通过矩心时，力矩为零

D. 互相平衡的两个力，对同一点之矩的代数和等于零

（4）力偶对物体的作用效应，决定于（　　）。

A. 力偶矩的大小　　　　　　　　　　B. 力偶的转向

C. 力偶的作用面　　　　　　　　　　D. 力偶矩的大小、力偶的转向和力偶的作用面

（5）以下四种说法，正确的是（　　）。

A. 力对点之矩的值与矩心的位置无关

B. 力偶对某点之矩的值与该点的位置无关

C. 力偶对物体的作用可以用一个力的作用来与它等效替换

D. 一个力偶不能与一个力相互平衡

（6）力矩是力的大小与（　　）的乘积。

A. 距离　　　　　B. 长度　　　　　C. 力臂　　　　　D. 力偶臂

（7）关于力偶性质的下列说法中，表达有错误的是（　　）。

A. 力偶无合力

B. 力偶对其作用面上任意点之矩均相等，与矩心位置无关

C. 若力偶矩的大小和转动方向不变，可同时改变力的大小和力偶臂的长度，作用效果不变

D. 改变力偶在其作用面内的位置，将改变它对刚体的作用效果

（8）力矩不为零的条件是（　　）。

A. 作用力不为零　　　　　　　　　　B. 力的作用线不通过矩心

C. 作用力和力臂均不为零　　　　　　D. 不能确定

（9）当力偶中任一力沿作用线移动时，力偶矩的大小（　　）。

A. 增大　　　　　　　B. 减小　　　　　　C. 不变　　　　　　D. 无法确定

（10）平面力偶系平衡的充分必要条件条件（　　）

A. 合力为零　　　　　　　　　　　　　B. 力偶臂为零

C. 各力偶矩代数和为零　　　　　　　　D. 各分力偶矩均为零

3-3　判断题

（1）力沿作用线移动，力对点之矩不同。（　　）

（2）力偶在坐标轴上投影的代数和不一定为零。（　　）

（3）力的作用线通过矩心，力矩为零。（　　）

（4）力偶可以用一个合力来平衡。（　　）

（5）力矩与力偶矩的单位相同，常用的单位为牛·米、千牛·米等。（　　）

（6）只要两个力大小相等、方向相反，该两力就组成一力偶。（　　）

（7）力矩的大小和转向与矩心位置有关，力偶矩的大小和转向与矩心位置无关。（　　）

（8）力偶对物体既产生转动效应，又产生移动效应。（　　）

（9）力偶可以从刚体的作用平面移到另一平行平面，而不改变它对刚体的作用效应。（　　）

（10）两力偶只要力偶矩大小相等，则必等效。（　　）

3-4　求图 3-19 所示各种情况下力 F 对 O 点的矩。

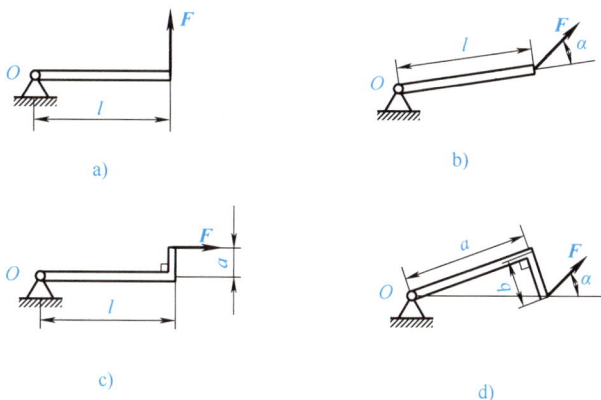

图　3-19

3-5　水平杆受力如图 3-20 所示，已知 M、l、α，求支座 A、B 的约束反力。

3-6　如图 3-21 所示，铰链四杆机构的杆 OA 上作用一力偶 M_1，其力偶矩 $M_1=2\mathrm{N\cdot m}$。为使机构在 $\alpha=90°$，$\beta=30°$ 时处于平衡，求作用在杆 O_1B 上的力偶矩 M_2。设 $OA=400\mathrm{mm}$，$O_1B=200\mathrm{mm}$，各杆的自重与接触处的摩擦不计。

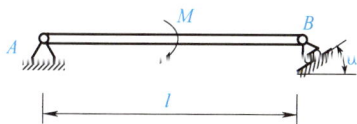

图　3-20

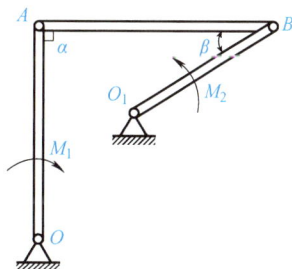

图　3-21

45

3-7* 构件的支承及载荷情况如图3-22所示,已知$F=F'$、a、l、α。求A、B两支座的约束反力。

3-8* 如图3-23所示,铰链四杆机构中$AB=100mm$,$CD=200mm$,杆AB和CD上各作用一力偶M_1和M_2。已知$M_1=0.4N\cdot m$,为使机构在图示位置处于平衡状态,求A、D两处的约束反力及力偶矩M_2(各杆的自重与接触处的摩擦不计)。

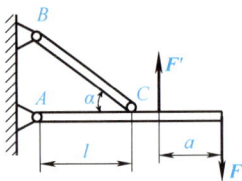

图 3-22

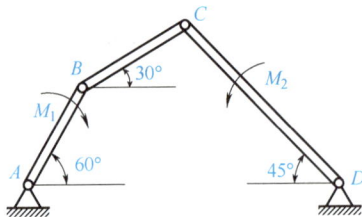

图 3-23

拓展园地

航天工程中的力学问题

北京时间2021年10月16日0时23分,搭载神舟十三号载人飞船的长征二号F遥十三运载火箭,在酒泉卫星发射中心点火,搭载着进驻中国空间站"天宫"的第二批航天员进入太空,翟志刚、王亚平、叶光富开始为期6个月的太空工作生活,将创造中国航天员太空驻留时长的新纪录。其中,王亚平成为中国首位进驻空间站的女航天员,也是中国首位实施出舱活动的女航天员。神舟十三号载人飞船的成功发射,标志着我国航天事业迈入了一个新的阶段。

我国航天事业从无到有,在经历了无数坎坷与艰辛,战胜了西方发达国家的百般排挤与打击之后,最终开拓出了一条独立自主的登天之路。1956年10月8日,钱学森受命组建的中国第一个火箭与导弹研究机构成立。1956年也被认为是中国导弹梦、航天梦的元年。1970年,中国用第一枚运载火箭"长征一号"将第一颗人造地球卫星"东方红一号"送入太空,使中国成为世界上第五个用自制火箭发射国产卫星的国家。2003年,航天员杨利伟穿越大气层,不远万里为浩瀚星空增添了一抹中国红,标志着中国成为世界上第三个将人类送上太空的国家。2013年,"嫦娥三号"成为中国第一个月球软着陆的无人登月探测器。2021年5月,中国空间站天和核心舱完成在轨测试验证,同年6月,中国空间站迎来了聂海胜、刘伯明、汤洪波3名航天员,标志着中国人首次进入自己的空间站。

中国航天事业的飞速发展,离不开无数科研人员辛勤的付出。航天工程是一个系统工程,涉及几十门学科,力学就是其中一门非常重要的基础性学科。与力学相关的具体问题有哪些呢?

(1)航天器发射过程中的动力学问题 航天器在发射过程中经历复杂的力学环境,随着航天器向大承载、多级间发展,新的动力学问题也不断出现。发射过程中首先需要面对的便是耦合动力学问题,与大气层的摩擦使航天器处于严酷的热环境中,热固耦合带来的交变激励使航天器结构面临挑战。同时,要携带更多的液体燃料,对航天器发射过程的飞行稳定性也提出了更高要求。

（2）空气动力学　临近空间飞行器一般飞行在 20~100km 空域，马赫数大于 5。临近空间飞行器为获得大航程、高速和高机动性能，需要采用高升阻比气动布局。超高速的运动条件以及稀薄空气影响，使得空气动力学变得十分复杂，对空气动力学发展提出了许多具有挑战性的课题。

（3）航天器在轨工作期间的动力学问题　航天器在轨飞行不可避免地要涉及姿态和轨道动力学问题，而随着载人航天、深空探测在航天领域的发展，对于空间交会对接中的动力学问题，尤其对于深空探测，其长轨道中包含非线性，对轨道及控制的优化提出了新的问题。航天器的构型越来越丰富，其中不乏大型薄膜以及大型挠性结构，这些结构使航天器对挠性振动的控制更加困难。同时，大挠性部件和航天器刚性结构的耦合对航天器姿态控制也提出了更高的要求。对于空间探索、航天器在着陆后运行时的结构展开以及轮壤接触动力学的研究，还有很长的路要走。

力学问题研究与航天技术发展联系紧密，力学专业的发展为我国的火箭、卫星和导弹技术的发展做出了重要贡献。在长期的实践中，我国的力学界积累了许多经验和财富。但是，随着一系列重大航天工程任务的立项，使得航天系统的功能性更强、复杂性更高、力学环境问题也更为突出，这不仅给力学学科提出了新的挑战，也为力学学科发展提供了新的机遇。

第4章

平面任意力系

力系中各力的作用线都在同一平面内，它们既不汇交于一点，也不全部互相平行，这样的力系称为平面任意力系，也称平面一般力系。平面任意力系是工程实际中最常见的一种力系。

起重机如图 4-1a 所示，已知水平杆 AB 的重力 G、提升重物的重力 W，如何求拉杆 BC 的拉力和铰链 A 的约束反力呢？对水平杆 AB 进行受力分析，画受力图，如图 4-1b 所示。水平杆 AB 所受力有：重力 G，集中力 W，斜杆 BC 的拉力 F_{NB} 和铰链 A 的约束反力 F_{NAx}、F_{NAy}，这些力组成平面任意力系。要求解前面的问题就要用到平面任意力系的相关知识。

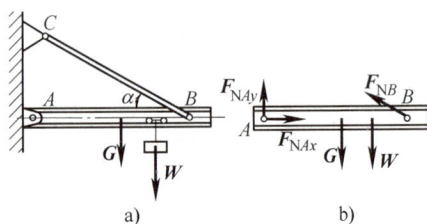

图 4-1

本章将讨论平面任意力系的简化方法、平衡条件及平衡方程的应用。

4.1 平面任意力系的简化

4.1.1 平面任意力系的简化，主矢和主矩

如图 4-2a 所示，设刚体上作用一平面任意力系 F_1，F_2，…，F_n，在力系的作用面内任取一点 O，O 点称为简化中心。根据力的平移定理，将力系中各力向 O 点平移，得到一个平面汇交力系 F'_1，F'_2，…，F'_n，和一个附加平面力偶系 M_1，M_2，…，M_n，如图 4-2b 所示。

且有

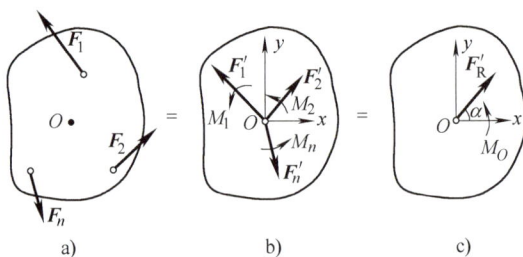

图 4-2

$$F'_1 = F_1, \quad F'_2 = F_2, \quad \cdots, \quad F'_n = F_n$$

$$M_1 = M_O(F_1), \quad M_2 = M_O(F_2), \quad \cdots, \quad M_n = M_O(F_n)$$

平面汇交力系 F'_1，F'_2，…，F'_n 可以合成为一个作用在 O 点的力，这个力 F'_R 称为原力系的主矢，即

$$F'_R = F'_1 + F'_2 + \cdots + F'_n = \sum F \tag{4-1}$$

过 O 点建立直角坐标系 Oxy，如图 4-2c 所示，用解析法可求出主矢 $\boldsymbol{F}'_R$ 的大小和方向。根据合力投影定理得

$$\left.\begin{array}{l}F'_{Rx}=F_{1x}+F_{2x}+\cdots+F_{nx}=\sum F_x\\F'_{Ry}=F_{1y}+F_{2y}+\cdots+F_{ny}=\sum F_y\end{array}\right\} \tag{4-2}$$

于是，主矢 $\boldsymbol{F}'_R$ 的大小和方向可由下式确定：

$$\left.\begin{array}{l}F'_R=\sqrt{F'^2_{Rx}+F'^2_{Ry}}=\sqrt{(\sum F_x)^2+(\sum F_y)^2}\\\tan\alpha=\left|\dfrac{F'_{Ry}}{F'_{Rx}}\right|=\left|\dfrac{\sum F_y}{\sum F_x}\right|\end{array}\right\} \tag{4-3}$$

式中　α——$\boldsymbol{F}'_R$ 与 x 轴间所夹的锐角，$\boldsymbol{F}'_R$ 的方向由 $\sum F_x$、$\sum F_y$ 的正负号确定。

附加平面力偶系 M_1，M_2，$\cdots$，M_n 可以合成为一个力偶，这个力偶的力偶矩 M_O 称为原力系对 O 点的主矩，其值等于原来各力对 O 点力矩的代数和，即

$$M_O=M_1+M_2+\cdots+M_n=M_O(\boldsymbol{F}_1)+M_O(\boldsymbol{F}_2)+\cdots+M_O(\boldsymbol{F}_n)=\sum M_O(\boldsymbol{F}) \tag{4-4}$$

显然，当平面任意力系给定后，主矢就是一个不变的量，选择不同的简化中心，不会影响主矢的大小和方向，但一般会影响主矩，因为各力对该点的力臂的变化会引起相应力矩的变化。

由此可知，在一般情况下，平面任意力系向作用面内任意一点简化，可以得到一个力和一个力偶。这个力 $\boldsymbol{F}'_R$ 称为平面任意力系的主矢，这个力偶的力偶矩 M_O 称为平面任意力系对简化中心的主矩。主矢与简化中心的位置无关，主矩与简化中心的位置有关。所以当提到主矩时必须明确对哪一点而言，M_O 右下角所标注字母为简化中心。

例 4-1　如图 4-3a 所示平面任意力系，每方格边长为 5cm，$F_1=F_2=5\text{N}$，$F_3=F_4=5\sqrt{2}\text{N}$。求力系向 O 点简化的结果。

解　将 $\boldsymbol{F}_1$、$\boldsymbol{F}_2$、$\boldsymbol{F}_3$、$\boldsymbol{F}_4$ 各力向 O 点平移，得到一平面汇交力系 $\boldsymbol{F}'_1$、$\boldsymbol{F}'_2$、$\boldsymbol{F}'_3$、$\boldsymbol{F}'_4$ 和一附加力偶系 M_1、M_2、M_3、M_4，如图 4-3b 所示。且有

$$F'_1=F_1=5\text{N}\quad F'_2=F_2=5\text{N}$$
$$F'_3=F_3=5\sqrt{2}\text{N}\quad F'_4=F_4=5\sqrt{2}\text{N}$$

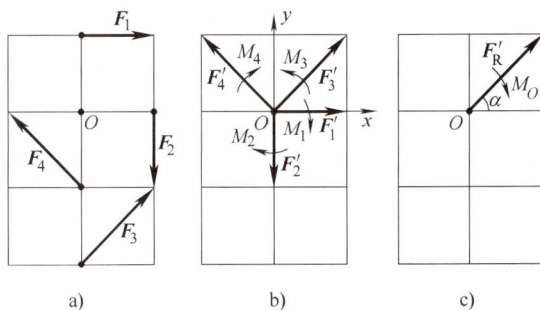

图　4-3

$$M_1=M_O(\boldsymbol{F}_1)=-5\times5\text{N·cm}=-25\text{N·cm}$$
$$M_2=M_O(\boldsymbol{F}_2)=-5\times5\text{N·cm}=-25\text{N·cm}$$
$$M_3=M_O(\boldsymbol{F}_3)=5\sqrt{2}\times5\sqrt{2}\text{N·cm}=50\text{N·cm}$$
$$M_4=M_O(\boldsymbol{F}_4)=-5\sqrt{2}\times\frac{5}{2}\sqrt{2}\text{N·cm}=-25\text{N·cm}$$

建立直角坐标系 Oxy，如图 4-3b 所示。则由式（4-2）得

$$F'_{Rx}=F_{1x}+F_{2x}+F_{3x}+F_{4x}=5\text{N}+0+5\sqrt{2}\times\frac{\sqrt{2}}{2}\text{N}-5\sqrt{2}\times\frac{\sqrt{2}}{2}\text{N}=5\text{N}$$

$$F'_{Ry} = F_{1y} + F_{2y} + F_{3y} + F_{4y} = 0 - 5\text{N} + 5\sqrt{2} \times \frac{\sqrt{2}}{2}\text{N} + 5\sqrt{2} \times \frac{\sqrt{2}}{2}\text{N} = 5\text{N}$$

由式（4-3）得主矢 F'_R 的大小和方向为

$$F'_R = \sqrt{F'^2_{Rx} + F'^2_{Ry}} = \sqrt{5^2 + 5^2}\,\text{N} = 5\sqrt{2}\,\text{N}$$

$$\tan\alpha = \left| \frac{F'_{Ry}}{F'_{Rx}} \right| = \frac{5}{5} = 1 \qquad \alpha = 45°$$

由式（4-4）得主矩 M_O 为

$$M_O = M_1 + M_2 + M_3 + M_4 = -25\text{N}\cdot\text{cm} - 25\text{N}\cdot\text{cm} + 50\text{N}\cdot\text{cm} - 25\text{N}\cdot\text{cm} = -25\text{N}\cdot\text{cm}$$

负号表示主矩 M_O 为顺时针转向。

主矢 F'_R 和主矩 M_O 的方向如图4-3c所示。

4.1.2 固定端约束

构件的一端受到约束的限制，使构件不能向任何方向移动，也不能向任何方向转动，这种约束称为固定端约束。如夹紧在卡盘上的工件，固定在刀架上的车刀，埋入地下的电线杆，楼房的阳台等，都是固定端约束的实例。固定端约束的简化表示法如图4-4a所示。

为便于叙述，将图4-4a看成是水平杆 AB 插入竖直墙内。杆 AB 上作用主动力 F，其插入部分受到墙的约束，杆上与墙接触的每个点所受到约束反力的大小和方向都不相同，这样杂乱无章的约束反力组成了一个平面任意力系，如图4-4b所示。把这个力系向 A 点简化，得到一个主矢 F_{RA} 和一个主矩 M_A，因为不能确定主矢 F_{RA} 的具体方向，故用一对正交分力 F_{RAx}、F_{RAy} 表示；主矩 M_A 的转向，

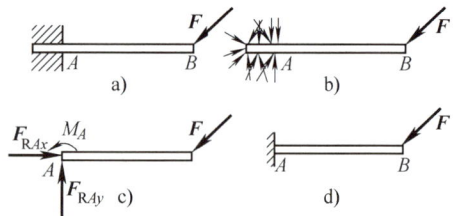

图 4-4

通常假设为逆时针转向。因此，在平面力系中，固定端处的约束反力可以简化为一对正交分力 F_{RAx}、F_{RAy} 和一个约束反力偶 M_A，如图4-4c所示。固定端约束还可以更简单地表示为图4-4d的形式。

比较固定端约束和固定铰链约束的性质可见，固定端约束除了限制物体在水平方向和竖直方向的移动外，还能限制物体在平面内的转动，因此除了约束反力 F_{RAx}、F_{RAy} 外，还有约束反力偶 M_A；而固定铰链约束只能限制物体在平面内的移动，不能限制物体在平面内的转动，所以它只有约束反力，没有约束反力偶。

4.1.3 简化结果的分析

如前所述，平面任意力系向任意一点 O 简化，一般得到一个主矢 F'_R 和一个主矩 M_O，进一步讨论力系简化后的结果，可以分为以下四种情况：

1. $F'_R \neq 0$，$M_O \neq 0$

原力系简化后，主矢、主矩都不为零，这是最一般的情况。根据力的平移定理，可将主矢、主矩继续合成为一个合力 F_R，其作用线到 O 点的距离为 $d = M_O / F'_R$，合力 F_R 的作用线

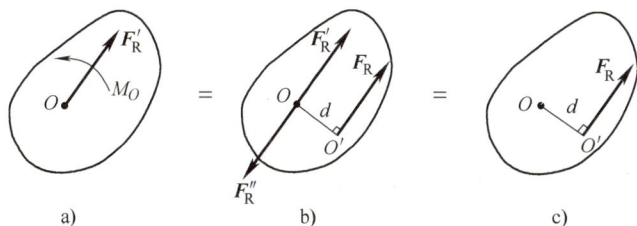

图　4-5

在简化中心 O 点的哪一侧由主矩 M_O 的转向来确定，如图 4-5 所示。

例如，在例题 4-1 中，平面任意力系向 O 点简化后得到主矢 $F'_R = 5\sqrt{2}\,\text{N}$、主矩 $M_O = -25\,\text{N·cm}$。可将主矢、主矩继续合成为一个合力 F_R，其大小为 $F_R = 5\sqrt{2}\,\text{N}$，其作用线到 O 点的距离为

$$d = \frac{M_O}{F'_R} = \frac{25}{5\sqrt{2}}\,\text{cm} = \frac{5}{2}\sqrt{2}\,\text{cm}$$

因为主矩为顺时针转向，所以合力 F_R 的作用线在 O 点的左上方，如图 4-6b 所示。

2. $F'_R \neq 0$，$M_O = 0$

原力系简化为一个力。即附加力偶系平衡，主矢 F'_R 为原力系的合力，作用于简化中心，也就是简化中心恰好选在原力系合力的作用线上。

例如，如图 4-7a 所示，一定滑轮上面绕有绳索，绳索两边的拉力均为 F_T。根据力的平移定理，将 F_T 向转动中心 O 简化，得到主矢 $F'_R = F_T + F_T = 2F_T$，方向竖直向下；主矩 $M_O = M_1 + M_2 = F_T r - F_T r = 0$，如图 4-7b 所示。即原力系简化为一个作用于转动中心的合力，如图 4-7c 所示。

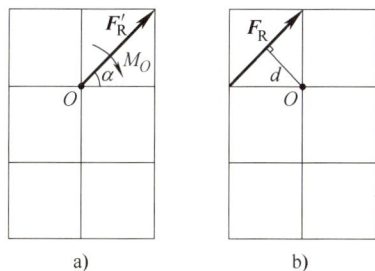

图　4-6

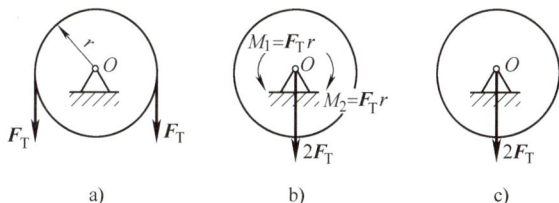

图　4-7

3. $F'_R = 0$，$M_O \neq 0$

原力系简化为一个力偶，其矩等于原力系对简化中心的主矩。在这种情况下，简化结果与简化中心的位置无关。

例 4-2　一平面任意力系如图 4-8a 所示，三个等值力 F_1、F_2、F_3 构成一封闭的等边三角形，三角形的边长为 a。求力系向三角形的几何中心 O 点简化的结果。

解 将 F_1、F_2、F_3 各力向 O 点平移，得到一平面汇交力系 F_1'、F_2'、F_3' 和一附加力偶系 M_1、M_2、M_3，如图 4-8b 所示。且有

$$F_1'=F_1 \qquad F_2'=F_2 \qquad F_3'=F_3$$

由几何关系可知，O 点到各力作用线的垂直距离为

$$d=\frac{1}{3}\times\frac{\sqrt{3}}{2}a=\frac{\sqrt{3}}{6}a$$

图 4-8

故

$$M_1=M_O(F_1)=\frac{\sqrt{3}}{6}F_1a$$

$$M_2=M_O(F_2)=\frac{\sqrt{3}}{6}F_2a$$

$$M_3=M_O(F_3)=\frac{\sqrt{3}}{6}F_3a$$

因为

$$F_1=F_2=F_3$$

故

$$F_1'=F_2'=F_3'$$

即平面汇交力系中，F_1'、F_2'、F_3' 等值且互成 120°角，用几何法或解析法均可求出其合力为零，即原平面任意力系的主矢 $F_R'=0$。

由式（4-4）得，主矩 M_O 为

$$M_O=M_1+M_2+M_3=\frac{\sqrt{3}}{6}F_1a+\frac{\sqrt{3}}{6}F_2a+\frac{\sqrt{3}}{6}F_3a=\frac{\sqrt{3}}{2}F_1a$$

即原力系简化为一个力偶，如图 4-8c 所示。改变 O 点的位置，主矩 M_O 大小和转向均保持不变，也就是说简化结果与简化中心的位置无关。

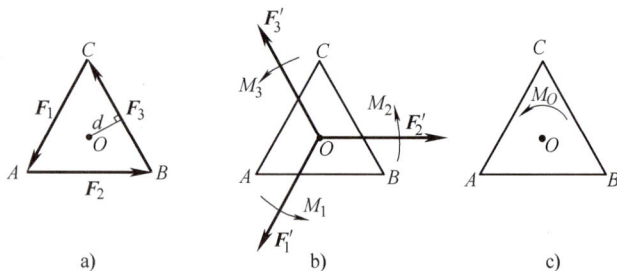

4. $F_R'=0$，$M_O=0$

原力系是平衡力系，物体在此力系作用下处于平衡状态。

4.2 平面任意力系的平衡方程及其应用

4.2.1 平面任意力系平衡方程的基本形式

由前面分析可知，若平面任意力系向任意一点简化，所得到的主矢、主矩均等于零，则刚体处于平衡状态。反之，若某平面任意力系是平衡力系，则它向任意一点简化，所得到的主矢、主矩必然同时为零。故刚体在平面任意力系作用下处于平衡状态的充分必要条件是：力系向任意一点 O 简化所得到的主矢 F_R' 和主矩 M_O 同时为零。即

$$F_R'=\sqrt{(\sum F_x)^2+(\sum F_y)^2}=0$$

$$M_O=\sum M_O(F)=0$$

由此可得到平面任意力系的平衡方程为

$$\left.\begin{array}{l} \sum F_x = 0 \\ \sum F_y = 0 \\ \sum M_O(\boldsymbol{F}) = 0 \end{array}\right\}$$ (4-5)

式（4-5）是平面任意力系平衡方程的基本形式。它表示力系中各力在任何坐标轴上投影的代数和为零；各力对平面内任意一点之矩的代数和为零。前者说明力系对物体无任何方向的移动效应，方程称为投影式方程；后者说明力系对物体无转动效应，方程称为力矩式方程。

因为式（4-5）是刚体在平面任意力系作用下处于平衡状态的充分必要条件，故平面任意力系有三个相互独立的平衡方程，可求解三个未知量。

例4-3　如图 4-9a 所示，水平杆 AB 受到力 $\boldsymbol{F}_1$、$\boldsymbol{F}_2$ 的作用，且 $F_1 = 100\text{N}$，$F_2 = 300\text{N}$，$\alpha = 45°$。求 A、B 铰链处的约束反力。

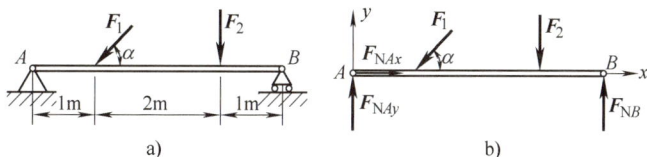

图　4-9　　　　　微课4-1　例题4-3

解　1）选水平杆 AB 为研究对象，进行受力分析，画受力图，如图 4-9b 所示。B 点为一活动铰链，其约束反力 F_{NB} 竖直向上通过铰链中心；A 点为一固定铰链，因为不能确定其约束反力的具体方向，故用一对正交分力 F_{NAx}、F_{NAy} 表示。

2）建立坐标系 Axy，列平衡方程：

$$\sum F_x = 0 \qquad F_{NAx} - F_1\cos\alpha = 0$$
$$\sum F_y = 0 \qquad F_{NAy} - F_1\sin\alpha - F_2 + F_{NB} = 0$$
$$\sum M_A(\boldsymbol{F}) = 0 \qquad F_{NB} \times 4\text{m} - F_2 \times 3\text{m} - F_1\sin\alpha \times 1\text{m} = 0$$

3）代入已知数据，求解未知量。

$$F_{NAx} - 100 \times \cos45° \text{N} = 0 \tag{a}$$
$$F_{NAy} - 100 \times \sin45° \text{N} - 300\text{N} + F_{NB} = 0 \tag{b}$$
$$F_{NB} \times 4\text{m} - 300 \times 3\text{N} \cdot \text{m} - 100 \times \sin45° \times 1\text{N} \cdot \text{m} = 0 \tag{c}$$

由式（a）得　　　　　$F_{NAx} = 70.7\text{N}$
由式（c）得　　　　　$F_{NB} = 242.7\text{N}$
将 F_{NB} 值代入式（b）得　　$F_{NAy} = 128\text{N}$

例4-4　水平杆 AB 如图 4-10a 所示，杆上作用有均布载荷，载荷集度为 q，杆的自由端作用有力 $\boldsymbol{F}$ 和力偶 M，已知 $F = ql$，$M = ql^2$。求固定端 A 处的约束反力。

解　均匀连续分布的载荷称为均布载荷。在均布载荷的作用范围内，单位长度上力的大小称为载荷集度，通常用 q 表示，其单位为 N/m 或 kN/m。

微课4-2　例题4-4

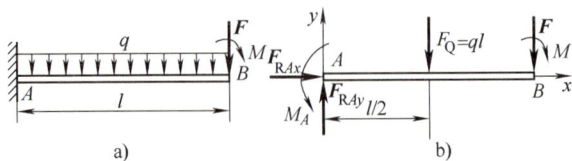

图 4-10

在静力学中，均布载荷的简化结果为一合力 F_Q，合力 F_Q 的大小等于载荷集度 q 与其作用长度 l 的乘积，即 $F_Q=ql$；合力 F_Q 的方向与均布载荷方向相同；合力 F_Q 的作用点为均布载荷作用范围的中点，本例中合力作用点在 $l/2$ 处，如图 4-10b 所示。

1）选杆 AB 为研究对象，进行受力分析，画受力图，如图 4-10b 所示。A 点为一固定端约束，其约束反力中含有三个未知量：一对正交分力 F_{RAx}、F_{RAy} 和一个约束反力偶 M_A，其方向假设如图所示。

2）建立坐标系 Axy，列平衡方程。

$$\sum F_x = 0 \qquad F_{RAx} = 0 \qquad\qquad (a)$$

$$\sum F_y = 0 \qquad F_{RAy} - ql - F = 0 \qquad\qquad (b)$$

$$\sum M_A(\boldsymbol{F}) = 0 \qquad M_A - ql\frac{l}{2} - Fl - M = 0 \qquad\qquad (c)$$

3）解方程，求未知量。

由式（a）得 $\qquad\qquad F_{RAx} = 0$

由式（b）得 $\qquad\qquad F_{RAy} = ql + F = 2ql$

由式（c）得 $\qquad\qquad M_A = ql\dfrac{l}{2} + Fl + M = \dfrac{5}{2}ql^2$

由此例题进一步明确以下三点内容：

1）固定端处的约束反力有三个分量，包括一对正交分力和一个约束反力偶，和约束反力一样，约束反力偶的转向也可任意假设，求出结果为正值，表示其实际转向与假设相同；反之表示其实际转向与假设相反。

2）力偶在任何坐标轴上投影的代数和为零，所以列投影方程时可不考虑力偶。

3）力偶对于任意一点的力矩值恒等于此力偶的力偶矩，所以列力矩方程时，不论矩心取在哪一点，力偶的力矩值都是一个常数。

本例中，水平杆 AB 受到力、力偶和均布载荷的综合作用。力学中将作用于物体上的力、力偶和均布载荷统称为载荷，即作用于物体上的载荷分为三种类型：力、力偶和均布载荷。

例 4-5 起重机如图 4-11a 所示，已知水平杆 AB 的重力 $G=4$kN，提升重物的重力 $W=10$kN，$l=6$m，$a=4$m。求拉杆 BC 的拉力和铰链 A 的约束反力。

解 1）选水平杆 AB 为研究对

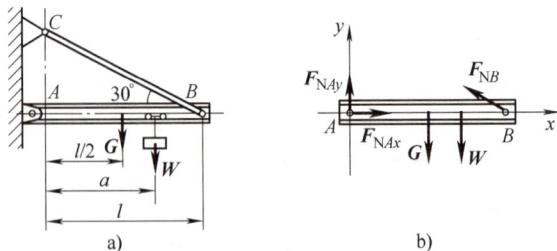

图 4-11

象，进行受力分析，画受力图，如图 4-11b 所示。*BC* 杆为一个二力杆，故 *B* 点的约束反力 F_{NB} 沿着 *BC* 杆的轴线；*A* 点为一固定铰链，因为不能确定其约束反力的具体方向，故用一对正交分力 F_{NAx}、F_{NAy} 表示。

2）建立坐标系 *Axy*，列平衡方程。

$$\sum F_x = 0 \qquad F_{NAx} - F_{NB}\cos30° = 0$$

$$\sum F_y = 0 \qquad F_{NAy} - G - W + F_{NB}\sin30° = 0$$

$$\sum M_A(\boldsymbol{F}) = 0 \qquad F_{NB}\sin30°l - G\frac{l}{2} - Wa = 0$$

3）代入已知数据，求解未知量。

$$F_{NAx} - F_{NB}\cos30° = 0 \qquad\qquad\qquad (a)$$

$$F_{NAy} - 4\text{kN} - 10\text{kN} + F_{NB}\sin30° = 0 \qquad\qquad (b)$$

$$F_{NB}\sin30° \times 6\text{m} - 4 \times \frac{6}{2}\text{kN·m} - 10 \times 4\text{kN·m} = 0 \qquad (c)$$

由式（c）得　　　　　　　　　$F_{NB} = 17.33\text{kN}$
将 F_{NB} 值代入式（a）得　　　$F_{NAx} = 15.01\text{kN}$
将 F_{NB} 值代入式（b）得　　　$F_{NAy} = 5.33\text{kN}$

由以上例题可以看出，平面任意力系平衡问题的解题步骤与平面汇交力系无原则区别，所不同的是，除了两个投影方程外，还多了一个力矩方程，故可求解三个未知量。在解题时，为避免解联立方程组，应尽量使一个方程只含有一个未知量。为此，坐标轴的选取应尽可能与未知力的作用线相平行或垂直，矩心选在两个未知力的交点上。

4.2.2　平面任意力系平衡方程的其他形式

平面任意力系的平衡方程，除了它的基本形式（4-5）外，还有其他两种形式。

1. 二力矩式平衡方程

$$\left. \begin{aligned} &\sum F_x = 0 (\text{或} \sum F_y = 0) \\ &\sum M_A(\boldsymbol{F}) = 0 \\ &\sum M_B(\boldsymbol{F}) = 0 \end{aligned} \right\} \qquad (4\text{-}6)$$

使用条件：*A*、*B* 两点的连线不能与 *x* 轴（或 *y* 轴）垂直。

2. 三力矩式平衡方程

$$\left. \begin{aligned} &\sum M_A(\boldsymbol{F}) = 0 \\ &\sum M_B(\boldsymbol{F}) = 0 \\ &\sum M_C(\boldsymbol{F}) = 0 \end{aligned} \right\} \qquad (4\text{-}7)$$

使用条件：*A*、*B*、*C* 三点不共线。

必须注意：

1）不论选用哪种形式的平衡方程，对于同一平面任意力系来说，最多只能列出三个相互独立的平衡方程，因而只能求出三个未知量。

2）选用力矩式方程，必须满足使用条件，否则列出的平衡方程将不完全是相互独立的。

例如，前面的例 4-5 中，A、B 两点的连线与 x 轴重合（不垂直），满足二力矩式平衡方程的使用条件，故可应用二力矩式平衡方程。

$$\sum F_x = 0 \qquad F_{NAx} - F_{NB}\cos30° = 0 \qquad\qquad (d)$$

$$\sum M_A(\boldsymbol{F}) = 0 \qquad F_{NB}\sin30°l - G\frac{l}{2} - Wa = 0 \qquad\qquad (e)$$

$$\sum M_B(\boldsymbol{F}) = 0 \qquad G\frac{l}{2} + W(l-a) - F_{NAy}l = 0 \qquad\qquad (f)$$

由式（e）可求得 F_{NB}，由式（f）可求得 F_{NAy}，将 F_{NB} 值代入式（d）可求得 F_{NAx}。用哪一种形式的平衡方程更为简便，应该结合实际情况分析确定。

例 4-6 如图 4-12a 所示，在竖直平面内，一边长为 a 的等边三角板 ABC 用三根沿边长方向的等长直杆铰接，BC 边处于水平位置，板上作用一力偶 M，板的重力为 W。杆重不计，求各杆所受到的力。

解 1) 选平板 ABC 为研究对象，进行受力分析，画受力图，如图 4-12b 所示。由于杆重不计，三杆均为二力杆，故三杆所受到的力 F_{NA}、F_{NB}、F_{NC} 均沿着各自杆的轴线。

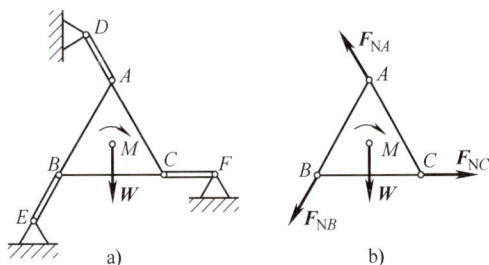

图 4-12

2) 因为 F_{NA}、F_{NB}、F_{NC} 三个力的分布比较特殊，若用平衡方程的基本形式求解，显然要解联立方程组。现 A、B、C 三点不共线，满足三力矩式平衡方程的使用条件，故可用三力矩式平衡方程求解。列平衡方程：

$$\sum M_A(\boldsymbol{F}) = 0 \qquad F_{NC}\cos30°a - M = 0$$

得

$$F_{NC} = \frac{M}{a\cos30°} = \frac{2\sqrt{3}M}{3a}$$

$$\sum M_B(\boldsymbol{F}) = 0 \qquad F_{NA}\cos30°a - W\frac{a}{2} - M = 0$$

得

$$F_{NA} = \frac{M+W\frac{a}{2}}{a\cos30°} = \frac{\sqrt{3}}{3}\left(\frac{2M}{a} + W\right)$$

$$\sum M_C(\boldsymbol{F}) = 0 \qquad F_{NB}\cos30°a + W\frac{a}{2} - M = 0$$

得

$$F_{NB} = \frac{M-W\frac{a}{2}}{a\cos30°} = \frac{\sqrt{3}}{3}\left(\frac{2M}{a} - W\right)$$

本例题满足三力矩式平衡方程的使用条件，故三个平衡方程是相互独立的，所以可解出三个未知量。应该注意，这时投影方程仍然满足，但不再独立，只能用作校核。现介绍一种校核方法：另取一个非独立的投影方程或力矩方程，将计算结果代入该方程中，若计算结果等于零，表示原计算结果正确。例如，在本例中，另取投影方程

$$\sum F_x = 0 \qquad F_{NC} - F_{NA}\sin30° - F_{NB}\sin30° = 0$$

将所求得的 F_{NA}、F_{NB}、F_{NC} 的值代入上式，有

$$\frac{2\sqrt{3}M}{3a} - \frac{\sqrt{3}}{3}\left(\frac{2M}{a} + W\right)\sin30° - \frac{\sqrt{3}}{3}\left(\frac{2M}{a} - W\right)\sin30° = 0$$

说明原计算结果正确。

4.3　平面平行力系的平衡方程及其应用

平面汇交力系和平面力偶系是平面任意力系的特殊情况。除此之外，工程中还常遇到平面平行力系的问题。所谓平面平行力系，就是各力的作用线都在同一平面内且互相平行的力系。它也是平面任意力系的特殊情况，因此可以从平面任意力系的平衡方程中推导出平面平行力系的平衡方程。

设刚体受一平面平行力系 F_1，F_2，…，F_n 作用而处于平衡状态，如图 4-13 所示，若取 x 轴与各力垂直，则各力在 x 轴上的投影均为零，式 $\sum F_x = 0$ 恒成立。因此，平面平行力系的平衡方程为

$$\left.\begin{array}{r} \sum F_y = 0 \\ \sum M_O(F) = 0 \end{array}\right\} \qquad (4\text{-}8)$$

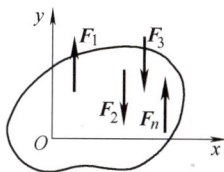

图　4-13

平面平行力系有两个相互独立的平衡方程，可求解两个未知量。

与平面任意力系相同，平面平行力系的平衡方程也有二力矩式，即

$$\left.\begin{array}{r} \sum M_A(F) = 0 \\ \sum M_B(F) = 0 \end{array}\right\} \qquad (4\text{-}9)$$

使用条件：力 F 不能平行于 AB 连线。

例 4-7　水平杆如图 4-14 所示，沿全长作用有均布载荷 $q = 10\text{kN/m}$，A、B 两铰链中间作用一集中力 $F = 8\text{kN}$ 和一个力偶 $M = 2\text{kN·m}$，$a = 1\text{m}$。求 A、B 两铰链的约束反力。

解　1）选 AB 杆为研究对象，进行受力分析，画受力图，如图 4-14b 所示。均布载荷简化为作用于杆中点的集中力，其值为 $F_Q = 3qa$；B 点为一活动铰链，其约束反力 F_{NB} 竖直向上；A 点为一固定铰链，其约束反力 F_{NA} 也假设为竖直向上（因为其他力在 x 轴上均没有投影，所以水平分力 F_{NAx} 为零）。于是各个力组成平面平行力系。

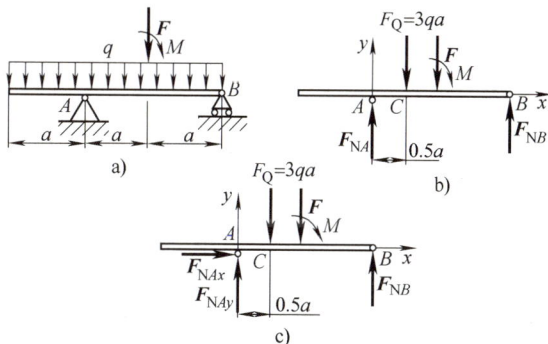

图　4-14

2）建立坐标系 Axy，列平衡方程：

$$\sum F_y = 0 \qquad F_{NA} - 3qa - F + F_{NB} = 0$$

$$\sum M_A(\boldsymbol{F}) = 0 \qquad F_{NB} \times 2a - M - Fa - 3qa \times 0.5a = 0$$

3）代入已知数据，求解未知量。

$$F_{NA} - 3 \times 10 \times 1\text{kN} - 8\text{kN} + F_{NB} = 0 \qquad\qquad (a)$$

$$F_{NB} \times 2 \times 1\text{m} - 2\text{kN} \cdot \text{m} - 8 \times 1\text{kN} \cdot \text{m} - 3 \times 10 \times 1 \times 0.5 \times 1\text{kN} \cdot \text{m} = 0 \qquad (b)$$

由式（b）得 $\qquad\qquad\qquad\qquad F_{NB} = 12.5\text{kN}$

将 F_{NB} 值代入式（a）得 $\qquad\qquad F_{NA} = 25.5\text{kN}$

本例中，如果不能通过分析得出水平分力 F_{NAx} 为零，则可将其在受力图中画出，此时杆 AB 受到平面任意力系作用，如图 4-14c 所示。列出三个相互独立的平衡方程，可求出结果为

$$F_{NAx} = 0 \qquad F_{NAy} = 25.5\text{kN} \qquad F_{NB} = 12.5\text{kN}$$

显然，两种解法结果相同。

例 4-8 起重机如图 4-15a 所示，机架重 $W = 500\text{kN}$，重心在 C 点，与右轨 B 相距 $a = 1.5\text{m}$；最大起重量 $F = 250\text{kN}$，与右轨 B 的距离 $l = 10\text{m}$；平衡物重力为 $\boldsymbol{G}$，与左轨 A 相距 $x = 6\text{m}$，A、B 二轨相距 $b = 3\text{m}$。求起重机在满载和空载时都不致翻倒的平衡物重 $\boldsymbol{G}$ 的范围。

解 1）选起重机为研究对象，进行受力分析，画受力图，如图 4-15b 所示。起重机在起吊重物时，受到的力有机架的重力 $\boldsymbol{W}$、平衡物的重力 $\boldsymbol{G}$、起重量 $\boldsymbol{F}$ 以及轨道对 A 轮、B 轮的约束反力 $\boldsymbol{F}_{NA}$、$\boldsymbol{F}_{NB}$，这些力组成平面平行力系。

起重机在平衡时，力系中具有 $\boldsymbol{F}_{NA}$、$\boldsymbol{F}_{NB}$ 和 $\boldsymbol{G}$ 三个未知量，而平面平行力系只有两个相互独立的平衡方程，不能求解三个未知量。但是，本题是求解起重

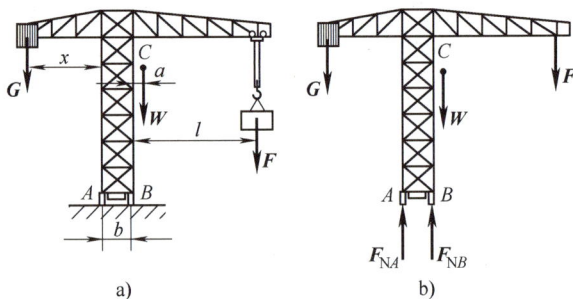

图 4-15

机满载与空载都不致翻倒的平衡物重 $\boldsymbol{G}$ 的范围，因此可分为满载与空载两种临界状态来讨论，从而确定 G 值的范围。

2）满载（$F = 250\text{kN}$）时，起重机将绕 B 轨右翻，在平衡的临界状态（即将翻而未翻时），A 轮将与导轨脱离接触，此时 $F_{NA} = 0$。由平衡方程可求出平衡物重力的最小值 $G_{\min}$。

$$\sum M_B(\boldsymbol{F}) = 0 \qquad G_{\min}(x+b) - Wa - Fl = 0$$

$$G_{\min} \times (6+3)\text{m} - 500 \times 1.5\text{kN} \cdot \text{m} - 250 \times 10\text{kN} \cdot \text{m} = 0$$

$$G_{\min} = 361.1\text{kN}$$

3）空载（$F = 0$）时，起重机将绕 A 轨左翻，在平衡的临界状态，B 轮将与导轨脱离接触，此时 $F_{NB} = 0$。由平衡方程可求出平衡物重力的最大值 $G_{\max}$。

$$\sum M_A(\boldsymbol{F}) = 0 \qquad G_{\max}x - W(a+b) = 0$$

$$G_{\max} \times 6\text{m} - 500 \times (1.5+3)\text{kN} \cdot \text{m} = 0$$

$$G_{\max} = 375\text{kN}$$

即平衡物重 G 的范围是 $\qquad\qquad 361.1\text{kN} \leqslant G \leqslant 375\text{kN}$

4.4* 物体系统的平衡

前面研究的是单个物体的平衡问题。但在工程实际中遇到的通常是物体系统的平衡问题。所谓物体系统就是由若干个物体通过约束组成的系统，简称物系。图 4-16a 所示的人字梯就是一个物系。

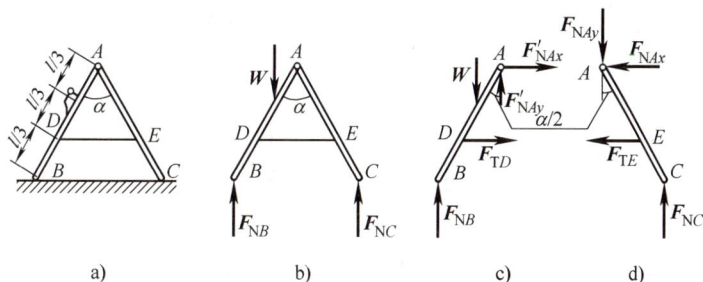

图　4-16

4.4.1　外力和内力

研究物体系统的平衡首先要搞清物系的外力和内力。力学中把物系以外的物体作用于物系内部物体的力称为该物系的外力，图 4-16b 中的主动力 W 和 A、B 处的约束反力 F_{NB}、F_{NC} 都是外力。物系内部各物体之间的相互作用力称为物系的内力，如图 4-16c 中的 F'_{NAx}、F'_{NAy}、F_{TD} 和图 4-16d 中的 F_{NAx}、F_{NAy}、F_{TE} 都是该物系的内力。

外力和内力的概念是相对的，并在一定条件下可以相互转化。在研究整个物系平衡时，由于内力总是成对出现的，不必考虑，画受力图时也不必画出。如图 4-16b 所示，F'_{NAx}、F'_{NAy}、F_{TD}、F_{NAx}、F_{NAy} 和 F_{TE} 这些内力，在画整个物体系统的受力图时，不必画出。当研究物系中某一物体的平衡时，系统中其他物体对它的作用力就成为外力，必须给予考虑，受力图中也必须画出。如图 4-16c 所示，当研究 AB 杆受力时，F'_{NAx}、F'_{NAy}、F_{TD} 就成为外力，必须画出；又如图 4-16d 所示，当研究 AC 杆受力时，F_{NAx}、F_{NAy}、F_{TE} 也成为外力，必须画出。也就是说，受力图中只画外力不画内力。

4.4.2　静定问题与超静定问题

当物体系统平衡时，则物系中的每个物体都处于平衡状态。设物系由 n 个物体组成，如果每个物体都受到平面任意力系作用，则有 $3n$ 个独立的平衡方程。如果物系中有物体受到平面汇交力系、平面平行力系或平面力偶系作用时，则物系的平衡方程数目相应减少。当物系中的未知量数目不超过独立平衡方程的数目时，则所有的未知量都能由平衡方程求出，这样的问题称为静定问题。反之，当未知量的数目多于平衡方程的数目时，仅用平衡方程就不能全部求出这些未知量，这样的问题称为超静定问题，或静不定问题。未知量数目与独立平衡方程数目之差，称为超静定次数。

图 4-17 所示为几个超静定问题的例子。如图 4-17a、b 所示，重物 A 和水平杆 ABC 所受的力分别是平面汇交力系和平面平行力系，独立的平衡方程都是两个，而未知反力却都是三

个，任何一个未知量都无法由平衡方程求得。如图 4-17c 所示，刚架受到平面任意力系作用，独立的平衡方程有三个，而未知反力却为四个，虽然可以由 $\sum F_y=0$、$\sum M_A(\boldsymbol{F})=0$ 求出 F_{NAy}、F_{NBy}，但 F_{NAx}、F_{NBx} 却无法由平衡方程求出，所以上述三例都是超静定问题。

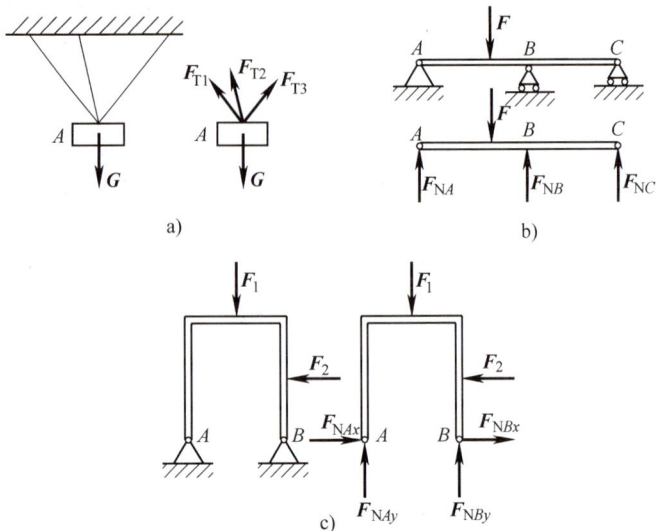

图　4-17

必须指出，所谓超静定问题并不是不能求解的问题，而只是不能仅用静力学的知识来求解。问题之所以成为超静定，是因为静力学把物体抽象为刚体略去了物体的变形而导致的。如果考虑到物体受力后变形，找出其变形与作用力之间的关系，超静定问题是可以求解的。本节只给出超静定问题的概念，至于求解这类问题的方法，将在第五章中介绍。

下面举例说明物体系统平衡问题的求解方法。

例 4-9　如图 4-16a 所示，人字梯由 AB、AC 两杆在 A 点铰接又在 D、E 两点用水平绳连接。梯子放在光滑的水平面上，其一边有人攀梯而上，梯子处于平衡状态，已知人的重力 $W=60\text{kN}$，$AB=AC=l=3\text{m}$，$\alpha=45°$。不计梯子的重力，求绳子的拉力和铰链 A 的约束反力。

解　1）先选整个物体系统为研究对象，进行受力分析，画受力图，如图 4-16b 所示。显然，$\boldsymbol{F}_{NB}$、$\boldsymbol{F}_{NC}$、$\boldsymbol{W}$ 组成平面平行力系，列平衡方程：

$$\sum M_B(\boldsymbol{F})=0 \qquad F_{NC}\times 2l\sin\frac{\alpha}{2}-W\times\frac{2}{3}l\sin\frac{\alpha}{2}=0$$

$$F_{NC}=\frac{1}{3}W=\frac{1}{3}\times 60\text{kN}=20\text{kN}$$

$$\sum F_y=0 \qquad F_{NB}+F_{NC}-W=0$$

$$F_{NB}=W-F_{NC}=60\text{kN}-20\text{kN}=40\text{kN}$$

2）分析 AB 杆和 AC 杆的受力，发现 AC 杆受力比较简单，所以再选 AC 杆为研究对象，进行受力分析，画受力图，如图 4-16d 所示。AC 杆受到平面任意力系作用，列平衡方程：

$$\sum M_A(\boldsymbol{F})=0 \qquad F_{NC}l\sin\frac{\alpha}{2}-F_{TE}\times\frac{2}{3}l\cos\frac{\alpha}{2}=0$$

$$F_{TE} = \frac{F_{NC}\sin\dfrac{\alpha}{2}}{\dfrac{2}{3}\cos\dfrac{\alpha}{2}} = \frac{3}{2}F_{NC}\tan\frac{\alpha}{2} = \frac{3}{2}\times20\tan\frac{45°}{2}\,kN = 12.4\,kN$$

$$\sum F_x = 0 \qquad -F_{NAx} - F_{TE} = 0$$

$F_{NAx} = -F_{TE} = -12.4\,kN$（负号表示其实际方向与图示方向相反）

$$\sum F_y = 0 \qquad F_{NC} - F_{NAy} = 0$$

$$F_{NAy} = F_{NC} = 20\,kN$$

例 4-10　如图 4-18 所示，水平杆 AB、BC 用中间铰链 B 连接。A 端为活动铰链约束，C 端为固定端约束，已知 $M = 20\,kN\cdot m$，$q = 15\,kN/m$。求 A、B、C 三点的约束反力。

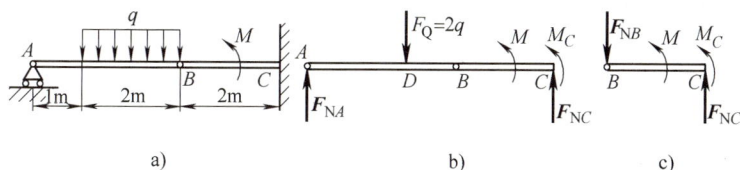

图　4-18

解　1）先选整个物体系统为研究对象，进行受力分析，画受力图，如图 4-18b 所示。将均布载荷 q 简化为集中力，作用在 D 点，其值 $F_Q = 2q$；活动铰链 A 处的约束反力 F_{NA} 竖直向上；中间铰链 B 的约束反力为内力，不必画出；固定端 C 处只有约束反力 F_{NC}（其水平分力 $F_{NCx} = 0$）和约束反力偶 M_C，其方向假设如图所示。显然，物系受平面平行力系作用，列平衡方程：

$$\sum F_y = 0 \qquad F_{NA} - q\times2m + F_{NC} = 0$$

$$\sum M_A(F) = 0 \qquad -q\times2m\times2m + M + M_C + F_{NC}\times5m = 0$$

代入已知数据，得

$$F_{NA} - 2\times15\,kN + F_{NC} = 0 \qquad\qquad (a)$$

$$-2\times15\times2\,kN\cdot m + 20\,kN\cdot m + M_C + F_{NC}\times5m = 0 \qquad\qquad (b)$$

2）两个方程不能求解三个未知量，再来分析 AB 杆和 BC 杆的受力，发现 BC 杆受力比较简单，故再选 BC 杆为研究对象，进行受力分析，画受力图，如图 4-18c 所示。此时中间铰链 B 的约束反力 F_{NB} 转化成外力，必须画出。由力偶的性质二，力偶只能与力偶平衡，故 F_{NB} 应竖直向下，与 F_{NC} 组成一对约束反力偶，即 $F_{NB} = F_{NC}$，所以 BC 杆受到平面力偶系作用。列平衡方程

$$\sum M = 0 \qquad M + M_C + F_{NC}\times2m = 0$$

代入已知数据，得

$$20\,kN\cdot m + M_C + F_{NC}\times2m = 0 \qquad\qquad (c)$$

将式（b）和式（c）联立起来，解方程组得

$$F_{NC} = 20\,kN$$

$M_C = -60\,kN\cdot m$（负号表示实际转向与图示方向相反，为顺时针转向）

将 $F_{NC} = 20\,kN$ 代入式（a）得

$$F_{NA} = 10kN$$

由以上例题分析可知，求解简单物体系统的平衡问题时，一般要选两次研究对象，首先选取整个物体系统为研究对象，然后再选单个物体中受力简单的一个物体为研究对象，分别列出平衡方程求解。列平衡方程时应遵循的原则是：使每个平衡方程中的未知量数目尽可能少，最好只含有一个未知量。

例 4-11 曲柄连杆机构由活塞、连杆和飞轮组成，如图 4-19a 所示。已知飞轮的重力为 W，曲柄长 $OA = r$，连杆长 $AB = l$，作用于活塞上的总压力为 F，当曲柄在竖直位置时系统平衡。不计活塞、连杆、曲柄的重力，求作用于轴 O 上的力偶矩 M_O 及轴承 O 的反力。

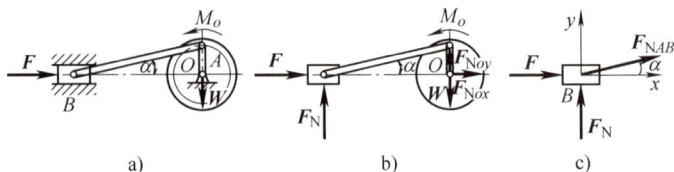

图 4-19

解 1）先取整个物体系统为研究对象，进行受力分析，画受力图，如图 4-19b 所示。活塞与导槽形成双面约束，在图示状态下，活塞与导槽下表面单面接触，故约束反力 F_N 竖直向上。中间铰链 A、B 两处的约束反力为内力，不必画出。O 点为一固定铰链约束，其约束反力用一对正交分力 F_{NOx}、F_{NOy} 表示。显然，物系受到平面任意力系作用，列平衡方程：

$$\sum F_x = 0 \qquad F_{NOx} + F = 0 \qquad\qquad (a)$$

$$\sum F_y = 0 \qquad F_N + F_{NOy} - W = 0 \qquad\qquad (b)$$

$$\sum M_O(\boldsymbol{F}) = 0 \qquad M_O - F_N l\cos\alpha = 0 \qquad\qquad (c)$$

由式（a）得 $\qquad F_{NOx} = -F$（负号表示其实际方向与图示方向相反）

2）式（b）、式（c）不能求解三个未知量，再选活塞为研究对象，进行受力分析，画受力图，如图 4-19c 所示。此时中间铰链 B 的约束反力转化成外力，必须画出。因为 AB 杆为一个二力杆，故 B 铰链处的约束反力 F_{NAB} 沿 AB 杆的轴线，其方向假设如图所示。活塞受到平面汇交力系作用，列平衡方程

$$\sum F_x = 0 \qquad F_{NAB}\cos\alpha + F = 0 \qquad\qquad (d)$$

$$\sum F_y = 0 \qquad F_{NAB}\sin\alpha + F_N = 0 \qquad\qquad (e)$$

由式（d）得

$$F_{NAB} = -\frac{F}{\cos\alpha}$$

代入式（e）得 $\qquad\qquad F_N = F\tan\alpha$

将 $F_N = F\tan\alpha$ 代入式（b）得

$$F_{NOy} = W - F_N = W - F\tan\alpha = W - F\frac{r}{\sqrt{l^2 - r^2}}$$

将 $F_N = F\tan\alpha$ 代入式（c）得

$$M_O = F_N l\cos\alpha = F\tan\alpha l\cos\alpha = Fl\sin\alpha = Fr$$

例 4-12 二铰拱如图 4-20a 所示，其上作用载荷 F_1、F_2。求 A、B、C 三铰链处的约束反力。

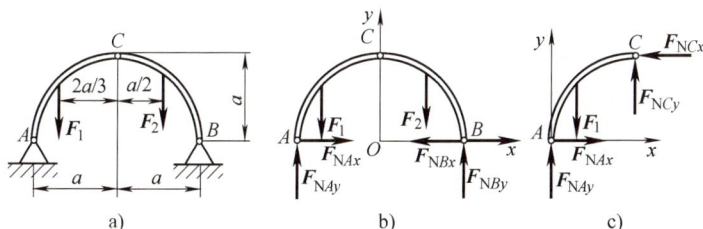

图　4-20

解　1）先选整个物体系统为研究对象，进行受力分析，画受力图，如图 4-20b 所示。中间铰链 C 处的约束反力为内力，不必画出；两固定铰链 A、B 处的约束反力均用一对正交分力表示。显然，三铰拱受到平面任意力系作用，列平衡方程

$$\sum F_x = 0 \qquad F_{NAx} - F_{NBx} = 0 \qquad\qquad (a)$$

$$\sum F_y = 0 \qquad F_{NAy} + F_{NBy} - F_1 - F_2 = 0 \qquad\qquad (b)$$

$$\sum M_B(\boldsymbol{F}) = 0 \qquad F_1\left(a + \frac{2a}{3}\right) + F_2 \times \frac{a}{2} - F_{NAy} \times 2a = 0 \qquad\qquad (c)$$

由式（c）得

$$F_{NAy} = \frac{5}{6}F_1 + \frac{1}{4}F_2$$

将 F_{NAy} 值代入式（b）得

$$F_{NBy} = \frac{5}{6}F_1 + \frac{3}{4}F_2$$

由式（a）还不能求出 F_{NAx} 和 F_{NBx}。

2）再选左半拱 AC 为研究对象，进行受力分析，画受力图，如图 4-20c 所示。此时中间铰链 C 处的约束反力转化成外力，必须画出，用一对正交分力 $\boldsymbol{F}_{NCx}$、$\boldsymbol{F}_{NCy}$ 表示。AC 拱仍然受到平面任意力系作用，列平衡方程

$$\sum F_x = 0 \qquad F_{NAx} - F_{NCx} = 0 \qquad\qquad (d)$$

$$\sum F_y = 0 \qquad F_{NAy} + F_{NCy} - F_1 = 0 \qquad\qquad (e)$$

$$\sum M_C(\boldsymbol{F}) = 0 \qquad F_1 \times \frac{2a}{3} + F_{NAx} a - F_{NAy} a = 0 \qquad\qquad (f)$$

将 F_{NAy} 值代入式（e）得

$$F_{NCy} = \frac{1}{6}F_1 - \frac{1}{4}F_2$$

将 F_{NAy} 值代入式（f）得

$$F_{NAx} = \frac{1}{6}F_1 + \frac{1}{4}F_2$$

将 F_{NAx} 值代入式（a）和式（d）得

$$F_{NAx} = F_{NBx} = F_{NCx} = \frac{1}{6}F_1 + \frac{1}{4}F_2$$

小　　结

1. 平面任意力系向任意一点简化的结果为一个主矢 $\boldsymbol{F}'_R$ 和一个主矩 M_O。主矢 $\boldsymbol{F}'_R$ 是作用

在简化中心的平面汇交力系的合力，它与简化中心的位置无关。主矩 M_O 是附加力偶的合力偶矩，它与简化中心的位置有关，且 $M_O = \sum M_O(\boldsymbol{F})$。

在平面力系中，应用平面任意力系向任意一点简化的原理可以将固定端处的约束反力简化为一对正交分力和一个约束反力偶。

2. 平面任意力系的平衡方程

1）基本形式

$$\left.\begin{array}{l} \sum F_x = 0 \\ \sum F_y = 0 \\ \sum M_O(\boldsymbol{F}) = 0 \end{array}\right\}$$

2）二力矩式

$$\left.\begin{array}{l} \sum F_x = 0 \, (\text{或} \sum F_y = 0) \\ \sum M_A(\boldsymbol{F}) = 0 \\ \sum M_B(\boldsymbol{F}) = 0 \end{array}\right\} A、B \text{两点的连线不能与} x \text{轴（或} y \text{轴）垂直}$$

3）三力矩式

$$\left.\begin{array}{l} \sum M_A(\boldsymbol{F}) = 0 \\ \sum M_B(\boldsymbol{F}) = 0 \\ \sum M_C(\boldsymbol{F}) = 0 \end{array}\right\} A、B、C \text{三点不共线}$$

3. 平面任意力系有三个相互独立的平衡方程，可求解三个未知量。在解题时，为了避免解联立方程组，应尽量使一个方程只含有一个未知量。为此，坐标轴的选取应尽可能与未知力的作用线相平行或垂直，矩心选在两个未知力的交点上。

4. 平面平行力系的平衡方程

1）基本形式

$$\left.\begin{array}{l} \sum F_y = 0 \\ \sum M_O(\boldsymbol{F}) = 0 \end{array}\right\}$$

2）二力矩式

$$\left.\begin{array}{l} \sum M_A(\boldsymbol{F}) = 0 \\ \sum M_B(\boldsymbol{F}) = 0 \end{array}\right\} \text{力} \boldsymbol{F} \text{不平行于} AB \text{连线}$$

平面平行力系有两个相互独立的平衡方程，可求解两个未知量。

5. 求解简单物体系统的平衡问题时，一般要选两次研究对象，首先选取整个物体系统为研究对象，然后再选单个物体中受力简单的一个物体为研究对象，分别列出平衡方程求解。

习 题

4-1 填空题

（1）如果在一个力系中，各力的作用线均分布在同一平面内，但它们既不完全平行，又不汇交于同一点，则将这种力系称为_____。

（2）平面一般力系向平面内一点简化为一个力 F'_R 和一个力偶 M_0，这个力称为原力系的_____，这个力偶称为原力系对简化中点 O 的_____。

（3）平面任意力系可以向平面内任意一点简化为一个_____和一个_____，其中_____与简化中心的具体位置无关。

（4）固定端约束既限制物体在竖直方向和水平方向的_____，还限制物体在水平面内的_____。

（5）平面任意力系平衡的必要和充分条件是，力系的主矢等于____，且对任意点的主矩等于_____。

（6）平面任意力系有_____个相互独立的平衡方程，可求解_____个未知量。

（7）各力的作用线都在同一平面内且互相平行的力系，称为_____。

（8）平面平行力系有_____个相互独立的平衡方程，可求解_____个未知量。

（9）当物体系统处于平衡状态时，组成该系统的每个物体处于_____状态。

（10）当研究单个物体或物体系统的平衡问题时，若未知量的数目少于或等于独立的平衡方程数目，这类问题称为_____问题；若未知量的数目超过了独立的平衡方程数目，这类问题称为_____问题。

4-2 选择题

（1）平面一般力系简化的基础是（　　　）。

A. 二力平衡公理　　　　　　　　　　　B. 力的可传性定理

C. 作用和与反作用公理　　　　　　　　D. 力的平移定理

（2）平面任意力系简化的结果是（　　　）。

A. 合力　　　　　　B. 合力偶　　　　　　C. 主矩　　　　　　D. 主矢和主矩

（3）设平面一般力系向某一点简化得到一合力偶，如另选适当简化中心，能否将力系简化为一合力？（　　　）

A. 能　　　　　　　　B. 不能　　　　　　　C. 不一定

（4）既限制物体沿任何方向移动，又限制物体转动的约束为（　　　）。

A. 固定铰链　　　　B. 可动铰链　　　　C. 固定端　　　　D. 光滑面

（5）固定端约束通常有（　　　）个约束反力。

A. 一　　　　　　　　B. 二　　　　　　　C. 三　　　　　　D. 四

（6）平面任意力系的独立平衡方程数目一般有（　　　）个。

A. 一　　　　　　　　B. 二　　　　　　　C. 三　　　　　　D. 四

（7）平面平行力系有_____个独立的平衡方程，平面汇交力系有个_____独立的平衡方程。

A. 3，3　　　　　　B. 3，2　　　　　　C. 2，2　　　　　D. 2，3

（8）如图 4-21 所示，在刚体上的四个点上各作用一个大小相等的力，则该力系的简化结果为（　　　）。

A. 一个力　　　　　B. 一个力偶　　　　C. 一个力偶或平衡　　D. 平衡

（9）将平面力系向平面内简化，所得主矢和主矩都不为零，则该力系简化的最后结果为（　　　）。

图 4-21

A 一个力　　　　　　　　　　　　　　B. 一个力偶

C. 平衡　　　　　　　　　　　　　　　D. 一个力偶或平衡

（10）某平面力系，其简化结果与简化中心无关，则该力系最后的简化结果为（　　　）。

A. 一合力　　　　　　　　　　　　　　B. 一力偶

C. 平衡　　　　　　　　　　　　　　　D. 一合力偶或平衡

4-3 判断题

（1）平面任意力系简化的最后结果可得一个力和一个力偶。（　　　）

（2）当平面任意力系对某点的主矩为零时，该力系向任一点简化的结果必为一个合力。（　　　）

（3）平面任意力系向作用面内任一点（简化中心）简化后，所得到的作用于简化中心的那一个力，一

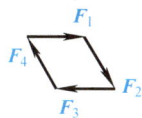

般说来不是原力系的合力。（　　）

（4）平面任意力系向作用内任一点简化的主矢，与原力系中所有各力的矢量和相等。（　　）

（5）平面任意力系向作用面内任一点简化，得到的主矩大小一般都与简化中心位置的选择有关。（　　）

（6）只要平面任意力系简化的结果主矩不为零，一定可以再简化为一个合力。（　　）

（7）平面任意力系向任意点简化的结果都相同，则该力一定平衡。（　　）

（8）若一个物系是平衡的，则意味着组成物体系中每个组件都是平衡的。（　　）

（9）对于一个物体系统，若未知量的数目多于平衡方程的数目，则该系统是静不定的。（　　）

（10）在静力学研究范畴，静不定系统可以求出未知量的解，因为未知量的数目多于平衡方程的数目。（　　）

4-4　一平面任意力系如图 4-22 所示，每方格边长 10cm，$F_1=F_2=10$N，$F_3=F_4=10\sqrt{2}$N。求此力系向 O 点简化的结果。

4-5　求图 4-23 所示刚架的支座反力。（$q=10$kN/m）

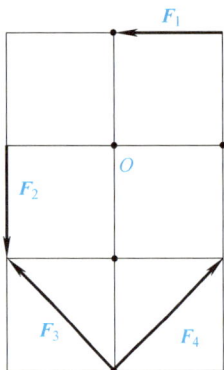

图　4-22

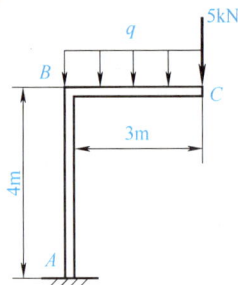

图　4-23

4-6　如图 4-24 所示，水平杆 AC 和 CE 在 C 点用中间铰链连接，E 点受载荷 F 作用。已知 $F=1$kN，$l=1$m，求 A、B、D 三处的支座反力。

4-7*　由 AC 和 BC 两杆组成的梯子，放在光滑的水平面上，如图 4-25 所示。两杆的重力均为 $G=150$N，彼此用铰链 C 及绳索 EF 连接，一重力 $W=600$N 的人站在 D 处。求绳索 EF 的拉力及 A、B 两处的约束反力。

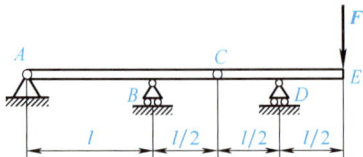

图　4-24

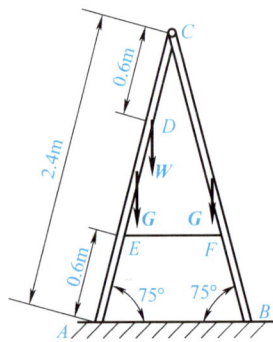

图　4-25

4-8* 如图 4-26 所示支架，水平杆 CDE 受均布载荷作用，载荷集度 $q = 100N/m$，E 处悬挂重力 $G = 500N$ 的物体，其他尺寸如图。求支座 A 处的约束反力及 BD 杆所受的力。

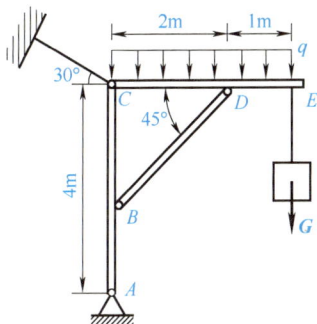

图　4-26

拓展园地

我国 17 世纪的力学家王徵

王徵（1571—1644），字良甫，陕西泾阳县人。他少年好学，明万历二十二年（1594）中举人，但是他没去做官，而是住在乡间，一面耕作，一面利用力学原理设计和制造了许多具有实用价值的简单机械。王徵就这样在乡间度过了 18 个年头，到了明天启二年（1622），他考中了进士。此后他向朝廷建议采用他自己设计的兵器，以对付后金。在他的一生中，有不少机械学、力学方面的成就。

在他编著的《新制诸器图说》中，介绍了虹吸、鹤饮、自转磨、自行车、轮壶、代耕架等数种机械的构造原理。他的目的，就是要寻找一种动力，全部或部分地代替人力和畜力，以减轻人、畜的劳动强度。当西方传教士不断进入我国时，他很注意吸收外国的科学知识。他曾于天启元年冬在北京会见了西方传教士邓玉函等三人。这些人从西方带来约七千余部图书，其中有一部介绍"奇器"，即力学和简单机械，后由邓玉函和王徵共同翻译成中文版本。他们把此书起名为《远西奇器图说录最》。全书分为重解、器解、力解三卷，主要内容是讲一些机械的力学原理及其应用。

王徵是我国 17 世纪卓越的力学家和机械学家，他运用力学原理设计和制造了不少有实用价值的简单机械，而且大胆冲破当时封建统治思想的束缚，关心科学技术的传播。他说："学，原不问精粗，总期有济于世人；亦不问中西，总期不违于天。"也就是把"有益于民生日用、国家兴作"的"技艺"予以研究与发展。

第二部分

材料力学

工程中的各种机器设备都是由若干构件组成的。构件在工作中要承受力的作用，为保证机器设备能够正常工作，构件应满足以下要求：

1）具有足够的强度，即在规定的使用条件下，构件不会被破坏。

2）具有足够的刚度，即在规定的使用条件下，构件不会产生过大的变形。

3）对于受压构件，还应具有足够的稳定性，即在规定的使用条件下，受压构件具有足够的保持初始直线平衡状态的能力。

在工程设计中，构件不仅要满足强度、刚度和稳定性等安全要求，同时还必须符合经济方面的要求。前者往往要求加大构件的横截面尺寸，多用材料，用好材料；后者却要求节省材料，避免大材小用、优材劣用，尽量降低成本，因此安全与经济是一对矛盾。材料力学是研究构件强度、刚度和稳定性的一门学科，它的任务是在满足强度、刚度和稳定性的前提下，为构件选择合适的材料，确定合理的截面形状及尺寸，妥善地解决安全与经济的矛盾，为构件设计提供基本的理论和方法。

在材料力学中，构件的变形不能忽略。为使分析和计算得以简化，材料力学把构件抽象为连续、均匀、各向同性的可变形固体这一力学模型。同时材料力学研究的问题仅限于弹性、小变形情况，这样在对构件进行静力平衡和运动分析时，就可以按构件变形前的原始尺寸进行计算。

材料力学的研究对象是杆件，即轴向尺寸远大于径向尺寸的构件。力学中，将与构件轴线垂直的截面称为横截面，简称截面。材料力学重点研究的是横截面面积相等、轴线为直线的等直杆。等直杆的计算原理也可以近似地用于曲率很小的曲杆和变截面杆。

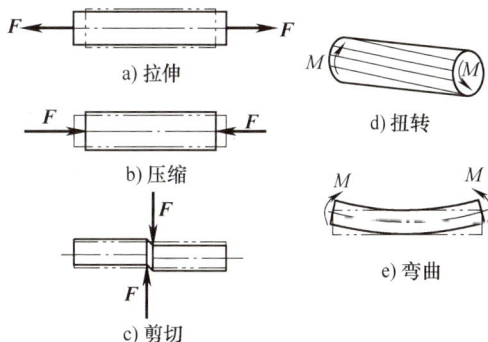

a) 拉伸

b) 压缩

c) 剪切

d) 扭转

e) 弯曲

图 5-0

杆件受力变形的基本形式有四种：拉伸和压缩、剪切、扭转、弯曲，如图5-0所示。其他复杂的变形形式是两种或两种以上基本变形的组合，称为组合变形。

第 5 章
轴向拉伸与压缩

通过前面四章的学习，同学们已经能够熟练计算图 5-1 所示起重机中拉杆 *AB* 所受的力。现假设 *AB* 杆的材料为 Q235 钢，截面形状为圆形，那么如何设计其截面尺寸呢？这就要用到本章所讲授的轴向拉伸与压缩变形的知识。

工程实际中，产生轴向拉伸或压缩变形的构件很多。图 5-1 中，简易起重机中的拉杆 *AB* 产生轴向拉伸变形；图 5-2 中，立柱产生轴向压缩变形。

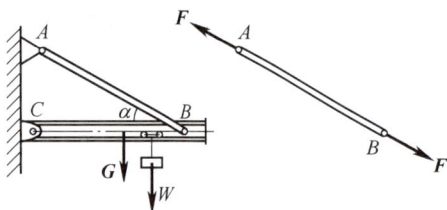

图　5-1

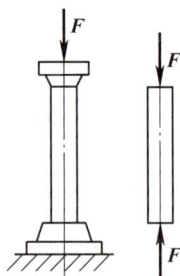

图　5-2

对拉杆 *AB* 和立柱进行受力分析，可以发现它们具有共同的受力特点：构件在外力作用下处于平衡状态，且外力或外力合力的作用线与构件的轴线重合，在这种外力作用下，构件只产生沿轴线方向的伸长（或缩短）、沿直径方向的缩小（或增大），这种变形形式称为轴向拉伸（或压缩）。以轴向拉伸（或压缩）变形为主要变形形式的构件称为拉（压）杆，简称杆。

本章主要讨论拉（压）杆的轴力、应力、变形和强度计算等问题。

5.1　轴力和轴力图

5.1.1　内力的概念

构件受到外力作用产生变形时，其内部各质点间的相对位置就要发生变化，相应的各质点间的相互作用力也会发生变化。这种由于外力作用而引起的构件内部各质点之间相互作用力的改变量，称为"附加内力"，简称内力。这样的内力随着外力的产生而产生，随着外力的增加而增加，不过它的增加是有一定限度的，超过了这个限度，构件就要被破坏。不同的材料有不同的限度，这个限度就是材料的强度。

必须指出，静力学中介绍过的内力与这里所讲的"附加内力"是不同的。材料力学中的内力是构件在外力作用下，其内部各质点之间相互作用力的改变量。

5.1.2　截面法、轴力

为了确定构件在外力作用下所产生内力的大小和方向，通常采用截面法。截面法是材料力学中计算内力的一种最基本的方法。

如图 5-3a 所示，等直杆在外力 F 的作用下保持平衡状态。现欲求 m-m 截面上的内力，可以假想地用一截面将直杆沿 m-m 截面截开，分成 A、B 两部分。由于杆件原来在外力作用下处于平衡状态，因此截开后的任一部分也必然处于平衡状态。现选 A 部分为研究对象，弃去 B 部分，将 B 部分对 A 部分的作用以内力代替。由于材料是均匀、连续的，所以内力是作用在横截面上的连续的分布力，如图 5-3b 所示。设该连续分布内力的合力为 F_N，则由 A 部分的平衡条件可知，合力 F_N 的作用线沿杆件的轴线，且

$$F_N = F$$

若取 B 部分为研究对象，如图 5-3c 所示，可求得同样数值的内力，但两者方向相反，这是必然的，因为它们是作用与反作用的关系。

从以上分析可见，拉（压）杆内力 F_N 的作用线与杆的轴线重合，故称为轴向内力，简称轴力。轴力的正负号规定为：杆件产生拉伸变形时为正，杆件产生压缩变形时为负；或轴力指向截面外部为正，指向截面内部为负。按此规定，图 5-3 中不论选左部分还是右部分为研究对象，其轴力均为正值。

例 5-1　一等直杆受力如图 5-4a 所示，已知 $F_1 = 15kN$，$F_2 = 25kN$，$F_3 = 10kN$。用截面法求 1-1 截面和 2-2 截面上的轴力。

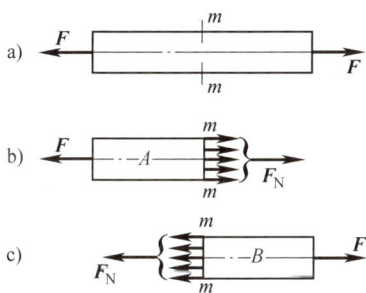

图　5-3

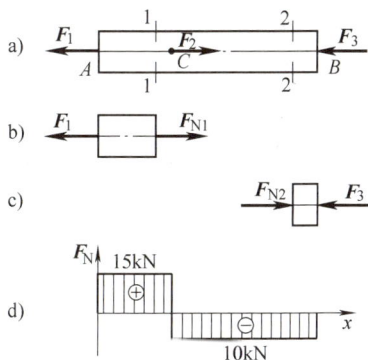

图　5-4

解　1）应用截面法，假想将杆件沿 1-1 截面截开，分为左右两部分。此时，左部分受力比较简单，故选左部分为研究对象，由平衡条件可得 1-1 截面上的轴力 F_{N1} 指向截面外部，如图 5-4b 所示。且有 $F_{N1} = F_1 = 15kN$。

2）再次应用截面法，假想将杆件沿 2-2 截面截开，分为左右两部分。此时，右部分受

力比较简单，选右部分为研究对象，由平衡条件可得 2-2 截面上的轴力 F_{N2} 指向截面内部，如图 5-4c 所示。且有 $F_{N2} = -F_3 = -10\text{kN}$。

本例中，杆件在 AC 段中所有截面上的轴力都相等，因为这些截面所受到的外力完全相同。同样，CB 段中所有截面上的轴力也都相等。但是 AC 段中的截面与 CB 段中的截面上的轴力却不相等，因为在 C 点作用一已知外力 F_2，致使这两段杆件的截面所受到的外力不同，从而引起内力的变化。

由此可见，要求杆件各个截面上的轴力，首先要在相邻两个外力之间任选截面，然后用截面法求出各个截面上的轴力。

5.1.3 轴力图

工程实际中，多数拉（压）杆受到的外力比较复杂，因而杆的各部分横截面上的轴力互不相同。为了表明各个截面上的轴力沿轴线变化的情况，按选定比例尺，用平行于杆轴线的横坐标表示横截面的位置，用与轴线垂直的纵坐标表示横截面上的轴力，这样绘出的图线，称为轴力图。图 5-4d 即为图 5-4a 所示杆件的轴力图。

从轴力图中，可以清楚地看到杆件在 AC 段中所有截面上的轴力都相等，均为 15kN，杆件在 CB 段中所有截面上的轴力也都相等，均为 -10kN。即杆件在 AC 段产生拉伸变形，在 CB 段产生压缩变形。

例 5-2 一等直杆受力如图 5-5a 所示，已知 $F_1 = 40\text{kN}$，$F_2 = 55\text{kN}$，$F_3 = 25\text{kN}$，$F_4 = 20\text{kN}$。试绘制轴力图。

解 本题中等直杆 AE 上作用有多个载荷，先以整个杆件为研究对象，求出 A 端约束反力 F_{RAx}；然后分别用截面法求出各段杆横截面上的轴力；最后绘制轴力图。

1）求约束反力 F_{RAx}。选 AE 杆为研究对象，进行受力分析，画受力图，如图 5-5b 所示。因所有外力均在杆的轴线上，故 A 处固定端约束的约束反力只含有水平方向一个未知量 F_{RAx}。列平衡方程：

$$\sum F_x = 0 \qquad -F_{RAx} - F_1 + F_2 - F_3 + F_4 = 0$$

得 $\qquad\qquad F_{RAx} = 10\text{kN}$

2）用截面法求轴力。在相邻两个外力之间任选截面，得到 1-1 截面、2-2 截面、3-3 截面、4-4 截面。分别求各截面上的轴力。

1-1 截面：假想将杆件沿 1-1 截面截开，分为左右两部分，选左部分为研究对象，如图 5-5c所示，由平衡条件得 F_{N1} 指向截面外

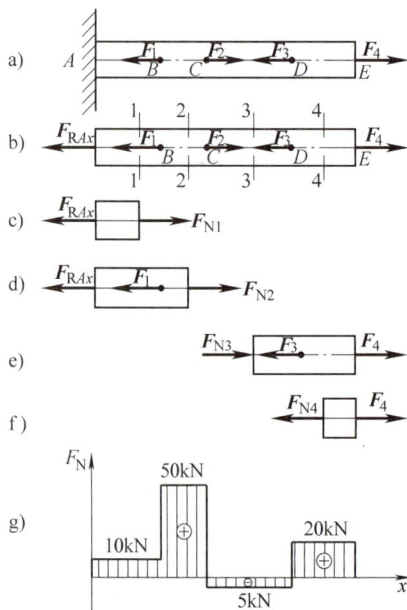

图 5-5

部，即轴力为正。

$$F_{N1} = F_{RAx} = 10kN$$

2-2 截面：假想将杆件沿 2-2 截面截开，分为左右两部分，选左部分为研究对象，如图 5-5d 所示，由平衡条件得 F_{N2} 指向截面外部，即轴力为正。

$$F_{N2} = F_{RAx} + F_1 = 50kN$$

3-3 截面：假想将杆件沿 3-3 截面截开，分为左右两部分，选右部分为研究对象，如图 5-5e 所示，由平衡条件得 F_{N3} 指向截面内部，即轴力为负。

$$F_{N3} = -F_3 + F_4 = -5kN$$

4-4 截面：假想将杆件沿 4-4 截面截开，分为左右两部分，选右部分为研究对象，如图 5-5f 所示，由平衡条件得 F_{N4} 指向截面外部，即轴力为正。

$$F_{N4} = F_4 = 20kN$$

3）绘制轴力图。以平行于杆轴线的 x 轴为横坐标表示横截面的位置，以垂直于 x 轴的 F_N 轴为纵坐标表示相应截面上轴力的大小，按比例尺画出杆件各段横截面上的轴力，即得到轴力图，如图 5-5g 所示。从轴力图中可以清楚地看出轴力随截面位置不同而变化的情况。

对照图 5-5b 和图 5-5g 可以发现，凡是外力作用的位置都是轴力图发生突变的位置，反之亦然；且轴力图突变的幅度等于外力的大小。由此，总结出轴力图的绘图规律如下：

从左向右画，以外力的作用点为轴力图的突变点，外力向左，轴力图向上突变；外力向右，轴力图向下突变；突变幅度等于外力的大小，两相邻外力之间的轴力图为平行于 x 轴的直线。

运用绘图规律，可以不用截面法求各个截面上的轴力，直接绘制轴力图，且简单方便。

例 5-3　阶梯杆受力如图 5-6a 所示，试绘制轴力图。

解　A 点作用一外力向右，其值为 60kN，故轴力图从零值向下突变 60kN，变为 -60kN；A、B 两点之间没有外力作用，轴力图为平行于 x 轴的直线；B 点作用一向左的外力 35kN，轴力图从 -60kN 向上突变 35kN，变为 -25kN；B、C 两点之间没有外力作用，轴力图仍然为平行于 x 轴的直线；C 点又作用一向左的外力 25kN，轴力图从 -25kN 向上突变 25kN 回到零值，如图 5-6b 所示。

因为杆件处于平衡状态，故轴力图一定是从零值出发回到零值。从图 5-6b 中也可以看出，轴力的大小与杆件的截面尺寸无关。

微课 5-1　例题 5-3

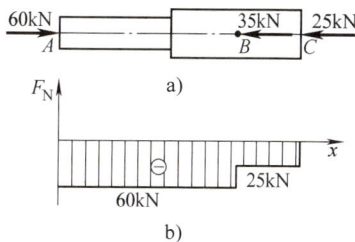

图　5-6

5.2　拉（压）杆的应力

5.2.1　应力的概念

只知道内力的大小，还不能判断杆件是否会破坏。因为材料相同，横截面面积不等的两根直杆，同时逐渐增加相同的轴向拉力，截面面积小的直杆必定首先被拉断。这说明拉（压）杆的强度不仅与内力大小有关，还与杆件的横截面面积有关。工程上称单位面积上的内力为应力，用应力来分析构件的强度，应力表达了杆件横截面上内力分布的密集程度。

如图 5-7a 所示，为了确定截面上某点 C 的应力，围绕 C 点取一微面积 ΔA，设 ΔA 上作用的微内力为 $\Delta \boldsymbol{P}$，则该点的应力为

$$p = \lim_{\Delta A \to 0} \frac{\Delta P}{\Delta A} = \frac{\mathrm{d}P}{\mathrm{d}A}$$

图 5-7

应力 p 是矢量，可以分解为两个应力，如图 5-7b 所示。其中与截面垂直的应力称为正应力，用符号 σ 表示；与截面相切的应力称为切应力，用符号 τ 表示。在国际单位制中，应力的单位为 N/m^2，称为帕斯卡，简称帕（Pa）。工程上常用的应力单位是兆帕（MPa）或吉帕（GPa），其换算关系为 $1MPa = 10^6 Pa$，$1GPa = 10^9 Pa$。

5.2.2 拉（压）杆横截面上的应力

实验表明：杆件产生轴向拉伸（或压缩）变形时，其横截面上只存在一种应力即正应力 $\boldsymbol{\sigma}$，且在同一横截面上各点的正应力均匀分布，方向垂直于横截面。若以 $\boldsymbol{F_N}$ 表示横截面上的轴力；A 表示横截面的面积，则拉（压）杆横截面上的正应力计算公式为

$$\sigma = \frac{F_N}{A} \tag{5-1}$$

σ 随轴力 F_N 的符号有正负之分，且 σ 为正值时为拉应力，σ 为负值时为压应力。

式（5-1）中，轴力的单位为 N，横截面面积的单位为 mm^2，应力的单位为 MPa。

例 5-4 在例 5-2 中，设杆的直径 $d = 25mm$。求等直杆各横截面上的应力。

解 例 5-2 中已经求出各段杆横截面上的轴力，并已绘出轴力图。由式（5-1）可求出各段杆横截面上的应力。

AB 段
$$\sigma_{AB} = \frac{F_{NAB}}{A} = \frac{10 \times 10^3}{\frac{\pi}{4} \times 25^2} MPa = 20.4 MPa \quad （拉应力）$$

BC 段
$$\sigma_{BC} = \frac{F_{NBC}}{A} = \frac{50 \times 10^3}{\frac{\pi}{4} \times 25^2} MPa = 102 MPa \quad （拉应力）$$

CD 段
$$\sigma_{CD} = \frac{F_{NCD}}{A} = \frac{-5 \times 10^3}{\frac{\pi}{4} \times 25^2} MPa = -10.2 MPa \quad （压应力）$$

DE 段
$$\sigma_{DE} = \frac{F_{NDE}}{A} = \frac{20 \times 10^3}{\frac{\pi}{4} \times 25^2} MPa = 40.8 MPa \quad （拉应力）$$

例 5-5 阶梯形钢杆受力如图 5-8a 所示，已知 $F_1 = 20kN$，$F_2 = 30kN$，$F_3 = 10kN$，AC 段

横截面面积为 400mm²，*CD* 段横截面面积为 200mm²。绘制杆的轴力图，并求各段杆横截面上的应力。

解　1）绘制轴力图，如图 5-8b 所示。

2）计算应力。

由于杆件为阶梯形，各段横截面尺寸不同。从轴力图中又知杆件各段横截面上的轴力也不相等。为使每一段杆件内部各个截面上的横截面面积都相等，轴力都相同，应将杆分成 *AB*、*BC*、*CD* 三段，分别进行计算。

AB 段　$$\sigma_{AB} = \frac{F_{NAB}}{A_{AB}} = \frac{20 \times 10^3}{400} \text{MPa} = 50 \text{MPa （拉应力）}$$

BC 段　$$\sigma_{BC} = \frac{F_{NBC}}{A_{BC}} = \frac{-10 \times 10^3}{400} \text{MPa} = -25 \text{MPa （压应力）}$$

CD 段　$$\sigma_{CD} = \frac{F_{NCD}}{A_{CD}} = \frac{-10 \times 10^3}{200} \text{MPa} = -50 \text{MPa （压应力）}$$

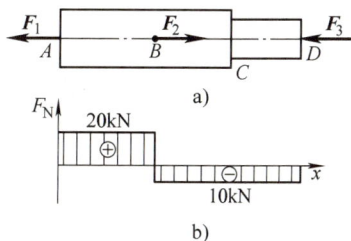

图 5-8

5.2.3　拉（压）杆斜截面上的应力

如图 5-9a 所示，一等直杆产生轴向拉伸变形，其横截面面积为 *A*，斜截面 *k-k* 与横截面成 α 角，现求 *k-k* 截面上的应力。

用截面法将杆件沿 *k-k* 截面截开，选左部分为研究对象，如图 5-9b 所示。设 *k-k* 截面上的内力为 $F_{N\alpha}$，截面面积为 A_α，应力为 p_α，则有

$$F_{N\alpha} = F$$

$$A_\alpha = \frac{A}{\cos\alpha}$$

实验表明，p_α 在 *k-k* 截面上也是均匀分布的，于是得

$$p_\alpha = \frac{F_{N\alpha}}{A_\alpha} = \frac{F}{A}\cos\alpha = \sigma\cos\alpha$$

将 p_α 分解成垂直于斜截面 *k-k* 的正应力 σ_α 和相切于斜截面 *k-k* 的切应力 τ_α，如图 5-9c 所示。则

$$\sigma_\alpha = p_\alpha\cos\alpha = \sigma\cos^2\alpha \qquad (5-2)$$

$$\tau_\alpha = p_\alpha\sin\alpha = \frac{\sigma}{2}\sin2\alpha \qquad (5-3)$$

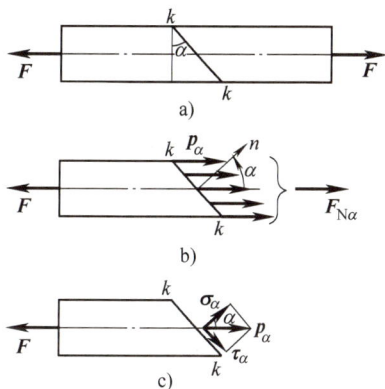

图 5-9

从以上两式可知，σ_α 和 τ_α 都是 α 的函数，截面的方位不同，截面上的正应力和切应力也不同。α 角的正负号规定为：从 *x* 轴沿逆时针方向转到截面外法线 *n* 时，α 为正，反之为负。切应力 τ_α 则以对单元体内任意一点之矩为顺时针转向者为正，反之为负。

当 α = 0°即为横截面时

$$\sigma_{0°} = \sigma_{\max} = \sigma \qquad \tau_{0°} = 0$$

当 α = 45°时

$$\sigma_{45°}=\frac{\sigma}{2} \qquad \tau_{45°}=\tau_{max}=\frac{\sigma}{2}$$

当 $\alpha=90°$ 即为纵截面时

$$\sigma_{90°}=0 \qquad \tau_{90°}=0$$

当 $\alpha=-45°$ 时

$$\sigma_{45°}=\frac{\sigma}{2} \qquad \tau_{45°}=-\frac{\sigma}{2}$$

综合上面分析可得，当杆件产生轴向拉伸或压缩变形时，横截面上具有最大的正应力，但没有切应力；与横截面成±45°的斜截面上具有最大的切应力；与轴线平行的纵截面上既没有正应力也没有切应力。

5.2.4 切应力互等定律

如图 5-10 所示，当 $\beta=\alpha+90°$ 时，由式（5-3）可得

$$\tau_{\alpha+90°}=\frac{\sigma}{2}\sin(2\alpha+180°)=-\frac{\sigma}{2}\sin2\alpha=-\tau_\alpha$$

说明：过杆内任意一点的两个互相垂直的截面上，切应力大小相等、符号相反。这就是切应力互等定律。其表达式为

图 5-10

$$\tau_{\alpha+90°}=-\tau_\alpha \tag{5-4}$$

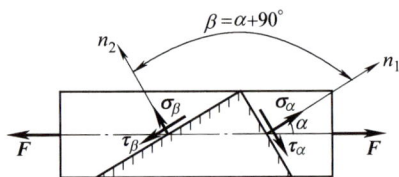

例 5-6 等直杆受力如图 5-11 所示，已知横截面上的最大正应力 $\sigma_{max}=50MPa$，某一斜截面上的切应力 $\tau_\alpha=16MPa$。求：（1）该斜截面的倾角 α；（2）该斜截面上的正应力 σ_α。

图 5-11

解 1）求该斜截面的倾角 α。

由前面分析可得

$$\tau_\alpha=\frac{\sigma}{2}\sin2\alpha \qquad 且 \sigma_{max}=\sigma$$

故有

$$\tau_\alpha=\frac{\sigma_{max}}{2}\sin2\alpha$$

即

$$16=\frac{50}{2}\times\sin2\alpha$$

解得

$$\alpha=19.9°$$

2）求该斜截面上的正应力 σ_α。

由式（5-2）得

$$\sigma_\alpha = \sigma\cos^2\alpha = 50 \times \cos^2 19.9° \text{MPa} = 44.2 \text{MPa}$$

α 截面的方位和 $\boldsymbol{\sigma}_\alpha$ 的方向如图 5-11 所示。

5.3 拉（压）杆的变形　胡克定律

5.3.1 变形、应变的概念

实验表明：拉（压）杆在轴向外力作用下将产生轴向伸长（或轴向缩短）；同时杆的横向尺寸还会有缩小（或增大）。前者称为纵向变形，后者称为横向变形。这两种变形都是绝对变形。

设杆的原长为 l，直径为 d，受到拉伸后长度为 l_1，直径为 d_1，如图 5-12 所示。则绝对变形为

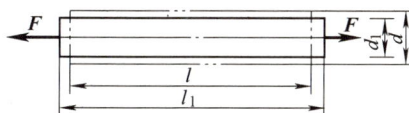

图　5-12

纵向变形 $\qquad\qquad\qquad \Delta l = l_1 - l$

横向变形 $\qquad\qquad\qquad \Delta d = d_1 - d$

杆件受拉时，Δl 为正，Δd 为负；杆件受压时，Δl 为负，Δd 为正。绝对变形的单位是 mm。

在相等的轴向拉（压）力作用下，杆件的原始长度不同，其绝对变形的数值也不一样，因此绝对变形不能确切地反映杆件的变形程度。对于轴力为常量的等直杆，由于材料是连续均匀的，其变形处处相等。所以，为了比较变形的程度，工程上常用应变的概念，称单位长度上的变形量为应变（或相对变形），用符号 ε 表示。即

纵向应变 $\qquad\qquad\qquad \varepsilon = \dfrac{\Delta l}{l}$

横向应变 $\qquad\qquad\qquad \varepsilon' = \dfrac{\Delta d}{d}$

杆件受拉时，ε 为正，ε' 为负；杆件受压时，ε 为负，ε' 为正。ε 为量纲为 1 的量。

5.3.2 泊松比

实验表明：当拉（压）杆的应力不超过材料的比例极限 σ_p（该内容将在下节讨论）时，横向应变 ε' 与纵向应变 ε 之间成正比关系，且符号相反，即

$$\varepsilon' = -\mu\varepsilon \qquad\qquad\qquad\qquad (5\text{-}5)$$

式中　μ——横向变形系数或泊松比，为量纲为 1 的量，其值因材料而异，由实验测定。

一些常用材料的 E、μ 值见表 5-1。

表 5-1　几种常用材料的 E、μ 值

材料	弹性模量 E/GPa	泊松比 μ
碳钢	196~216	0.24~0.28
合金钢	186~206	0.25~0.30
灰铸铁	78.5~157	0.23~0.42
铜及其合金	72.6~128	0.31~0.42
铝合金	70	0.33

5.3.3　胡克定律

实验表明：当拉（压）杆的应力不超过材料的比例极限 σ_p 时，应力与应变成正比，即

$$\sigma = E\varepsilon \tag{5-6}$$

式（5-6）称为胡克定律，是胡克定律的第一种表达形式。式中比例常数 E 称为弹性模量，其值因材料不同而异，单位与应力单位相同，它表示材料抵抗变形的能力，E 值越大，表示材料抵抗变形的能力越强。各种材料的 E 值均由实验测定，常用材料的 E 值见表 5-1。

因为

$$\sigma = \frac{F_N}{A}$$

$$\varepsilon = \frac{\Delta l}{l}$$

故

$$\Delta l = \frac{F_N l}{EA} \tag{5-7}$$

式（5-7）是胡克定律的第二种表达形式。它表明在杆的长度及受力均相同的情况下，EA 值越大，拉（压）杆的变形越小，即 EA 值表示杆件抵抗拉（压）变形能力的大小，故将 EA 称为杆的抗拉（压）刚度。

式（5-7）的使用条件如下：

1）杆件为等截面直杆，即 A 为常量。

2）杆件内部各个截面上轴力都相等，即 F_N 为常量。

3）杆件各部分材料相同，即 E 为常量。

上述三个条件必须同时符合才能使用式（5-7），当不符合使用条件时，应该将杆件分段，使每一段符合使用条件，先计算每一段的变形，然后叠加求总变形。

注意：使用式（5-7）时，轴力 F_N 应代入正负号，Δl 随轴力 F_N 的符号有正负之分，Δl 为正表明杆件伸长了，Δl 为负表明杆件缩短了。

例 5-7　如图 5-13a 所示阶梯形钢杆，AC 段横截面面积 $A_1 = 500\text{mm}^2$，CD 段横截面面积 $A_2 = 200\text{mm}^2$，材料的弹性模量 $E = 200\text{GPa}$。求杆的绝对变形。

解　1）计算 A 端的约束反力。

选阶梯杆为研究对象，进行受力分析，画受力图，如图 5-13b 所示，列平衡方程

$$\sum F_x = 0 \qquad -F_{RAx} + 30\text{kN} - 10\text{kN} = 0$$

$$F_{RAx} = 20\text{kN}$$

2）绘制轴力图，如图 5-13c 所示。

3）计算变形。

阶梯杆整体不符合式（5-7）的使用条件，将其分为 AB、BC、CD 三段，分别计算变形，然后用叠加法求阶梯杆的总变形。

$$\Delta l = \Delta l_{AB} + \Delta l_{BC} + \Delta l_{CD}$$

$$= \frac{F_{NAB}l_{AB}}{EA_1} + \frac{F_{NBC}l_{BC}}{EA_1} + \frac{F_{NCD}l_{CD}}{EA_2}$$

$$= \frac{20 \times 10^3 \times 100}{200 \times 10^3 \times 500} \text{mm} - \frac{10 \times 10^3 \times 100}{200 \times 10^3 \times 500} \text{mm} -$$

$$\frac{10 \times 10^3 \times 100}{200 \times 10^3 \times 200} \text{mm}$$

$$= -0.015 \text{mm}$$

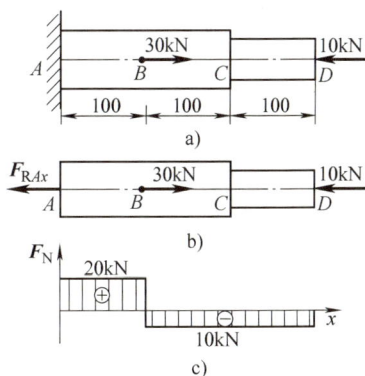

图 5-13

计算结果为负值，说明杆的总长度缩短了 0.015mm，同时也说明杆的绝对变形的确是微小的。

5.4 材料在拉伸和压缩时的力学性能

为了解决构件的强度及变形问题，还需要研究材料的力学性能。材料的力学性能一般通过实验方法来测定，不同的材料具有不同的力学性能，同样的材料在不同的温度和加载方式下也会显示出不同的力学性能。本节主要讨论低碳钢和铸铁这两种材料在常温、静载下的力学性能，常温是指室温，静载是指加力缓慢、平稳。

5.4.1 低碳钢在拉伸时的力学性能

材料的力学性能与试件的形状和尺寸有关，为了使不同材料的实验结果能够互相比较，必须将试件按国家标准规定制成标准试件，如图 5-14 所示。试件中部等截面段的直径为 d，试件中段用来测量变形的长度 l 称为标距。通常取 l = 10d 或 l = 5d，分别称为 10 倍试件或 5 倍试件。

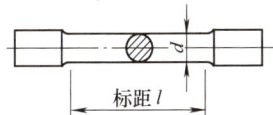

图 5-14

拉伸实验在材料实验机上进行。将试件装夹于实验机上，缓慢加载，直至试件断裂。实验机的自动绘图装置将绘制出 F-Δl 曲线，即力-伸长曲线，如图 5-15a 所示。F-Δl 曲线与试件的尺寸有关，为了消除尺寸的影响，获得反映材料力学性能的曲线，将纵坐标 F 除以试件原始横截面面积 S_o，将横坐标 Δl 除以标距 L_o，得到试件横截面上的正应力 R 与延伸率 e 之间的关系曲线，如图 5-13b 所示，称为应力-延伸率曲线，即 R-e 曲线。

从应力-应变曲线和实验中观察到的现象可以知道，低碳钢的拉伸实验可以分为以下四个阶段。

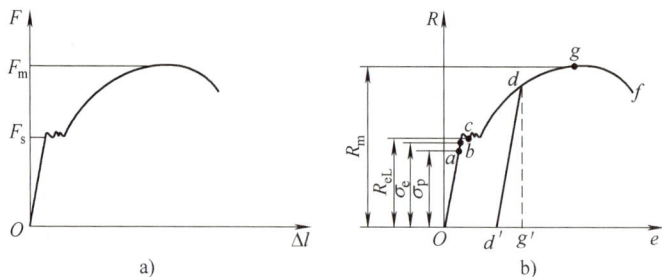

图 5-15

1. 弹性阶段

在图 5-15b 中，Ob 段内材料的变形为弹性变形，即卸载后变形完全自行消失。b 点所对应的应力值称为弹性极限，用符号 σ_e 表示。它是材料只产生弹性变形的最大应力。

在弹性阶段中 Oa 段为斜直线，说明在此范围内应力 σ 与延伸率 e 成正比，用数学表达式表示为

$$R = Ee$$

这就是前面介绍的拉伸（或压缩）的胡克定律，其中弹性模量 E 为直线的斜率。

直线 Oa 的最高点 a 所对应的应力称为比例极限，用符号 σ_p 表示。它是应力与应变成正比的最大应力，因此胡克定律只适用于应力不超过比例极限的范围。低碳钢的比例极限在 $190 \sim 200\text{MPa}$。

弹性极限与比例极限虽然含义不同，但数值非常接近，所以工程上对二者并不严格区分。

2. 屈服阶段

应力超过 b 点后在应力-应变曲线上形成一段接近水平线的小锯齿形线段。这种应力变化不大而应变显著增加的现象称为屈服或流动。屈服阶段的最低点所对应的应力称为下屈服强度，用符号 R_{eL} 表示。低碳钢的下屈服强度在 240MPa 左右。

屈服阶段中，在磨光的试件表面出现与轴线大致成 45° 倾角的条纹，称为滑移线，如图 5-16 所示。这是由于材料内部晶格发生滑移引起的。

材料屈服时出现显著的塑性变形（卸载后不能消失的变形），影响构件的正常工作，故下屈服强度 R_{eL} 是材料的一个重要的强度指标。

3. 强化阶段

过了屈服阶段以后，$R\text{-}e$ 曲线又开始继续上升。这说明，要使试件继续变形必须加大拉力，即材料又恢复了抵抗变形的能力，这种现

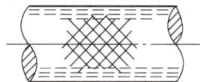

图 5-16

象称为材料的强化。从屈服终止到图中的 g 点称为材料的强化阶段。在强化阶段试件明显变细变长，即塑性变形显著增加。g 点是 $R\text{-}e$ 曲线的最高点，它所对应的应力是材料所能承受的最大应力，称为抗拉强度，用符号 R_m 表示，它是材料的另一个重要的强度指标。低碳钢的抗拉强度在 400MPa 左右。

4. 局部变形阶段

应力达到 R_m 以后，试件的变形明显集中于某一局部区域，致使试件在这一区域明显变

细，这种现象称为缩颈，如图 5-17 所示。缩颈现象出现以后，继续拉伸所需拉力迅速减小，最后在缩颈处断裂。

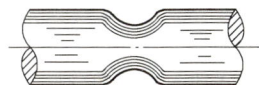

图　5-17

综上所述，通过低碳钢的拉伸实验，可以测得 σ_p、σ_e、R_{eL} 和 R_m 四个强度指标及弹性模量 E，其中 R_{eL} 和 R_m 是材料的两个重要的强度指标。

试件拉断后，弹性变形消失，塑性变形遗留在试件上。通过拉伸实验可以得到材料的两个塑性指标：

（1）断后伸长率　试件断裂后相对伸长的百分率，用符号 A 表示。

$$A = \frac{L_u - L_o}{L_o} \times 100\% \tag{5-8}$$

式中　L_o——原始标距；

　　　L_u——断后标距。

试件的塑性变形越大，断后伸长率 A 也越大，因此断后伸长率 A 是材料的一个重要的塑性指标。低碳钢的断后伸长率很高，其平均值为 20%～30%，这说明低碳钢的塑性很好。工程中，根据断后伸长率的大小将材料分为两类：$A \geq 5\%$ 的材料称为塑性材料，如碳钢、黄铜、铝合金等。$A < 5\%$ 的材料称为脆性材料，如铸铁、玻璃、陶瓷等。

（2）断面收缩率　试件断裂后横截面面积相对收缩的百分率，用符号 Z 表示。

$$Z = \frac{S_o - S_u}{S_o} \times 100\% \tag{5-9}$$

式中　S_o——试件原始横截面面积；

　　　S_u——试件拉断后断口处的最小横截面面积。

低碳钢的断面收缩率的平均值约为 60%。

下面再介绍一下卸载定律和冷作硬化的概念。在低碳钢的拉伸试验中，如果将试件拉伸到强化阶段内任意一点 d 处，然后逐渐卸去载荷，应力和应变的关系将沿着大致与 Oa 平行的斜直线 dd' 回到 d' 点，如图 5-15b 所示。这说明：在卸载过程中，应力与应变成线性关系，这就是卸载定律。卸载开始时的应变为

$$Og' = Od' + d'g'$$

式中，$d'g'$ 为弹性应变，Od' 为塑性应变。卸载完毕后，弹性应变消失，塑性应变遗留下来。遗留下来的塑性应变常称为残余应变。

如果对卸载后的试件再次加载，则应力应变的关系大致沿着斜直线 $d'd$ 变化，到 d 点后仍沿曲线 dgf 变化。可见，再次加载过程中，在 d 点以前，材料的变形是弹性变形，过 d 点以后才出现塑性变形。这说明再次加载时材料的比例极限提高了，但塑性变形却降低了，这种现象称为材料的冷作硬化。工程上常利用冷作硬化来提高材料在弹性阶段的承载能力。例如，建筑用的钢筋和起重钢索，常用冷拔工艺来提高其强度；在某些机械零件表面进行喷丸处理，可以提高其强度等。

5.4.2　其他材料在拉伸时的力学性能

1. 其他塑性材料在拉伸时的力学性能

工程上常用的塑性材料还有中碳钢、某些高碳钢、合金钢、青铜和黄铜等。实验测定一

些塑性材料的 $R\text{-}e$ 曲线，如图 5-18 所示。由图可见，它们与低碳钢 $R\text{-}e$ 曲线的共同特点是都存在弹性阶段，不同之处在于有的材料（如黄铜）没有屈服阶段，有的材料（如 T10A）没有缩颈现象。

对于没有屈服阶段的材料，通常以试件产生 0.2% 的塑性应变所对应的应力作为下屈服强度，称为规定残余伸长强度用 $R_{r0.2}$ 表示，如图 5-19 所示。

2. 脆性材料在拉伸时的力学性能

脆性材料，如灰铸铁、陶瓷等受到拉伸时，从开始直至断裂变形很小，没有屈服阶段和缩颈现象。灰铸铁的 $R\text{-}e$ 曲线如图 5-20 所示，它是一条微弯曲线，在较小的应力下即被拉断，拉断时的应变很小，断后伸长率也很小，仅为 0.4%~0.5%，所以灰铸铁是典型的脆性材料。灰铸铁拉断时的最大应力称为抗拉强度，用 R_m 表示。因为没有屈服点，故抗拉强度是灰铸铁唯一的强度指标。

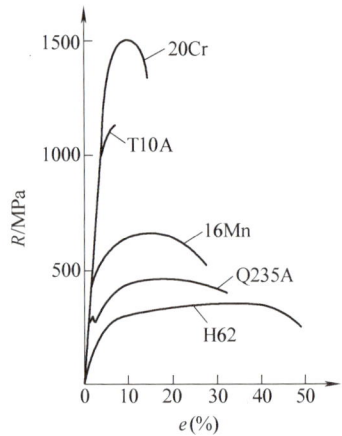

图　5-18

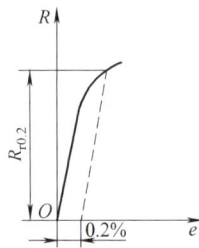

图　5-19

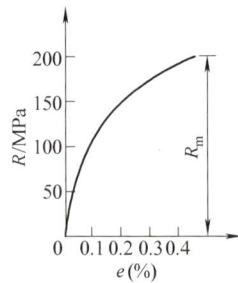

图　5-20

由于灰铸铁的 $R\text{-}e$ 曲线没有明显的直线部分，故应力与应变不再成正比关系。但因为脆性材料在较低的应力下即发生破坏，工程中近似地认为其变形服从胡克定律。

说明：在金属材料拉伸试验中，本次修订采用 GB/T 228.1—2010 代替了 GB/T 228—2002 中部分术语名称及符号，详见表 5-2。

表 5-2　金属材料拉伸试验中部分国标术语名称及符号现行标准与旧标准对比

名称		符号	
现行标准	旧标准	现行标准	旧标准
应力	—	R	σ
延伸率	应变	e	ε
下屈服强度	屈服点	R_{eL}	σ_s
抗拉强度	—	R_m	σ_b
断后伸长率	—	A	δ
原始标距	—	L_o	l

（续）

名称		符号	
现行标准	旧标准	现行标准	旧标准
断后标距	—	L_u	l_1
断面收缩率	—	Z	ψ
原始横截面积	—	S_o	A
断后最小横截面积	—	S_u	A_1
规定残余延伸强度	名义屈服点	$R_{r0.2}$	$\sigma_{0.2}$

注：—表示新旧标准表述一致。

5.4.3　材料在压缩时的力学性能

压缩实验所用的试件常为圆柱形，为避免压弯，圆柱的高度约为其直径的 1.5~3 倍。

低碳钢压缩时的 $R\text{-}e$ 曲线如图 5-21 所示，虚线为其拉伸时的 $R\text{-}e$ 曲线。从图中可以看出，在弹性阶段和屈服阶段二曲线重合，说明低碳钢压缩时的 σ_p、R_{eL} 和 E 与拉伸时大致相同。进入强化阶段以后，试件越压越扁，横截面面积不断增大，试件先被压成鼓形，最后成为饼状但不会断裂，无法测得抗压强度。

灰铸铁压缩时的 $R\text{-}e$ 曲线如图 5-22 所示，虚线为其拉伸时的 $R\text{-}e$ 曲线。从图中可以看出，灰铸铁的抗压强度 R_{mc} 约是其抗拉强度 R_m 的 3~4 倍。

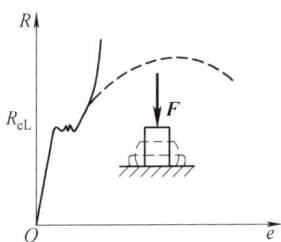

图　5-21

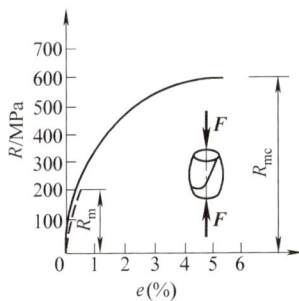

图　5-22

当灰铸铁试件受压时，仍然没有屈服阶段和缩颈现象，试件在较小变形下突然破坏，其断口大致与轴线成 45°~55° 倾角。

从上述实验可以看出，塑性材料抗拉、抗压能力都很强，塑性较大，抗冲击能力强，因此在工程中，齿轮和轴等重要零件多用低碳钢类塑性材料制造。脆性材料的抗压能力远远高于其抗拉能力，所以像机床床身、机座、轴承座等受压构件多用灰铸铁类脆性材料制造。

5.5　拉（压）杆的强度条件及其应用

5.5.1　许用应力和安全系数

通过对材料力学性能的研究知道，对于低碳钢等塑性材料，当应力达到屈服强度 R_{eL} 时，将产生显著的塑性变形；对于灰铸铁等脆性材料，当应力达到抗拉强度 R_m 或抗压强度 R_{mc} 时，将产生断裂。力学中，把材料产生较大的塑性变形或断裂时的应力称为极限应力，用 σ^0 表示。显然，塑性材料的极限应力是 R_{eL} 或 $R_{r0.2}$；脆性材料拉伸时的极限应力是 R_m，压缩时的极限应力是 R_{mc}。

从安全的角度，考虑到各种因素的影响，构件在工作时的应力不仅不能达到极限应力，还应留有必要的强度储备。一般情况下，将材料的极限应力 σ^0 除以大于 1 的安全系数 n，作为设计时应力的最大允许值，称为许用应力，用 $[\sigma]$ 表示。即

$$[\sigma] = \frac{\sigma^0}{n}$$

塑性材料在拉伸和压缩时屈服强度基本相同，故许用拉应力、压应力相等，均为

$$[\sigma] = \frac{R_{eL}}{n_s} \quad \text{或} \quad [\sigma] = \frac{R_{r0.2}}{n_s}$$

式中 n_s——塑性材料的安全系数。

脆性材料的抗拉强度与抗压强度不同，故许用应力也分为许用拉应力 $[\sigma_L]$ 和许用压应力 $[\sigma_Y]$，且

$$[\sigma_L] = \frac{R_m}{n_b} \qquad [\sigma_Y] = \frac{R_{mc}}{n_b}$$

式中 n_b——脆性材料的安全系数。

由于断裂破坏比屈服更为危险，脆性材料的不均匀性也比塑性材料大，故一般情况下，$n_b > n_s$。从有关规范或设计手册中，可以查到各种不同构件的安全系数。对于一般机械，在静载荷下

$$n_s = 1.2 \sim 2.5 \qquad n_b = 2 \sim 3.5$$

5.5.2 拉（压）杆的强度条件

杆件在产生轴向拉伸（或压缩）变形时，拉（压）杆横截面上的正应力，由式（5-1）可知为 $\sigma = F_N/A$，这样求得的应力称为工作应力。为了保证拉（压）杆具有足够的强度，要求其最大工作应力不得超过材料的拉伸（或压缩）时的许用应力。即

$$\sigma_{max} = \left| \frac{F_N}{A} \right|_{max} \leqslant [\sigma] \tag{5-10}$$

式（5-10）为拉压杆的强度条件。其中 σ_{max} 是最大工作应力，产生最大工作应力的截面称为危险截面。对于轴力为常量的等直杆，因为 F_N 和 A 都是常数，所以上式变为

$$\sigma = \frac{|F_N|}{A} \leqslant [\sigma] \tag{5-11}$$

5.5.3 强度条件的应用

应用拉（压）杆的强度条件可以解决下列三种类型的强度计算问题：

1. 强度校核

已知载荷、杆件的横截面尺寸和材料的许用应力，检验其是否满足强度条件，从而判断杆件是否具有足够的强度。当最大工作应力大于许用应力时，只要不超过许用应力的5%，

按照设计规范的规定仍然认为杆件是能够安全工作的。

2. 设计截面尺寸

已知载荷及材料的许用应力，根据强度条件设计杆件的横截面尺寸，此时可将式（5-11）改写成如下形式

$$A \geqslant \frac{|F_N|}{[\sigma]}$$

3. 确定许可载荷

已知杆件的横截面尺寸和材料的许用应力，根据强度条件确定许可载荷，此时可将式（5-11）改写成如下形式

$$|F_N| \leqslant A[\sigma]$$

在应用强度条件求解这三类问题的过程中，要注意以下两点：

1）无论求解哪种类型的问题，在运算中都会涉及不同量纲的量，所以统一单位是很重要的。简便起见，力的单位用 N，长度单位用 mm，求得应力的单位直接就是 MPa，不用再进行换算。

2）求解材料力学问题的程序可以简单地表达为

外力→内力→应力→强度条件

上述三类问题都可按此思路求解。

例 5-8　如图 5-23a 所示，钢板 BC 上作用一载荷 $F = 20\text{kN}$，杆 AB 的直径 $d_1 = 20\text{mm}$，杆 CD 的直径 $d_2 = 15\text{mm}$，材料的许用应力 $[\sigma] = 160\text{MPa}$。校核杆 AB、CD 的强度。

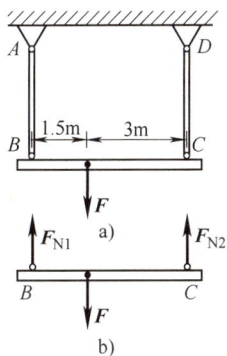

图　5-23　　　　　　　　　　　微课 5-2　例题 5-8

解　1）计算杆 AB、CD 的轴力。

选钢板 BC 为研究对象，进行受力分析，画受力图，如图 5-23b 所示。显然钢板受到平面平行力系作用，列平衡方程：

$$\sum M_B(F) = 0 \qquad -1.5F + 4.5F_{N2} = 0$$

得

$$F_{N2} = \frac{F}{3} = 6.67\text{kN}$$

$$\sum F_y = 0 \qquad F_{N1} + F_{N2} - F = 0$$

得
$$F_{N1} = \frac{2F}{3} = 13.33\text{kN}$$

因为杆 AB、CD 均为二力杆，故 $\boldsymbol{F}_{N1}$、$\boldsymbol{F}_{N2}$ 即为两杆的轴力。

2）分别校核杆 AB、CD 的强度。

由式（5-11），对 AB 杆有

$$\sigma_1 = \frac{|F_{N1}|}{A_1} = \frac{F_{N1}}{\pi d_1^2/4} = \frac{13.33 \times 10^3}{\pi \times 20^2/4}\text{MPa} = 42.43\text{MPa} < [\sigma]$$

对 CD 杆有

$$\sigma_2 = \frac{|F_{N2}|}{A_2} = \frac{F_{N2}}{\pi d_2^2/4} = \frac{6.67 \times 10^3}{\pi \times 15^2/4}\text{MPa} = 37.74\text{MPa} < [\sigma]$$

所以杆 AB、CD 的强度足够。

例 5-9 双杠杆夹紧机构如图 5-24a所示，在水平力 $\boldsymbol{F}$ 的作用下，产生一对 $F_N = 20\text{kN}$ 的夹紧力，已知 AB、BC、BD 三杆的材料相同，横截面均为圆形，$[\sigma] = 100\text{MPa}$，$\alpha = 30°$。设计该三杆的直径。

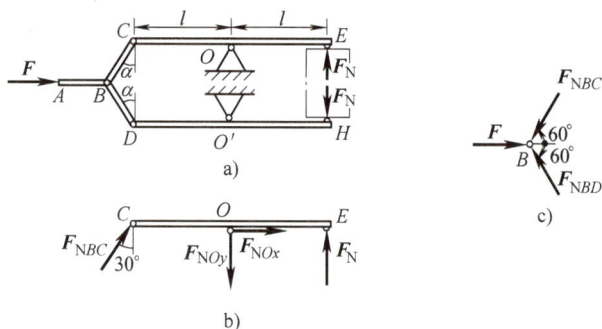

图　5-24

解 1）计算各杆的轴力。

选杆 COE 为研究对象，进行受力分析，画受力图，如图 5-24b 所示。杆 COE 受到平面任意力系作用，列平衡方程：

$$\sum M_O(\boldsymbol{F}) = 0 \qquad F_N l - F_{NBC}\cos30°l = 0$$

得
$$F_{NBC} = \frac{F_N}{\cos30°} = \frac{20}{\cos30°}\text{kN} = 23.1\text{kN}$$

由对称性可知，$F_{NBC} = F_{NBD} = 23.1\text{kN}$

为求 AB 杆所受到的力 $\boldsymbol{F}$，选 B 点为研究对象，进行受力分析，画受力图，如图 5-24c 所示。B 点受到平面汇交力系作用，列平衡方程：

$$\sum F_x = 0 \qquad F - F_{NBC}\cos60° - F_{NBD}\cos60° = 0$$

得
$$F = 2F_{NBC}\cos60° = 2 \times 23.1 \times \cos60°\text{kN} = 23.1\text{kN}$$

因为三杆均为二力杆，故 $\boldsymbol{F}$、$\boldsymbol{F}_{NBC}$、$\boldsymbol{F}_{NBD}$ 分别为 AB、BC、BD 三杆的轴力，且

$$F = F_{NBC} = F_{NBD} = 23.1\text{kN}$$

2）设计三杆的横截面直径。

因为三杆的轴力相等，材料相同，故其横截面直径相等。设所求直径为 d，由强度条件得

$$\sigma = \frac{|F_{NBC}|}{A} = \frac{F_{NBC}}{\pi d^2/4} \leqslant [\sigma]$$

即

$$d \geqslant \sqrt{\frac{4F_{NBC}}{\pi[\sigma]}} = \sqrt{\frac{4 \times 23.1 \times 10^3}{\pi \times 100}} \ \text{mm} = 17.1\text{mm}$$

最后将直径圆整，取三杆的直径为 $d = 18\text{mm}$。

例 5-10　如图 5-25a 所示支架，在节点 B 处受竖直载荷 F 作用，已知 1、2 杆的横截面积均为 $A = 100\text{mm}^2$，材料的许用拉应力 $[\sigma_L] = 200\text{MPa}$，$[\sigma_Y] = 150\text{MPa}$。确定最大许可载荷 F。

解　1）计算 1 杆、2 杆的轴力。

选 B 点为研究对象，进行受力分析，画受力图，如图 5-25b 所示。B 点受到平面汇交力系作用，列平衡方程：

$$\sum F_x = 0 \qquad F_{N2} - F_{N1}\cos 45° = 0$$
$$\sum F_y = 0 \qquad F_{N1}\sin 45° - F = 0$$

解方程得 　　$F_{N1} = \sqrt{2}F$ 　　　$F_{N2} = F$

因为杆 1、2 都是二力杆，故 F_{N1} 和 F_{N2} 即为两杆的轴力，且 1 杆产生拉伸变形，2 杆产生压缩变形。

2）确定最大许可载荷 F。

对于杆 1，其强度条件为

$$\sigma_{max} = \frac{|F_{N1}|}{A} = \frac{\sqrt{2}F}{A} \leqslant [\sigma_L]$$

即

$$F \leqslant \frac{A[\sigma_L]}{\sqrt{2}} = \frac{100 \times 200}{\sqrt{2}} \text{N} = 1.41 \times 10^4 \text{N} = 14.1\text{kN}$$

对于杆 2，其强度条件为

$$\sigma_{max} = \frac{|F_{N2}|}{A} = \frac{F}{A} \leqslant [\sigma_Y]$$

即

$$F \leqslant A[\sigma_Y] = 100 \times 150 \text{N} - 1.5 \times 10^4 \text{N} - 15\text{kN}$$

杆 1、2 都必须满足强度条件，支架才能正常工作，故最大许可载荷 $F = 14.1\text{kN}$。

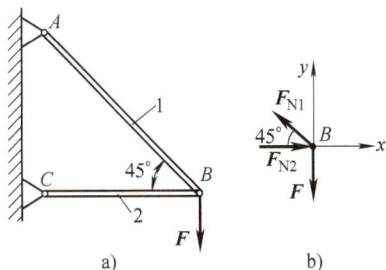

图　5-25

5.6 应力集中的概念

5.6.1 应力集中

前面研究的都是等直杆，当其产生轴向拉伸（或压缩）变形时，横截面上的应力是均

匀分布的。工程实际中，由于结构和工艺等原因，构件的横截面尺寸常常会发生变化，如轴上开有键槽、退刀槽或油孔等。实验分析表明，对于横截面尺寸有骤然改变的构件，当产生轴向拉伸（或压缩）变形时，在截面尺寸有急剧变化的部位，应力并不是均匀分布的。图5-26a所示为轴上开有退刀槽处的应力分布情况，图5-26b所示为轴上开有油孔处的应力分布情况。从图中可以看出，截面尺寸变化处的应力显著增大，而距截面尺寸变化较远处的应力又渐趋平均。这种由于截面尺寸的突然变化而产生的应力局部陡增的现象，称为应力集中。

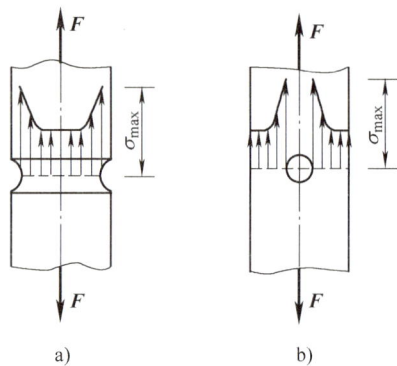

图 5-26

5.6.2 应力集中对构件强度的影响

在静载荷作用下，应力集中对构件强度的影响随材料性质的不同而异。塑性材料具有屈服阶段，当应力集中处的 σ_{max} 达到材料的屈服强度时，应力值不再增加，只引起构件的局部塑性变形，一般不会影响整个构件的承载能力。当外力继续增大时，增大的外力就由截面上尚未到达屈服强度的材料承担，使它们的应力继续增大到屈服强度。当整个截面上各点的应力均达到屈服强度时，构件才丧失工作能力。因此，塑性材料制成的构件，在静载荷下工作时可以不考虑应力集中的影响。脆性材料由于没有屈服阶段，当应力集中处的 σ_{max} 达到材料的抗拉强度时，该处材料首先出现裂纹，进而导致整个构件的破坏。因此，对于脆性材料制成的构件，应力集中造成的危害非常严重，即使在静载荷下工作时也必须考虑应力集中对构件强度的削弱。

当构件承受交变应力或冲击载荷时，不论构件是用塑性材料还是用脆性材料制作，应力集中对其强度都有严重的影响，往往是构件破坏的根源，必须加以考虑。为了减小应力集中对构件强度的影响，对于截面尺寸变化处，应尽量使构件的轮廓平缓光滑过渡。

5.7* 简单拉压超静定问题

在前面讨论的问题中，求解构件的约束反力时，未知力的数目与独立平衡方程的数目相等，只用静力平衡方程就能解出，这类问题称为静定问题，如图5-27所示。但在工程实际中，为了提高结构的强度或刚度，往往增加构件的约束，如图5-28所示，这时未知力的数目就会多于平衡方程的数目，仅靠静力平衡方程并不能求解出全部未知力，这类问题称为超静定问题。未知量数目与静力平衡方程数目之差，称为超静定次数。图5-28a、b所示的两个问题，都是一次超静定问题。

解超静定问题，除列出独立有效的静力平衡方程外，还必须列出含有未知力的补充方程。补充方程是根据构件变形间的几何关系列出的。力学中，将构件变形间的几何关系称为变形协调条件。找到变形协调条件以后，再结合力与变形间的物理关系（胡克定律）就可列出补充方程。因此，寻找变形协调条件是求解超静定问题的关键。

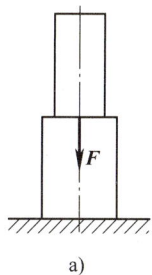
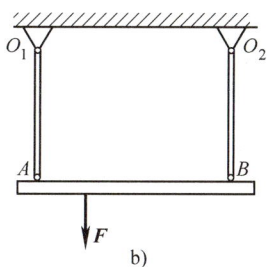

图 5-27

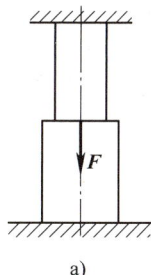
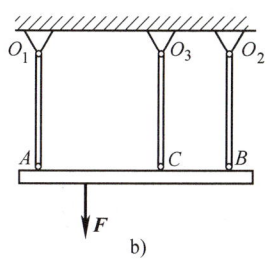

图 5-28

下面具体介绍简单拉（压）超静定问题的解法。

例 5-11 如图 5-29a 所示，两端固定的等直杆 AB，横截面面积 $A=200\text{mm}^2$，在 C 处作用一轴向载荷 $F=30\text{kN}$。不计自重，求杆的应力。

解 为求杆的应力，需先求出杆在各段横截面上的内力，为此应先求出杆所受的外力，即 A、B 两端的约束反力。

1）列静力平衡方程。

选等直杆为研究对象，进行受力分析，画受力图，如图 5-29b 所示。列静力平衡方程：

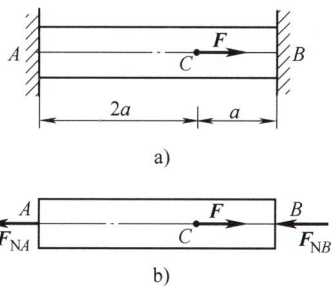

图 5-29

$$\sum F_x = 0 \qquad F - F_{NA} - F_{NB} = 0 \qquad (\text{a})$$

一个平衡方程不能求解两个未知量，所以本题为一次超静定问题，需补充一个方程。

2）变形协调条件。

杆在 A、B 两点受固定端约束，变形协调条件为 $\Delta l = 0$，也就是 AC 段变形量 Δl_1 与 CB 段变形量 Δl_2 之和为零，即

$$\Delta l_1 + \Delta l_2 = 0 \qquad (\text{b})$$

3）列物理方程。

用截面法求得 AC 段横截面上的轴力为 F_{NA}（产生拉伸变形），BC 段横截面上的轴力为 $-F_{NB}$（产生压缩变形）。设材料的弹性模量为 E，由胡克定律得

$$\Delta l_1 = \frac{F_{NA} l_{AC}}{EA} = \frac{F_{NA} 2a}{EA} \qquad (\text{c})$$

$$\Delta l_2 = -\frac{F_{NB} l_{CB}}{EA} = -\frac{F_{NB} a}{EA} \qquad (\text{d})$$

4）列补充方程。

分别将式（c）、式（d）代入式（b）得

$$\frac{F_{NA} 2a}{EA} - \frac{F_{NB} a}{EA} = 0 \qquad (\text{e})$$

即

$$F_{NB} = 2 F_{NA} \qquad (\text{e})$$

5）求杆的内力。

联立式（a）、式（e）求解，得

$$F_{NA}=\frac{F}{3}=10\text{kN}$$

$$F_{NB}=\frac{2F}{3}=20\text{kN}$$

6）求杆的应力。

$$AC\text{ 段}\quad \sigma_1=\frac{F_{NA}}{A}=\frac{10\times10^3}{200}\text{MPa}=50\text{MPa（拉应力）}$$

$$CB\text{ 段}\quad \sigma_2=-\frac{F_{NB}}{A}=-\frac{20\times10^3}{200}\text{MPa}=-100\text{MPa（压应力）}$$

例 5-12 如图 5-30a 所示，刚性杆 AB 用三根竖直杆吊成水平位置。设三根杆长度、横截面面积、弹性模量均相同。在 $F=35\text{kN}$ 的力作用下，求：（1）各杆的内力；（2）若 $[\sigma]=80\text{MPa}$，杆件所需的横截面面积 A。

解 1）列静力平衡方程。

选刚性杆 AB 为研究对象，进行受力分析，画受力图，如图 5-30b 所示。显然杆 AB 受平面平行力系作用，列静力平衡方程：

$$\sum F_y=0\qquad F_{N1}+F_{N2}+F_{N3}-F=0 \tag{a}$$
$$\sum M_C(\boldsymbol{F})=0\qquad -F_{N1}a-Fa+F_{N3}\times2a=0$$

即

$$F_{N3}=\frac{1}{2}(F_{N1}+F) \tag{b}$$

未知量有三个，独立的平衡方程仅有两个，问题属于一次超静定。

2）变形协调条件。

设三杆的绝对变形分别为 Δl_1、Δl_2、Δl_3，且 $\Delta l_1<\Delta l_2<\Delta l_3$。画与受力图相对应的构件变形图，如图 5-30c 所示。图中可以发现变形几何关系即变形协调条件为

$$\Delta l_3-\Delta l_1=3(\Delta l_2-\Delta l_1)$$

即

$$\Delta l_3=3\Delta l_2-2\Delta l_1 \tag{c}$$

3）列物理方程。

因为 1、2、3 杆均为二力杆，故 $\boldsymbol{F}_{N1}$、$\boldsymbol{F}_{N2}$、$\boldsymbol{F}_{N3}$ 即为三杆的内力。由胡克定律得

$$\Delta l_1=\frac{F_{N1}l}{EA} \tag{d}$$

$$\Delta l_2=\frac{F_{N2}l}{EA} \tag{e}$$

$$\Delta l_3=\frac{F_{N3}l}{EA} \tag{f}$$

4）列补充方程。

分别将式（d）、式（e）、式（f）代入式（c），得

$$F_{N3}=3F_{N2}-2F_{N1} \tag{g}$$

5）求各杆的内力。

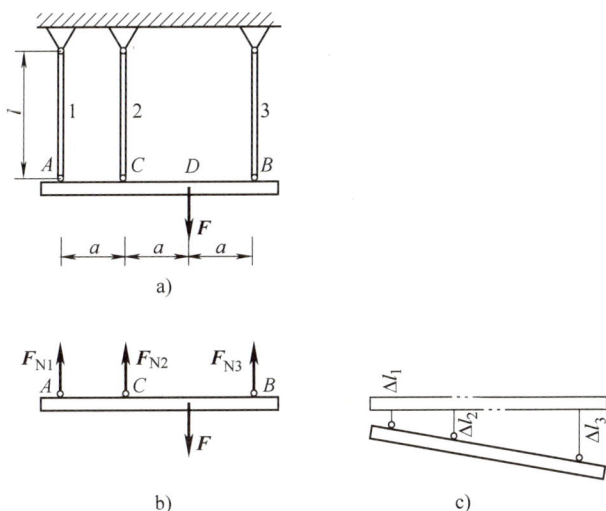

图 5-30

将式（a）、式（b）、式（g）联立求解，得

$$F_{N1} = \frac{E}{7} = 5kN$$

$$F_{N2} = \frac{2F}{7} = 10kN$$

$$F_{N3} = \frac{4F}{7} = 20kN$$

6）求杆的横截面面积 A。

因为三杆截面面积相同，为使三杆都满足强度条件，应由 $F_{Nmax} = F_{N3}$ 求横截面面积，即

$$\sigma_{max} = \frac{|F_{N3}|}{A} \leqslant [\sigma]$$

$$A \geqslant \frac{|F_{N3}|}{[\sigma]} = \frac{20 \times 10^3}{80} mm^2 = 250mm^2$$

取 $A = 250mm^2$。

本题求解时，也可假设 1 杆伸长量最大，3 杆伸长量最小，画出变形图，找到变形协调条件解题，结果与本例一致，读者可自行完成。同时，因为 AB 是刚性杆，画变形图时一定要注意，AB 杆不能产生弯曲变形。

总结前面例题的解题过程，可以得到求解简单拉（压）超静定问题的解题步骤为：

1）选研究对象，进行受力分析，画受力图。根据平衡条件列静力平衡方程，并确定超静定次数。

2）研究各构件变形间的几何关系，找到变形协调条件并列出变形协调方程。

3）根据胡克定律列出物理方程。

4）将物理方程代入变形协调方程，得到补充方程。将补充方程与静力平衡方程联立，求解全部未知力。

小 结

1. 构件在外力作用下处于平衡状态，且外力或外力合力的作用线与构件的轴线重合，在这种外力作用下，构件只产生沿轴线方向的伸长（或缩短），沿直径方向的缩小（或增大），这种变形形式称为轴向拉伸（或压缩）。以轴向拉伸（或压缩）变形为主要变形形式的构件称为拉（压）杆，简称杆。

2. 用截面法可以求得杆件产生轴向拉伸（或压缩）变形时其横截面上的内力——轴力，用符号 F_N 表示。轴力的正负号规定为：杆件产生拉伸变形时为正，产生压缩变形时为负；或轴力指向截面外部为正，指向截面内部为负。用规律绘图法可以方便地绘制轴力图。

3. 杆件在产生轴向拉伸（或压缩）变形时，其横截面上只存在一种应力即正应力 σ，且在同一横截面上各点的正应力均匀分布，方向垂直于横截面。计算公式为

$$\sigma = \frac{F_N}{A}$$

σ 为正值时为拉应力，σ 为负值时为压应力。

4. 杆件在产生轴向拉伸（或压缩）变形时，其斜截面上的应力计算公式为

$$\sigma_\alpha = p_\alpha \cos\alpha = \sigma \cos^2\alpha$$

$$\tau_\alpha = p_\alpha \sin\alpha = \frac{\sigma}{2}\sin 2\alpha$$

5. 胡克定律有两种表达形式：

1）$\sigma = E\varepsilon$。

2）$\Delta l = \dfrac{F_N l}{EA}$。

6. 常温、静载下的拉伸和压缩实验表明，反映材料强度指标的有比例极限 σ_p、弹性极限 σ_e、下屈服强度 R_{eL}（或规定残余延伸强度 $R_{r0.2}$）、抗拉强度 R_m 及抗压强度 R_{mc}；反映材料刚度指标的是弹性模量 E，反映材料塑性指标的是断后伸长率 A 和断面收缩率 Z。依据断后伸长率 A 的大小，工程中将材料分为两大类：

1）$A \geqslant 5\%$的材料称为塑性材料，如碳钢、黄铜、铝合金等。其特点是破坏时有较大的塑性变形，其强度指标有屈服强度和抗拉强度。

2）$A < 5\%$的材料称为脆性材料，如铸铁、陶瓷、玻璃等。其特点是在很小的变形下即产生破坏，其抗压强度远大于抗拉强度。强度指标是抗拉或抗压强度。

7. 对于轴力为常量的等直杆，强度条件为

$$\sigma = \frac{|F_N|}{A} \leqslant [\sigma]$$

式中　F_N——杆件横截面上的轴力，单位为 N；

　　　A——杆件横截面面积，单位为 mm^2。

应用强度条件可以解决下列三类问题：

1）强度校核。已知载荷、杆件横截面尺寸和材料的许用应力，检验其是否满足强度条

件，从而判断杆件是否具有足够的强度。

2）设计截面尺寸。已知载荷及材料的许用应力，根据强度条件设计杆件横截面的尺寸，$A \geqslant \dfrac{|F_N|}{[\sigma]}$。

3）确定许可载荷。已知杆件横截面尺寸和材料的许用应力，根据强度条件确定许可载荷，$|F_N| \leqslant A[\sigma]$。

8. 仅靠静力平衡方程不能求解出全部未知力，这样的问题称为超静定问题。未知力数目与静力平衡方程数目之差，称为超静定次数。解超静定问题必须研究变形间的几何关系，建立变形协调方程；然后依据物理关系把变形协调方程变为补充方程；联立补充方程与静力平衡方程求解，则可求出全部未知力。

习　题

5-1　填空题

（1）在工程设计中，构件不仅要满足_____、____和_____的要求，同时还必须符合经济方面的要求。

（2）杆件的基本变形形式有四种：轴向拉伸或_____、_____、剪切、_____。

（3）杆件轴向拉伸或压缩时，受力特点是：作用于杆件外力合力的作用线与杆件轴线_____。

（4）_____是求杆件内力的基本方法。

（5）一般地，截面一点处的应力可分解为垂直于截面和相切于截面的两个分量，垂直于截面的分量称为_____，相切于截面的应力分量称为_____。

（6）通常根据试件在拉断时塑性变形的大小，将工程材料分为_____和_____两类。

（7）常用于衡量材料塑性性能的两个指标是_____和_____。

（8）低碳钢拉伸实验可以分为_____、_____、_____和局部变形四个阶段。

（9）安全系数取值大于 1 的目的是为了使工程构件具有足够的_____储备。

（10）构件由于截面尺寸突然变化而产生的应力局部陡增的现象，称为_____。

（11）求解构件的约束反力时，若未知量数目与独立方程数目相等，只用静力学平衡方程就能解出的问题称为_____，若未知量数目多于独立方程数目，仅用静力学平衡方程不能解出的问题称为_____。

5-2　选择题

（1）计算内力的一般方法是（　　）。

A. 静力分析　　　　　　　　　　　B. 节点法

C. 截面法　　　　　　　　　　　　D. 综合几何、物理和静力学三方面

（2）轴向拉伸和压缩时，杆件横截面上产生的应力为（　　）。

A. 正应力　　　　B. 拉应力　　　　C. 压应力　　　　D. 切应力

（3）在工程上，通常将断后伸长率大于（　　）%的材料称为塑性材料。

A. 2　　　　　　B. 5　　　　　　C. 10　　　　　　D. 15

（4）轴向拉伸杆，正应力最大的截面和切应力最大的截面（　　）。

A. 分别为横截面、45°斜截面　　　　B. 都是横截面

C. 分别为45°斜截面、横截面　　　　D. 都是45°斜截面

（5）静定杆件的内力与杆件所受的（　　）有关。

A. 外力
B. 外力、截面

C. 外力、截面、材料
D. 外力、截面、杆长、材料

（6）在轴向拉伸或压缩杆件上正应力为零的截面是（　　　）。

A. 横截面
B. 与轴线成一定交角的斜截面

C. 沿轴线的截面
D. 不存在的

（7）一圆杆受拉，在其弹性变形范围内，将直径增加一倍，则杆的相对变形将变为原来的（　　）倍。

A. $\dfrac{1}{4}$
B. $\dfrac{1}{2}$
C. 1
D. 2

（8）构件具有足够的抵抗破坏的能力，就说构件具有足够的（　　　）。

A. 刚度
B. 稳定性
C. 硬度
D. 强度

（9）塑性材料冷作硬化后，以下结论哪个正确？（　　　）

A. 比例极限提高，弹性模量降低

B. 比例极限提高，塑性变形程度降低

C. 比例极限不变，弹性模量不变

D. 比例极限不变，塑性变形程度不变

（10）一等直拉杆在两端承受轴向拉力作用，若其一半为钢，另一半为铝，则两段的（　　　）。

A. 应力相同，变形相同
B. 应力相同，变形不同

C. 应力不同，变形相同
D. 应力不同，变形不同

5-3　判断题

（1）构件只要具有足够的强度，就可以安全、可靠地工作。（　　　）

（2）内力是由于外力作用于构件引起的附加力。（　　　）

（3）当杆件受拉而伸长时，轴力背离截面，轴力取负号。（　　　）

（4）无论杆件产生多大的变形，胡克定律都成立。（　　　）

（5）最大切应力作用面上无正应力。（　　　）

（6）用截面法求内力时，同一截面上的内力，由于所取对象不同，得到的内力大小和正负号也不相同。（　　　）

（7）轴向拉压杆的变形与杆件的材料性质无关。（　　　）

（8）弹性模量 E 与材料有关。（　　　）

（9）在拉（压）杆中，轴力最大的截面一定是危险截面。（　　　）

（10）应力集中会严重降低脆性材料构件的承载能力。（　　　）

5-4　求图 5-31 所示各杆指定横截面上的轴力，并绘制轴力图。

5-5　阶梯杆如图 5-32 所示，绘制其轴力图。如 1-1、2-2、3-3 的横截面面积分别为 $A_1 = 400\text{mm}^2$，$A_2 = 300\text{mm}^2$，$A_3 = 200\text{mm}^2$，求各横截面上的应力。

图　5-31

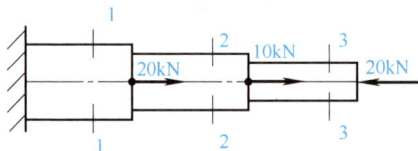

图　5-32

5-6　图 5-33 所示构架上悬挂重物的重力 $G = 60\text{kN}$，木杆支柱 AB 的横截面为正方形，其边长为 0.2m，许用应力 $[\sigma] = 7\text{MPa}$。校核支柱 AB 的强度。

5-7　如图 5-34 所示，一钢木三角架，AB 为钢杆，其横截面面积 $A_{AB} = 600\text{mm}^2$，许用应力 $[\sigma]_{AB} =$ 140MPa；BC 为木杆，其横截面面积 $A_{BC} = 3 \times 10^4 \text{mm}^2$，许用应力 $[\sigma]_{BC} = 3.5\text{MPa}$。求最大许可载荷 F。

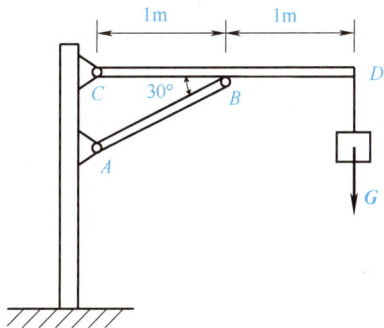

图　5-33

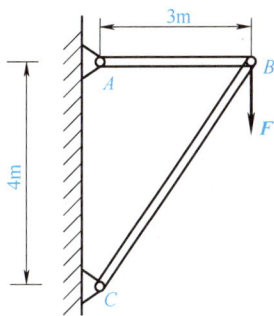

图　5-34

5-8*　图 5-35 所示机构中，构件 AB 的变形及重力可以略去不计。杆 1 为钢质圆杆，直径 $d_1 = 20\text{mm}$，$E_1 = 200\text{GPa}$；杆 2 为铜质圆杆，直径 $d_2 = 25\text{mm}$，$E_2 = 100\text{GPa}$。问：（1）载荷 F 加在何处，才能使构件 AB 受力以后保持水平？（2）若 $F = 30\text{kN}$，求 1、2 两杆横截面上的正应力。

5-9*　如图 5-36 所示，钢杆 AC、BD 吊起一钢板 AB（重力与变形不计），力 $F = 20\text{kN}$，两钢杆的横截面面积 $A = 1\text{cm}^2$，$E = 200\text{GPa}$。求两钢杆的应力及力 F 的作用点 E 的位移。

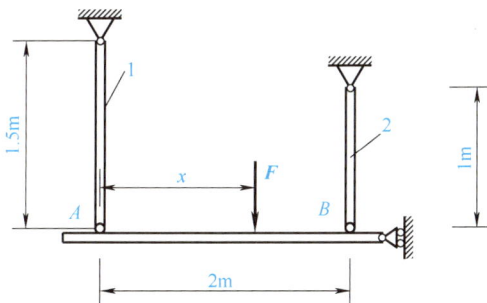

图　5-35

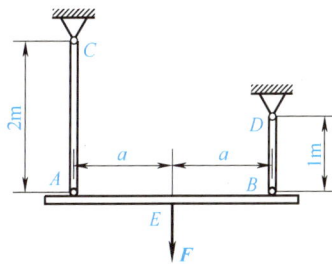

图　5-36

拓展园地

大国重器——"泰山号"起重机

石油是全球经济的血液，我国有丰富的海洋石油资源，但是深水海上钻井平台的建造一直是我国开采海洋石油的瓶颈。以前，新加坡和韩国凭借多年积累的技术实力和项目经验，一直在全球高端海工装备市场占据着重要位置。建造同样的深水海上钻井平台，国内企业的工期要长出不少。想要"弯道超车"，必须进行革命性创新。钻井平台的传统生产方式，是将物料自下而上像搭积木那样一点点叠加起来，特别是半潜式钻井平台上半部分船体的甲板盒，要拆分成十几个 1000t 左右的构件，再吊上去进行高空组合作业。如果将设备的上、下船体同步建造，靠重型起吊设备一步合拢，则可以大大简化程序，从而大大缩短项目工期。

工欲善其事，必先利其器。中集来福士联合大连重工用一年半的时间，研制出一台超级起重机——"泰山号"。凭借其超强的起重能力，"泰山号"起重机在 2008 年 4 月完成了 20133t 的起吊重量，一举创造了吉尼斯世界纪录，并保持至今。

"泰山号"起重机在设计上综合了结构力学、材料力学等学科知识，采用高低双梁结构，设备总体高度为 118m，主梁跨度为 125m；采用高低双梁结构，起升高度分别为 113m 和 83m；这台起重机共有 12 个卷扬机构、整机共有 48 个吊点，每个吊点的起重能力为 420t，单根钢丝绳达到了 4000m，最大起升重量达 20160t，是目前世界上起重量最大、跨度最大、起升高度最大的桥式起重设备，也是当今世界上技术难度最高的大型起重设备。此前，国内外还未出现过起重超过万吨的设备。

我国经济的高速发展，离不开这些"大国重器"，而自主设计研发并进行革命性创新，是我国在科技领域对发达国家实现"弯道超车"的必然路径。党的"二十大"明确提出坚持创新在我国现代化建设全局中的核心地位，加快实现高水平科技自立自强，加快建设科技强国。科技创新是提高社会生产力和综合国力的战略支撑，而科技创新的基础，则是同学们正在学习的这些基础理论课程。"泰山号"起重机就是综合了力学、材料科学、结构工程等多个基础学科的知识，并在此基础上进行创新而设计成功的。所以，"仰望星空，脚踏实地"，同学们打好扎实的基础，必然能在今后的生活与工作中，绽放出自己的光芒！

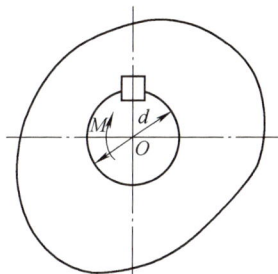

6 第6章
剪切和挤压

如图6-1所示，齿轮用平键与传动轴联接。已知作用在轴上的外力偶矩、轴的直径、平键的尺寸和材料，那么作为一个重要的联接件，平键能否满足强度要求呢？要回答这样的问题就要用到剪切和挤压变形的知识。

本章主要介绍剪切和挤压变形的概念以及剪切和挤压实用计算等内容。

6.1 剪切变形和挤压变形的概念

图 6-1

工程中，构件之间的联接常采用螺栓、铆钉、键、销钉等作为联接件，它们担负着传递力或运动的任务。图6-2a所示为铆钉联接钢板的结构示意图，图6-2b所示为此结构中铆钉的受力图。从图中可以看到，钢板受到外力 **F** 作用后又将力传递给铆钉，铆钉的两侧面受到相互平行的分布力作用，这两个分布力的合力大小相等、方向相反、作用线垂直于铆钉的轴线且距离很近，它们将各自推着自己所作用的部分沿着力的分界面 *m-m* 发生相对错动，如图6-2c所示。构件的这种变形称为剪切变形。发生相对错动的截面称为剪切面。

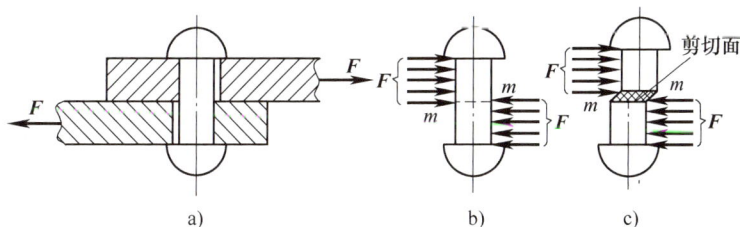

a)　　　　　　b)　　　　　　c)

图 6-2

构件在产生剪切变形的同时，伴随着产生挤压变形。当两构件相互接触传递压力时，接触面间相互挤压，从而使较软构件的接触表面产生局部压陷的塑性变形，这种变形称为挤压变形。构件受压的接触面称为挤压面，如图6-3所示。

当外力过大时，联接件有可能被剪断，接触表面有可能被压溃。因此，对于联接件应进行剪切和挤压两方面的强度计算。

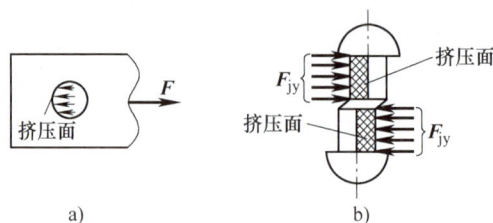

图 6-3

6.2 剪切实用计算

产生剪切变形的构件，只有一个剪切面的称为单剪，如图6-4a所示；有两个剪切面的称为双剪，如图6-4b所示。虽然剪切面的数目不同，但剪切实用计算的方法是一样的。分析问题的程序仍然可以简单地表达为

外力→内力→应力→强度条件

6.2.1 剪力

现以图6-5a所示铆钉联接为例，用截面法分析剪切面上的内力。选铆钉为研究对象，进行受力分析，画受力图，如图6-5b所示。假想将铆钉沿 m-m 截面截开，分为上下两部分，如图6-5c所示，任取一部分为研究对象，由平衡条件可知，在剪切面内必然有与外力 F 大小相等、方向相反的内力存在，这个作用在剪切面内部与剪切面平行的内力称为剪力，用 F_Q 表示。剪力 F_Q 的大小可由平衡方程求得

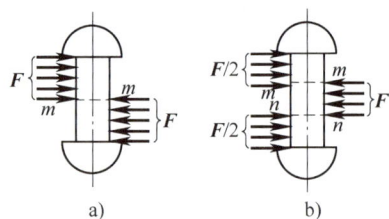

图 6-4

$$\sum F_x = 0 \qquad F_Q = F$$

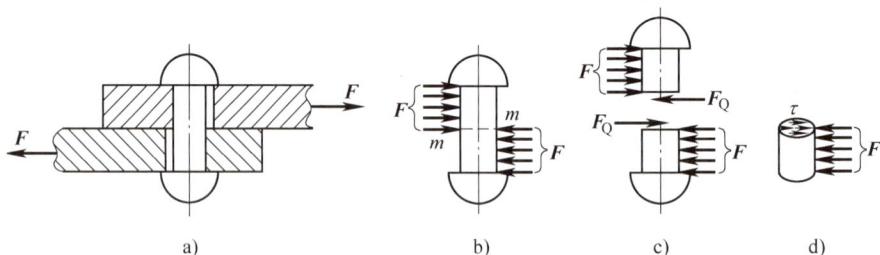

图 6-5

6.2.2 切应力

剪切面上内力 F_Q 分布的集度称为切应力，其方向平行于剪切面与 F_Q 相同，用符号 τ 表

示，如图 6-5d 所示。切应力的实际分布规律比较复杂，很难确定，工程上通常采用建立在实验基础上的实用计算法，即假定切应力在剪切面上是均匀分布的。故

$$\tau = \frac{F_Q}{A} \tag{6-1}$$

式中　F_Q——剪切面上的剪力，单位为 N；

　　　A——剪切面面积，单位为 mm^2。

6.2.3　剪切强度条件

为了保证构件在工作中不被剪断，必须使构件的工作切应力不超过材料的许用切应力，即

$$\tau = \frac{F_Q}{A} \leqslant [\tau] \tag{6-2}$$

式（6-2）称为剪切强度条件。

式中　$[\tau]$——材料的许用切应力，$[\tau] = \dfrac{\tau_b}{n}$。

工程中常用材料的许用切应力，可从有关手册中查取，也可按下列经验公式确定：

塑性材料　　　　　　　　　$[\tau] = (0.6 \sim 0.8)[\sigma]$

脆性材料　　　　　　　　　$[\tau] = (0.8 \sim 1.0)[\sigma]$

式中　$[\sigma]$——材料拉伸时的许用应力。

与拉伸（或压缩）强度条件一样，剪切强度条件也可以解决剪切变形的三类强度计算问题：强度校核、设计截面尺寸和确定许可载荷。

6.3　挤压实用计算

6.3.1　挤压力和挤压应力

如前所述，构件在产生剪切变形的同时，伴随着产生挤压变形。当两构件相互接触传递压力时，接触面相互挤压，作用于接触面上的压力称为挤压力，用 F_{jy} 表示，如图 6-6a 所示，其数值等于接触面所受外力的大小。

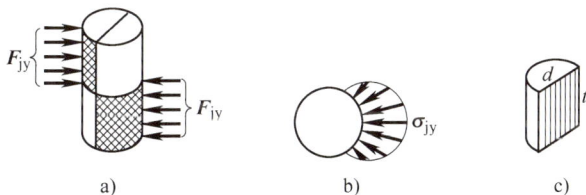

图　6-6

需要说明的是，挤压力是构件之间的相互作用力，是一种外力，它与轴力 F_N 和剪力 F_Q 这些内力在本质上是不同的。

习惯上，称挤压面上的压强称为挤压应力，用 σ_{jy} 表示。挤压应力在挤压面上的分布规律也比较复杂，如图 6-6b 所示。工程上仍然采用实用计算法，即假定挤压应力在挤压面上是均匀分布的，故

$$\sigma_{jy} = \frac{F_{jy}}{A_{jy}} \qquad\qquad (6\text{-}3)$$

式中 F_{jy}——挤压面上的挤压力，单位为 N；

A_{jy}——挤压面面积，单位为 mm^2。

挤压面积的计算要根据接触面的具体情况而定。当挤压面为平面时，例如普通平键联接，挤压面积按实际面积计算；当挤压面为曲面时，如螺栓、铆钉和销钉联接，其挤压面近似为半个圆柱面，挤压面积按圆柱体的正投影计算，如图 6-6c 所示，即

$$A_{jy} = dt$$

式中 d——圆柱体的直径，单位为 mm；

t——挤压面的高度，单位为 mm。

6.3.2 挤压强度条件

微课 6-1 剪切面与挤压面的确定

为了保证构件不产生局部挤压塑性变形，必须使构件的工作挤压应力不超过材料的许用挤压应力，即

$$\sigma_{jy} = \frac{F_{jy}}{A_{jy}} \leqslant [\sigma_{jy}] \qquad\qquad (6\text{-}4)$$

式（6-4）称为挤压强度条件。

式中 $[\sigma_{jy}]$——材料的许用挤压应力，其值由实验测定，设计时可由有关手册中查取。

根据实验积累的数据，一般情况下，许用挤压应力 $[\sigma_{jy}]$ 与许用拉应力 $[\sigma]$ 之间存在下述关系：

塑性材料 $[\sigma_{jy}] = (1.5 \sim 2.5)[\sigma]$

脆性材料 $[\sigma_{jy}] = (0.9 \sim 1.5)[\sigma]$

当联接件和被联接件材料不同时，应对许用应力低的材料进行挤压强度计算，这样才能保证结构安全可靠地工作。

应用挤压强度条件仍然可以解决三类问题，即强度校核，设计截面尺寸和确定许可载荷。

由于挤压变形总是伴随剪切变形产生，因此在进行剪切强度计算的同时，也应进行挤压强度计算，只有既满足剪切强度条件又满足挤压强度条件，构件才能正常工作，既不被剪断也不被压溃。

需要说明的是，尽管剪切和挤压实用计算是建立在假设基础上的，但它以实验为依据，以经验为指导，因此剪切和挤压实用计算方法在工程中具有很高的实用价值，被广泛采用，并已被大量的工程实践证明是安全可靠的。

例 6-1 齿轮用平键与传动轴联接，如图 6-7a 所示。已知轴的直径 $d = 50mm$，键的尺寸 $bhl = 16mm \times 10mm \times 50mm$，键的许用切应力 $[\tau] = 60MPa$，许用挤压应力 $[\sigma_{jy}] = 100MPa$，

作用在轴上的外力偶矩 $M=0.5\mathrm{kN\cdot m}$。校核键的强度。

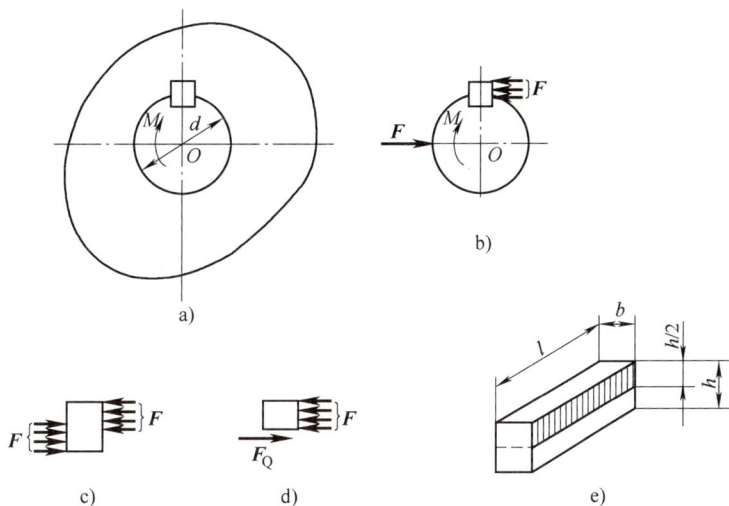

图　6-7

解　1）求作用在键上的外力 F。

选轴和键整体为研究对象，进行受力分析，画受力图，如图 6-7b 所示。列平衡方程：

$$\sum M_O(\boldsymbol{F})=0 \qquad F\frac{d}{2}-M=0$$

得

$$F=\frac{M}{d/2}=\frac{0.5\times10^3}{50/2}\mathrm{kN}=20\mathrm{kN}$$

2）校核键的剪切强度。

选键为研究对象，进行受力分析，画受力图，如图 6-7c 所示。用截面法求剪切面上的内力 $\boldsymbol{F}_\mathrm{Q}$，如图 6-7d 所示。

$$F_\mathrm{Q}=F$$

由剪切强度条件得

$$\tau=\frac{F_\mathrm{Q}}{A}=\frac{F}{bl}=\frac{20\times10^3}{16\times50}\mathrm{MPa}=25\mathrm{MPa}<[\tau]$$

故键的剪切强度足够。

3）校核键的挤压强度。

由图 6-7c 可知挤压面有两个，它们的挤压面积相同，所受挤压力也相同，故产生的挤压应力相等。如图 6-7e 所示挤压面为平面，故挤压面积按实际面积计算。由挤压强度条件得

$$\sigma_\mathrm{jy}=\frac{F_\mathrm{jy}}{A_\mathrm{jy}}=\frac{F}{lh/2}=\frac{20\times10^3}{50\times10/2}\mathrm{MPa}=80\mathrm{MPa}<[\sigma_\mathrm{jy}]$$

故键的挤压强度足够。

例 6-2　铆钉联接钢板如图 6-8a 所示，已知作用于钢板上的力 $F=15\mathrm{kN}$，钢板的厚度

$t = 10\text{mm}$，铆钉的直径 $d = 15\text{mm}$，铆钉的许用切应力 $[\tau] = 60\text{MPa}$，许用挤压应力 $[\sigma_{jy}] = 200\text{MPa}$。校核铆钉的强度。

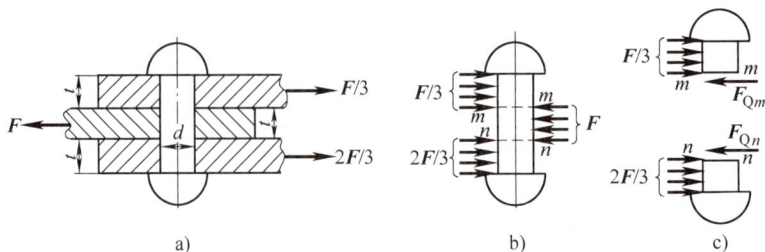

图 6-8

解 1）选铆钉为研究对象，进行受力分析，画受力图，如图 6-8b 所示。由图中可知铆钉受双剪，剪切面分别为 m-m 截面和 n-n 截面。

2）校核铆钉的剪切强度。

如图 6-8c 所示，用截面法求剪切面上的内力 F_Q。

对于 m-m 截面

$$F_{Qm} = \frac{F}{3}$$

对于 n-n 截面

$$F_{Qn} = \frac{2F}{3}$$

所以危险截面为 n-n 截面，只需对 n-n 截面进行校核。由剪切强度条件得

$$\tau = \frac{F_{Qn}}{A} = \frac{2F/3}{\pi d^2/4} = \frac{2 \times 15 \times 10^3/3}{\pi \times 15^2/4}\text{MPa} = 56.6\text{MPa} < [\tau]$$

故铆钉的剪切强度足够。

3）校核铆钉的挤压强度。

分析可知挤压面为半个圆柱面，故挤压面积按圆柱体的正投影进行计算。由图 6-8b 可见，挤压面有三个，挤压面面积均相等，中间的挤压面（力 F 的作用面）所受挤压力最大，故此挤压面为危险挤压面，只需对中间的挤压面进行校核。由挤压强度条件得

$$\sigma_{jy} = \frac{F_{jy}}{A_{jy}} = \frac{F}{dt} = \frac{15 \times 10^3}{15 \times 10}\text{MPa} = 100\text{MPa} < [\sigma_{jy}]$$

故铆钉的挤压强度足够。

例 6-3 机车挂钩的销钉联接如图 6-9a 所示，已知挂钩的厚度 $t = 8\text{mm}$，销钉材料的许用切应力 $[\tau] = 60\text{MPa}$，许用挤压应力 $[\sigma_{jy}] = 200\text{MPa}$，机车的牵引力 $F = 25\text{kN}$。设计销钉的直径。

解 1）选销钉为研究对象，进行受力分析，画受力图，如图 6-9b 所示。由图中可知销钉受双剪。

2）根据剪切强度条件，设计销钉直径 d_1。

如图 6-9c 所示，用截面法求剪切面上的内力 F_Q，由图中可得两个剪切面上的内力相等，均为

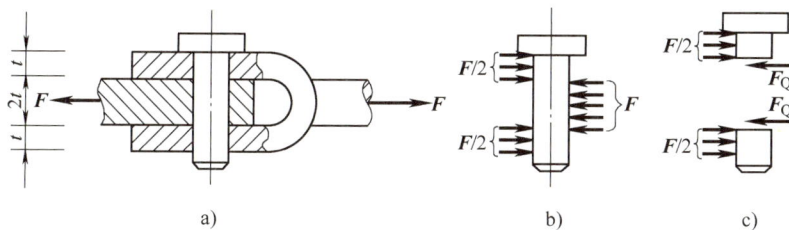

图　6-9

$$F_Q = \frac{F}{2}$$

由剪切强度条件得

$$\tau = \frac{F_Q}{A} = \frac{F/2}{\pi d_1^2/4} \leqslant [\tau]$$

故

$$d_1 \geqslant \sqrt{\frac{2F}{\pi[\tau]}} = \sqrt{\frac{2 \times 25 \times 10^3}{\pi \times 60}}\,\text{mm} = 16.3\,\text{mm}$$

3）根据挤压强度条件设计销钉直径 d_2。

由图 6-9b 可见，有三个挤压面，分析可得三个挤压面上的挤压应力均相等，故可取任意一个挤压面进行计算，这里取中间的挤压面（力 **F** 的作用面）进行挤压强度计算。由挤压强度条件得

$$\sigma_{jy} = \frac{F_{jy}}{A_{jy}} = \frac{F}{d_2 \times 2t} \leqslant [\sigma_{jy}]$$

故

$$d_2 \geqslant \frac{F}{[\sigma_{jy}] \times 2t} = \frac{25 \times 10^3}{200 \times 2 \times 8}\,\text{mm} = 7.8\,\text{mm}$$

因为 $d_1 > d_2$，销钉既要满足剪切强度条件又要满足挤压强度条件，故其直径应取大者，将 d_1 圆整取 $d = 18\,\text{mm}$。

例 6-4　两块钢板用螺栓联接，如图 6-10a 所示，钢板的厚度 $t = 10\,\text{mm}$，螺栓的直径 $d = 16\,\text{mm}$，螺栓材料的许用切应力 $[\tau] = 60\,\text{MPa}$，许用挤压应力 $[\sigma_{jy}] = 180\,\text{MPa}$。求螺栓所能承受的许可载荷 F。

解　1）选螺栓为研究对象，进行受力分析，画受力图，如图 6-10b 所示。

2）根据剪切强度条件确定许可载荷 F_1。

如图 6-10c 所示，用截面法求剪切面上的内力 **F_Q**。

$$F_Q = F$$

由剪切强度条件得

$$\tau = \frac{F_Q}{A} = \frac{F_1}{\pi d^2/4} \leqslant [\tau]$$

故

$$F_1 \leqslant \frac{\pi d^2}{4}[\tau] = \frac{\pi \times 16^2}{4} \times 60\,\text{N} = 12063\,\text{N} = 12.1\,\text{kN}$$

3）根据挤压强度条件确定许可载荷 F_2。

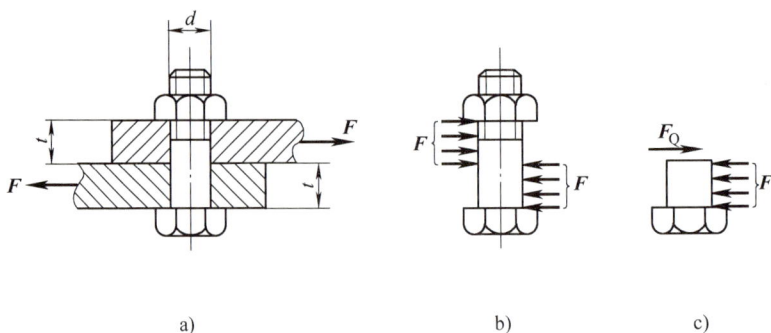

图   6-10

图   6-10

由图 6-10b 可见，有两个挤压面，分析可知两个挤压面上的挤压应力相等，故可任取一个挤压面进行计算，由挤压强度条件得

$$\sigma_{jy} = \frac{F_{jy}}{A_{jy}} = \frac{F_2}{dt} \leqslant [\sigma_{jy}]$$

故 $F_2 \leqslant [\sigma_{jy}] \ dt = 180 \times 16 \times 10 \text{N} = 28800 \text{N} = 28.8 \text{kN}$

因为 $F_1 < F_2$，螺栓既要满足剪切强度条件又要满足挤压强度条件，故许可载荷应取小者，即许可载荷 $F = 12.1 \text{kN}$。

在联接结构的强度计算中，除了要进行剪切、挤压强度计算外，有时还应对被联接件进行拉伸（或压缩）强度计算，因为在联接处被联接件的横截面受到削弱，截面上存在着应力集中现象，往往成为危险截面，故对这样的截面进行的拉伸（或压缩）强度计算也是一种实用计算。现举一例加以说明。

例 6-5 两块钢板用四只铆钉联接，如图 6-11a 所示，钢板和铆钉的材料相同，其许用拉应力 $[\sigma] = 175 \text{MPa}$，许用切应力 $[\tau] = 140 \text{MPa}$，许用挤压应力 $[\sigma_{jy}] = 320 \text{MPa}$，铆钉的直径 $d = 16 \text{mm}$，钢板的厚度 $t = 10 \text{mm}$，宽度 $b = 85 \text{mm}$。当拉力 $F = 110 \text{kN}$ 时，校核铆接各部分的强度（假设各铆钉受力相等）。

解 1）分别选铆钉和钢板为研究对象，进行受力分析，画受力图，如图 6-11b、c 所示。分析可知，此联接结构有三种可能的破坏形式：铆钉被剪断、铆钉与钢板的接触面上发生挤压破坏、钢板被拉断。

2）校核铆钉的剪切强度。

因为假定每个铆钉受力相同，所以每个铆钉受力均为 $\frac{F}{4}$，如图 6-11b 所示。用截面法求得剪切面上的内力 $\boldsymbol{F}_Q$。

$$F_Q = \frac{F}{4}$$

由剪切强度条件得

$$\tau = \frac{F_Q}{A} = \frac{F/4}{\pi d^2/4} = \frac{F}{\pi d^2} = \frac{110 \times 10^3}{\pi \times 16^2} \text{MPa} = 136.8 \text{MPa} < [\tau]$$

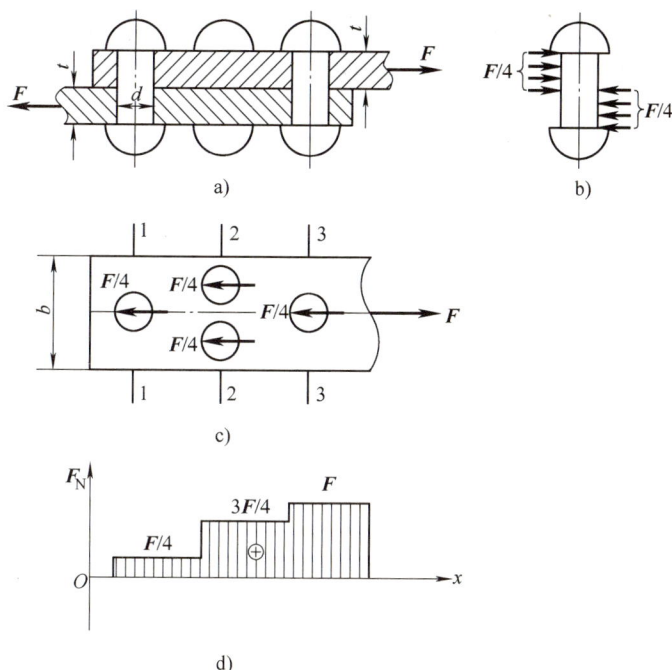

图　6-11

故铆钉的剪切强度足够。

3）校核铆钉和钢板的挤压强度。

铆钉和钢板所受的挤压力为

$$F_{jy} = \frac{F}{4}$$

由挤压强度条件得

$$\sigma_{jy} = \frac{F_{jy}}{A_{jy}} = \frac{F/4}{dt} = \frac{110 \times 10^3}{4 \times 16 \times 10} \text{MPa} = 171.9\text{MPa} < [\sigma_{jy}]$$

故铆钉和钢板的挤压强度足够。

4）校核钢板的拉伸强度。

两块钢板的受力情况相同，故可校核其中任意一块，本例中校核上面一块。根据图 6-11c 所示受力图，画出轴力图，如图 6-11d 所示。图中可见，1-1 截面和 3-3 截面的面积相同，但后者轴力较大，故 3-3 比 1-1 截面应力大；2-2 截面的轴力较 3-3 截面小，但其截面面积也小，所以此两截面都可能是危险截面，需同时校核。由拉伸强度条件得

2-2 截面　　　　$\sigma_2 = \dfrac{F_{N2}}{A_2} = \dfrac{3F/4}{(b-2d)t} = \dfrac{3 \times 110 \times 10^3/4}{(85-2 \times 16) \times 10}\text{MPa} = 155.7\text{MPa} < [\sigma]$

3-3 截面　　　　$\sigma_3 = \dfrac{F_{N3}}{A_3} = \dfrac{F}{(b-d)t} = \dfrac{110 \times 10^3}{(85-16) \times 10}\text{MPa} = 159.4\text{MPa} < [\sigma]$

故钢板的拉伸强度足够。

以上所讨论的问题，都是保证联接结构安全可靠工作的问题。但是，工程实际中也会遇

到与之相反的问题，即利用剪切破坏的特点来工作。例如车床传动轴上的保险销，当超载时，保险销被剪断，从而保护车床的重要部件不被损坏。又如压力机冲压工件时，为了冲制所需的零部件必须使材料发生剪切破坏。此类问题所要求的破坏条件为

$$\tau = \frac{F_Q}{A} > \tau_b \tag{6-5}$$

式中　τ_b——材料的抗剪强度，其值由实验测定。

例 6-6　在厚度 $t = 8mm$ 的钢板上冲裁直径 $d = 30mm$ 的工件，如图 6-12 所示，已知材料的抗剪强度 $\tau_b = 314MPa$。计算最小冲裁力为多大？压力机所需冲力为多大？

解　压力机冲压工件时，工件产生剪切变形，其剪切面为冲压件圆柱体的外表面，如图 6-12 所示。剪切面面积

$$A = \pi dt$$

剪切面上的内力

$$F_Q = F$$

由式（6-5）得

$$\tau = \frac{F_Q}{A} = \frac{F}{\pi dt} > \tau_b$$

图　6-12

则最小冲裁力　　$F_{min} = \pi dt\, \tau_b = \pi \times 30 \times 8 \times 314\,N = 2.37 \times 10^5\,N = 237kN$

为保证压力机工作安全，计算时一般将最小冲裁力加大 30% 作为压力机所需冲力。即压力机所需冲力为

$$F = 1.3F_{min} = 308kN$$

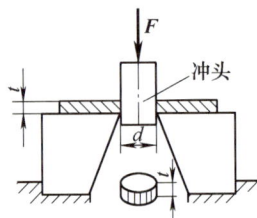

6.4　切应变、剪切胡克定律

6.4.1　切应变

剪切变形时，截面沿外力的方向产生相对错动。在构件中取一微立方体，如图 6-13a 所示，将其放大如图 6-13b 所示，剪切变形时，由于截面间的相对错动，使立方体 $abcdefgh$ 变成了平行六面体 $abc'd'efg'h'$。线段 dd'（或 cc'）为面 $dcgh$ 相对于面 $abef$ 的滑移量，称为绝对剪切变形（与拉、压变形时的绝对变形量 Δl 相当）。单位长度上的剪切变形称为相对剪切变形或切应变，用符号 γ 表示，则

$$\tan\gamma = \frac{dd'}{dx} \approx \gamma \ \text{（因为变形很小）}$$

由图 6-13b 可知，切应变 γ 是直角的改变量，用弧度（rad）来度量。与切应变 γ 相对应，前面第五章所讲的应变 ε 称为线应变。线应变 ε 和切应变 γ 是度量变形程度的两个基本量。

6.4.2　剪切胡克定律

实验表明，当切应力不超过材料的剪切比例极限 τ_p 时，切应力 τ 与切应变 γ 成正比，如

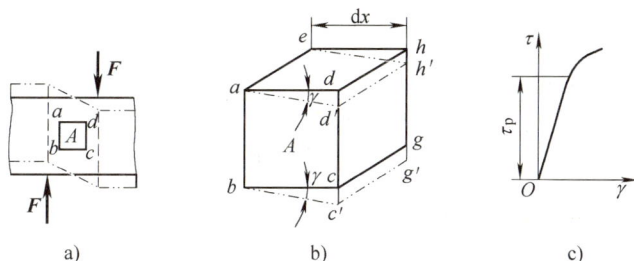

图　6-13

图 6-13c 所示。即

$$\tau = G\gamma \tag{6-6}$$

式（6-6）称为剪切胡克定律。

式中　G——材料的切变模量，它表示材料抵抗剪切变形的能力，其单位与应力相同。

可以证明，对于各向同性材料，材料的三个弹性常数 E、G、μ 三者之间存在着如下关系：

$$G = \frac{E}{2(1+\mu)} \tag{6-7}$$

可见，三个弹性常数只要知道其中任意两个，则可由上式求得第三个。一般均以拉伸实验测定 E、μ 值，再按式（6-7）计算出 G，而不做剪切实验。

小　　结

1. 机械中，构件之间的联接常采用联接件。联接件工作时，其两侧面受到相互平行的分布力作用，这两个分布力的合力大小相等、方向相反、作用线垂直于轴线且距离很近，它们将各自推着自己所作用的部分沿着力的分界面发生相对错动。构件的这种变形称为剪切变形。发生相对错动的截面称为剪切面。

构件在产生剪切变形的同时，伴随着产生挤压变形。当两构件相互接触传递压力时，接触面间相互挤压，从而使较软构件的接触表面产生局部压陷的塑性变形，这种变形称为挤压变形。构件受压的接触面称为挤压面。

2. 剪切实用计算：构件产生剪切变形时，其应力分布比较复杂，工程中采用实用计算的方法，假定切应力在剪切面上均匀分布，即

$$\tau = \frac{F_Q}{A}$$

在此基础上，建立的剪切强度条件为

$$\tau = \frac{F_Q}{A} \le [\tau]$$

3. 挤压实用计算：构件产生挤压变形时，其应力分布也比较复杂，工程中同样采用实用计算的方法，假定挤压应力在挤压面上均匀分布，即

$$\sigma_{jy} = \frac{F_{jy}}{A_{jy}}$$

在此基础上，建立的挤压强度条件为

$$\sigma_{jy} = \frac{F_{jy}}{A_{jy}} \leqslant [\sigma_{jy}]$$

4. 剪切胡克定律：当切应力不超过材料的剪切比例极限τ_p时，切应力τ与切应变γ成正比。即

$$\tau = G\gamma$$

G 称为材料的切变模量。

习 题

6-1 填空题

（1）剪切的受力特点，是作用于构件某一截面两侧的外力大小相等、方向相反、作用线相互_____且相距_____。

（2）剪切的变形特点是：位于两力间的构件截面沿外力方向发生_____。

（3）用截面法求剪力时，沿_____面将构件截成两部分，取其中一部分为研究对象，由静力平衡方程便可求得剪力。

（4）构件受剪时，剪切面的方位与两外力的作用线相_____。

（5）有的构件只有一个剪切面，其剪切变形通常称为_____。

（6）钢板厚为t，压力机冲头直径为d，今在钢板上冲出一个直径为d的圆孔，其剪切面面积为_____。

（7）用剪子剪断钢丝时，钢丝发生剪切变形的同时还会发生_____变形。

（8）一螺栓联接了两块钢板，其侧面和钢板的接触面是半圆柱面，因此挤压面面积即为半圆柱面_____的面积。

（9）挤压应力与压缩应力不同，前者是分布于两构件_____上的压强而后者是分布在构件内部截面单位面积上的内力。

（10）当切应力不超过材料的剪切_____极限时，切应力与切应变成正比。

（11）剪切胡克定律适用于_____变形范围。

6-2 选择题

（1）剪切变形的内力为（　　　）

A. 轴力　　　　　　　B. 扭矩　　　　　　　C. 剪力　　　　　　　D. 压力

（2）剪切面上内力分布的集度称为（　　　）。

A. 正应力　　　　　　B. 切应力　　　　　　C. 剪力　　　　　　　D. 压强

（3）铆钉联接钢板时，在联接件上，剪切面和挤压面为（　　　）。

A. 分别垂直、平行于外力方向　　　　　　B. 分别平行、垂直于外力方向

C. 分别平行于外力方向　　　　　　　　　D. 分别垂直于外力方向

（4）如图6-14所示铆接件，若板与铆钉为同一材料，且已知$[\sigma_{jy}] = 2[\tau]$，为充分提高材料的利用率，则铆钉的直径d应为（　　　）。

A. $d = 2t$　　　　　　B. $d = 4t$　　　　　　C. $d = 4t/\pi$　　　　　　D. $d = 8t/\pi$

（5）如图6-15所示，销钉穿过水平放置的平板上的圆孔，在其下端受有一拉力F。该销钉的剪切面面

积和挤压面面积分别等于（　　）

A. πdh，$\pi D^2/4$

B. πdh，$\pi(D^2-d^2)/4$

C. πDh，$\pi D^2/4$

D. πDh，$\pi(D^2-d^2)/4$

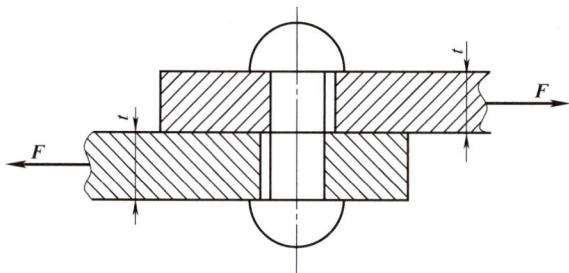

图 6-14

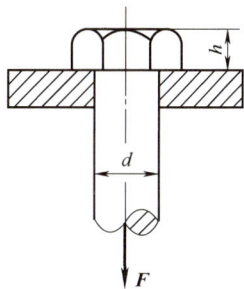

图 6-15

（6）螺栓联接中，联接件受到外力时，螺栓受到（　　）作用。

A. 轴向力　　　　　　B. 剪切力　　　　　　C. 扭矩　　　　　　D. 弯矩

（7）联接件应力的实用计算是以假设（　　）为基础。

A. 切应力在剪切面上均匀分布

B. 切应力不超过材料的剪切比例极限

C. 剪切面为圆形或方形

D. 剪切面面积大于挤压面面积

（8）在联接件剪切强度实用计算中，剪切许用应力是由（　　）得到的。

A. 精确计算　　　　　B. 拉伸试验　　　　　C. 剪切试验　　　　　D. 扭转实验

（9）图 6-16 所示压力机的冲压头压力为 F，冲头的许用应力 $[\sigma]$，被冲钢板的极限应力为 τ_b，钢板厚度为 t，则被冲出的孔的直径为（　　）。

A. $\dfrac{F}{\pi t\tau_b}$　　　　B. $\dfrac{F}{\pi t[\sigma]}$　　　　C. $\dfrac{4F}{\pi\tau_b}$　　　　D. $\dfrac{4F}{\pi[\sigma]}$

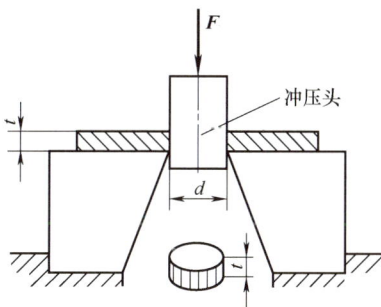

图 6-16

6-3　判断题

（1）若在构件上作用有两个大小相等、方向相反、相互平行的外力，则此构件一定产生剪切变形。（　　）

（2）用剪刀剪的纸张和用刀切的菜，均受到了剪切破坏。（　　）

（3）受剪构件的剪切面总是平面。（　　）

（4）剪切和挤压同时产生，但构件只需进行剪切强度校核。（　　）

（5）构件上有多个面积相同的剪切面，当材料一定时，若校核该构件的剪切强度，则只对剪力较大的剪切面进行校核即可。（　　）

（6）两钢板用螺栓联接后，在螺栓和钢板相互接触的侧面将发生局部承压现象，这种现象称为挤压。当挤压力过大时，可能引起螺栓压扁或钢板孔缘压皱，从而导致联接松动而失效。（　　）

（7）进行挤压实用计算时，所取的挤压面面积就是挤压接触面的正投影面积。（　　）

（8）由挤压应力的实用计算公式可知，构件产生挤压变形的受力特点和产生轴向压缩变形的受力特点是一致的。（　　）

（9）为简化计算，挤压时无论实际挤压面形状如何，其挤压面都假设为平面。（　　）

（10）联接件发生剪切变形时伴随着挤压变形。（　　）

6-4　指出图 6-17 所示各联接件的剪切面和挤压面，并计算剪切面和挤压面的面积。

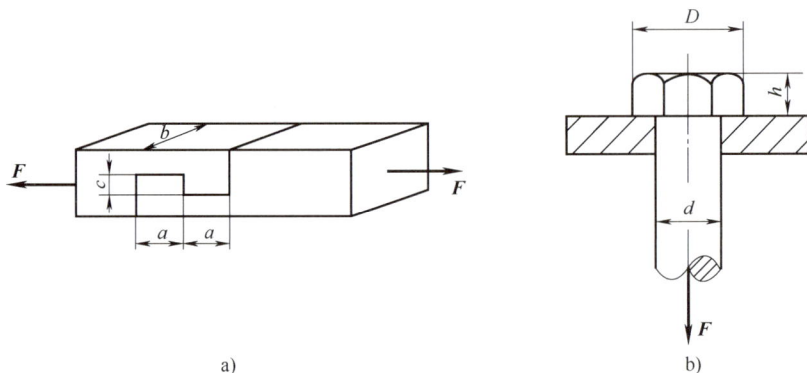

a)　　　　　　　　　　　　　　b)

图　6-17

6-5　销钉联接如图 6-18 所示，$F = 18$kN，$t_1 = 8$mm，$t_2 = 5$mm，销钉与钢板材料相同，许用切应力 $[\tau] = 60$MPa，许用挤压应力 $[\sigma_{jy}] = 200$MPa，销钉的直径 $d = 16$mm。校核销钉的强度。

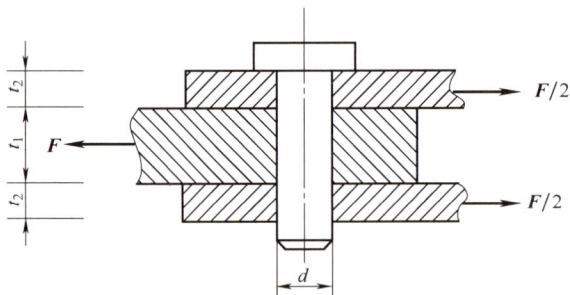

图　6-18

6-6　如图 6-19 所示联接，受轴向载荷 F 作用，已知 $F = 50$kN，$b = 80$mm，$t = 10$mm，$d = 16$mm，各零件材料相同，许用拉应力 $[\sigma] = 160$MPa，许用切应力 $[\tau] = 120$MPa，许用挤压应力 $[\sigma_{jy}] = 340$MPa。校核其强度（设各铆钉受力相等）。

6-7*　如图 6-20 所示，螺栓受到拉力 F 作用，已知螺栓材料的许用切应力 $[\tau]$ 和许用拉应力 $[\sigma]$ 之间的关系为 $[\tau] = 0.6[\sigma]$。求螺栓的直径 d 与螺栓头部高度 h 的合理比值。

6-8*　在厚度 $t = 5$mm 的钢板上，冲出一个形状如图 6-21 所示的孔，钢板的剪切强度 $\tau_b = 300$MPa。求压力机所需的冲力 F。

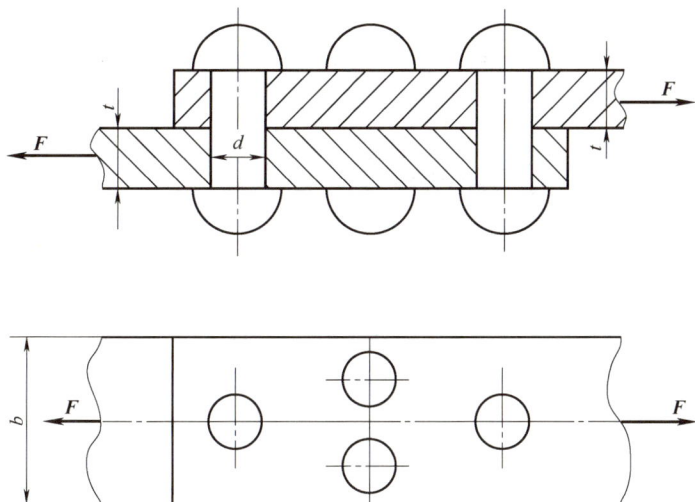

图 6-19

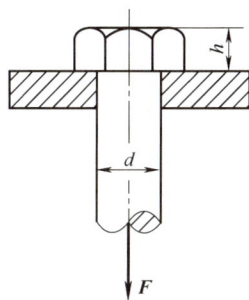

图 6-20

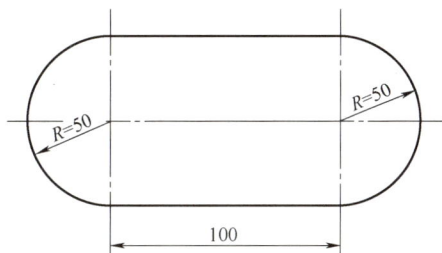

图 6-21

拓展园地

我国古代关于力与变形成正比关系的记载

1678 年，胡克以猜字谜的形式公布了力与变形成正比的规律，其实，在此之前的 1500 多年时，我国史书就已经有了这方面的记载。

东汉经学家郑玄（公元 127—200 年）对《考工记·弓人》中"量其力，有三均"作注云："假令弓力胜三石，引之中三尺，弦其弦，以绳缓摆之，每加物一石，则张一尺。"这里的"缓摆"即松松套住之意，也就是没有初拉力。接着郑玄以"每加物一石，则张一尺"九个字，就把力与变形成正比的线性关系表述得清清楚楚。郑玄虽是大儒，他的说法并非空想，而是来源于实际的。在当时，我国弓人在制成弓以后，就已经有了对弓力的定量测量。古籍中如"千钧之弩""百石之弩"之说，在一定程度上反映了弓力的定量测量。后来，明代宋应星在《天工开物》中写道："凡试弓力，以足踏弦就地，秤钩搭挂弓腰，弦满之时，推移秤锤所压，则知多少。"书中还有"试弓定力"的插图（图 6-22），画了一人提秤，秤钩钩住弦的中央，并在弓腰处搭挂重物。在我国现在的出土文物中，也能见到一些有关测量

111

弓力的记载。

图 6-22

到了近代，英国人胡克才在 1676 年的一篇文章末尾，以谜面为 ceiiinosssttuv 的字谜暗示了力与变形成正比的线性关系。之后，胡克于 1678 年在另一篇文章中说出此字谜的谜底"Ut tensio sic vis"，此为拉丁文，译成中文就是"有多大的伸长，就有多大的力"，其意表明了任何弹簧的力与其伸长都成正比。

7

第 7 章
圆轴的扭转

在各种各样的传动装置中,轴是最常见也是最重要的零件之一。轴的截面形状通常为圆形,习惯上称为圆轴。圆轴的截面形状又分为两种:实心圆截面和空心圆截面,那么从力学的角度看,哪种截面形状最好呢?要回答这个问题就要学习圆轴扭转变形的知识。

本章将研究圆轴扭转时的内力、应力、变形及强度、刚度计算等问题。

7.1 扭转的概念

如图 7-1 所示,构件两端分别受到两个垂直于轴线平面内的力偶作用,两力偶矩大小相等,转向相反,在这样一对力偶的作用下,两力偶之间的各横截面均发生绕轴线的相对转动,这种变形称为扭转变形。φ_1、φ_2、φ 分别是 1-1、2-2、n-n 截面相对于 0-0 截面产生的相对角位移,称为各截面相对于 0-0 截面的相对扭转角。

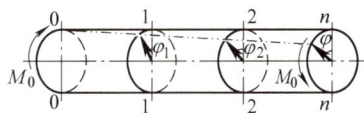

图 7-1

在机械中,有很多承受扭转变形的构件。例如,图 7-2a 所示汽车方向盘的轴,要使汽车转弯,驾驶员两手在方向盘的平面内施加一力偶,作用在轴的上端,轴的下端则产生一个等值反向的约束反力偶,由于这两个力偶分别作用在该轴两端与轴线相垂直的平面内,故该轴的各横截面均绕轴线做相对转动,即产生扭转变形。又如,图 7-2b 所示的轴 AB,其上安装主动轮 A 和从动轮 B,主动轮 A 受主动力偶 M_A 作用,从动轮 B 受到一个等值反向的阻力偶 M_B 作用,在这两个力偶的作用下,轴 AB 也将产生扭转变形。

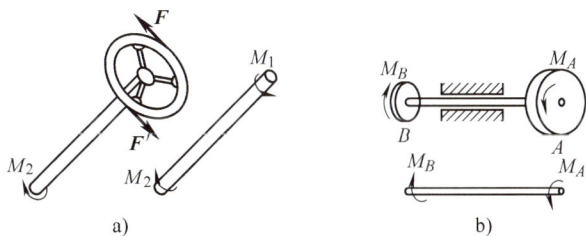

图 7-2

凡是以扭转变形为主要变形形式的构件称为轴。在运动过程中,轴起到传递运动和力的作用，又称为传动轴。

7.2 外力偶矩、扭矩、扭矩图

7.2.1 外力偶矩

计算圆轴扭转时横截面上的内力，必须已知作用在轴上的外力偶矩。工程中，作用在轴上的外力偶矩往往不是直接给出的，通常已知轴的转速 n 和传递的功率 P，根据动力学的知识推导出外力偶矩 M 的计算公式为

$$M = 9549 \frac{P}{n} \tag{7-1}$$

式中　M——外力偶矩，单位为 N·m；

　　　P——轴传递的功率，单位为 kW；

　　　n——轴的转速，单位为 r/min。

7.2.2 圆轴扭转时横截面上的内力——扭矩

确定了作用在轴上的外力偶矩之后，就可以计算轴的内力。内力的计算仍然采用截面法。例如，图 7-3a 所示的轴 AB，在其两端垂直于轴线的平面内，作用着一对力偶，其力偶矩 M_0 大小相等、转向相反，求任意横截面 n-n 上的内力。首先假想地用一截面将轴沿 n-n 截面截开，分为左、右两部分。由于轴原来在外力作用下处于平衡状态，截开以后的任一部分也必然处于平衡状态。现选左部分为研究对象，如图 7-3b 所示。由力偶的平衡条件可知，外力是力偶，故作用在横截面 n-n 上的分布内力系也必然构成一内力偶与之平衡，**该内力偶作用于横截面 n-n 内，转向与外力偶相反，此内力偶矩称为扭矩，用符号 T 表示**。其大小可由平衡方程求得

$$\sum M = 0 \qquad\qquad T - M_0 = 0$$

即　　　　　　　　　　$T = M_0$

如果选右部分为研究对象，如图 7-3c 所示，可求得同样数值的扭矩，但两者转向相反，这是必然的，因为它们是作用与反作用的关系。**扭矩的正负号规定如下：用右手螺旋法判定，即用四指指向表示扭矩的转向，大拇指指向截面外部，扭矩为正，反之为负**。按此规定，图 7-3 中不论选左部分还是右部分为研究对象，其扭矩均为正值。

用截面法求圆轴各个截面上的扭矩，像求拉（压）杆各个截面上的轴力一样，首先要在相邻两个外力偶矩之间任选截面，然后用截面法求出各个截面上的扭矩。

7.2.3 扭矩图

当轴上有多个外力偶矩作用时，一般情况下各横截面上的扭矩是不同的。**为了表示各个**

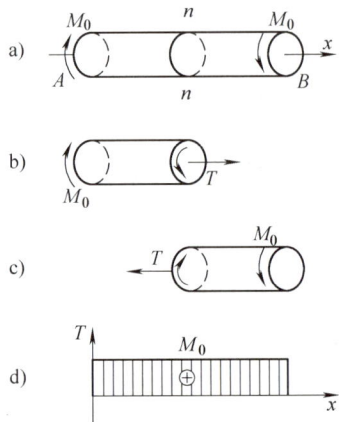

图　7-3

横截面上的扭矩沿轴线的变化情况，可仿照轴力图的作法，用横坐标表示横截面的位置，纵坐标表示相应截面上扭矩的大小（按一定比例尺画出），据此画出的图线称为扭矩图，如图 7-3d 所示。扭矩图形象、直观地表示了扭矩沿轴线变化的情况，并能方便地确定最大扭矩的数值及其所在截面。

例 7-1　一圆截面轴在外力偶矩作用下处于平衡状态，如图 7-4a 所示，已知 $M_1 = 100\text{N·m}$，$M_2 = 300\text{N·m}$，$M_3 = 200\text{N·m}$。绘制扭矩图。

解　1）用截面法求扭矩。

在相邻两个外力偶矩之间任选截面，得到 1-1 截面、2-2 截面，分别用截面法求各截面上的扭矩。

1-1 截面：假想将轴沿 1-1 截面截开，分为左右两部分，选左部分为研究对象，如图 7-4b所示。由平衡条件得 T_1 箭头向下（在主视图中），用右手螺旋法判定扭矩为正，即

$$T_1 = M_1 = 100\text{N·m}$$

2-2 截面：假想将轴沿 2-2 截面截开，分为左右两部分，选右部分为研究对象，如图 7-4c 所示。由平衡条件得 T_2 箭头向下（在主视图中），用右手螺旋法判定扭矩为负，即

$$T_2 = M_3 = -200\text{N·m}$$

2）绘制扭矩图。

以平行于杆轴线的 x 轴为横坐标表示横截面的位置，以垂直于 x 轴的 T 轴为纵坐标表示相应截面上扭矩的大小，按比例尺画出各段轴的扭矩，即得到扭矩图，如图 7-4d 所示。从扭矩图中可以清楚地看出扭矩随截面位置不同而变化的情况。本例中最大的扭矩发生在 BC 段，其绝对值为 200N·m。

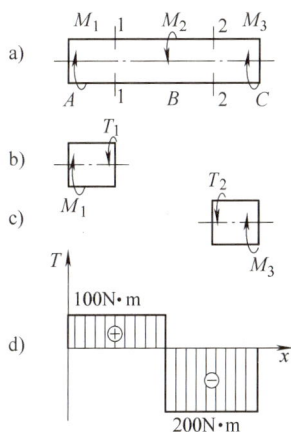

图　7-4

对照图 7-4a 和 7-4d 可以发现，凡是外力偶矩作用的位置都是扭矩图发生突变的位置，反之亦然，且扭矩图突变的幅度等于外力偶矩的大小。由此，总结出**扭矩图的绘图规律如下**：

从左向右画，以外力偶矩的作用点为扭矩图的突变点，外力偶矩向上（在主视图中），扭矩图向上突变；外力偶矩向下（在主视图中），扭矩图向下突变；突变幅度等于外力偶矩的大小，两相邻外力偶矩之间的扭矩图为平行于 x 轴的直线。

运用绘图规律，可以不用截面法求各个截面上的扭矩，直接绘制扭矩图，且简单方便。

例 7-2　如图 7-5 所示传动轴，$n = 240\text{r/min}$，主动轮 A 的输入功率 $P_A = 20\text{kW}$，三个从动轮的输出功率分别为 $P_B = 12\text{kW}$，$P_C = P_D = 4\text{kW}$。绘制该轴的扭矩图。

解　1）计算外力偶矩。

由式（7-1）得，各轮作用于轴上的外力偶矩分别为

$$M_A = 9549\frac{P_A}{n} = 9549 \times \frac{20}{240}\text{N·m} = 795.8\text{N·m}$$

$$M_B = 9549\frac{P_B}{n} = 9549 \times \frac{12}{240}\text{N·m} = 477.4\text{N·m}$$

$$M_C = M_D = 9549 \frac{P_C}{n} = 9549 \times \frac{4}{240} \text{N} \cdot \text{m} = 159.2 \text{N} \cdot \text{m}$$

微课7-1 例题7-2

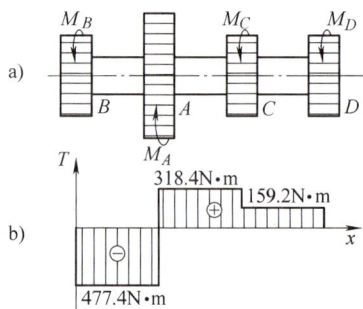

图 7-5

2）运用绘图规律绘制扭矩图。

B 轮处作用一外力偶矩向下（在主视图中），其值为 477.4N·m，故扭矩图从零值向下突变 477.4N·m，变为 -477.4N·m；B、A 两轮之间没有外力偶作用，扭矩图为平行于 x 轴的直线；A 轮处作用一向上的外力偶矩 795.8N·m，扭矩图从 -477.4N·m 向上突变 795.8N·m，变为 318.4N·m；A、C 两轮之间没有外力偶作用，扭矩图仍然为平行于 x 轴的直线；C 轮处又作用一向下的外力偶矩 159.2N·m，扭矩图从 318.4N·m 向下突变 159.2N·m，变为 159.2N·m；C、D 两轮之间没有外力偶作用，扭矩图仍然为平行于 x 轴的直线；D 轮处又作用一向下的外力偶矩 159.2N·m，扭矩图从 159.2N·m 向下突变 159.2N·m，回到零值，如图 7-5b 所示。

因为传动轴处于平衡状态，故扭矩图一定是从零值出发回到零值。与轴力一样，扭矩的大小与传动轴的截面尺寸无关。

7.3 圆轴扭转时横截面上的应力

7.3.1 极惯性矩和抗扭截面系数

极惯性矩用符号 I_p 表示，抗扭截面系数用符号 W_p 表示，它们是仅与截面形状和尺寸有关的参数。

如图 7-6 所示，dA 为任意一横截面上的微小面积单元，ρ 为 dA 到坐标原点的距离，则截面对坐标原点的极惯性矩和抗扭截面系数分别为

$$I_p = \int_A \rho^2 dA$$

$$W_p = \frac{I_p}{\rho_{max}}$$

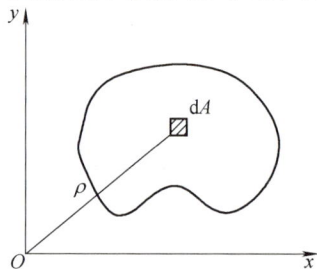

图 7-6

1. 实心圆截面

如图 7-7 所示，实心圆截面的直径为 d，取微小面积单元为一圆环，即 $\mathrm{d}A = 2\pi\rho\mathrm{d}\rho$，则截面对圆心 O 的极惯性矩为

$$I_\mathrm{p} = \int_A \rho^2 \mathrm{d}A = \int_0^{\frac{d}{2}} 2\pi\rho^3 \mathrm{d}\rho = \frac{\pi d^4}{32} \tag{7-2}$$

抗扭截面系数为

$$W_\mathrm{p} = \frac{I_\mathrm{p}}{\rho_{\max}} = \frac{I_\mathrm{p}}{d/2} = \frac{\pi d^3}{16} \tag{7-3}$$

2. 空心圆截面

如图 7-8 所示，空心圆截面的外径为 D、内径为 d，同理推导可得截面对圆心 O 的极惯性矩和抗扭截面系数分别为

$$I_\mathrm{p} = \frac{\pi}{32}(D^4 - d^4) = \frac{\pi D^4}{32}(1 - \alpha^4) \tag{7-4}$$

$$W_\mathrm{p} = \frac{I_\mathrm{p}}{\rho_{\max}} = \frac{I_\mathrm{p}}{D/2} = \frac{\pi D^3}{16}(1 - \alpha^4) \tag{7-5}$$

式中　α——空心圆截面的内外径之比，$\alpha = d/D$。

极惯性矩 I_p 的单位是 mm^4，抗扭截面系数 W_p 的单位是 mm^3。

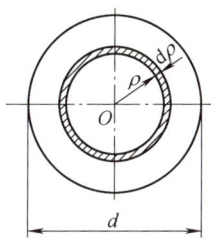
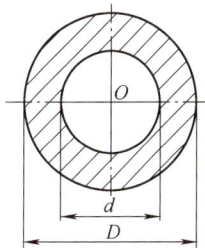

图　7-7　　　　　　　　　图　7-8

7.3.2　圆轴扭转时横截面上的应力计算

实验表明：圆轴扭转时相邻截面间的距离不变，轴无纵向伸长和缩短，因而横截面上不存在正应力 $\boldsymbol{\sigma}$，相邻截面间相对转过一个角度，即横截面间发生了扭转式的相对错动，出现了剪切变形，故横截面上存在切应力 $\boldsymbol{\tau}$。

理论推导可得，横截面上任一点扭转切应力 τ_ρ 的计算公式为

$$\tau_\rho = \frac{|T|}{I_\mathrm{p}}\rho \tag{7-6}$$

式中　τ_ρ——横截面上任一点的扭转切应力，单位为 MPa；

　　　T——该横截面上的扭矩，单位为 N·mm；

　　　ρ——该点到转动中心 O 的距离，单位为 mm；

　　　I_p——该横截面对转动中心 O 的极惯性矩，单位为 mm^4。

由式（7-6）可知，当横截面和该截面上的扭矩确定时，其上任意一点的切应力 τ_ρ 的大

小与该点到圆心的距离 ρ 成正比。实心圆截面上的切应力分布规律如图7-9所示。

由图7-9可见，扭转切应力在横截面上的分布规律，与定轴转动刚体上速度v的分布规律相同，即点到转动中心距离越远，切应力越大；点到转动中心距离越近，切应力越小；点在转动中心处，切应力为零；所有到转动中心距离相等的点，其切应力大小均相等。切应力的方向垂直于该点转动半径的方向，且与横截面上扭矩T的转向一致。

图 7-9

对于圆轴的同一横截面而言，截面边缘上各点到转动中心O的距离最大，即$\rho = \rho_{max} = d/2$，因此在这些点具有最大切应力τ_{max}，代入式（7-6）得

$$\tau_{max} = \frac{|T|}{I_p}\frac{d^*}{2} = \frac{|T|}{\dfrac{I_p}{d/2}}$$

又因为

$$W_p = \frac{I_p}{d/2}$$

故

$$\tau_{max} = \frac{|T|}{W_p} \tag{7-7}$$

式中　τ_{max}——最大切应力，单位为MPa；

　　　T——该横截面上的扭矩，单位为N·mm；

　　　W_p——该横截面的抗扭截面系数，单位为mm^3。

式（7-7）为圆轴产生扭转变形时其任意一横截面上最大切应力的计算公式。

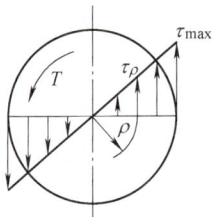

微课7-2　例题7-3

例 7-3　已知圆轴的直径 $d = 50mm$，两端受力偶 $M = 1kN·m$ 作用，如图7-10所示。A点为任意横截面上一点，它到转动中心O的距离$\rho_A = 12.5mm$。求A点的切应力τ_A及横截面上最大切应力τ_{max}。

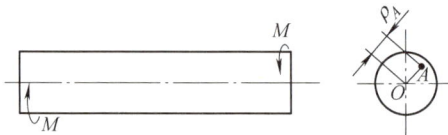

图 7-10

解　1）求任意横截面上的扭矩T。

$$T = M = 1kN·m$$

2）求横截面对转动中心O的极惯性矩I_p和抗扭截面系数W_p。

由式（7-2）得

$$I_p = \frac{\pi d^4}{32} = \frac{\pi \times 50^4}{32}mm^4 = 6.1 \times 10^5 mm^4$$

由式（7-3）得

$$W_p = \frac{\pi d^3}{16} = \frac{\pi \times 50^3}{16}mm^3 = 2.5 \times 10^4 mm^3$$

3）求τ_A及τ_{max}。

由式（7-6）得 $\tau_A = \dfrac{|T|}{I_p}\rho_A = \dfrac{1\times10^6}{6.1\times10^5}\times12.5\text{MPa} = 20.49\text{MPa}$

由式（7-7）得 $\tau_{max} = \dfrac{|T|}{W_p} = \dfrac{1\times10^6}{2.5\times10^4}\text{MPa} = 40\text{MPa}$

例 7-4　传动轴如图 7-11a 所示。已知 A 轮输入功率 $P_A = 15\text{kW}$，B、C 轮输出功率分别为 $P_B = 9\text{kW}$，$P_C = 6\text{kW}$，轴的转速 $n = 200\text{r/min}$，轴的直径 $d = 30\text{mm}$。绘制该轴的扭矩图，并求 1-1 和 2-2 截面上的最大切应力。

解　1）计算外力偶矩。

由式（7-1）得，各轮作用于轴上的外力偶矩分别为

$$M_A = 9549\frac{P_A}{n} = 9549\times\frac{15}{200}\text{N·m} = 716.2\text{N·m}$$

$$M_B = 9549\frac{P_B}{n} = 9549\times\frac{9}{200}\text{N·m} = 429.7\text{N·m}$$

$$M_C = 9549\frac{P_C}{n} = 9549\times\frac{6}{200}\text{N·m} = 286.5\text{N·m}$$

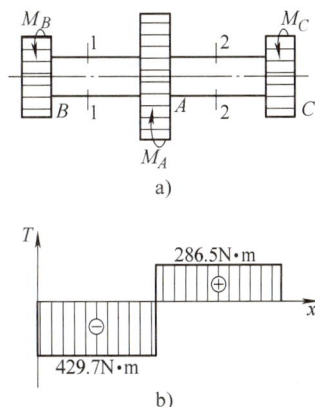

图 7-11

2）绘制扭矩图，如图 7-11b 所示。从扭矩图中可知，1-1 和 2-2 截面上的扭矩分别为

$$T_1 = -429.7\text{N·m} \qquad T_2 = 286.5\text{N·m}$$

3）计算截面的抗扭截面系数 W_p。

由式（7-3）得 $W_p = \dfrac{\pi d^3}{16} = \dfrac{\pi\times30^3}{16}\text{mm}^3 = 5.3\times10^3\text{mm}^3$

4）求 1-1 和 2-2 截面上的最大切应力。

由式（7-7）得，1-1 截面上的最大切应力为

$$\tau_{max} = \frac{|T_1|}{W_p} = \frac{429.7\times10^3}{5.3\times10^3}\text{MPa} = 81.1\text{MPa}$$

2-2 截面上的最大切应力为

$$\tau_{max} = \frac{|T_2|}{W_p} = \frac{286.5\times10^3}{5.3\times10^3}\text{MPa} = 54.1\text{MPa}$$

例 7-5　圆轴的截面如图 7-12 所示，直径 $d = 60\text{mm}$，A 点到转动中心的距离 $\rho_A = 20\text{mm}$，其切应力 $\tau_A = 40\text{MPa}$，方向如图所示。同一截面上 B、C 两点到转动中心的距离分别为 $\rho_D = 25\text{mm}$，$\rho_C = 15\text{mm}$。求：（1）B、C 两点切应力的大小，并图示其方向；（2）该截面上的最大切应力。

解　1）求 B、C 两点的切应力 τ_B、τ_C。

由式（7-6）得，当横截面尺寸和该截面上的扭矩已经确定时，其上任意一点的切应力与该点到转动中心的距离成正比，即

$$\frac{\tau_A}{\tau_B} = \frac{\rho_A}{\rho_B}$$

则 $\tau_B = \dfrac{\rho_B}{\rho_A}\tau_A = \dfrac{25}{20}\times40\text{MPa} = 50\text{MPa}$

同理有

$$\frac{\tau_A}{\tau_C}=\frac{\rho_A}{\rho_C}$$

则

$$\tau_C=\frac{\rho_C}{\rho_A}\tau_A=\frac{15}{20}\times40\text{MPa}=30\text{MPa}$$

由 τ_A 的方向可判断出该截面上的扭矩 T 为逆时针转向，故可画出 τ_B、τ_C 的方向，如图 7-12 所示。

2）求该截面上的最大切应力 τ_{max}。

该截面上产生最大切应力 τ_{max} 的点位于截面边缘处，即最外圈圆周上，这些点到转动中心的距离最远，$\rho_{max}=\dfrac{d}{2}$，且

$$\frac{\tau_A}{\tau_{max}}=\frac{\rho_A}{\rho_{max}}$$

则

$$\tau_{max}=\frac{\rho_{max}}{\rho_A}\tau_A=\frac{d/2}{\rho_A}\tau_A=\frac{30}{20}\times40\text{MPa}=60\text{MPa}$$

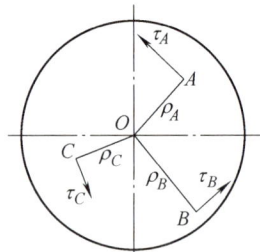

图 7-12

7.4 圆轴扭转时的变形

7.4.1 相对扭转角

计算圆轴的扭转变形，就是计算轴上两截面间的相对扭转角 φ，如图 7-13 所示。

理论推导可得：对于长度为 l，扭矩 T 为常量的等截面圆轴，其两端截面间的相对扭转角为

$$\varphi=\frac{Tl}{GI_p} \qquad (7\text{-}8)$$

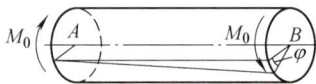

图 7-13

式中　φ——两截面间的相对扭转角，单位为 rad；

T——该段圆轴各个截面上的扭矩，单位为 N·mm；

l——该段圆轴的长度，单位为 mm；

G——材料的切变模量，单位为 MPa；

I_p——各个截面对转动中心 O 的极惯性矩，单位为 mm⁴。

式（7-8）的使用条件为：

1）圆轴为等截面直轴，即 I_p 为常量。

2）圆轴的各个截面上扭矩 T 为常量。

3）圆轴各段的材料相同，即 G 为常量。

当不符合使用条件时应该将轴分段，使每一段符合使用条件，先计算每一段的变形，然后叠加求总变形。

在用式（7-8）计算相对扭转角 φ 时，扭矩 T 应代入正负号，相对扭转角 φ 随扭矩 T 有正负之分，φ 的正负号只表示扭转方向的不同。

由式（7-8）可以看出，在长度和扭矩一定的情况下，GI_p 值越大，相对扭转角越小，

即变形越小。可见 GI_p 反映了圆轴抵抗扭转变形能力的大小，称为圆轴的抗扭刚度。

7.4.2　单位长度扭转角

圆轴单位长度上的扭转角，用符号 θ 表示，显然

$$\theta = \frac{\varphi}{l} = \frac{T}{GI_p}$$

式中 θ 的单位为 rad/mm，工程上单位长度扭转角 θ 常用 °/m 来表示，将上式进行单位换算后有

$$\theta = \frac{T}{GI_p} \times \frac{180}{\pi} \times 10^3 \ (°/m) \tag{7-9}$$

例 7-6　阶梯轴如图 7-14a 所示，其上作用外力偶矩 $M_1 = 2.5\text{kN} \cdot \text{m}$，$M_2 = 4\text{kN} \cdot \text{m}$，$M_3 = 1.5\text{kN} \cdot \text{m}$，轴材料的切变模量 $G = 80\text{GPa}$。求该轴上截面 D 相对于截面 A 的扭转角 φ_{AD}。

解　1）绘制扭矩图，如图 7-14b 所示。由图中可知，AB 段的扭矩 $T_1 = 2.5\text{kN} \cdot \text{m}$，$BD$ 段的扭矩 $T_2 = -1.5\text{kN} \cdot \text{m}$。

2）求相对扭转角 φ_{AD}。该轴整体不符合式（7-8）的使用条件，将轴分为 AB、BC、CD 三段，分别计算变形，然后用叠加法求阶梯轴的总变形。

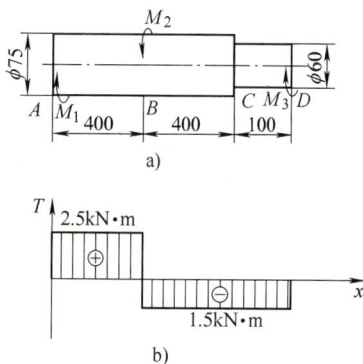

图　7-14

$$\varphi_{AD} = \varphi_{AB} + \varphi_{BC} + \varphi_{CD} = \frac{T_1 l_{AB}}{GI_{pAB}} + \frac{T_2 l_{BC}}{GI_{pBC}} + \frac{T_3 l_{CD}}{GI_{pCD}}$$

$$= \frac{2.5 \times 10^6 \times 400}{80 \times 10^3 \times \pi/32 \times 75^4}\text{rad} - \frac{1.5 \times 10^6 \times 400}{80 \times 10^3 \times \pi/32 \times 75^4}\text{rad} - \frac{1.5 \times 10^6 \times 100}{80 \times 10^3 \times \pi/32 \times 60^4}\text{rad}$$

$$= 1.4 \times 10^{-4}\text{rad}$$

7.5　圆轴扭转时的强度和刚度计算

7.5.1　强度计算

为了保证圆轴在工作时具有足够的强度，要求其最大工作切应力不得超过材料的许用切应力。即

$$\tau_{max} = \left| \frac{T}{W_p} \right|_{max} \leqslant [\tau] \tag{7-10}$$

式（7-10）为圆轴扭转时的强度条件。其中 τ_{max} 是最大工作切应力，产生最大工作切应力的截面称为危险截面。对于等直圆轴，最大切应力产生在最大扭矩所在截面的边缘处，所以上式变为

$$\tau_{max} = \frac{|T_{max}|}{W_p} \le [\tau] \qquad (7\text{-}11)$$

在静载荷下，材料的扭转许用切应力 $[\tau]$ 和许用拉应力 $[\sigma]$ 之间存在着如下的关系：

塑性材料　　　　　　　　　　$[\tau] = (0.5 \sim 0.6)[\sigma]$

脆性材料　　　　　　　　　　$[\tau] = (0.8 \sim 1)[\sigma]$

7.5.2 刚度计算

圆轴产生扭转变形时，如果其变形过大，就会影响机械加工的精度或产生较大的振动。因此，在轴的设计中，除应考虑强度要求以外，还要限制轴的扭转变形，通常是规定单位长度扭转角的最大值 θ_{max} 不能超过允许值。由式（7-9）可知，单位长度扭转角 θ 为

$$\theta = \frac{T}{GI_p} \times \frac{180}{\pi} \times 10^3 \quad (°/m)$$

于是得到圆轴扭转时的刚度条件为

$$\theta_{max} = \left| \frac{T}{GI_p} \right|_{max} \times \frac{180}{\pi} \times 10^3 \le [\theta] \qquad (7\text{-}12)$$

对于等直圆轴，最大单位长度扭转角 θ_{max} 发生在最大扭矩所在截面处，所以上式变为

$$\theta_{max} = \frac{|T_{max}|}{GI_p} \times \frac{180}{\pi} \times 10^3 \le [\theta] \qquad (7\text{-}13)$$

式（7-12）、式（7-13）中 θ_{max}、$[\theta]$ 的单位均为°/m。单位长度许用扭转角 $[\theta]$ 的数值一般根据机械的精度要求来确定，可在有关设计手册中查到，也可参考下列数据确定：

精密机器的轴　　　　　　　　$[\theta] = (0.25° \sim 0.5°)/m$

一般传动轴　　　　　　　　　$[\theta] = (0.5° \sim 1°)/m$

精度较低的轴　　　　　　　　$[\theta] = (1° \sim 2.5°)/m$

应用圆轴扭转时的强度条件和刚度条件仍然可以解决三类问题，即校核强度或刚度、设计截面尺寸、确定允许传递的力偶矩或功率。

例 7-7　传动轴受力如图 7-15a 所示。已知 $M_1 = 1500 N \cdot m$，$M_2 = 500 N \cdot m$，$M_3 = 1000 N \cdot m$，轴的直径 $d = 70 mm$，材料的切变模量 $G = 80 GPa$，许用切应力 $[\tau] = 60 MPa$，许用单位长度扭转角 $[\theta] = 0.5°/m$。校核轴的强度和刚度。

解　1）绘制扭矩图，如图 7-15b 所示。由扭矩图中可知，BC 段所受扭矩最大，其值为

$$|T_{max}| = 1000 N \cdot m$$

2）校核轴的强度。

由式（7-11）得

$$\tau_{max} = \frac{|T_{max}|}{W_p} = \frac{1000 \times 10^3}{\pi \times 70^3/16} MPa = 14.85 MPa < [\tau]$$

3）校核轴的刚度。

出式（7-13）得

$$\theta_{max} = \frac{|T_{max}|}{GI_p} \times \frac{180}{\pi} \times 10^3 = \frac{1000 \times 10^3}{80 \times 10^3 \times \pi \times 70^4/32} \times \frac{180}{\pi} \times 10^3 °/m = 0.304°/m < [\theta]$$

故轴的强度和刚度均满足要求。

例 7-8　一传动轴受力如图 7-16a 所示，轴的材料为 45 钢，切变模量 $G=80\text{GPa}$，许用切应力 $[\tau]=60\text{MPa}$，许用单位长度扭转角 $[\theta]=1°/\text{m}$。设计轴的直径。

解　1）绘制扭矩图，如图 7-16b 所示。由扭矩图中可知，BC 段所受扭矩最大，其值为
$$|T_{\max}|=3000\text{N}\cdot\text{m}$$

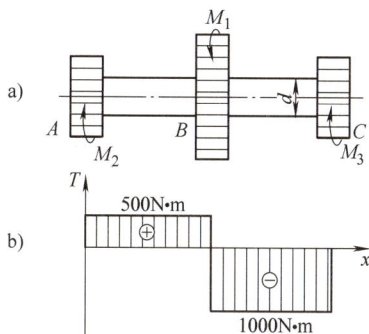

图　7-15

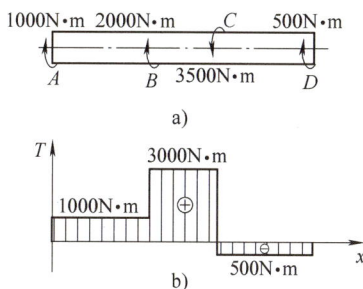

图　7-16

2）由强度条件设计轴的直径 d_1。

由式（7-11）得

$$\tau_{\max}=\frac{|T_{\max}|}{W_p}=\frac{|T_{\max}|}{\pi d_1^3/16}\leqslant[\tau]$$

则
$$d_1\geqslant\sqrt[3]{\frac{16|T_{\max}|}{\pi[\tau]}}=\sqrt[3]{\frac{16\times3000\times10^3}{\pi\times60}}\text{mm}=63.4\text{mm}$$

3）由刚度条件设计轴的直径 d_2。

由式（7-13）得

$$\theta_{\max}=\frac{|T_{\max}|}{GI_p}\times\frac{180}{\pi}\times10^3=\frac{|T_{\max}|}{G\pi d_2^4/32}\times\frac{180}{\pi}\times10^3\leqslant[\theta]$$

则
$$d_2\geqslant\sqrt[4]{\frac{|T_{\max}|\times32\times180\times10^3}{G\pi^2[\theta]}}=\sqrt[4]{\frac{3000\times10^3\times32\times180\times10^3}{80\times10^3\times\pi^2\times1}}\text{mm}=68.4\text{mm}$$

根据以上计算结果，为同时满足强度和刚度要求，取 $d\geqslant68.4\text{mm}$，圆整后得轴的直径 $d=70\text{mm}$。

例 7-9　传动轴如图 7-17a 所示，其直径 $d=40\text{mm}$，转速 $n=362.5\text{r/min}$，材料的切变模量 $G=80\text{GPa}$，许用切应力 $[\tau]=60\text{MPa}$，许用单位长度扭转角 $[\theta]=0.5°/\text{m}$，轴上 B 轮为输入功率的主动轮，A 轮和 C 轮为输出功率的从动轮，其中 A 轮输出 $\frac{2}{3}$ 功率，C 轮输出 $\frac{1}{3}$ 功率。求 B 轮的输入功率 P_B。

解　1）设 B 轮的输入功率为 $P_B=P$，则 A 轮输出功率为 $P_A=\frac{2}{3}P$，C 轮输出功率 $P_C=\frac{1}{3}P$。由式（7-1）得，各轮作用于轴上的外力偶矩分别为

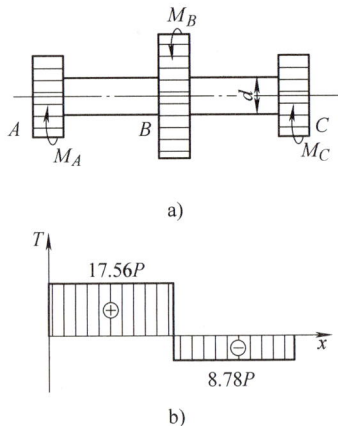

a)

$$M_A = 9549 \frac{P_A}{n} = 9549 \times \frac{2P/3}{362.5} = 17.56P$$

$$M_B = 9549 \frac{P_B}{n} = 9549 \times \frac{P}{362.5} = 26.34P$$

$$M_C = 9549 \frac{P_C}{n} = 9549 \times \frac{P/3}{362.5} = 8.78P$$

2）绘制扭矩图，如图 7-17b 所示。由扭矩图中可知，AB 段所受扭矩最大，其值为

$$|T_{max}| = 17.56P$$

b)

图 7-17

3）由强度条件设计 B 轮的输入功率 P_1。

由式（7-11）得

$$\tau_{max} = \frac{|T_{max}|}{W_p} = \frac{17.56P_1 \times 10^3}{\pi d^3/16} \leqslant [\tau]$$

则

$$P_1 \leqslant \frac{[\tau]\pi d^3/16}{17.56 \times 10^3} = \frac{60 \times \pi \times 40^3/16}{17.56 \times 10^3} \text{kW} = 42.9 \text{kW}$$

4）由刚度条件设计 B 轮的输入功率 P_2。

由式（7-13）得

$$\theta_{max} = \frac{|T_{max}|}{GI_p} \times \frac{180}{\pi} \times 10^3 = \frac{17.56P_2 \times 10^3}{G\pi d^4/32} \times \frac{180}{\pi} \times 10^3 \leqslant [\theta]$$

则

$$P_2 \leqslant \frac{[\theta]G\pi d^4/32 \times \pi}{17.56 \times 10^3 \times 180 \times 10^3} = \frac{0.5 \times 80 \times 10^3 \times \pi \times 40^4/32 \times \pi}{17.56 \times 10^3 \times 180 \times 10^3} \text{kW} = 9.99 \text{kW}$$

由以上计算结果，为同时满足强度和刚度要求，最后选定 B 轮的输入功率 $P_B \leqslant 9.99 \text{kW}$。

例 7-10　实心轴和空心轴通过牙嵌离合器连接在一起，如图 7-18 所示。已知轴的转速 $n = 100 \text{r/min}$，传递的功率 $P = 10 \text{kW}$，材料的许用切应力 $[\tau] = 60 \text{MPa}$，空心轴的内外径比 $\alpha = 0.8$。设计实心轴的直径 d_1 和空心轴的外径 D、内径 d 并比较两者的材料消耗。

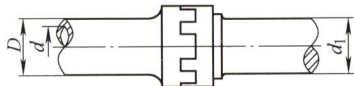

图 7-18

解　1）计算外力偶矩。

$$M = 9549 \frac{P}{n} = 9549 \times \frac{10}{100} \text{N} \cdot \text{m} = 954.9 \text{N} \cdot \text{m}$$

2）计算扭矩。

由题意可知，传动轴各个横截面上的扭矩均相等，其值为

$$T = M = 954.9 \text{N} \cdot \text{m}$$

3）设计实心轴的直径 d_1。

由式（7-11）得

$$\tau_{max} = \frac{|T_{max}|}{W_p} = \frac{T}{\pi d_1^3/16} \leqslant [\tau]$$

则

$$d_1 \geqslant \sqrt[3]{\frac{16T}{\pi[\tau]}} = \sqrt[3]{\frac{16 \times 954.9 \times 10^3}{\pi \times 60}} \text{mm} = 43.3\text{mm}$$

将轴的直径圆整取 $d_1 = 44\text{mm}$。

4）设计空心轴的外径 D、内径 d。

由式（7-11）得

$$\tau_{max} = \frac{|T_{max}|}{W_p} = \frac{T}{\pi D^3(1-\alpha^4)/16} \leqslant [\tau]$$

则

$$D \geqslant \sqrt[3]{\frac{16T}{\pi[\tau](1-\alpha^4)}} = \sqrt[3]{\frac{16 \times 954.9 \times 10^3}{\pi \times 60 \times (1-0.8^4)}} \text{mm} = 51.6\text{mm}$$

将轴的直径圆整取 $D = 52\text{mm}$。此时内径 $d = 0.8D = 41.6\text{mm}$，圆整取 $d = 42\text{mm}$。

5）比较两者的材料消耗。

空心轴和实心轴在相同条件下，材料消耗之比即为截面面积之比

$$\frac{A_空}{A_实} = \frac{\frac{\pi}{4}(D^2-d^2)}{\frac{\pi}{4}d_1^2} = \frac{D^2-d^2}{d_1^2} = \frac{52^2-42^2}{44^2} = 0.486$$

可见，在载荷、材料和强度相同的情况下，空心轴的重量比实心轴轻。上例中，空心轴重量仅为实心轴的 48.6%，因此空心轴比实心轴节省材料。这是因为横截面上的切应力沿半径按线性分布，圆心附近的应力很小，材料的力学性能没有得到充分发挥。若把轴心附近的材料移至边缘，使其成为空心轴，就会增加截面的极惯性矩和抗扭截面系数，从而充分发挥材料的力学性能，提高轴的强度。所以，在承受相同的载荷的前提下，以空心轴代替实心轴，能够节约材料，减轻机器自重。但是，空心轴的壁厚不能太薄，太薄会给制造带来困难，增加制造成本，一般取 $\alpha = 0.5 \sim 0.8$。

小　结

1. 构件两端分别受到两个垂直于轴线平面内的力偶作用，两力偶矩大小相等，转向相反，在这样一对力偶的作用下，两力偶之间的各横截面均发生绕轴线的相对转动，这种变形称为扭转变形。以扭转变形为主要变形形式的构件称为轴。

2. 外力偶矩的计算公式为

$$M = 9549\frac{P}{n}$$

3. 圆轴扭转时横截面上的内力为扭矩，扭矩的大小可用截面法求得，扭矩的正负号用右手螺旋法判定，即用四指指向表示扭矩的转向，大拇指指向截面外部，扭矩为正，反之为负。运用绘图规律，可以不用截面法求横截面上的扭矩，直接绘制扭矩图。

4. 对于实心圆截面，截面对圆心的极惯性矩和抗扭截面系数分别为

$$I_p = \frac{\pi d^4}{32} \qquad W_p = \frac{I_p}{d/2} = \frac{\pi d^3}{16}$$

对于空心圆截面，截面对圆心的极惯性矩和抗扭截面系数分别为

$$I_p = \frac{\pi}{32}(D^4 - d^4) = \frac{\pi D^4}{32}(1-\alpha^4) \qquad W_p = \frac{I_p}{D/2} = \frac{\pi D^3}{16}(1-\alpha^4)$$

5. 圆轴产生扭转变形时，横截面上任一点扭转切应力的计算公式为

$$\tau_\rho = \frac{|T|}{I_p}\rho$$

扭转切应力的大小与点到转动中心的距离成正比，即点到转动中心距离越远切应力越大，点到转动中心距离越近切应力越小，在转动中心处切应力为零。切应力的方向与该点的半径方向垂直，指向与扭矩 T 的转向一致。

6. 圆轴产生扭转变形时，其任意一横截面上最大切应力的计算公式为

$$\tau_{max} = \frac{|T|}{W_p}$$

7. 圆轴产生扭转变形时，两端面间相对扭转角的计算公式为

$$\varphi = \frac{Tl}{GI_p}$$

8. 等直圆轴扭转时的强度条件为

$$\tau_{max} = \frac{|T_{max}|}{W_p} \leqslant [\tau]$$

9. 等直圆轴扭转时的刚度条件为

$$\theta_{max} = \frac{|T_{max}|}{GI_p} \times \frac{180}{\pi} \times 10^3 \leqslant [\theta]$$

强度条件和刚度条件是两个互相独立的条件。当要求同时满足时，求解出的截面尺寸或许可载荷均有两个不同的值，截面尺寸应取数值较大的，许可载荷应取数值较小的。

习　题

7-1　填空题

（1）圆轴扭转时的受力特点是：构件两端分别受到两个_____平面内的力偶作用，且力偶矩大小____，转向_____。

（2）圆轴扭转变形的特点是：各横截面绕其轴线发生_____。

（3）圆轴扭转时横截面上的内力为_____，正负可用_____确定。

（4）圆轴扭转时，横截面上任意点的切应力与该点到圆心的距离成_____。

（5）圆轴扭转时，横截面上切应力的大小沿半径呈_____规律分布，切应力的方向_____的方向，且与横截面上_____一致。

（6）产生扭转变形的一实心轴和空心轴的材料相同，当二者的扭转强度一样时，它们的_____截面系数应相等，横截面面积相等的实心轴和空心轴相比，虽材料相同，但_____轴的抗扭承载能力要强些。

（7）产生扭转变形的实心圆轴，若使直径增大一倍，而其他条件不改变，则扭转角将变为原来的

_____。

（8）两材料、重量及长度均相同的实心轴和空心轴，从利于提高抗扭刚度的角度考虑，以采用_____轴更为合理些。

（9）_____反映了圆轴抵抗扭转变形能力的大小。

（10）常用_____来反映圆轴扭转变形程度，工程上常用_____单位来表示。

7-2　选择题

（1）汽车传动主轴所传递的功率不变，当轴的转速降低为原来的二分之一时，轴所受的外力偶的力偶矩较之转速降低前将（　　）。

A. 增大一倍 　　　　　　　　　　　　B. 增大三倍

C. 减小一半 　　　　　　　　　　　　D. 不改变

（2）圆轴 AB 扭转时，两端面受到力偶矩为 M 的外力偶作用，若以一假想截面在轴上 C 处将其截分为左、右两部分，图 7-19 所示，则截面 n-n 上扭矩 T、T' 的正负应是（　　）。

A. T 为正，T' 为负 　　　　　　　　B. T 为负，T' 为正

C. T 和 T' 均为正 　　　　　　　　D. T 和 T' 均为负

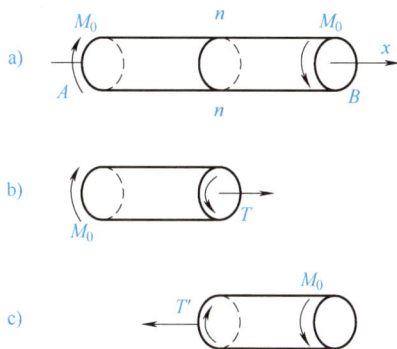

图　7-19

（3）实心或空心圆轴扭转时，已知横截面上的扭矩为 T，相应圆轴横截面上的剪应力分布如图 7-20 所示，其中正确的是（　　）。

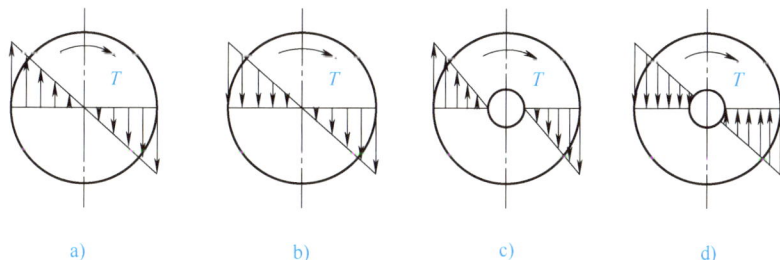

图　7-20

A. a）图 　　　　　B. b）图 　　　　　C. c）图 　　　　　D. d）图

（4）直径为 D 的实心圆轴，两端所受的外力偶的力偶矩为 M，轴的横截面上最大剪应力是 τ。若轴的直径变为 $0.5D$，则轴的横截面上最大剪应力应是（　　）。

A. 16τ 　　　　　B. 8τ 　　　　　C. 4τ 　　　　　D. 2τ

（5）空心圆轴的内径为 d，外径为 D，其内径和外径的比 $d/D = \alpha$，横截面的极惯性矩和抗扭截面系数的正确表达式应当是（　　）。

A. $I_p = \dfrac{\pi D^4}{64}(1-\alpha^4)$，$W_p = \dfrac{\pi D^3}{32}(1-\alpha^3)$　　　　B. $I_p = \dfrac{\pi D^4}{32}(1-\alpha^4)$，$W_p = \dfrac{\pi D^3}{16}(1-\alpha^3)$

C. $I_p = \dfrac{\pi}{32}(D^4-\alpha^4)$，$W_p = \dfrac{\pi}{16}(D^3-\alpha^3)$　　　　D. $I_p = \dfrac{\pi D^4}{32}(1-\alpha^4)$，$W_p = \dfrac{\pi D^3}{16}(1-\alpha^4)$

（6）对于材料以及横截面面积均相同的空心圆轴和实心圆轴，前者的抗扭刚度一定（　　）于后者的抗扭刚度。

A. 小　　　　　　　　B. 等　　　　　　　　C. 大　　　　　　　　D. 无法对比

（7）等截面圆轴扭转时的单位长度扭转角为 θ，若圆轴的直径增大一倍，则单位长度扭转角将变为（　　）。

A. $\theta/16$　　　　　B. $\theta/8$　　　　　C. $\theta/4$　　　　　D. $\theta/2$

（8）使一实心圆轴受扭转的外力偶的力偶矩为 M，按强度条件设计的直径为 D。当外力偶矩增大为 $2M$ 时，直径应增大为（　　）D。

A. 1.89　　　　　　　B. 1.26　　　　　　　C. 1.414　　　　　　D. 2

（9）实心圆轴扭转时，其他条件不变，若最大切应力变为原来 8 倍，则轴的直径变为原来的（　　）。

A. 1/2　　　　　　　B. 不变　　　　　　　C. 2 倍　　　　　　　D. 8 倍

（10）校核一低碳钢主轴的扭转刚度时，发现单位长度扭转角超过了许用值，为了保证轴的扭转刚度，采取（　　）的措施是最有效的。

A. 改用合金钢　　　　　　　　　　　　　B. 改用铸铁

C. 增大圆轴的直径　　　　　　　　　　　D. 减小圆轴的长度

7-3　判断题

（1）只要在杆件的两端作用两个大小相等、方向相反的外力偶，杆件就会发生扭转变形。（　　）

（2）一转动圆轴，所受外力偶的方向不一定与轴的转向一致。　　（　　）

（3）传递一定功率的传动轴的转速越高，其横截面上所受的扭矩也就越大。（　　）

（4）受扭杆件横截面上扭矩的大小，不仅与杆件所受外力偶的力偶矩大小有关，而且与杆件横截面的形状、尺寸也有关。（　　）

（5）用截面法求杆件的扭矩时，无论取截面以左还是以右部分来研究，按右手螺旋法则规定的扭矩正负总是相同的，从左、右两部分的作用与反作用关系看，二者方向也是相同的。（　　）

（6）一空心圆轴在产生扭转变形时，其危险截面外缘处具有全轴的最大切应力，而危险截面内缘处的切应力为零。（　　）

（7）直径相同的两根实心轴，横截面上的扭矩也相等，若两轴的材料不同时，其单位长度扭转角也不同。（　　）

（8）实心圆轴材料和所承受的载荷情况都不改变，若使轴的直径增大一倍，则其单位长度扭转角将减小为原来的1/16。（　　）

（9）两根实心圆轴在产生扭转变形时，其材料、直径及所受外力偶矩均相同，但由于两轴的长度不同，所以短轴的单位长度扭转角要大一些。（　　）

（10）圆轴扭转的刚度条件是最大的扭转角不超过许用的扭转角。（　　）

7-4　绘制图 7-21 所示圆轴的扭矩图。

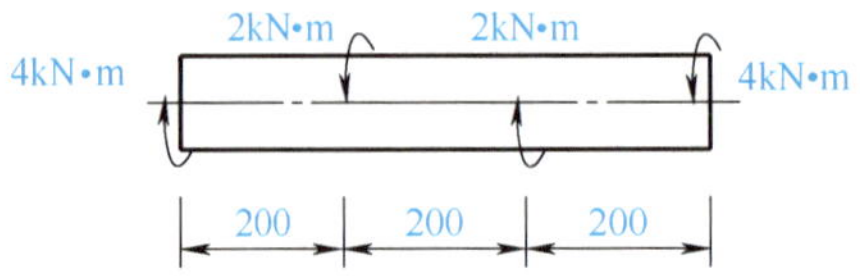

图　7-21

7-5　圆轴产生扭转变形时，同一横截面上 A、B 两点到圆心的距离分别为 $OA=30\text{mm}$，$OB=50\text{mm}$，如图 7-22 所示。已知 A 点的切应力 $\tau_A=50\text{MPa}$，求 B 点的切应力大小并图示其方向。

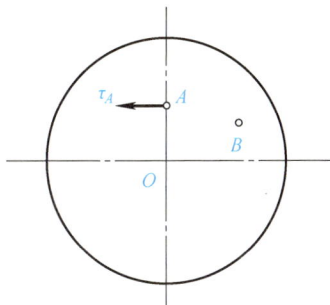

图　7-22

7-6　一等截面圆轴，转速 $n=320\text{r/min}$，传递的功率 $P=15\text{kW}$，轴的直径 $d=50\text{mm}$，轴材料的许用切应力 $[\tau]=60\text{MPa}$。校核轴的强度。

7-7* 传动轴如图 7-23 所示，已知的直径 $d=50\text{mm}$，转速 $n=250\text{r/min}$，主动轮 B 的输入功率 $P_B=7\text{kW}$，从动轮 A、C、D 的输出功率分别为 $P_A=3\text{kW}$，$P_C=2.5\text{kW}$，$P_D=1.5\text{kW}$，材料的许用切应力 $[\tau]=40\text{MPa}$，切变模量 $G=80\text{GPa}$，轴的许用单位长度扭转角 $[\theta]=1°/\text{m}$。校核轴的强度和刚度。

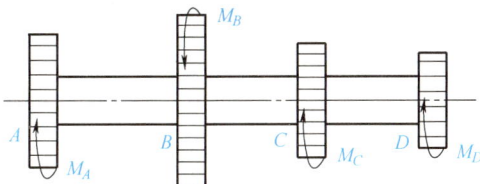

图　7-23

7-8* 传动轴如图 7-24 所示，已知轴的直径 $d=40\text{mm}$，转速 $n=500\text{r/min}$，功率 P 由 B 轮输入，A 轮输出功率 $P_A=\dfrac{2}{3}P$，C 轮输出功率 $P_C=\dfrac{1}{3}P$，材料的许用切应力 $[\tau]=60\text{MPa}$，切变模量 $G=80\text{GPa}$，轴的许用单位长度扭转角 $[\theta]=0.5°/\text{m}$。按照强度和刚度条件确定 B 轮的输入功率 P。

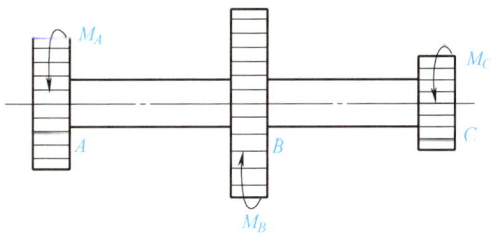

图　7-24

![拓展园地图标] 拓展园地

世界屋脊上的"巨龙"——青藏铁路

青藏高原是世界上最大、海拔最高的高原，地理位置独特，自然环境恶劣，地质条件复杂，素有"世界屋脊"和"世界第三极"之称。自古以来，青藏高原交通闭塞，物流不畅，直至1949年，整个西藏仅有少量便道可以行驶汽车，水上交通工具只有溜索桥、牛皮船和独木舟。自1951年西藏和平解放后，我国为发展西藏制定了许多政策，其中青藏铁路就是贯通昆仑山脉的一条"大动脉"。青藏铁路起于青海省西宁市，途经格尔木市、昆仑山口、沱沱河沿，翻越唐古拉山口，进入西藏自治区安多、那曲、当雄、羊八井，终到西藏自治区拉萨市，全长1956km，是世界上海拔最高、在冻土上路程最长的高原铁路，2013年9月入选"全球百年工程"，是世界铁路建设史上的一座丰碑。

在青藏高原多年冻土地区建设铁路面临着很多困难，随着全球气温升高，高原冻土呈现退缩趋势，需要根据不同地温分区和土质及气候条件综合考虑。复杂多变的地质环境、欧亚地震带、险峻的地形条件，给铁路建设提出了很多具有挑战性的力学难题。例如：多年冻土区桥梁抗震的力学问题；多年冻土区抗拔桩的力学特性；钻孔灌注桩的力学问题；由冻土冻胀融沉带来的挡墙受力问题等。

除了铁路基础的受力问题，铁路钢轨在低温环境下的力学性能也与常温不同。青藏高原冬季最低气温可达-40℃，而钢材从常温20℃起，随着温度的降低，其抗拉强度、屈服强度和弹性模量会上升，同时塑性、伸长率和断面收缩率等指标会下降。在温度降低至一定程度时，钢材的塑性将急剧下降，由塑性材料转变为脆性材料，其破坏形式也会发生极大变化。根据实验，U75V材料的钢轨在-20~20℃时力学性能能够满足要求；-40~-20℃范围，钢材开始呈现脆性，对材料缺陷变得极为敏感；-40℃以下时表现出明显脆性，断裂口几乎看不到塑性变形。因此，对低温条件下钢轨材料的强度校核是青藏铁路建设中的一项十分重要的工作。

青藏铁路一期工程自1958年开工建设，1984年建成；二期工程自2001年6月开工，2006年7月通车。历经几代人的攻关和奋斗，曾经摆在我们面前的难题都被一一攻克，我国终于建成了蜿蜒于昆仑山脉的"天路"！

继青藏铁路之后，川藏铁路也在2014年开工建设，其中成雅段已于2018年12月开通，拉林段已于2021年6月开通。川藏铁路的工程难度丝毫不弱于青藏铁路，但我国工程技术水平却已今非昔比，"基建狂魔"的称号名副其实。放眼未来，中华民族还会继续发扬"逢山开路、遇水搭桥"的奋斗精神，建设更多的"超级工程"，最终实现伟大复兴的梦想！

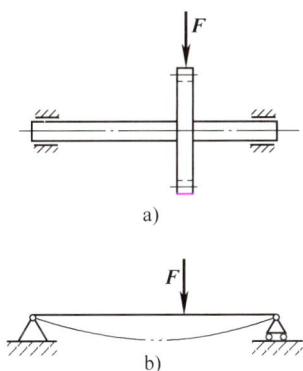

第8章

直梁的弯曲

工程中，对于塑性材料制作的梁，其截面均采用工字形、矩形等形状；而对于脆性材料制作的梁，其截面均采用 T 字形等形状。这是为什么呢？要回答这类问题就要学习直梁弯曲变形的知识。

本章将重点介绍梁的内力、内力图、弯曲正应力、弯曲切应力以及梁的强度和刚度计算等内容。

8.1 平面弯曲的概念、梁的计算简图

8.1.1 平面弯曲的概念

工程中常遇到这样一类构件，它们所承受的外力是作用线垂直于轴线的平衡力系（包括力和力偶），在这些外力作用下，构件的轴线由直线变为曲线，这种变形称为弯曲变形。例如，图 8-1a 所示齿轮轴和图 8-2a 所示火车车轮轴，在力 F 的作用下产生弯曲变形，如图 8-1b、图 8-2b 所示。以弯曲变形为主要变形形式的构件称为梁。

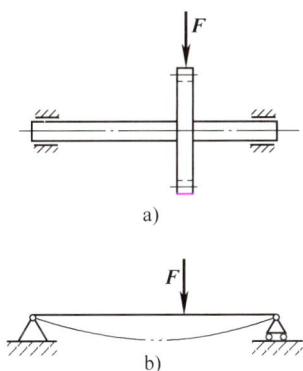

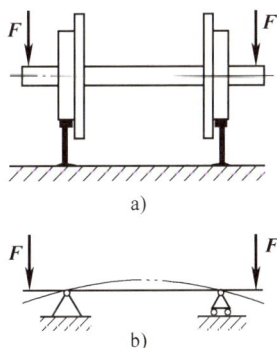

图 8-1   图 8-2

若梁上的外力或外力偶与梁的轴线及变形后的曲线都在同一个平面内，则称这种弯曲为平面弯曲。平面弯曲是弯曲变形中最基本、最常见的情况，本书中只讨论梁的平面弯曲问题。

8.1.2 梁的类型

力学中将梁分为两大类，即静定梁和超静定梁。如果梁的全部支座反力均可由静力平衡方程求出，则称这种梁为静定梁，否则称为超静定梁。本书中所涉及的梁均为静定梁。静定梁有三种基本形式：

（1）简支梁 梁的两端支座中，一端能简化为固定铰链支座，另一端能简化为活动铰链支座，这样的梁称为简支梁，例如图 8-1a 所示的齿轮轴，其计算简图如图 8-1b 所示。

（2）外伸梁 梁的支座与简支梁相同，只是梁的一端或两端伸出支座之外，这样的梁称为外伸梁，例如图 8-2a 所示的火车车轮轴，其计算简图如图 8-2b 所示。

（3）悬臂梁 梁的一端为自由端，另一端能简化为固定端约束，这样的梁称为悬臂梁，例如图 8-3a 所示的镗刀杆，其计算简图如图 8-3b 所示。

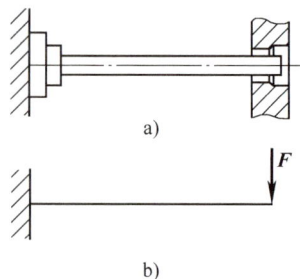

图 8-3

8.1.3 梁上的载荷类型

作用在梁上的载荷一般可以简化为三种类型，如图 8-4 所示。

（1）集中力 当载荷的作用范围很小时，可将其简化为集中力。例如图 8-4 所示的力 F，其单位为 N 或 kN。

（2）集中力偶 当力偶作用的范围远远小于梁的长度时，可将其简化为作用于某一截面，称为集中力偶。如图 8-4 所示的力偶 M_0，其单位为 N·m 或 kN·m。

（3）分布载荷 连续分布在梁的全长或部分长度上的载荷，称为分布载荷。其中，载荷大小均匀分布的称为均布载荷。均布载荷的大小用载荷集度 q 度量，q 的单位是 N/m 或 kN/m。

图 8-4

在图 8-4 中，集中力和均布载荷的作用线均垂直于梁的轴线，故将其统称为横向力或横向载荷。

梁上的载荷通常是已知的，而支座反力则需要通过计算求出。当梁在横向力（包括力偶）作用下产生平面弯曲时，梁上的载荷与支座反力组成了平面平行力系，支座反力可用平面平行力系的平衡方程求解。

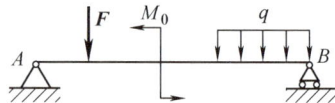

8.2 梁的内力——剪力和弯矩

8.2.1 剪力和弯矩的概念

知道了梁所受到的全部外力(包括外载荷和支座反力)以后，便可以进一步用截面法求梁横截面上的内力。

如图 8-5a 所示的简支梁，已知 $F_1=1\text{kN}$，$F_2=2\text{kN}$，$l=5\text{m}$，$a=1.5\text{m}$，$b=3\text{m}$。用平面平行力系的平衡方程求得两端支座的约束反力 $F_{NA}=1.5\text{kN}$，$F_{NB}=1.5\text{kN}$。现欲求距 A 端 $x=2\text{m}$

处的横截面 $m\text{-}m$ 上的内力。用截面法假想将梁沿截面 $m\text{-}m$ 截开，分为左右两部分，因为梁原来处于平衡状态，所以截开以后任意一部分也必然处于平衡状态。现取左部分为研究对象，画受力图，如图 8-5b 所示。显然左部分梁在 F_1 和 F_{NA} 的作用下不能保持平衡。为了保持左部分梁的平衡，截面 $m\text{-}m$ 上必然存在两个内力分量：

（1）力 F_Q 作用在截面内部与截面相切，其作用线平行于外力，称为剪力。

（2）力偶矩 M 其作用面垂直于横截面，称为弯矩。

8.2.2 剪力和弯矩的求法

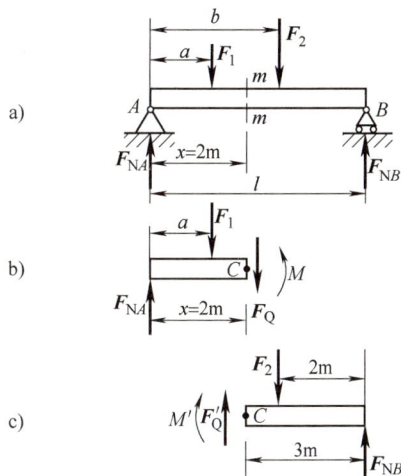

图 8-5

剪力 F_Q 和弯矩 M 的大小和方向可根据平面平行力系的平衡方程确定。

由 $\sum F_y = 0$ $F_{NA} - F_1 - F_Q = 0$

得 $F_Q = F_{NA} - F_1 = 1.5\text{kN} - 1\text{kN} = 0.5\text{kN}$

由 $\sum M_C(F) = 0$ $-F_{NA}x + F_1(x-a) + M = 0$

得 $M = F_{NA}x - F_1(x-a) = 1.5 \times 2\text{kN} \cdot \text{m} - 1 \times (2-1.5)\text{kN} \cdot \text{m} = 2.5\text{kN} \cdot \text{m}$

如果取右部分梁为研究对象，如图 8-5c 所示，则 $m\text{-}m$ 截面上的剪力和弯矩以 F_Q' 和 M' 表示，可以求得 $F_Q' = F_Q = 0.5\text{kN}$，$M' = M = 2.5\text{kN} \cdot \text{m}$，即它们大小相等，方向相反，因为它们是作用与反作用的关系。

由上面的例子可以总结出计算梁的内力——剪力 F_Q 和弯矩 M 的具体方法：

梁内任意一截面上的剪力等于截面任意一侧（左或右）梁上所有外力的代数和，外力的正负号规定为：截面左侧向上的外力或右侧向下的外力为正，反之为负，即"左上右下，外力为正"；梁内任意一截面上的弯矩等于截面任意一侧（左或右）梁上所有外力对截面形心力矩的代数和，力矩的正负号规定为：截面左侧外力对截面形心的力矩为顺时针转向或截面右侧外力对截面形心的力矩为逆时针转向时为正，反之为负，即"左顺右逆，力矩为正"。

按照上述方法，无论选左部分还是选右部分为研究对象，计算出同一截面上的剪力和弯矩，不仅大小相等而且具有相同的正负号。在上面的例子中可以得到，$m\text{-}m$ 截面上的剪力和弯矩均为正值，其值分别为

$$F_Q = 0.5\text{kN}$$
$$M = 2.5\text{kN} \cdot \text{m}$$

根据上述计算方法得出的剪力 F_Q 和弯矩 M 的正负号，只与该截面的变形情况有关。对于剪力，以该截面（如 $m\text{-}m$ 截面）为界，如左段相对于右段向上滑移，则剪力为正，如图 8-6a 所示；反之为负，如图 8-6b 所示。

对于弯矩，若梁在该截面（如 $n\text{-}n$ 截面）处弯成上凹下凸的形式，如图 8-7a 所示，则弯矩为正；反之为负，如图 8-7b 所示。

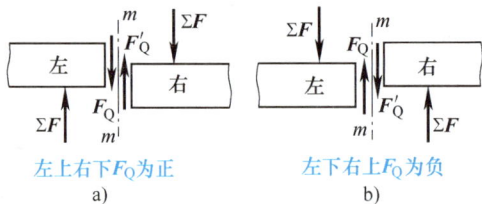

左上右下 F_Q 为正
a)

左下右上 F_Q 为负
b)

图 8-6

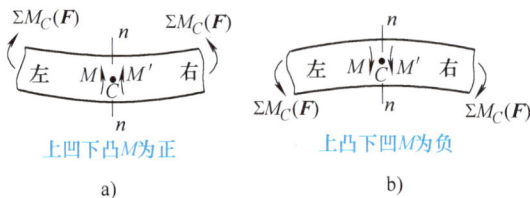

上凹下凸 M 为正
a)

上凸下凹 M 为负
b)

图 8-7

例 8-1 悬臂梁 AB 受力如图 8-8a 所示，已知 $F=1\text{kN}$，$a=1\text{m}$。求梁 AB 中间截面上的剪力和弯矩。

解 设梁的中间截面为 1-1 截面，用截面法假想沿 1-1 截面截开，将梁分为左右两部分，若取左部分为研究对象则应首先求出固定端处的约束反力；而取右部分为研究对象则可直接求出剪力和弯矩。

现取右部分梁为研究对象，画受力图，如图 8-8b 所示。则 1-1 截面上的剪力和弯矩分别为

$$F_Q = -2F = -2\text{kN}$$

$$M = 2F\frac{a}{2} = Fa = 1\text{kN}\cdot\text{m}$$

例 8-2 如图 8-9a 所示，简支梁 AB 上作用有集中力 $F=1\text{kN}$，集中力偶 $M_0=1\text{kN}\cdot\text{m}$，均布载荷 $q=4\text{kN/m}$。求 1-1 和 2-2 截面上的剪力和弯矩。

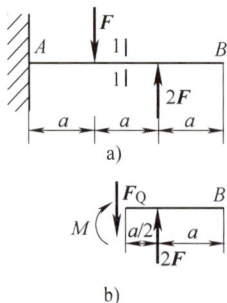

a)

b)

微课 8-1　例题 8-2

图 8-8

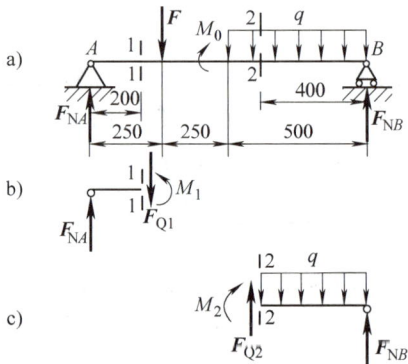

a)

b)

c)

图 8-9

解　1) 求两支座的约束反力。

选简支梁 AB 为研究对象，列平面平行力系的平衡方程：

$$\sum M_B(F) = 0 \qquad -F_{NA}\times 1m + F\times 0.75m - M_0 + q\times 0.5m\times 0.25m = 0$$

得

$$F_{NA} = 0.25kN$$

$$\sum F_y = 0 \qquad F_{NA} - F - q\times 0.5m + F_{NB} = 0$$

得

$$F_{NB} = 2.75kN$$

2) 求 1-1 和 2-2 截面上的剪力和弯矩。

用截面法假想沿 1-1 截面截开，将梁分为左右两部分，显然左部分的受力比较简单，故选左部分梁为研究对象，画受力图，如图 8-9b 所示。则 1-1 截面上的剪力和弯矩分别为

$$F_{Q1} = F_{NA} = 0.25kN$$

$$M_1 = F_{NA}\times 0.2m = 0.25kN\times 0.2m = 0.05kN\cdot m$$

同理，用截面法假想沿 2-2 截面截开，将梁分为左右两部分，此时右部分的受力比较简单，故选右部分梁为研究对象，画受力图，如图 8-9c 所示。则 2-2 截面上的剪力和弯矩分别为

$$F_{Q2} = q\times 0.4m - F_{NB} = 4kN/m\times 0.4m - 2.75kN = -1.15kN$$

$$M_2 = F_{NB}\times 0.4m - q\times 0.4m\times 0.2m = 2.75kN\times 0.4m - 4kN/m\times 0.4m\times 0.2m = 0.78kN\cdot m$$

8.3 剪力图和弯矩图

一般情况下，在梁的不同截面上，剪力 F_Q 和弯矩 M 的数值并不相同，它们随截面位置的变化而变化。如果用梁的轴线作为 x 轴，坐标 x 表示横截面的位置，则剪力 F_Q 和弯矩 M 可表示为 x 的函数

$$F_Q = F_Q(x) \qquad M = M(x)$$

上面两式表示剪力 F_Q 和弯矩 M 随截面位置变化而变化的规律，分别称为剪力方程和弯矩方程。

为了清楚地看出梁的各个截面上剪力 F_Q 和弯矩 M 的大小、正负以及最大值所在截面的位置，把剪力方程和弯矩方程用函数图像表示出来，分别称为剪力图和弯矩图。

绘制剪力图和弯矩图的基本方法是首先求出梁的支座反力，然后以力和力偶的作用点为分界点，将梁分成几段，分别列出各段的剪力方程和弯矩方程。用横坐标 x 表示横截面的位置，纵坐标表示相应各个横截面上的剪力和弯矩，按方程绘图。下面分几种情况具体举例说明。

8.3.1 梁上有集中力作用时的剪力图和弯矩图

例 8-3　简支梁 AB 如图 8-10a 所示，在 C 点作用一集中力 F。绘制梁的剪力图和弯矩图。

解　1) 求支座反力 F_{NA} 和 F_{NB}。

选整个梁为研究对象，列平面平行力系的平衡方程

$$\sum M_B(F) = 0 \qquad -F_{NA}l + Fb = 0$$

得
$$F_{NA} = \frac{Fb}{l}$$

$$\sum F_y = 0 \qquad F_{NA} - F + F_{NB} = 0$$

得
$$F_{NB} = \frac{Fa}{l}$$

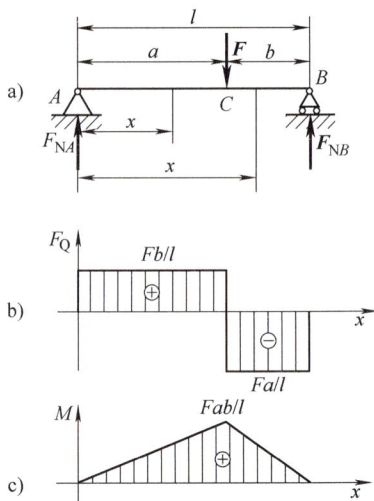

图 8-10

2) 列剪力方程和弯矩方程。

因为梁在 A、C、B 三点受到集中力作用，故以此三点为分界点将梁分为两段，即 AC 段和 CB 段，分别列出剪力方程和弯矩方程。

AC 段：在 AC 段任取一横截面，设其到 A 端的距离为 x，用截面法假想沿此截面截开，选左部分梁为研究对象，则剪力方程和弯矩方程分别为

$$F_Q = F_{NA} = \frac{Fb}{l} \qquad (0<x<a) \qquad (a)$$

$$M = F_{NA}x = \frac{Fb}{l}x \qquad (0 \leqslant x \leqslant a) \qquad (b)$$

CB 段：在 CB 段任取一横截面，设其到 A 端的距离为 x，仍然用截面法假想沿此截面截开，选右部分梁为研究对象，则剪力方程和弯矩方程分别为

$$F_Q = -F_{NB} = -\frac{Fa}{l} \qquad (a<x<l) \qquad (c)$$

$$M = F_{NB}(l-x) = \frac{Fa}{l}(l-x) \qquad (a \leqslant x \leqslant l) \qquad (d)$$

3) 绘制剪力图和弯矩图。

由（a）式和（c）式可知，AC 段和 BC 段的剪力均为常数，所以剪力图是两段平行于 x 轴的直线，AC 段的剪力为正，故剪力图在 x 轴的上方，其纵坐标为 $\frac{Fb}{l}$，CB 段的剪力为负，故剪力图在 x 轴的下方，其纵坐标为 $-\frac{Fa}{l}$，如图 8-10b 所示。

由（b）式和（d）式可知，AC 段和 BC 段的弯矩均为 x 的一次方程，所以弯矩图是两段斜直线，斜直线的端点可由（b）式和（d）式确定为

AC 段 $\qquad\qquad\qquad x=0 \quad M=0; \quad x=a \quad M=\frac{Fab}{l}$

CB 段 $\qquad\qquad\qquad x=a \quad M=\frac{Fab}{l}; \quad x=l \quad M=0$

按比例描出上述各点后，以直线相连，便得弯矩图，如图 8-10c 所示。

4) 结果分析。

由剪力图可以看出，在集中力 $\boldsymbol{F}$ 的作用点 C 处，剪力图发生突变，从 $\frac{Fb}{l}$ 变为 $-\frac{Fa}{l}$，突变幅度为 F 的大小，突变方向与集中力 $\boldsymbol{F}$ 的方向相同，即向下突变。同时还可以看出在集中力 $\boldsymbol{F}_{NA}$ 和 $\boldsymbol{F}_{NB}$ 的作用点 A、B 两处，剪力图也发生突变，突变幅度分别为 $\boldsymbol{F}_{NA}$ 和 $\boldsymbol{F}_{NB}$ 的大小，

突变方向与集中力 F_{NA} 和 F_{NB} 的方向相同，即向上突变。

由弯矩图可以看出，AC 段斜直线的斜率即为 AC 段剪力图中剪力的数值，因为斜率为正所以斜直线向上倾斜；CB 段斜直线的斜率即为 CB 段剪力图中剪力的数值，因为斜率为负所以斜直线向下倾斜。在集中力 F 的作用点 C 处，具有最大弯矩值，$M_{max}=\dfrac{Fab}{l}$。

由以上分析得到梁上有集中力作用时，剪力图和弯矩图的绘图规律：

① 从左向右画，以集中力的作用点为剪力图的突变点，集中力向上，剪力图向上突变；集中力向下，剪力图向下突变；突变幅度等于集中力的大小，两相邻集中力之间的剪力图为一平行于 x 轴的直线。

② 剪力图为平行于 x 轴的直线时，其对应区间的弯矩图为斜直线，斜直线的斜率等于对应的剪力图的剪力值。剪力图为 x 轴的上平行线时斜率为正，弯矩图向上倾斜，剪力图为 x 轴的下平行线时斜率为负，弯矩图向下倾斜。

8.3.2　梁上有集中力偶作用时的剪力图和弯矩图

例 8-4　简支梁 AB 如图 8-11a 所示，在 C 点作用一集中力偶 M_0。绘制梁的剪力图和弯矩图。

解　1）求支座反力 F_{NA} 和 F_{NB}。

选整个梁为研究对象，分析可知 F_{NA} 与 F_{NB} 大小相等，方向相反组成一对力偶，列平面力偶系的平衡方程

$$\sum M=0 \qquad F_{NA}l-M_0=0$$

得

$$F_{NA}=F_{NB}=\frac{M_0}{l}$$

2）列剪力方程和弯矩方程。

因为梁在 A、B、C 三点分别受到集中力和集中力偶作用，故以此三点为分界点将梁分为两段，即 AC 段和 CB 段，分别列出剪力方程和弯矩方程。

AC 段：在 AC 段任取一横截面，设其到 A 端的距离为 x，用截面法假想沿此截面截开，选左部梁为研究对象，其剪力方程和弯矩方程分别为

$$F_Q=-F_{NA}=-\frac{M_0}{l} \qquad (0<x\leqslant a) \qquad (a)$$

$$M=-F_{NA}x=-\frac{M_0}{l}x \qquad (0\leqslant x<a) \qquad (b)$$

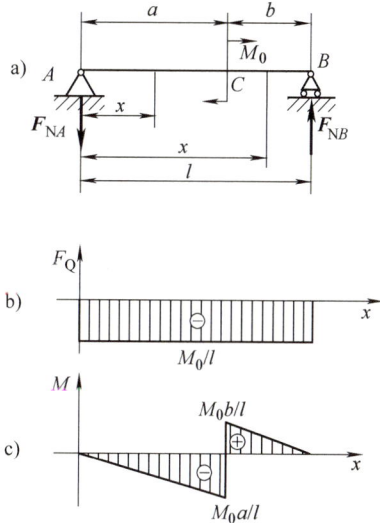

图　8-11

CB 段：在 CB 段任取一横截面，设其到 A 端的距离为 x，仍然用截面法假想沿此截面截开，选右部分梁为研究对象，其剪力方程和弯矩方程分别为

$$F_Q = -F_{NB} = -\frac{M_0}{l} \qquad (a \leqslant x < l) \qquad\qquad (c)$$

$$M = F_{NB}(l-x) = \frac{M_0}{l}(l-x) \qquad (a < x \leqslant l) \qquad\qquad (d)$$

3）绘制剪力图和弯矩图。

由（a）式和（c）式可知，AC 段和 BC 段的剪力相等为一常数，所以剪力图是一段平行于 x 轴的直线，剪力为负，故剪力图在 x 轴的下方，其纵坐标为 $-\dfrac{M_0}{l}$，如图 8-11b 所示。

由（b）式和（d）式可知，AC 段和 BC 段的弯矩均为 x 的一次方程，所以弯矩图是两段斜直线，斜直线的端点可由（b）式和（d）式确定为

AC 段　　　　　　　　$x=0$　$M=0$；$x=a$　$M=-\dfrac{M_0 a}{l}$

CB 段　　　　　　　　$x=a$　$M=\dfrac{M_0 b}{l}$；$x=l$　$M=0$

按比例描出上述各点后，以直线相连，便得弯矩图，如图 8-11c 所示。

4）结果分析。

由剪力图和弯矩图可以看出，在集中力偶 M_0 的作用点 C 处，剪力图没有发生突变，弯矩图有突变，从 $-\dfrac{M_0 a}{l}$ 变为 $\dfrac{M_0 b}{l}$，突变幅度为 M_0 的大小，突变方向为向上突变，这是因为 M_0 是顺时针转向。同时还可以看出，弯矩图中两段斜直线相互平行，都是向下倾斜，这是因为此两段斜直线所对应的剪力值相等，从而两段斜直线的斜率相等，均为 $-\dfrac{M_0}{l}$。

由以上分析得到梁上有集中力偶作用时，剪力图和弯矩图的绘图规律：

从左向右画，集中力偶作用处，剪力图不变，弯矩图有突变，若力偶为顺时针转向，则弯矩图向上突变；反之，若力偶为逆时针转向，则弯矩图向下突变，即"顺上逆下"，突变幅度等于集中力偶矩的大小。

8.3.3　梁上有均布载荷作用时的剪力图和弯矩图

例 8-5　如图 8-12a 所示，简支梁 AB 受到载荷集度为 q 的均布载荷作用。绘制梁的剪力图和弯矩图。

解　1）求支座反力 $\boldsymbol{F}_{NA}$ 和 $\boldsymbol{F}_{NB}$。

选整个梁为研究对象，列平面平行力系的平衡方程

$$\sum M_B(\boldsymbol{F})=0 \qquad -F_{NA}l+ql\frac{l}{2}=0$$

得

$$F_{NA}=\frac{ql}{2}$$

$$\sum F_y=0 \qquad F_{NA}-ql+F_{NB}=0$$

得
$$F_{NB}=\frac{ql}{2}$$

2）列剪力方程和弯矩方程。

在梁 AB 上任取一横截面，设其到 A 端的距离为 x，用截面法假想沿此截面截开，选左部分梁为研究对象，其剪力方程和弯矩方程分别为

$$F_Q=F_{NA}-qx=\frac{ql}{2}-qx \qquad (0<x<l) \qquad (a)$$

$$M=F_{NA}x-qx\,\frac{x}{2}=\frac{ql}{2}x-\frac{qx^2}{2} \qquad (0\leqslant x\leqslant l) \qquad (b)$$

3）绘制剪力图和弯矩图。

由（a）式可知，剪力图是一段斜直线，斜直线的两端点为

$$x=0 \quad F_Q=\frac{ql}{2} \qquad\qquad x=l \quad F_Q=-\frac{ql}{2}$$

描出上述两点后，以直线相连，便得剪力图，如图 8-12b 所示。

由（b）式可知，弯矩图为一段抛物线，其上三点坐标为

$$x=0 \qquad M=0$$
$$x=\frac{l}{2} \qquad M=\frac{ql^2}{8}$$
$$x=l \qquad M=0$$

根据此三点坐标值，按比例描点、连线，得弯矩图，如图 8-12c 所示。

4）结果分析。

由剪力图和弯矩图可以看出，梁上有均布载荷作用处，剪力图为斜直线，斜直线的斜率即为均布载荷的载荷集度 q；弯矩图为一段抛物线，且在剪力为零的点具有最大弯矩值。

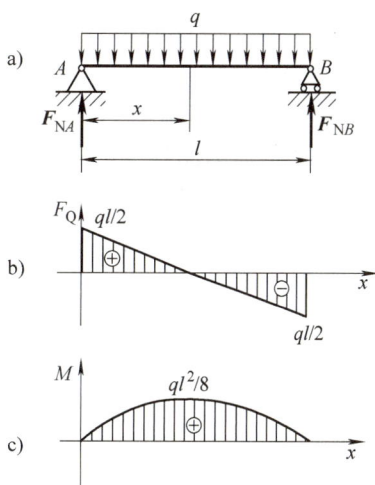

图　8-12

由此得到梁上有均布载荷作用时剪力图和弯矩图的绘图规律：

① 从左向右画，均布载荷作用处剪力图为斜直线。均布载荷向下时，直线向下倾斜，斜直线的斜率等于均布载荷的载荷集度。

② 剪力图为斜直线时，对应区间的弯矩图为抛物线。剪力图下斜，弯矩图上凸下凹；反之，剪力图上斜，弯矩图上凹下凸。

③ 剪力图 $F_Q=0$ 的点，具有最大弯矩值。抛物线起始点至最大值点之间的弯矩变化值，等于对应区间的剪力图图形的面积。

8.4　剪力图和弯矩图的规律绘图法

上一节总结了梁上有集中力、集中力偶和均布载荷作用时剪力图和弯矩图的绘图规律。综合运用这三个规律，可以不用列出剪力方程和弯矩方程，直接绘制出梁上既有集中力、集

中力偶又有均布载荷作用时的剪力图和弯矩图，并且还可以根据绘图规律检查所绘图形的正确与否，下面具体举例加以说明。

例 8-6　一简支梁 AB 受力如图 8-13a 所示，其中 $F_1 = 4\text{kN}$，$F_2 = 2\text{kN}$，其他尺寸如图所示。绘制梁的剪力图和弯矩图。

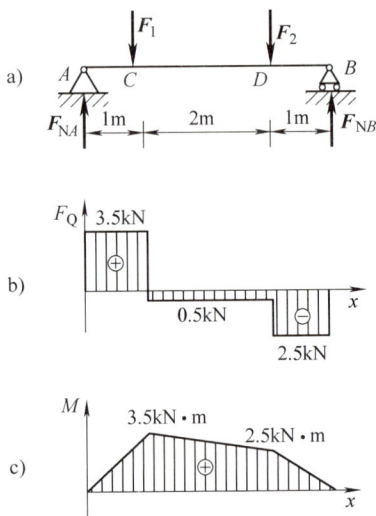

图　8-13

微课8-2　例题8-6

解　1）求支座反力 F_{NA} 和 F_{NB}。

选整个梁为研究对象，由平衡方程求得 $F_{NA} = 3.5\text{kN}$，$F_{NB} = 2.5\text{kN}$。

2）绘制剪力图。

根据梁上有集中力作用时剪力图的绘图规律，A 点作用一向上的集中力 F_{NA}，故剪力图从零值向上突变 $F_{NA} = 3.5\text{kN}$；A、C 两点之间没有集中力作用，所以其剪力图为平行于 x 轴的直线；C 点作用一向下的集中力 F_1，故剪力图从 3.5kN 向下突变 $F_1 = 4\text{kN}$，变为 −0.5kN；C、D 两点之间没有集中力作用，所以其剪力图又为平行于 x 轴的直线；D 点作用一向下的集中力 F_2，故剪力图从 −0.5kN 向下突变 $F_2 = 2\text{kN}$，变为 −2.5kN；D、B 两点之间没有集中力作用，所以其剪力图仍为平行于 x 轴的直线；B 点作用一向上的集中力 F_{NB}，故剪力图从 −2.5kN 向上突变 $F_{NB} = 2.5\text{kN}$ 回到零值，如图 8-13b 所示。

3）绘制弯矩图。

根据梁上有集中力作用时弯矩图的绘图规律，AC 段的弯矩图为从零值开始向上倾斜的一段斜直线，斜直线的斜率等于 AC 段的剪力值 3.5kN，因为 AC 段长 1m，故 C 点的弯矩值为 $3.5 \times 1\text{kN} \cdot \text{m} = 3.5\text{kN} \cdot \text{m}$；$CD$ 段的剪力值为 −0.5kN，所以 CD 段的弯矩图为从 3.5kN·m 开始向下倾斜的一段斜直线，D 点的弯矩值为 $3.5\text{kN} \cdot \text{m} - 0.5 \times 2\text{kN} \cdot \text{m} = 2.5\text{kN} \cdot \text{m}$；$DB$ 段的剪力值为 −2.5kN，所以 DB 段的弯矩图为从 2.5kN·m 开始向下倾斜的一段斜直线，B 点的弯矩值为 $2.5\text{kN} \cdot \text{m} - 2.5 \times 1\text{kN} \cdot \text{m} = 0$，如图 8-13c 所示。

注意：正确的剪力图和弯矩图一定是从零值出发又回到零值。

例 8-7　一外伸梁 AB 受力如图 8-14a 所示，已知 $F = 8\text{kN}$，$M_0 = 4\text{kN} \cdot \text{m}$，其他尺寸如图

所示。绘制梁的剪力图和弯矩图。

解　1）求支座反力 F_{NA} 和 F_{NB}。

选整个梁为研究对象，由平衡方程求得 $F_{NA}=$ 5kN，$F_{NB}=13$kN。

2）绘制剪力图。

根据梁上有集中力和集中力偶作用时剪力图的绘图规律，A 点作用一向下的集中力 F_{NA}，故剪力图从零值向下突变 5kN，变为 -5kN；A、C 两点之间的剪力图为平行于 x 轴的直线；C 点作用一集中力偶 M_0，剪力图不发生变化仍为平行于 x 轴的直线；B 点作用一向上的集中力 F_{NB}，故剪力图从 -5kN 向上突变 $F_{NB}=13$kN，变为 8kN；B、D 两点之间的剪力图仍为平行于 x 轴的直线；D 点作用一向下的集中力 F，故剪力图从 8kN 向下突变 $F=8$kN 回到零值，如图 8-14b 所示。

3）绘制弯矩图。

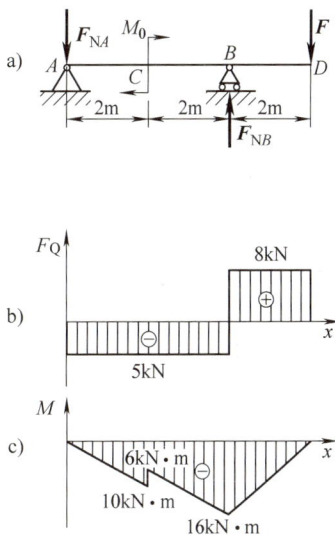

图　8-14

根据梁上有集中力和集中力偶作用时弯矩图的绘图规律，AC 段的弯矩图为从零值开始向下倾斜的一段斜直线，C 点的弯矩值为 -5×2kN·m $=-10$kN·m；C 点作用一集中力偶 M_0，故弯矩图有突变，因为 M_0 为顺时针转向，所以弯矩图应向上突变，从 -10kN·m 向上突变 4kN·m，变为 -6kN·m；CB 段的弯矩图为从 -6kN·m 开始向下倾斜的一段斜直线，B 点的弯矩值为 -6kN·m -5×2kN·m $=-16$kN·m；BD 段的弯矩图为从 -16kN·m 开始向上倾斜的一段斜直线，D 点的弯矩值为 -16kN·m $+8\times 2$kN·m $=0$，如图 8-14c 所示。

需要说明的是，*AC* 和 *CB* 两段的弯矩图是两条平行线，因为它们的斜率相等，均为 -5kN/m。

例 8-8　一悬臂梁受力如图 8-15a 所示，已知 $F=$ 6kN，$q=2$kN/m，其他尺寸如图所示。绘制梁的剪力图和弯矩图。

解　1）求固定端的约束反力 F_{RA} 和 M_A。

选整个梁为研究对象，由平衡方程求得 $F_{RA}=$ 10kN，$M_A=18$kN·m。

2）绘制剪力图。

将前面三个绘图规律综合运用，A 点作用有向上的集中力 F_{RA} 和逆时针转向的集中力偶 M_A 作用，集中力偶不影响剪力图，故剪力图只在集中力 F_{RA} 的作用下从零值向上突变 10kN；A、B 两点之间的剪力图为平行于 x 轴的直线；B 点作用一向下的集中力 F，剪力图从 10kN 向下突变 $F=6$kN，变为 4kN；B、C 两点之间的剪力图仍为平行于 x 轴的直线；CD 段作用有向下的

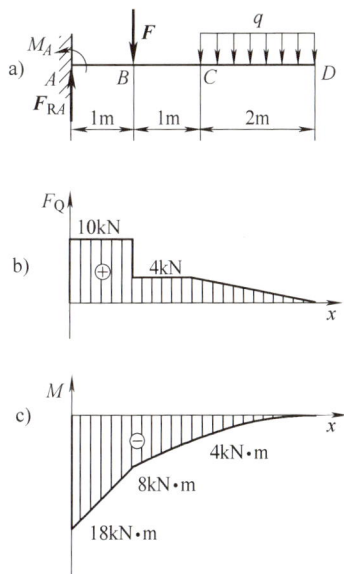

图　8-15

均布载荷 $q = 2$kN/m，所以剪力图为从 4kN 开始向下倾斜的斜直线，斜直线的斜率为 -2kN/m，故 D 点的剪力值为 4kN$-2×2$kN$=0$，如图 8-15b 所示。

3）绘制弯矩图。

A 点作用一逆时针转向的集中力偶 $M_A = 18$kN·m，所以 A 点的弯矩图从零值向下突变 18kN·m，变为-18kN·m；AB 段的弯矩图为从-18kN·m 开始向上倾斜的一段斜直线，B 点的弯矩值为-18kN·m$+10×1$kN·m$=-8$kN·m；BC 段的弯矩图为从-8kN·m 开始向上倾斜的一段斜直线，C 点的弯矩值为-8kN·m$+4×1$kN·m$=-4$kN·m；CD 段作用有均布载荷，剪力图为向下倾斜的斜直线，故弯矩图为从-4kN·m 开始上凸下凹的一段抛物线，D 点剪力为零，所以 D 点具有最大弯矩，其值为 C 点的弯矩值加上 CD 段所对应的剪力图图形的面积，即 -4kN·m$+4×2×\dfrac{1}{2}$kN·m$=0$，如图 8-15c 所示。

必须注意，尽管 AB 段和 BC 段的弯矩图都是向右上倾斜的斜直线，但它们并不平行，因为它们的斜率不等。

通过以上各例可以看出，运用绘图规律绘制剪力图和弯矩图简单、方便。利用剪力图和弯矩图，可以不用截面法直接计算梁上任意横截面上的剪力和弯矩。

例 8-9　一外伸梁 AB 受力如图 8-16a 所示，已知 $F = 6$kN，均布载荷的载荷集度 $q = 2$kN/m，其他尺寸如图。绘制梁的剪力图和弯矩图，并求距 A 端 1m 的 1-1 截面和距 D 端 1m 的 2-2 截面上的剪力、弯矩值。

解　1）求支座反力 F_{NA} 和 F_{NB}。

选整个梁为研究对象，由平衡方程求得 $F_{NA} = 2$kN，$F_{NB} = 8$kN。

2）绘制剪力图。

A 点的剪力图从零值向上突变 2kN；A、C 两点之间的剪力图为平行于 x 轴的直线；C 点的剪力图从 2kN 向下突变 6kN，变为-4kN；C、B 两点之间的剪力图为平行于 x 轴的直线；B 点的剪力图从-4kN 向上突变 8kN，变为 4kN；B、D 两点之间的剪力图为从 4kN 开始向下倾斜的斜直线，D 点的剪力值为 4kN$-2×2$kN$=0$，如图 8-16b 所示。

3）绘制弯矩图。

AC 段的弯矩图为从零值开始向上倾斜的一段斜直线，C 点的弯矩值为 $2×2$kN·m$=4$kN·m；CB 段的弯矩图为从 4kN·m 开始向下倾斜的一段斜直线，B 点的弯矩值为 4kN·m$-4×2$kN·m$=-4$kN·m；BD 段的弯矩图为从-4kN·m 开始上凸的一段抛物线，D 点的弯矩值为-4kN·m$+4×2×\dfrac{1}{2}$kN·m$=0$，如图 8-16c 所示。

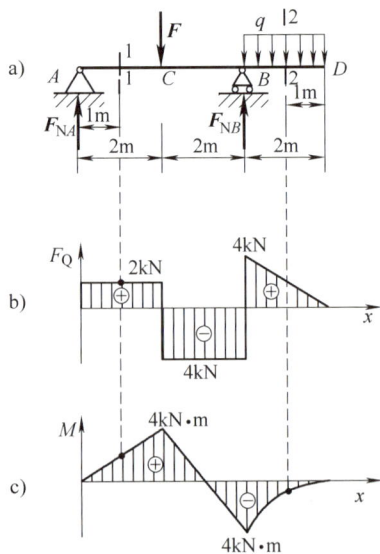

图　8-16

4）求 1-1 截面上的剪力和弯矩。

1-1 截面距 A 端 1m，由剪力图和弯矩图可以求出 1-1 截面上的剪力和弯矩分别为

$$F_{Q1} = 2\text{kN} \qquad M_1 = 2\text{kN}\cdot\text{m}$$

5）求 2-2 截面上的剪力和弯矩。

2-2 截面距 D 端 1m，由剪力图和弯矩图可以求出 2-2 截面上的剪力和弯矩分别为

$$F_{Q2} = 2\text{kN} \qquad M_2 = -4\text{kN}\cdot\text{m} + (4+2)\times 1\times\frac{1}{2}\text{kN}\cdot\text{m} = -1\text{kN}\cdot\text{m}$$

8.5　纯弯曲时梁横截面上的应力

8.5.1　惯性矩和抗弯截面系数

惯性矩和抗弯截面系数是与截面形状、尺寸和轴的位置有关的参数，表示截面的几何性质。

如图 8-17 所示，dA 为任意一横截面上的微小面积单元，z、y 分别为 dA 在两个坐标轴上的坐标，则截面对 z 轴和 y 轴的惯性矩 I_z、I_y 分别为

$$I_z = \int_A y^2 \mathrm{d}A \qquad\qquad I_y = \int_A z^2 \mathrm{d}A$$

抗弯截面系数 W_z、W_y 分别为

$$W_z = \frac{I_z}{y_{max}} \qquad\qquad W_y = \frac{I_y}{z_{max}}$$

1. 矩形截面

如图 8-18 所示，矩形截面高为 h、宽为 b，水平轴 z 和竖直轴 y 过其形心。取微小面积单元为一平行于 z 轴的狭长条，即 d$A = b\mathrm{d}y$，则截面对 z 轴的惯性矩为

$$I_z = \int_A y^2 \mathrm{d}A = \int_{-\frac{h}{2}}^{\frac{h}{2}} y^2 b\mathrm{d}y = \frac{bh^3}{12} \qquad (8\text{-}1)$$

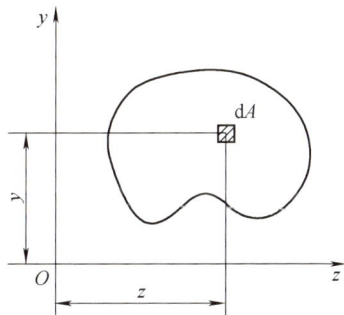

图 8-17

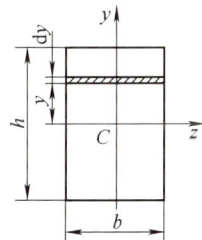

图 8-18

抗弯截面系数为

$$W_z = \frac{I_z}{y_{max}} = \frac{I_z}{\frac{h}{2}} = \frac{bh^2}{6} \tag{8-2}$$

同理可得，截面对 y 轴的惯性矩 I_y 和抗弯截面系数 W_y 分别为

$$I_y = \frac{hb^3}{12} \qquad W_y = \frac{hb^2}{6}$$

2. 圆形截面

如图 8-19 所示，圆形截面直径为 d，水平轴 z 和竖直轴 y 过其形心。在第 7 章中曾经得到圆形截面的极惯性矩为

$$I_p = \int_A \rho^2 dA = \frac{\pi d^4}{32}$$

因为 $\rho^2 = y^2 + z^2$，所以

$$I_p = \int_A \rho^2 dA = \int_A (y^2 + z^2) dA = \int_A y^2 dA + \int_A z^2 dA = I_z + I_y = \frac{\pi d^4}{32}$$

对于圆形截面 $I_z = I_y$，故其对 z 轴和 y 轴的惯性矩为

$$I_z = I_y = \frac{\pi d^4}{64} \tag{8-3}$$

抗弯截面系数为

$$W_z = W_y = \frac{\pi d^3}{32} \tag{8-4}$$

对于外径为 D、内径为 d 的空心圆截面，如图 8-20 所示，同理可得截面对水平轴 z、竖直轴 y 的惯性矩和抗弯截面系数分别为

$$I_z = I_y = \frac{\pi}{64}(D^4 - d^4) = \frac{\pi D^4}{64}(1 - \alpha^4) \tag{8-5}$$

$$W_z = W_y = \frac{\pi D^3}{32}(1 - \alpha^4) \tag{8-6}$$

式中　α——空心圆截面的内外径之比，$\alpha = d/D$。

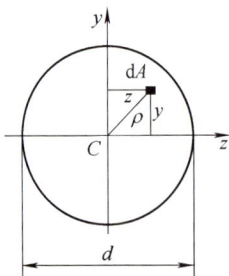
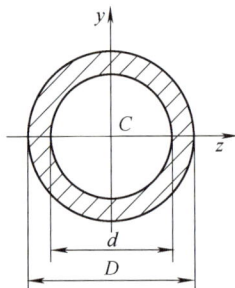

图　8-19 　　　　　　　　　　　　　图　8-20

惯性矩的单位为 mm^4，抗弯截面系数的单位为 mm^3。

梁的一些常见截面的轴惯性矩和抗弯截面系数的计算公式见表 8-1。各种型钢的惯性矩

和抗弯截面系数可查附录的型钢规格表。

表　8-1

截面形状	惯性矩	抗弯截面系数
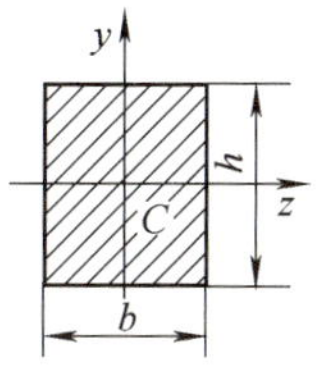	$I_z = \dfrac{bh^3}{12}$ $I_y = \dfrac{hb^3}{12}$	$W_z = \dfrac{bh^2}{6}$ $W_y = \dfrac{hb^2}{6}$
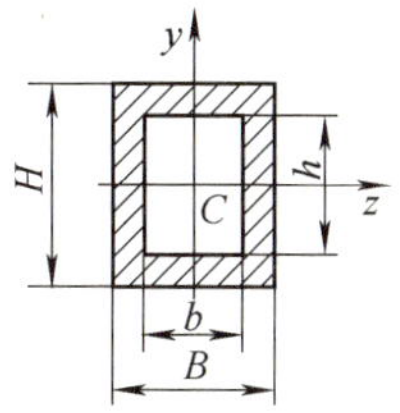	$I_z = \dfrac{BH^3 - bh^3}{12}$ $I_y = \dfrac{HB^3 - hb^3}{12}$	$W_z = \dfrac{BH^3 - bh^3}{6H}$ $W_y = \dfrac{HB^3 - hb^3}{6B}$
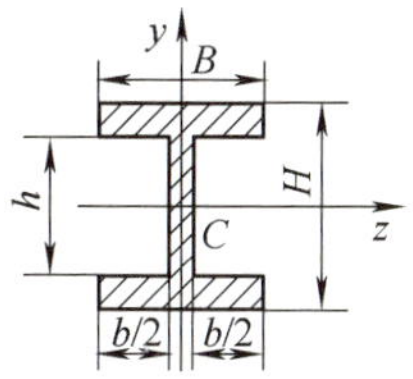	$I_z = \dfrac{BH^3 - bh^3}{12}$	$W_z = \dfrac{BH^3 - bh^3}{6H}$
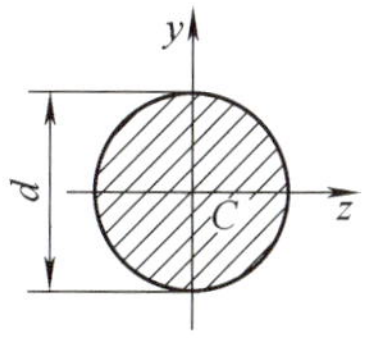	$I_z = I_y = \dfrac{\pi d^4}{64}$	$W_z = W_y = \dfrac{\pi d^3}{32}$
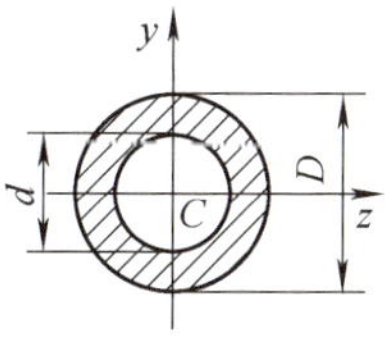	$I_z = I_y = \dfrac{\pi D^4}{64}(1 - \alpha^4)$	$W_z = W_y = \dfrac{\pi D^3}{32}(1 - \alpha^4)$

8.5.2　纯弯曲的概念

所谓纯弯曲是指梁在产生弯曲变形时，其横截面上只有弯矩而没有剪力。与纯弯曲变形相对应，如果梁的横截面上既有剪力又有弯矩，则称这种变形为横力弯曲。例如图 8-21a 所示的简支梁，其剪力图和弯矩图分别如图 8-21b、c 所示。图中可以看出，在 CD 段，梁的各横截面上的剪力都等于零，而弯矩并不为零，故 CD 段产生了纯弯曲变形。至于 AC 段和 DB 段，由于梁的各横截面上既有剪力又有弯矩，所以它们所产生的弯曲为横力弯曲。

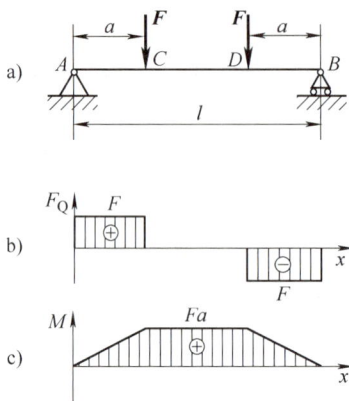

图 8-21

8.5.3 纯弯曲时梁横截面上的应力计算

1. 实验现象与推论

取一矩形等截面直梁，实验前，在梁的侧面画上纵向线 a-a、b-b，横向线 m-m、n-n，如图 8-22a 所示。然后在材料实验机上加载，使其产生纯弯曲变形，如图 8-22b 所示。这时可以观察到：纵向线 a-a、b-b 变为弧线，且 a-a 缩短，b-b 伸长；横向线 m-m、n-n 仍为直线，且仍与变形后的弧线 aa、bb 垂直，只是相对转过了一个角度；原来的矩形截面变成上宽下窄的扇形截面。

根据以上的实验现象，可以作出如下推断：

1）假设梁是由无数层纵向纤维组成的，产生弯曲变形之后，内凹一侧的纤维层发生不同程度的缩短，外凸一侧的纤维层发生不同程度的伸长，中间必有一层纤维既不伸长也不缩短，保持其原来长度，这一层纤维称为中性层，如图 8-22c 所示。中性层与横截面的交线称为中性轴，梁弯曲时各横截面均绕中性轴旋转。理论上可以证明，中性轴必然通过横截面的形心。

2）由于横截面与纵向线始终保持垂直，说明横截面间无相对错动，即无剪切变形，因此横截面上无切应力。

3）由于横截面间相对转过了一个角度，使纵向纤维产生了伸长与缩短，所以在横截面上存在正应力。

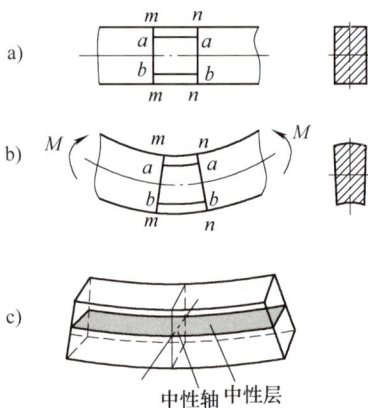

图 8-22

2. 弯曲正应力的计算公式

理论推导可得梁产生纯弯曲变形时，其横截面上任意一点弯曲正应力的计算公式为

$$\sigma = \frac{|M|}{I_z} y \tag{8-7}$$

式中　M——该横截面上的弯矩，单位为 N·mm；

　　　y——该点到中性轴的距离，单位为 mm；

　　　I_z——该横截面对中性轴 z 的惯性矩，单位为 mm⁴。

所求得的正应力 σ 是拉应力还是压应力由梁的变形形式直观判定。当截面上的弯矩为正值时，梁的变形形式为上凹下凸，中性轴以上的各点产生压应力，中性轴以下的各点产生拉应力；反之，当截面上的弯矩为负值时，则与上述相反，如图 8-23 所示。

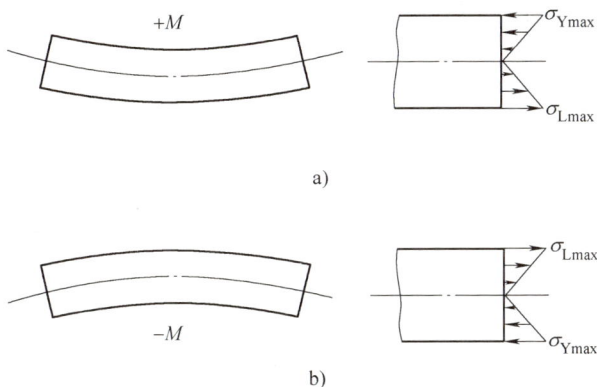

图　8-23

由式（8-7）可知，当横截面和该横截面上的弯矩确定时，该横截面上任意一点处的正应力 σ 的大小与该点到中性轴的距离 y 成正比。弯曲正应力在截面上的分布规律如图 8-23 所示。从图中可以看出，点到中性轴的距离越远，正应力越大；点到中性轴的距离越近，正应力越小；点在中性轴上，正应力为零。最大正应力 σ_{max} 发生在截面上下边缘处，即

$$\sigma_{max} = \frac{|M|}{I_z} y_{max} = \frac{|M|}{\dfrac{I_z}{y_{max}}}$$

因为 $W_z = \dfrac{I_z}{y_{max}}$，故

$$\sigma_{max} = \frac{|M|}{W_z} \qquad (8\text{-}8)$$

式中　M——该横截面上的弯矩，单位为 N·mm；

　　　W_z——该横截面的抗弯截面系数，单位为 mm³。

式（8-8）为梁产生纯弯曲变形时，其任意一横截面上最大正应力的计算公式。

式（8-7）、式（8-8）同样适用于横力弯曲。

3. 梁的抗弯刚度

实验表明：梁产生弯曲变形的程度与其横截面上的弯矩 M 成正比，与梁材料的弹性模量 E 和梁的横截面对中性轴 z 的惯性矩 I_z 的乘积成反比。在弯矩一定的情况下，EI_z 的乘积越大，则梁的弯曲变形越小，反之，EI_z 的乘积越小，梁的弯曲变形越大。所以 EI_z 的乘积表明梁抵抗弯曲变形能力的大小，称为梁的抗弯刚度。

例 8-10 一外伸梁 AB 受力如图 8-24a 所示，已知均布载荷的载荷集度 $q = 4\text{kN/m}$，集中力 $F = 2\text{kN}$，集中力偶 $M_0 = 6\text{kN·m}$，1-1 截面距 A 端 0.5m，2-2 截面距 A 端 1.5m，梁的各部分尺寸和截面尺寸如图所示。求 1-1 截面和 2-2 截面上 a 点的弯曲正应力。

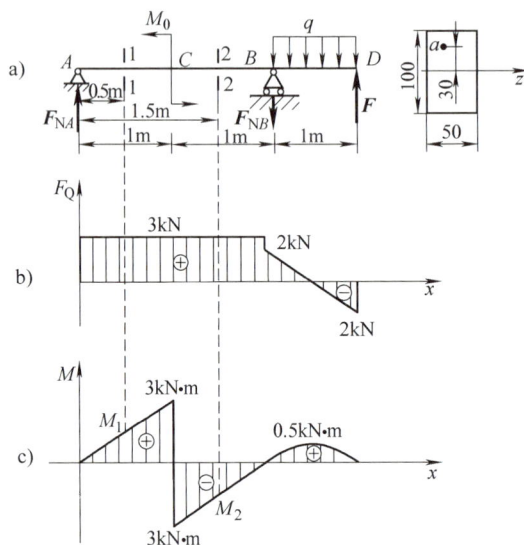

图 8-24

解 1）求支座反力 F_{NA} 和 F_{NB}。

选整个梁为研究对象，由平衡方程求得 $F_{NA} = 3\text{kN}$，$F_{NB} = 1\text{kN}$。

2）绘制剪力图，如图 8-24b 所示。

3）绘制弯矩图，如图 8-24c 所示。

4）求 1-1 截面和 2-2 截面上的弯矩。

1-1 截面 $\qquad\qquad M_1 = 3\text{kN} \times 0.5\text{m} = 1.5\text{kN·m}$

2-2 截面 $\qquad\qquad M_2 = -3\text{kN·m} + 3\text{kN} \times 0.5\text{m} = -1.5\text{kN·m}$

5）求 1-1 截面上 a 点的弯曲正应力 σ_1。

$$\sigma_1 = \frac{|M_1|}{I_z}y_1 = \frac{|M_1|}{bh^3/12}y_1 = \frac{1.5 \times 10^6}{50 \times 100^3/12} \times 30\text{MPa} = 10.8\text{MPa}$$

因为 1-1 截面上的弯矩为正值，且 a 点位于中性轴的上方，故 a 点的应力为压应力。

6）求 2-2 截面上 a 点的弯曲正应力 σ_2。

$$\sigma_2 = \frac{|M_2|}{I_z}y_2 = \frac{|M_2|}{bh^3/12}y_2 = \frac{1.5 \times 10^6}{50 \times 100^3/12} \times 30\text{MPa} = 10.8\text{MPa}$$

因为 2-2 截面上的弯矩为负值，且 a 点位于中性轴的上方，故 a 点的应力为拉应力。

例 8-11 如图 8-25 所示，梁的截面为矩形，中性轴为 z，当梁产生纯弯曲变形时，A 点产生拉应力 $\sigma_A = 60\text{MPa}$，且 A 点到中性轴的距离 $y_1 = 30\text{mm}$，同一截面上 B、C 两点到中性轴的距离分别为 $y_2 = 40\text{mm}$，$y_3 = 20\text{mm}$。求：（1）B、C 两点正应力的大小并判断是拉应力还是压应力；（2）该截面上的最大拉应力。

解　（1）由式（8-7）可知，当横截面和该横截面上的弯矩确定时，其上任意一点处的正应力 σ 的大小与该点到中性轴的距离 y 成正比，即

$$\frac{\sigma_A}{\sigma_B} = \frac{y_1}{y_2}$$

则

$$\sigma_B = \frac{y_2}{y_1}\sigma_A = \frac{40}{30} \times 60\text{MPa} = 80\text{MPa}$$

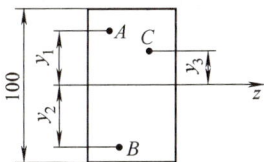

图　8-25

因为 A、B 两点分布在中性轴的两侧，所以其应力符号应该相反，A 点为拉应力，故 B 点为压应力。

同理有

$$\frac{\sigma_A}{\sigma_C} = \frac{y_1}{y_3}$$

则

$$\sigma_C = \frac{y_3}{y_1}\sigma_A = \frac{20}{30} \times 60\text{MPa} = 40\text{MPa}$$

因为 A、C 两点同在中性轴的上方，其应力符号应该相同，即 C 点为拉应力。

（2）该截面上产生最大拉应力的点应位于中性轴的上方，在截面的边缘处，$y_{\max} = 50\text{mm}$，则

$$\frac{\sigma_A}{\sigma_{\max}} = \frac{y_1}{y_{\max}}$$

即

$$\sigma_{\max} = \frac{y_{\max}}{y_1}\sigma_A = \frac{50}{30} \times 60\text{MPa} = 100\text{MPa}$$

8.6* 弯曲切应力

梁产生纯弯曲变形时，其横截面上只存在弯矩不存在剪力，因而梁的横截面上只有正应力没有切应力；梁产生横力弯曲变形时，其横截面上既存在弯矩又存在剪力，因而梁的横截面上既有正应力又有切应力。横力弯曲时，梁横截面上的正应力可按式（8-7）、式（8-8）进行计算，下面介绍梁横截面上切应力的计算方法。

8.6.1　矩形截面梁

理论推导可得，矩形截面梁的弯曲切应力沿截面高度按抛物线规律变化，如图 8-26 所示，在截面的上下边缘，即 $y = \pm\dfrac{h}{2}$ 处，切应力 $\tau = 0$；在中性轴上，即 $y = 0$ 处，切应力最大，其值为

$$\tau_{\max} = \frac{3}{2}\frac{F_Q}{bh} \qquad (8\text{-}9)$$

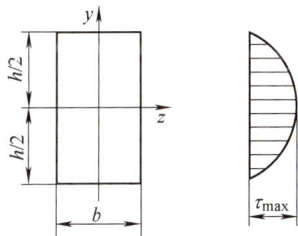

图　8-26

即最大切应力为平均切应力$\dfrac{F_Q}{bh}$的 1.5 倍。

8.6.2 工字形截面梁

如图 8-27a 所示，工字形截面由上、下翼缘和腹板组成。在翼缘处的切应力数值不大，可不去讨论；在腹板处弯曲切应力仍然沿截面高度按抛物线规律变化，如图 8-27b 所示，在中性轴上切应力最大，其值为

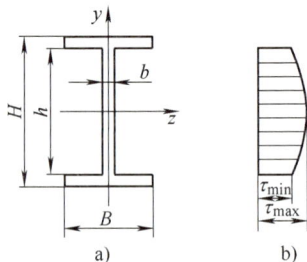

图 8-27

$$\tau_{max} = \frac{F_Q S_{zmax}}{I_z b} \qquad (8\text{-}10)$$

式中 S_{zmax}——半个工字形截面对中性轴的静矩。工字钢的$I_z : S_{zmax}$的值可在国家标准 GB/T 706—2016《热轧型钢》中查取。

8.6.3 圆形与圆环形截面梁

圆形与圆环形截面梁弯曲切应力的分布规律比较复杂，分析可知，其最大值仍然发生在中性轴处，如图 8-28 所示，其值分别为

圆形截面 $$\tau_{max} = \frac{4}{3}\frac{F_Q}{A} \qquad (8\text{-}11)$$

圆环形截面 $$\tau_{max} = 2\frac{F_Q}{A} \qquad (8\text{-}12)$$

式中 A——横截面面积，单位为 mm^2。

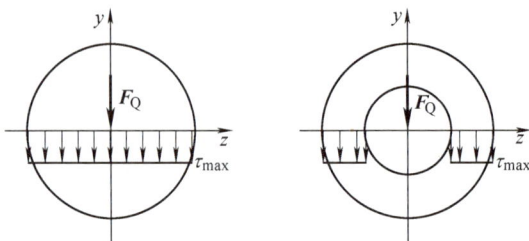

图 8-28

需要说明，梁横截面上任意一点弯曲切应力的方向均与剪力 F_Q 平行，且到中性轴距离相等的各点，切应力大小相等。

8.6.4 弯曲正应力与弯曲切应力的比较

如图 8-29a 所示，一矩形截面悬臂梁受到均布载荷 q 作用，其剪力图和弯矩图如图 8-29b、c所示。图中可见，在固定端 A 处，具有最大的剪力和弯矩，其值分别为

$$F_{Qmax} = ql$$

$$|M_{max}| = \frac{1}{2}ql^2$$

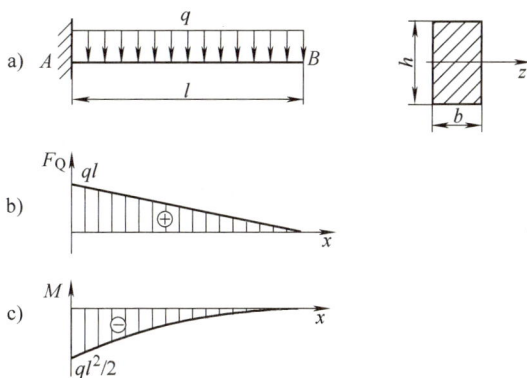

图　8-29

由式（8-8）得最大弯曲正应力为

$$\sigma_{max} = \frac{|M_{max}|}{W_z} = \frac{\dfrac{1}{2}ql^2}{\dfrac{1}{6}bh^2} = \frac{3ql^2}{bh^2}$$

由式（8-9）得最大弯曲切应力为

$$\tau_{max} = \frac{3}{2}\frac{F_{Qmax}}{bh} = \frac{3ql}{2bh}$$

两者之比为

$$\frac{\sigma_{max}}{\tau_{max}} = \frac{3ql^2/bh^2}{3ql/2bh} = 2\frac{l}{h}$$

一般情况下 $\dfrac{l}{h} > 5$，故弯曲正应力远远大于弯曲切应力，所以在弯曲问题中，弯曲正应力是强度计算的主要因素，通常只需对梁进行弯曲正应力强度计算。

8.7　梁弯曲时的强度计算

一般情况下，弯矩是沿梁的轴线变化的，即不同的截面上有不同的弯矩值。由式（8-7）可知，对于等截面直梁，最大弯曲正应力为

$$\sigma_{max} = \frac{|M_{max}|}{I_z}y_{max}$$

产生最大正应力的截面称为危险截面，在危险截面上具有最大应力的点称为危险点。梁弯曲时的强度条件是危险截面上危险点的应力（即最大弯曲正应力）不得超过材料的许用弯曲正应力，即

$$\sigma_{max} \leqslant [\sigma]$$

对于低碳钢一类的塑性材料，其许用拉应力和压应力相等，为了使危险截面上最大拉应力和最大压应力同时接近许用应力，通常将梁的横截面做成关于中性轴对称的形状，例如工

字形、矩形、圆形等。所以强度条件为

$$\sigma_{\max} = \frac{|M_{\max}|}{W_z} \leqslant [\sigma] \qquad (8\text{-}13)$$

对于铸铁一类的脆性材料，其许用拉应力小于许用压应力，为充分利用材料，常将梁的横截面做成关于中性轴不对称的形状，例如 T 形截面，如图 8-30 所示。设 y_{Lmax} 和 y_{Ymax} 分别表示产生拉应力和压应力一侧的边缘点到中性轴的距离，则强度条件为

$$\sigma_{\text{Lmax}} = \frac{|M_{\max}|}{I_z} y_{\text{Lmax}} \leqslant [\sigma_{\text{L}}] \qquad (8\text{-}14a)$$

$$\sigma_{\text{Ymax}} = \frac{|M_{\max}|}{I_z} y_{\text{Ymax}} \leqslant [\sigma_{\text{Y}}] \qquad (8\text{-}14b)$$

材料弯曲时的许用应力，可近似地用轴向拉伸（或压缩）的许用应力来代替，或从有关设计手册中查取。

梁弯曲时的强度条件，仍然可以解决强度校核、设计截面尺寸、确定许可载荷这三类问题，现举例说明。

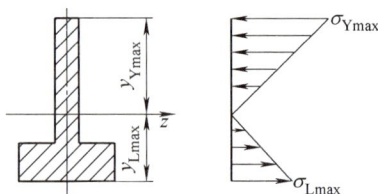

图　8-30

例 8-12　如图 8-31a 所示，一材料为铸铁的 T 形截面悬臂梁，已知 $F = 4.5\text{kN}$，截面对于中性轴 z 的惯性矩 $I_z = 1.35 \times 10^7 \text{mm}^4$，材料的许用应力 $[\sigma_{\text{L}}] = 40\text{MPa}$，$[\sigma_{\text{Y}}] = 80\text{MPa}$。梁的自重不计，校核梁的强度。

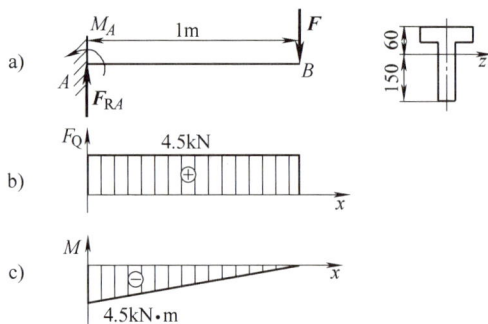

图　8-31

解　1）选悬臂梁为研究对象，由平衡方程求得约束反力 $F_{RA} = 4.5\text{kN}$，$M_A = 4.5\text{kN·m}$。
2）绘制剪力图，如图 8-31b 所示。
3）绘制弯矩图，如图 8-31c 所示。
4）校核梁的强度。
由弯矩图中可知，最大弯矩发生在 A 截面处，即 A 截面为危险截面，其弯矩值为

$$M_{\max} = -4.5\text{kN·m}$$

因为最大弯矩为负值，所以梁产生上凸下凹的变形形式，中性轴以上的边缘点产生最大拉应力，中性轴以下的边缘点产生最大压应力，由式（8-14）得

$$\sigma_{\text{Lmax}} = \frac{|M_{\text{max}}|}{I_z} y_{\text{Lmax}} = \frac{4.5 \times 10^6}{1.35 \times 10^7} \times 60 \text{MPa} = 20 \text{MPa} < [\sigma_{\text{L}}]$$

$$\sigma_{\text{Ymax}} = \frac{|M_{\text{max}}|}{I_z} y_{\text{Ymax}} = \frac{4.5 \times 10^6}{1.35 \times 10^7} \times 150 \text{MPa} = 50 \text{MPa} < [\sigma_{\text{Y}}]$$

所以此铸铁悬臂梁的强度足够。

例 8-13　如图 8-32a 所示，简支梁受均布载荷 q 作用，已知 $l = 2\text{m}$，$[\sigma] = 140\text{MPa}$，$q = 2\text{kN/m}$。按以下两个方案设计梁的截面尺寸，并比较重量。（1）实心圆截面梁；（2）空心圆截面梁，$\alpha = 0.8$。

解　1）选简支梁为研究对象，由平衡方程求得约束反力 $F_{\text{NA}} = F_{\text{NB}} = \frac{1}{2} ql$。

2）绘制剪力图，如图 8-32b 所示。

3）绘制弯矩图，如图 8-32c 所示。

4）按照强度条件设计截面直径。

由弯矩图可知危险截面在梁的中点处，其上弯矩为

图 8-32

$$M_{\text{max}} = \frac{1}{8} ql^2 = \frac{1}{8} \times 2 \times 2^2 \text{kN·m} = 1 \text{kN·m}$$

对于实心截面梁，设其直径为 d_1，由式（8-13）得

$$\sigma_{\text{max}} = \frac{|M_{\text{max}}|}{W_z} = \frac{|M_{\text{max}}|}{\pi d_1^3 / 32} \leqslant [\sigma]$$

即

$$d_1 \geqslant \sqrt[3]{\frac{32 M_{\text{max}}}{\pi [\sigma]}} = \sqrt[3]{\frac{32 \times 1 \times 10^6}{\pi \times 140}} \text{mm} = 41.75 \text{mm}$$

取

$$d_1 = 42 \text{mm}$$

对于空心截面梁，设其外径为 D，内径为 d，由式（8-13）得

$$\sigma_{\text{max}} = \frac{|M_{\text{max}}|}{W_z} = \frac{|M_{\text{max}}|}{\pi D^3 (1 - \alpha^4)/32} \leqslant [\sigma]$$

即

$$D \geqslant \sqrt[3]{\frac{32 M_{\text{max}}}{\pi (1 - \alpha^4) [\sigma]}} = \sqrt[3]{\frac{32 \times 1 \times 10^6}{\pi \times (1 - 0.8^4) \times 140}} \text{mm} = 49.76 \text{mm}$$

取 $D = 50\text{mm}$，则 $d = 0.8D = 40\text{mm}$。

5）比较重量。

空心轴和实心轴在材料、长度相同的条件下，重量之比即为横截面面积之比

$$\frac{A_{\text{空}}}{A_{\text{实}}} = \frac{\frac{\pi}{4}(D^2 - d^2)}{\frac{\pi}{4} d_1^2} = \frac{D^2 - d^2}{d_1^2} = \frac{50^2 - 40^2}{42^2} = 0.510$$

上述结果表明，空心截面梁的重量比实心截面梁小很多，因此在满足强度要求的前提

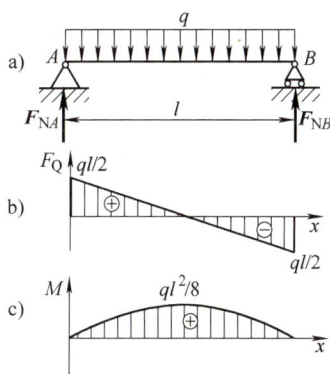

下，采用空心截面梁不仅可以节省材料，而且可以大大减轻结构重量。

例 8-14 如图 8-33a 所示，简支梁的中点作用有集中力 **F**，梁的跨度 $l=10m$，其横截面为 32a 号工字钢，梁材料的许用应力 $[\sigma]=180MPa$。求梁所能承受的载荷 **F**。

解 1）选简支梁为研究对象，由平衡方程求得

约束反力 $F_{NA}=F_{NB}=\dfrac{F}{2}$。

2）绘制剪力图，如图 8-33b 所示。

3）绘制弯矩图，如图 8-33c 所示。

4）按照强度条件设计许可载荷 F。

由弯矩图可知，危险截面在梁的中点（即 **F** 的作用点），其弯矩为

$$M_{max}=\frac{1}{4}Fl$$

由式（8-13）得

$$\sigma_{max}=\frac{|M_{max}|}{W_z}=\frac{Fl/4}{W_z}\leqslant[\sigma]$$

即

$$F\leqslant\frac{4W_z[\sigma]}{l}。$$

图 8-33

从附录型钢规格表中查得 32a 号工字钢的抗弯截面系数 $W_z=692cm^3$，代入上式得

$$F\leqslant\frac{4W_z[\sigma]}{l}=\frac{4\times692\times10^3\times180}{10\times10^3}N=49824N=49.8kN$$

即梁所能承受的载荷 $F=49.8kN$。

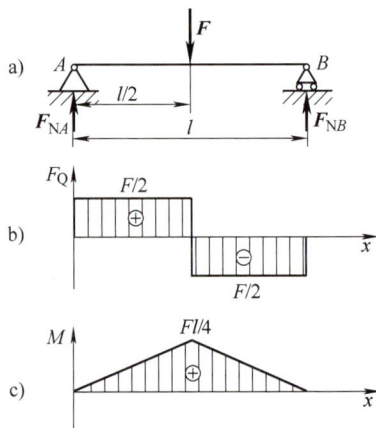

8.8 梁的弯曲变形和刚度计算

在工程实际中，梁不仅要有足够的强度，还要具有足够的刚度，即梁的变形不能超过规定的许可范围，否则就会影响其正常工作。例如，车床中的齿轮轴，如果弯曲变形过大，就会造成齿轮啮合不良，轴与轴承配合不好，使传动不平稳，并加速齿轮与轴承的磨损；造纸机上的轧辊，若弯曲变形过大，生产出来的纸张就会薄厚不均，成为废品。因此，研究梁的变形问题，对梁进行刚度计算是非常重要的。

8.8.1 挠曲线、挠度和转角

1. 挠曲线

如图 8-34 所示，梁受到外力作用后，其轴线由原来的直线变成了一条连续、光滑的曲线，此曲线称为挠曲线。因为是在材料的弹性范围内研究梁的变形问题，所以挠曲线又称为弹性曲线。

如图 8-34 所示的悬臂梁，若选 A 点为坐标原点，变形前梁的轴线 AB 为 x 轴，与 x 轴垂直、竖直向上的轴为 y 轴，则梁变形后的挠曲线 AB′ 可以用数学表达式表示为

$$y=f(x)$$

此式称为挠曲线方程。梁的挠曲线方程可用高等数学方法求出，各种简单载荷作用下，梁的挠曲线方程见表 8-2。

2. 挠度

如图 8-34 所示，梁弯曲时，梁内任意截面的形心 C' 沿 y 轴方向产生的线位移，称为该截面的挠度，用 y 表示。通常规定向上的挠度为正，反之为负。挠度的单位为 mm。

图 8-34

实际上，梁内任意截面的形心 C' 既有沿 y 轴方向的线位移，又有沿 x 轴方向的线位移，但在小变形条件下，沿 x 轴方向的线位移很小，可以略去不计。

3. 转角

如图 8-34 所示梁弯曲时，各个横截面将绕着自己的中性轴转动产生角位移，此角位移称为该截面的转角，用 θ 表示。因为变形前后横截面始终垂直于梁的轴线，所以，截面转角 θ 等于挠曲线在该处的切线与 x 轴之间的夹角。转角的正负号规定为：从 x 轴开始逆时针转至挠曲线切线方向（即横截面绕中性轴逆时针方向旋转）时，截面的转角为正，反之为负。转角的单位为弧度（rad）。

挠度和转角是衡量梁的弯曲变形程度的两个基本量，其值可通过挠曲线方程求出。简单载荷作用下梁的挠度和转角的计算公式见表 8-2，计算时可直接应用。

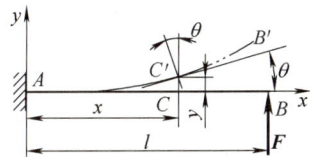

表 8-2　简单载荷作用下梁的变形

序号	梁的简图	挠曲线方程	端截面转角	最大挠度
1		$y=-\dfrac{M_0x^2}{2EI_z}$	$\theta_B=-\dfrac{M_0l}{EI_z}$	$y_B=-\dfrac{M_0l^2}{2EI_z}$
2		$y=-\dfrac{M_0x^2}{2EI_z}$ $0\leqslant x\leqslant a$ $y=-\dfrac{M_0a}{EI_z}\left(x-\dfrac{a}{2}\right)$ $a<x\leqslant l$	$\theta_B=-\dfrac{M_0a}{EI_z}$	$y_B=-\dfrac{M_0a}{EI_z}\left(l-\dfrac{a}{2}\right)$
3		$y=-\dfrac{Fx^2}{6EI_z}\,(3l-x)$	$\theta_B=-\dfrac{Fl^2}{2EI_z}$	$y_B=-\dfrac{Fl^3}{3EI_z}$
4		$y=-\dfrac{Fx^2}{6EI_z}\,(3a-x)$ $0\leqslant x\leqslant a$ $y=-\dfrac{Fa^2}{6EI_z}\,(3x-a)$ $a<x\leqslant l$	$\theta_B=-\dfrac{Fa^2}{2EI_z}$	$y_B=-\dfrac{Fa^2}{6EI_z}\,(3l-a)$

（续）

序号	梁的简图	挠曲线方程	端截面转角	最大挠度
5		$y=-\dfrac{qx^2}{24EI_z}\,(x^2-4lx+6l^2)$	$\theta_B=-\dfrac{ql^3}{6EI_z}$	$y_B=-\dfrac{ql^4}{8EI_z}$
6		$y=-\dfrac{M_0x}{6EI_zl}\,(l^2-x^2)$	$\theta_A=-\dfrac{M_0l}{6EI_z}$ $\theta_B=\dfrac{M_0l}{3EI_z}$	$y_{\max}=-\dfrac{M_0l^2}{9\sqrt3\,EI_z}$ $\left(在\ x=\dfrac{l}{\sqrt3}\ 处\right)$ $y_C=-\dfrac{M_0l^2}{16EI_z}$
7		$y=-\dfrac{Fx}{48EI_z}\,(3l^2-4x^2)$ $0\leqslant x\leqslant\dfrac{l}{2}$	$\theta_A=-\dfrac{Fl^2}{16EI_z}$ $\theta_B=\dfrac{Fl^2}{16EI_z}$	$y_C=-\dfrac{Fl^3}{48EI_z}$
8		$y=-\dfrac{Fbx}{6EI_zl}\,(l^2-x^2-b^2)$ $0\leqslant x\leqslant a$ $y=-\dfrac{Fa\,(l-x)}{6EI_zl}$ (x^2+a^2-2lx) $a<x\leqslant l$	$\theta_A=-\dfrac{Fab\,(l+b)}{6EI_zl}$ $\theta_B=\dfrac{Fab\,(l+a)}{6EI_zl}$	$y_{\max}=-\dfrac{Fb\,\sqrt{(l^2-b^2)^3}}{9\sqrt3\,EI_zl}$ $\left(a>b,\ 在\ x=\sqrt{\dfrac{l^2-b^2}{3}}\ 处\right)$ $y_{\frac{l}{2}}=-\dfrac{Fb\,(3l^2-4b^2)}{48EI_z}$
9		$y=-\dfrac{qx}{24EI_z}$ $(l^3-2lx^2+x^3)$	$\theta_A=-\dfrac{ql^3}{24EI_z}$ $\theta_B=\dfrac{ql^3}{24EI_z}$	$y_C=-\dfrac{5ql^4}{384EI_z}$
10		$y=\dfrac{M_0x}{6EI_zl}\,(x^2-l^2)$ $0\leqslant x\leqslant l$ $y=-\dfrac{M_0}{6EI_z}\,(3x^2-4xl+l^2)$ $l<x\leqslant\,(l+a)$	$\theta_A=\dfrac{M_0l}{6EI_z}$ $\theta_B=\dfrac{M_0l}{3EI_z}$ $\theta_C=-\dfrac{M_0}{3EI_z}$ $(l+3a)$	$y_C=-\dfrac{M_0a}{6EI_z}\,(2l+3a)$
11		$y=-\dfrac{Fax}{6EI_zl}\,(l^2-x^2)$ $0\leqslant x\leqslant l$ $y=-\dfrac{F(x-l)}{6EI_z}\times$ $[\,a(3x-l)-(x-l)^2\,]$ $l<x\leqslant\,(l+a)$	$\theta_A=\dfrac{Fal}{6EI_z}$ $\theta_B=-\dfrac{Fal}{3EI_z}$ $\theta_C=$ $-\dfrac{Fa}{6EI_z}\,(2l+3a)$	$y_C=-\dfrac{Fa^2}{3EI_z}\,(l+a)$

（续）

序号	梁的简图	挠曲线方程	端截面转角	最大挠度
12		$y=\dfrac{qa^2x}{12EI_zl}\ (l^2-x^2)$ $0\leqslant x\leqslant l$ $y=-\dfrac{q\ (x-l)}{24EI_z}\times[\,2a^2(3x-l)+$ $(x-l)^2(x-l-4a)\,]$ $l<x\leqslant(l+a)$	$\theta_A=\dfrac{qa^2l}{12EI_z}$ $\theta_B=-\dfrac{qa^2l}{6EI_z}$ $\theta_C=-\dfrac{qa^2}{6EI_z}\ (l+a)$	$y_C=-\dfrac{qa^3}{24EI_z}\ (3a+4l)$

8.8.2　用叠加法计算梁的变形

当梁上有几个载荷共同作用时，某一横截面的挠度或转角等于各个载荷单独作用时该截面的挠度或转角的代数和，这就是叠加法的基本原理，简称叠加原理。叠加法求梁的变形在工程上具有广泛的应用，现举例说明。

例 8-15　如图 8-35a 所示悬臂梁，同时受到集中力 F 和集中力偶 $M_0=Fa$ 的作用，梁的抗弯刚度 EI_z 为常数。用叠加法求 B 截面的挠度和转角。

解　梁上作用有集中力 F 和集中力偶 M_0 两个外载荷，根据叠加原理可分别计算两个外载荷单独作用时，B 截面的挠度和转角，然后叠加求得两载荷同时作用时，B 截面的挠度和转角。

集中力 F 单独作用时，如图 8-35b 所示，由表 8-2 得 B 截面的挠度和转角分别为

图　8-35

$$y_1=-\frac{Fa^2}{6EI_z}(3\times2a-a)=-\frac{5Fa^3}{6EI_z}$$

$$\theta_1=-\frac{Fa^2}{2EI_z}$$

集中力偶 M_0 单独作用时，如图 8-35c 所示，由表 8-2 得 B 截面的挠度和转角分别为

$$y_2=\frac{M_0\times(2a)^2}{2EI_z}=\frac{2Fa^3}{EI_z}$$

$$\theta_2=\frac{M_0\times2a}{EI_z}=\frac{2Fa^2}{EI_z}$$

集中力 F 和集中力偶 M_0 同时作用时，B 截面的挠度和转角分别为

$$y_B=y_1+y_2=-\frac{5Fa^3}{6EI_z}+\frac{2Fa^3}{EI_z}=\frac{7Fa^3}{6EI_z}$$

$$\theta_B=\theta_1+\theta_2=-\frac{Fa^2}{2EI_z}+\frac{2Fa^2}{EI_z}=\frac{3Fa^2}{2EI_z}$$

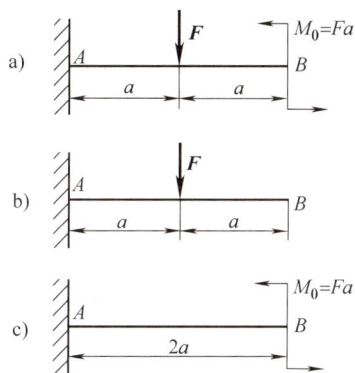

8.8.3 梁的刚度计算

计算梁的变形，主要目的在于对梁进行刚度计算。梁的刚度条件是指梁在外力作用下，其最大挠度不超过许用挠度，最大转角不超过许用转角，即

$$|y_{max}| \leq [y] \tag{8-15}$$

$$|\theta_{max}| \leq [\theta] \tag{8-16}$$

式中　　$|y_{max}|$——梁的最大挠度或按照设计要求指定的某个截面的挠度。

　　　　$|\theta_{max}|$——梁的最大转角或按照设计要求指定的某个截面的转角。

　　$[y]$、$[\theta]$——梁的许用挠度与转角，可从有关手册中查取。

与梁的强度条件一样，刚度条件也可以用来解决三类问题，即刚度校核、设计截面尺寸、确定许可载荷。

例 8-16　如图 8-36a 所示磨床主轴，可简化为等截面的外伸梁，如图 8-36b 所示。磨削阻力 $F_1 = 500\text{N}$，带的拉力 $F_2 = 3700\text{N}$，弹性模量 $E = 210\text{GPa}$，许用挠度 $[y] = 0.08\text{mm}$，许用转角 $[\theta] = 0.01\text{rad}$，轴的直径 $d = 90\text{mm}$，其他尺寸如图所示。试校核截面 C 的挠度和截面 A 的转角。

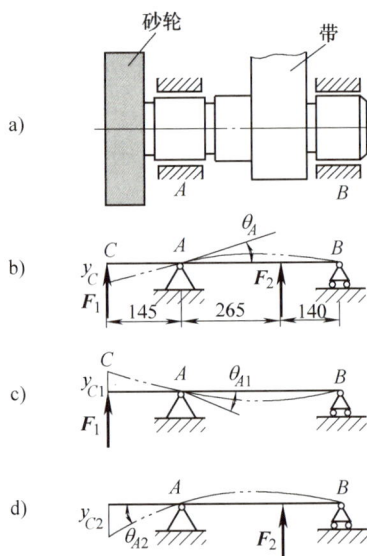

图　8-36

解　1）计算主轴横截面的惯性矩。

$$I_z = \frac{\pi D^4}{64} = \frac{\pi \times 90^4}{64}\text{mm}^4 = 3.22 \times 10^6\text{mm}^4$$

2）F_1 单独作用时，如图 8-36c 所示，由表 8-2 得截面 C 的挠度和截面 A 的转角分别为

$$y_{C1} = \frac{F_1 a^2(l+a)}{3EI_z} = \frac{500 \times 145^2 \times (405+145)}{3 \times 210 \times 10^3 \times 3.22 \times 10^6}\text{mm} = 2.85 \times 10^{-3}\text{mm}$$

$$\theta_{A1} = -\frac{F_1 la}{3EI_z} = -\frac{500 \times 405 \times 145}{3 \times 210 \times 10^3 \times 3.22 \times 10^6} \text{rad} = -1.45 \times 10^{-5} \text{rad}$$

3）F_2 单独作用时，如图 8-36d 所示，由表 8-2 得截面 A 的转角为

$$\theta_{A2} = \frac{F_2 ab(l+b)}{6EI_z l} = \frac{3700 \times 265 \times 140 \times (405+140)}{6 \times 210 \times 10^3 \times 3.22 \times 10^6 \times 405} \text{rad} = 4.55 \times 10^{-5} \text{rad}$$

由于 F_2 单独作用时梁 AC 段不受力。变形后仍为直线，故在小变形情况下截面 C 的挠度为

$$y_{C2} = -\theta_{A2} \times 145 \text{mm} = -4.55 \times 10^{-5} \times 145 \text{mm} = -6.60 \times 10^{-3} \text{mm}$$

4）由叠加原理得 F_1 和 F_2 同时作用时，截面 C 的挠度和截面 A 的转角分别为

$$y_C = y_{C1} + y_{C2} = 2.85 \times 10^{-3} \text{mm} - 6.60 \times 10^{-3} \text{mm} = -3.75 \times 10^{-3} \text{mm}$$

$$\theta_A = \theta_{A1} + \theta_{A2} = -1.45 \times 10^{-5} \text{rad} + 4.55 \times 10^{-5} \text{rad} = 3.1 \times 10^{-5} \text{rad}$$

5）校核截面 C 的挠度和截面 A 的转角。

$$|y_C| = 3.75 \times 10^{-3} \text{mm} < [y]$$

$$|\theta_A| = 3.1 \times 10^{-5} \text{rad} < [\theta]$$

故主轴刚度满足要求。

例 8-17　图 8-37a 所示为一钢制圆轴，左端受力为 $F = 20\text{kN}$，$a = 1\text{m}$，$l = 2\text{m}$，材料的弹性模量 $E = 210\text{GPa}$，轴承 B 处的允许转角 $[\theta] = 0.5°$。按照刚度条件设计轴的直径 d。

解　圆轴的计算简图如图 8-37 所示，由表 8-2 得截面 B 的转角为

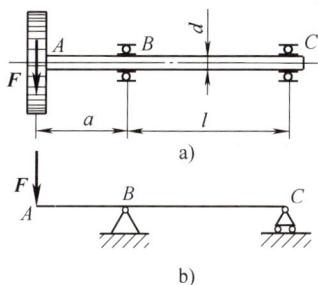

图 8-37

$$\theta_B = -\frac{Fal}{3EI_z}$$

根据刚度条件有

$$|\theta_B| \leqslant [\theta]$$

考虑到单位换算得

$$\frac{Fal}{3EI_z} \times \frac{180}{\pi} = \frac{Fal \times 180}{3E \times \pi^2 d^4/64} \leqslant [\theta]$$

即

$$d \geqslant \sqrt[4]{\frac{64Fal \times 180}{3E\pi^2[\theta]}} = \sqrt[4]{\frac{64 \times 20 \times 10^3 \times 1 \times 10^3 \times 2 \times 10^3 \times 180}{3 \times 210 \times 10^3 \times \pi^2 \times 0.5}} \text{mm} = 110\text{mm}$$

8.9　梁的合理设计

梁的合理设计，是使梁在消耗材料较少的前提下，获得较高的承载能力，从而使梁的结构满足既安全又经济的要求。

8.9.1　从弯曲强度方面考虑

从等截面梁的弯曲正应力强度条件

$$\sigma_{\max} = \frac{|M_{\max}|}{W_z} \leqslant [\sigma]$$

可以看出，为了降低 $\sigma_{\max}$ 提高梁的承载能力，可以采取如下两种方式：

1. 合理安排梁的支承和载荷，降低最大弯矩值

最大弯矩值不仅取决于载荷的大小，而且取决于载荷在梁上的分布形式和梁的支承位置。

例如，图 8-38a 所示承受集中力的简支梁，梁的最大弯矩产生在中间截面，其值为 $\frac{Fl}{4}$，如果将梁改成图 8-38b 所示的受力形式，最大弯矩变为 $\frac{Fl}{8}$，仅为前者的一半。又如，图 8-39a 所示承受均布载荷的简支梁，最大弯矩值为 $\frac{ql^2}{8}$，若把两支座各自向里移动 $0.2l$，如图 8-39b 所示，则最大弯矩值变为 $\frac{ql^2}{40}$，仅为前者的 $\frac{1}{5}$。

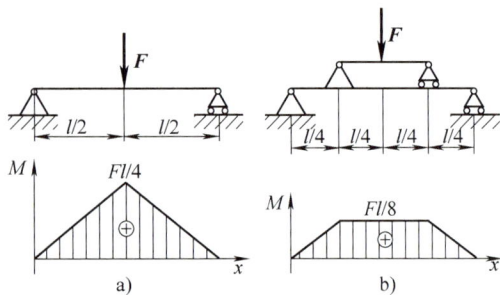

图 8-38

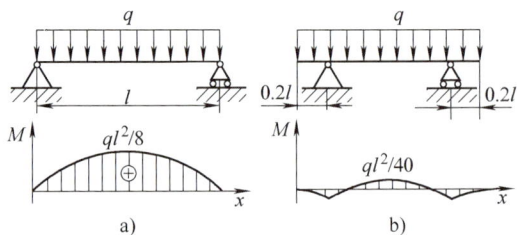

图 8-39

梁的最大弯矩值减小，梁的截面尺寸就可相应减小，从而达到节省材料、减轻自重的目的，满足经济性的要求。

2. 选用合理的截面形状，充分发挥材料的力学性能

选用合理的截面形状，在同样大小的截面面积下，使 W_z 增加，从而降低 $\sigma_{\max}$ 值，提高梁的承载能力。如图 8-40 所示，相同截面面积的矩形截面分别竖放与平放，设 $h = 2b$，则

竖放时　　　$W_{1z} = \dfrac{bh^2}{6}$

平放时　　　$W_{2z} = \dfrac{hb^2}{6}$

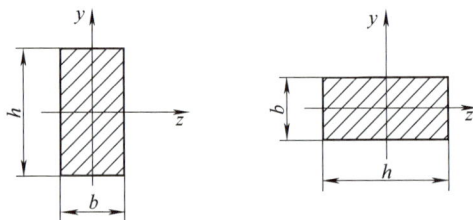

$$\frac{W_{1z}}{W_{2z}} = \frac{h}{b} = 2$$

图 8-40

即竖放时的 W_z 值是平放时的两倍，也就是同一矩形截面梁竖放时的承载能力是平放的两倍。因此，在选择梁的截面形状时应该使最小的横截面面积获得尽可能大的抗弯截面系

数。若用比值 $\dfrac{W_z}{A}$ 来衡量，则此比值越大，截面形状就越经济合理。工程中，常见截面形状的 $\dfrac{W_z}{A}$ 数值见表 8-3。

表 8-3

截面形状	面积 A/cm^2	抗弯截面系数 W_z/cm^3	W_z/A
(工字形截面)		692.2	10.32
(矩形截面, 2b × b)	67.05	129.4	1.93
(正方形截面, a × a)		91.6	1.37
(圆形截面, 直径 d)		77.4	1.15

从表中数据可以看出工字形优于矩形，矩形优于正方形，正方形又优于圆形。这是因为离中性轴越远的点所承受的应力越大，所以应使大部分材料分布在距中性轴较远处，从而充分发挥材料的力学性能，工字形截面符合这个原则，所以其承载能力较强，矩形截面竖放优于平放也是这个道理。

此外，在分析梁的合理截面形状时，还应考虑到材料性质的影响。对于塑性材料，因其许用拉应力与许用压应力相等，故截面应设计成关于中性轴对称的，如工字形、矩形和圆形等，这样截面边缘处的 σ_{Lmax} 与 σ_{Ymax} 相同，可同时接近许用应力；但对于脆性材料如铸铁，由于其许用压应力 $[\sigma_Y]$ 高于许用拉应力 $[\sigma_L]$，则应采用关于中性轴不对称的截面，并使中性轴偏向于受拉一侧，如图 8-41 所示的 T 字形截面，同时应尽可能满足

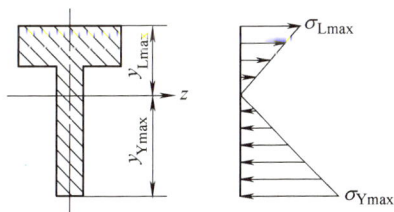

图 8-41

$$\frac{y_{\text{Lmax}}}{y_{\text{Ymax}}} = \frac{[\sigma_{\text{L}}]}{[\sigma_{\text{Y}}]}$$

这样，可使 σ_{Lmax} 与 σ_{Ymax} 同时接近各自的许用应力，充分发挥材料的力学性能。

8.9.2 从弯曲刚度方面考虑

为了提高梁的抗弯刚度，除了采取上述措施之外，工程上还常常采用减小梁的跨度或增加支座的方法。例如，在图 8-42a 所示传动轴的中间部位增加支承，在图 8-42b 所示的镗刀杆的悬臂端安装尾座，车削细长轴时采用跟刀架等。

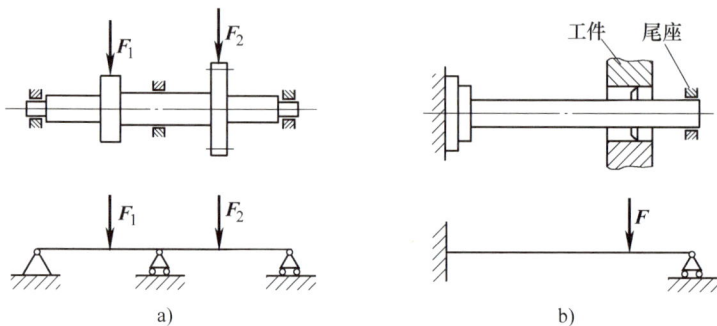

图 8-42

应当注意，梁的变形虽然与材料的弹性模量 E 有关，但就钢材而言，高强度钢与普通碳钢的 E 值相差很小，所以采用高强度钢并不能有效提高梁的抗弯刚度。

小 结

1. 当构件所承受的外力是作用线垂直于构件轴线的平衡力系（包括力和力偶）时，构件的轴线将由直线变为曲线，这种变形称为弯曲变形。以弯曲变形为主要变形形式的构件称为梁。

2. 梁产生弯曲变形时，其横截面存在着两个内力分量：作用在截面内部与截面相切，作用线平行于外力的内力 F_{Q}，称为剪力；作用面垂直于横截面的内力偶矩 M，称为弯矩。计算剪力和弯矩的基本方法仍然是截面法。

3. 以横坐标表示截面的位置，纵坐标表示相应截面上剪力和弯矩的大小，画出的图像分别称为剪力图和弯矩图。运用绘图规律绘制剪力图和弯矩图简单、方便。利用剪力图和弯矩图，可以不用截面法直接计算出梁上任意截面上的剪力和弯矩。

4. 矩形截面对中性轴 z 的惯性矩和抗弯截面系数分别为

$$I_z = \frac{bh^3}{12} \qquad W_z = \frac{bh^2}{6}$$

实心圆截面对中性轴 z 的惯性矩和抗弯截面系数分别为

$$I_z = \frac{\pi d^4}{64} \qquad W_z = \frac{\pi d^3}{32}$$

5. 梁产生弯曲变形时，其横截面上任意一点弯曲正应力的计算公式为

$$\sigma = \frac{|M|}{I_z} y$$

任意一截面上的最大正应力的计算公式为

$$\sigma_{max} = \frac{|M|}{W_z} \text{ 或 } \sigma_{max} = \frac{|M|}{I_z} y_{max}$$

正应力的正负号根据梁的变形形式直观判定。

6. 对于塑性材料，通常将梁的横截面设计成关于中性轴对称的形状，其强度条件为

$$\sigma_{max} = \frac{|M_{max}|}{W_z} \leqslant [\sigma]$$

对于脆性材料，通常将梁的横截面设计成关于中性轴不对称的形状，其强度条件为

$$\sigma_{Lmax} = \frac{|M_{max}|}{I_z} y_{Lmax} \leqslant [\sigma_L]$$

$$\sigma_{Ymax} = \frac{|M_{max}|}{I_z} y_{Ymax} \leqslant [\sigma_Y]$$

7. 梁的弯曲变形主要是计算挠度和转角。单一载荷作用时，可直接查表；多个载荷作用时可采用叠加法，计算时要注意挠度和转角的正负号。

8. 梁的刚度条件为

$$|y_{max}| \leqslant [y]$$
$$|\theta_{max}| \leqslant [\theta]$$

9. 提高梁的抗弯强度和刚度的主要措施有：合理安排梁的支承和载荷，降低最大弯矩值；选用合理的截面形状，充分发挥材料的力学性能；此外，工程上还常常采用减小梁的跨度或增加支座的方法。

习 题

8-1 填空题

（1）当构件所承受的外力是作用线_____的平衡力系（包括力和力偶）时，构件的轴线将由直线变为曲线，这种变形称为_____。

（2）静定梁有_____、_____和_____三种基本形式。

（3）梁产生弯曲变形时，其横截面存在的两个内力分量为_____和_____。

（4）梁内任意一截面上的剪力等于截面任意一侧（左或右）梁上_____，外力的正负号规定为_____，外力为正，反之为负；梁内任意一截面上的弯矩等于截面任意一侧（左或右）梁上所有外力对截面形心_____，力矩的正负号规定为：_____，力矩为正，反之为负。

（5）梁只受弯矩而无剪力作用的弯曲变形称为_____。

（6）矩形截面对中性轴z的惯性矩为_____，抗弯截面系数为_____。

（7）梁可视为由无数根轴向纤维材料组成，在拉与压的连续变化中必有一层材料既不伸长也不缩短，这层称为____，该层与横截面的交线称为____。截面的_____是指截面的几何中心。

（8）实验表明：梁产生弯曲变形的程度与其横截面上的____成正比，与梁材料的弹性模量E和梁的横截面对中性轴z的_____的乘积成反比。EI_z的乘积表明梁抵抗弯曲变形能力的大小，称为_____。

（9）对于塑性材料，通常将梁的横截面设计成_____的形状，而对于脆性材料，通常将梁的横截面设计成_____的形状。

（10）衡量梁的弯曲变形程度的两个基本量为_____和_____。

（11）提高梁的抗弯强度和刚度的主要措施有：合理安排梁的_____，降低_____；选用合理的截面形状，充分发挥材料的力学性能；此外工程上还常常采用减小梁的_____的方法。

8-2 选择题

（1）梁横截面上的内力分量一般是（　　）。

A. 弯矩　　　　　　B. 弯矩和轴力　　　　C. 弯矩和剪力　　　　D. 弯矩和扭矩

（2）中性轴是梁的（　　）的交线。

A. 纵向对称平面和横截面　　　　　　　　B. 纵向对称平面与中性层

C. 横截面与中性层　　　　　　　　　　　D. 横截面与顶面或底面

（3）梁横截面上只有弯矩没有剪力的弯曲是（　　）弯曲。

A. 纯弯曲　　　　　　B. 剪切弯曲　　　　C. 剪切与弯曲的组合　D. 都不是

（4）两根跨度相等的简支梁，内力相等的条件是（　　）。

A. 截面形状相同　　　B. 截面面积相同　　　C. 材料相同　　　　D. 外荷载相同

（5）简支梁在均布荷载 q 作用下，若梁长为 l，则跨中截面上的内力为（　　）。

A. $F_Q = \frac{1}{2}ql$，$M = 0$　　　　　　　　　　B. $F_Q = \frac{1}{2}ql$，$M = \frac{1}{8}ql^2$

C. $F_Q = \frac{1}{2}ql^2$，$M = \frac{1}{2}ql^2$　　　　　　D. $F_Q = 0$，$M = \frac{1}{8}ql^2$

（6）梁在集中力偶作用截面处（　　）。

A. M 图无变化，F_Q 图有突变　　　　　　B. M 图无变化，F_Q 图有折角

C. M 图有突变，F_Q 无变化　　　　　　　D. M 图有突变，F_Q 图有折角

（7）梁截面上的弯矩的正负号规定为（　　）。

A. 顺时针转向为正，逆时针转向为负　　　　B. 顺时针转向为负，逆时针转向为正

C. 使所选隔离体下部受拉为正，反之为负　　D. 使所选隔离体上部受拉为正，反之为负

（8）（　　）称为梁的抗弯刚度。

A. EA　　　　　　　B. GI_p　　　　　　C. EI_z　　　　　　D. GA

（9）弯曲正应力沿梁截面高度（　　）。

A. 均匀分布　　　　　B. 按直线规律分布　　C. 按抛物线规律分布　D. 不变

（10）对于塑性材料，在横截面面积相同的情况下，采用（　　）截面形式抗弯强度最好。

A. 正方形　　　　　　B. 矩形（$h/b \leqslant 2$）　　C. 实心圆　　　　　D. 工字型（标准型）

（11）下列哪种措施不能提高梁的弯曲刚度？（　　）

A. 增大梁的抗弯刚度　　　　　　　　　　B. 减小梁的跨度

C. 增加支承　　　　　　　　　　　　　　D. 将分布荷载改为几个集中荷载

8-3 判断题

（1）在垂直于轴线的外力作用下，构件会产生弯曲变形。（　　）

（2）梁上任一截面的弯矩等于该截面任一侧所有外力对形心之矩的代数和。（　　）

（3）纯弯曲的梁，横截面上只有剪力，没有弯矩。（　　）

（4）弯曲正应力在横截面上是均匀分布的。（　　）

（5）集中力所在截面上，剪力图在该位置有突变，且突变的大小等于该集中力。（　　）

（6）弯矩使梁段上部受拉、下部受压为负。（　　）

（7）简支梁在跨中受集中力 F 作用时，跨中的剪力一定最大。（　　）

（8）中性轴上正应力与剪应力均为零。（　　）

（9）弯矩越大，梁的弯曲应力也一定越大。（　　）

（10）梁上加个集中力偶作用，对剪力图的形状无影响。（　　）

（11）悬臂梁或外伸梁的自由端处，弯矩必为零。（　　）

（12）根据剪力图和弯矩图，可以初步判断梁的危险截面位置。（　　）

（13）梁上弯矩最大的截面，挠度也最大，弯矩为零的截面，转角也为零。（　　）

8-4　已知 $F=10$kN，$M_0=10$kN·m，$q=5$kN/m，$a=1$m。求图 8-43 所示梁中间截面上的剪力和弯矩。

8-5　绘出图 8-44 所示梁的剪力图和弯矩图。

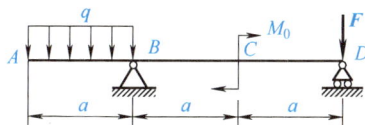

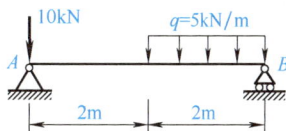

图　8-43　　　　　　　　　　图　8-44

8-6　如图 8-45 所示梁的横截面为 T 字形，中性轴为 z，已知：A 点的拉应力 $\sigma_A=40$MPa，其到中性轴的距离 $y_1=10$mm，同一截面上 B、C 两点到中性轴的距离分别为 $y_2=8$mm，$y_3=30$mm。求：（1）B、C 两点的正应力的大小，并判断是拉应力还是压应力；（2）该截面上的最大拉应力。

8-7　矩形截面悬臂梁如图 8-46 所示，已知 $l=4$m，$b=300$mm，$h=430$mm，载荷集度 $q=10$kN/m，材料的许用应力 $[\sigma]=10$MPa。校核此梁的强度。

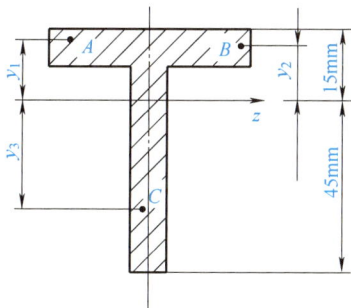

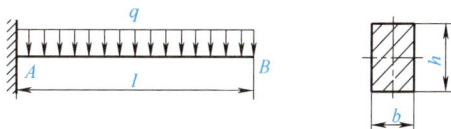

图　8-45　　　　　　　　　　　　图　8-46

8-8*　压板的尺寸及受力如图 8-47 所示，已知 $F=15.4$kN，材料的许用应力 $[\sigma]=210$MPa。校核压板的强度。

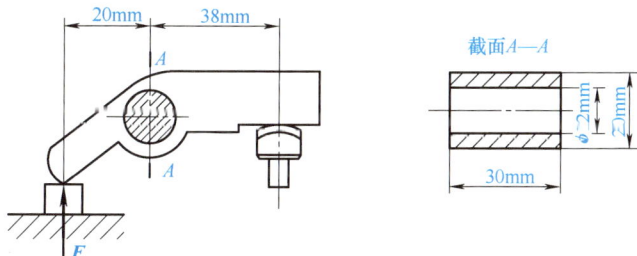

图　8-47

8-9*　简支梁的横截面为圆形，其尺寸及受力情况如图 8-48 所示，已知 $F=3.5$kN，$q=1.035$N/m，$l=$

1m，$d=130$mm，材料的弹性模量 $E=200$GPa，梁的许用挠度 $[y]=0.35$mm。校核梁的刚度。

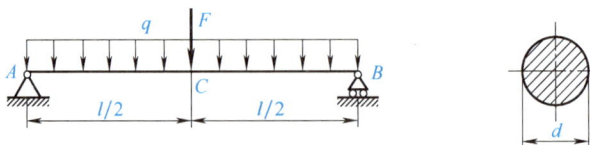

图 8-48

拓展园地

世界最长的跨海大桥——港珠澳大桥

港珠澳大桥被英国卫报誉为"新世界七大奇迹"之一，已经成为"中国智造"的新名片。它全长55km，于2018年10月24日上午9时开通运营，连接了香港、珠海、澳门，将原来4小时的陆路车程缩短为30分钟，形成"一小时都市圈"。它的落成通车，还标志着中国现代桥梁建造技术再次站到了新高度，中国由桥梁大国迈向了桥梁强国！

我们在惊叹这座跨海巨龙的雄伟气魄和国人强大的创造力的同时，一起来看看在力学在桥梁工程中所起的巨大推动作用吧！

在古代，力学基础理论的缺乏严重制约着桥梁的设计和建设。几乎所有桥梁的设计都来自生活经验（如拱桥和梁桥），并采用最简单的搭接和架设方式，无法形成大的跨径，也难以设计合理的拱形。尽管如此，古代桥梁结构的工程探索依然出现了技术进步的萌芽。比如，中国在11世纪初修建的洛阳桥，建设过程初期首先在桥址江中遍抛石块，其上养殖牡蛎，两三年后胶固形成筏形基础，体现了中国古代劳动人民的智慧；赵州桥采用拱桥结构，既利用了石料耐压特性，又因消除了拱轴线截面上的拉应力而使桥身更加稳固，且减轻了重量，增大了泄洪能力。

到了近代，桥梁设计中的力学原理除了以承载力为代表的静力作用之外，动力作用相关的力学原理也逐渐成为研究人员关注的重要内容。尤其是桥梁抗风设计的研发颇受重视，如尼亚加拉瀑布公路铁路两用桥采用了锻铁索和加劲梁；纽约布鲁克林吊桥采用了加劲桁架来减弱振动；旧金山金门桥和奥克兰海湾桥也都是采用加劲梁的吊桥。

现代，随着工程对桥梁跨径要求的不断提高，斜拉桥和悬索桥逐渐成为长大桥梁的主要形式。斜拉桥和悬索桥都是使用预应力钢丝索作为悬索，并同加劲梁构成自锚式体系，通过钢索将桥梁的力传递到主塔来承重；不同的是，斜拉桥是通过斜拉索直接将桥面的力传递至桥塔，而悬索桥是通过拉索垂直传递到主索，再由主索将力传递至桥塔。斜拉桥和悬索桥的设计形式为桥梁结构提供了更大的跨越长度。

港珠澳大桥的总设计师孟凡超提到：港珠澳大桥不仅仅是桥，更是一个跨海集群工程，由桥、岛、隧三部分组成。通常来讲，桥型可以分为梁式桥、拱式桥、悬索桥、斜拉桥四种类型。但是港珠澳大桥太长了，单一的桥型无法满足建桥所需的力学结构，也就无法保证大桥的安全性。因此，在设计桥型的时候，需要分段考虑。港珠澳大桥中，青州航道桥桥跨布置为双塔斜桥，主梁采用扁平流线型钢箱梁，斜拉索采用扇形式空间双索面布置，索塔采用横向"H"形框架结构，塔柱为钢筋混凝土构件，上联结系采用"中国结"造型的钢结构剪刀撑。江海直达船航道桥桥跨布置为三塔斜拉桥，主梁采用大悬臂钢箱梁，斜拉索采用竖琴式中央单索面布置，索塔采用"海豚"形钢塔。九洲航道桥桥跨布置为双塔斜拉桥，主梁采用悬臂钢箱组合梁，斜拉索采用竖琴式中央双索面布置，索塔采用"帆"形钢塔（下塔柱局部为混凝土结构）。深水区非通航孔桥为110m等跨径等梁高钢箱连续梁桥，钢箱梁采用大悬臂单箱双室结构。浅水区非通航孔桥为85m等跨径等梁高组合连续梁桥，主梁采用分幅布置。全桥基础采用大直径钢管复合群桩，通航孔桥采用现浇承台，非通航孔桥采用预制承台，全桥桥墩采用预制墩身。

港珠澳大桥的建成开通，有利于促进粤港澳大湾区发展，对于支持香港、澳门融入国家发展大局具有重大意义，体现了中国人民逢山开路、遇水架桥的奋斗精神，体现了中国综合国力、自主创新能力，体现了勇创世界一流的民族志气。

第 9 章*

组合变形

前面几章分别讨论了构件的拉伸（或压缩）、剪切、扭转、弯曲等几种基本变形。但在工程实际中，大多数构件在载荷作用下产生的变形往往不是单一的，如图 9-1a 所示的传动轴，在齿轮上作用着啮合力 F_n，右端作用主动力偶 M_1。将 F_n 向轴线平移，得到作用于轴上的横向力 F_n 和附加力偶 M，如图 9-1b 所示。横向力使轴产生弯曲变形，力偶使轴产生扭转变形，那么对于这种传动轴该如何进行强度计算呢？这就需要学习组合变形的知识。

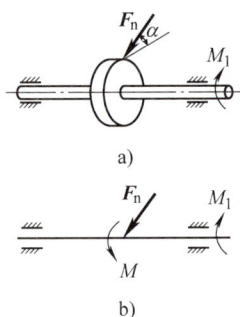

图　9-1

9.1　组合变形的概念

两种或两种以上基本变形的组合，称为组合变形。例如，前面分析的图 9-1 中的传动轴产生弯曲与扭转的组合变形。又如，图 9-2a 所示的钩头螺栓，受到偏心力 F 的作用，将力 F 向轴线平移，得到轴向力 F 和附加力偶 M，如图 9-2b 所示。轴向力使螺栓产生拉伸变形，附加力偶使螺栓产生弯曲变形，故螺栓产生拉伸与弯曲的组合变形。

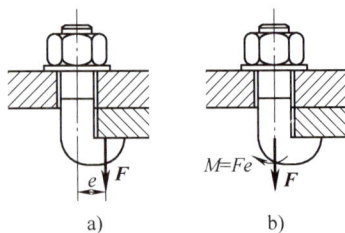

对产生组合变形的构件进行强度计算时，若构件的变形很小且在弹性范围内，则可应用叠加原理，将作用在构件上的载荷进行适当的分解，使构件在分解后的各载荷作

图　9-2

用下产生单一的基本变形，分别计算各基本变形所产生的应力，然后进行叠加，得到组合变形的应力，从而确定危险截面和危险点，建立组合变形的强度条件。

拉伸（或压缩）与弯曲和弯曲与扭转这两种组合变形在工程中最为常见，本章将讨论这两种组合变形的强度计算。

9.2　拉伸（或压缩）与弯曲的组合变形

构件在力的作用下产生拉伸（或压缩）与弯曲的组合变形可分为两种情况，分别叙述如下。

9.2.1 构件同时受到轴向力和横向力的作用

所谓轴向力是指作用在构件轴线方向上的力，如图 9-3c 中的 F_x；所谓横向力是指垂直于构件轴线方向的力，如图 9-3d 中的 F_y。显然，构件在轴向力的作用下，产生轴向拉伸（或压缩）变形；在横向力的作用下，产生弯曲变形。若在轴向力和横向力共同作用下，构件就会产生拉伸（或压缩）与弯曲的组合变形。现以图 9-3a 所示的矩形截面梁为例，来说明拉伸（或压缩）与弯曲组合变形的强度计算方法。

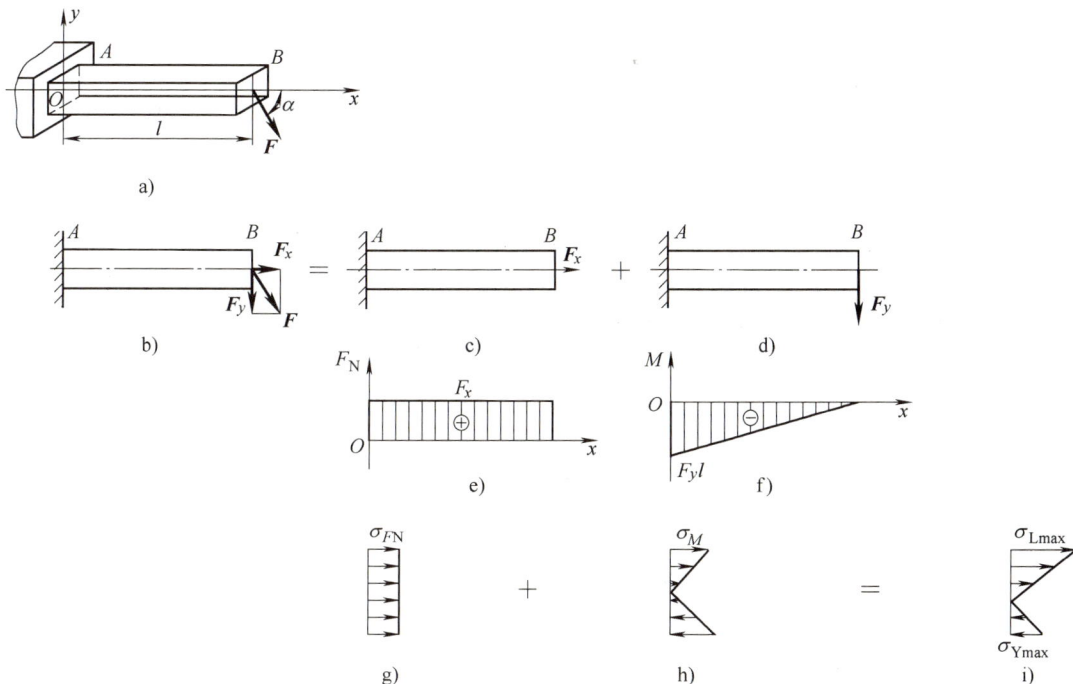

图 9-3

如图 9-3a 所示，在悬臂梁的自由端 B 作用一集中力 F，力 F 位于梁的纵向对称面 Oxy 内，并与梁的轴线成 α 角。

1. 外力分析

如图 9-3b 所示，将力 F 沿 x 轴和 y 轴方向分解为两个分力 F_x 和 F_y，其值分别为

$$F_x = F\cos\alpha$$

$$F_y = F\sin\alpha$$

在轴向力 F_x 作用下，梁产生轴向拉伸变形，其受力如图 9-3c 所示；在横向力 F_y 作用下，梁产生弯曲变形，其受力如图 9-3d 所示。故在集中力 F 的作用下，梁产生拉伸与弯曲的组合变形。

2. 内力分析

根据图 9-3c 绘制梁的轴力图，如图 9-3e 所示。从图中可以看出，梁各横截面上的轴力

均相同，其值为

$$F_N = F_x = F\cos\alpha$$

根据图 9-3d 绘制梁的弯矩图，如图 9-3f 所示。从图中可以看出，梁的固定端 A 截面具有最大弯矩，其值为

$$|M_{max}| = |M_A| = F_y l = Fl\sin\alpha$$

据此，可以确定 A 截面为危险截面。

3. 应力分析

危险截面 A 上与轴力 F_N 对应的应力分布图，如图 9-3g 所示。其应力值为

$$\sigma_{F_N} = \frac{F_N}{A}$$

危险截面 A 上与弯矩 M_{max} 对应的应力分布图，如图 9-3h 所示。其最大应力值为

$$\sigma_M = \frac{|M_{max}|}{W_z}$$

在弹性小变形条件下，组合变形中的各种基本变形之间互不影响，因此可运用叠加原理，将单一变形所产生的应力叠加，得到组合变形的应力。设 $\sigma_{F_N} < \sigma_M$，则叠加后的应力分布如图 9-3i 所示。在上下边缘各点分别具有最大拉应力和最大压应力，其值分别为

$$\sigma_{Lmax} = \frac{F_N}{A} + \frac{|M_{max}|}{W_z} \tag{9-1a}$$

$$\sigma_{Ymax} = \frac{F_N}{A} - \frac{|M_{max}|}{W_z} \tag{9-1b}$$

式中 F_N——危险截面上的轴力，单位为 N；

    M_{max}——危险截面上的弯矩，单位为 N·mm；

     A——危险截面的横截面面积，单位为 mm^2；

    W_z——危险截面的抗弯截面系数，单位为 mm^3；

    σ_{Lmax}——危险截面上的最大拉应力，单位为 MPa；

    σ_{Ymax}——危险截面上的最大压应力，单位为 MPa。

4. 强度条件

由式（9-1a、b）可见，危险截面的上、下边缘各点分别具有最大拉应力和最大压应力，是危险点，故强度条件为

$$\sigma_{Lmax} = \frac{F_N}{A} + \frac{|M_{max}|}{W_z} \leqslant [\sigma_L] \tag{9-2a}$$

$$|\sigma_{Ymax}| = \left| \frac{F_N}{A} - \frac{|M_{max}|}{W_z} \right| \leqslant [\sigma_Y] \tag{9-2b}$$

式中 $[\sigma_L]$、$[\sigma_Y]$——材料的许用拉应力和许用压应力。

应用式（9-2a、b）进行拉伸（或压缩）与弯曲组合变形的强度计算时，应针对每一种单一变形，画出其应力分布图，然后用叠加法画出组合变形的应力分布图，从而确定危险点的应力，不要生搬硬套公式。因为在不同的组合变形中，构件受力不同，危险截面及其应力分布会相应地发生变化。同时，应区分如下两种情况：

1）对于低碳钢类塑性材料，因其许用拉、压应力相等，故只需计算构件危险截面上应力绝对值最大处的强度。

2）对于铸铁类脆性材料，因其许用拉、压应力不等，故应分别计算构件危险截面上最大拉应力和最大压应力处的强度。

例 9-1 起重机架如图 9-4a 所示，AB 梁由 20a 号工字钢制成，其中点作用有集中力 $F = 30 \text{kN}$，材料的许用应力 $[\sigma] = 120 \text{MPa}$。试校核 AB 梁的强度。

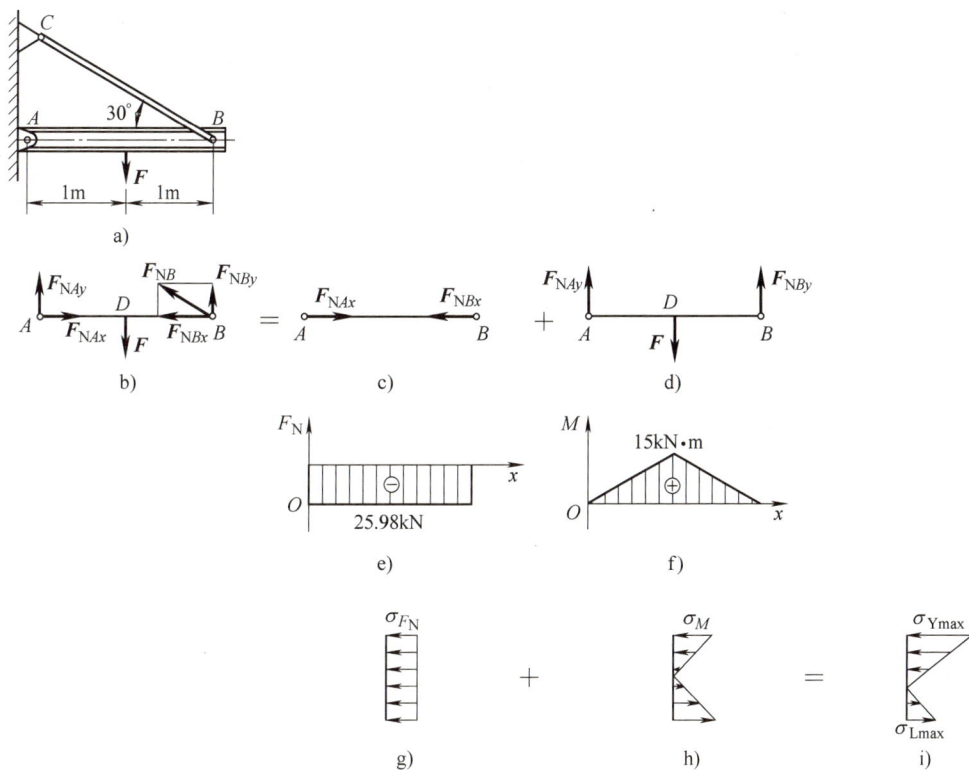

图 9-4

解 1）外力分析。

选 AB 梁为研究对象，进行受力分析，画受力图，如图 9-4b 所示。列平衡方程

$$\sum M_A(\boldsymbol{F}) = 0 \qquad F_{NB} \times 2\sin 30° - F \times 1 = 0$$

得

$$F_{NB} = F = 30 \text{kN}$$

将 $\boldsymbol{F}_{NB}$ 分解为 F_{NBx} 和 F_{NBy}，得

$$F_{NBx} = F_{NB} \cos 30° = 25.98 \text{kN}$$

$$F_{NBy} = F_{NB} \sin 30° = 15 \text{kN}$$

再列平衡方程

$$\sum F_x = 0 \qquad F_{NAx} - F_{NBx} = 0$$

得
$$F_{NAx} = F_{NBx} = 25.98\text{kN}$$
$$\sum F_y = 0 \qquad F_{NAy} - F + F_{NBy} = 0$$
得
$$F_{NAy} = F - F_{NBy} = 15\text{kN}$$

由此可知，AB 梁在轴向压力 F_{NAx}、F_{NBx} 作用下，产生轴向压缩变形，其受力如图 9-4c 所示；在横向力 F_{NAy}、F、F_{NBy} 作用下，产生弯曲变形，其受力如图 9-4d 所示。因此 AB 梁产生压缩与弯曲的组合变形。

2）内力分析。

根据图 9-4c、d 绘制 AB 梁的轴力图和弯矩图，如图 9-4e、f 所示。据此，可以确定 AB 梁的中间截面 D 是危险截面，其轴力和弯矩值分别为
$$F_N = -25.98\text{kN}$$
$$M_D = M_{max} = 15\text{kN·m}$$

3）应力分析。

由附录型钢表查得，20a 号工字钢的抗弯截面系数 $W_z = 237\text{cm}^3$，横截面面积 $A = 35.578\text{cm}^2$。

危险截面 D 上与轴力 F_N 对应的应力分布图，如图 9-4g 所示。其应力值为
$$\sigma_{F_N} = \frac{F_N}{A} = \frac{-25.98 \times 10^3}{35.578 \times 10^2}\text{MPa} = -7.3\text{MPa}$$

危险截面 D 上与弯矩 M_D 对应的应力分布图，如图 9-4h 所示。其最大应力值为
$$\sigma_M = \frac{|M_{max}|}{W_z} = \frac{15 \times 10^6}{237 \times 10^3}\text{MPa} = 63.29\text{MPa}$$

运用叠加原理，叠加后的应力分布如图 9-4i 所示。在上、下边缘各点具有最大压应力和最大拉应力，其值分别为
$$\sigma_{Ymax} = \frac{F_N}{A} - \frac{|M_{max}|}{W_z} = -7.3\text{MPa} - 63.29\text{MPa} = -70.59\text{MPa}$$
$$\sigma_{Lmax} = \frac{F_N}{A} + \frac{|M_{max}|}{W_z} = -7.3\text{MPa} + 63.29\text{MPa} = 55.99\text{MPa}$$

4）校核强度。

AB 梁的材料为 20a 号工字钢，是塑性材料，故只需校核危险截面上绝对值最大的应力，本例中为最大压应力。
$$|\sigma_{Ymax}| = \left| \frac{F_N}{A} - \frac{|M_{max}|}{W_z} \right| = 70.59\text{MPa} < [\sigma]$$

所以，AB 梁的强度足够。

9.2.2 偏心拉伸（或压缩）

当外力的作用线平行于构件的轴线，但不通过构件横截面的形心时，将会产生偏心拉伸（或压缩）。前面所述图 9-1a 所示的钩头螺栓，在力 F 的作用下将产生偏心拉伸变形。

现以图 9-5a 所示矩形截面立柱为例，来说明偏心拉伸（或压缩）的强度计算方法。

1. 外力分析

设力 F 作用在梁的纵向对称面 Oxy 内，e 为力 F 的作用线到横截面形心 C 间的距离，称为偏心距。根据力的平移定理，将力 F 平移到截面的形心 C，得到轴向拉力 F 和附加力偶 $M_0 = Fe$，如图 9-5b 所示。轴向拉力 F 使立柱产生拉伸变形，如图 9-5c 所示；力偶 M_0 使立柱产生弯曲变形，如图 9-5d 所示。故偏心拉伸实际上仍然是拉伸与弯曲的组合变形。

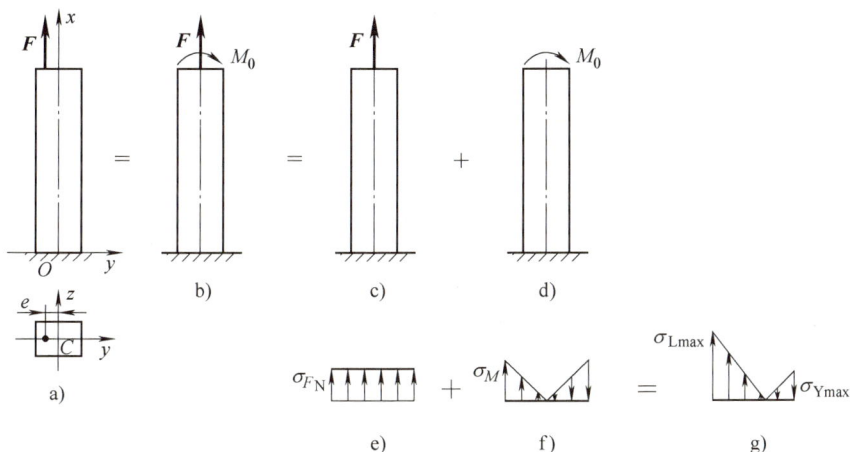

图　9-5

2. 内力、应力分析

由图 9-5c 可知，立柱各个横截面上的轴力均相等，且 $F_N = F$。与轴力 F_N 对应的应力分布图，如图 9-5e 所示，其应力值为

$$\sigma_{F_N} = \frac{F_N}{A}$$

由图 9-5d 可知，立柱各个横截面上的弯矩也都相等，且 $M = M_0 = Fe$。与弯矩 M 对应的应力分布图，如图 9-5f 所示，其最大应力值为

$$\sigma_M = \frac{|M|}{W_z}$$

在弹性小变形条件下，可用叠加法求得组合变形的应力。设 $\sigma_{F_N} < \sigma_M$，则叠加后的应力分布如图 9-5g 所示。在左、右边缘各点具有最大拉应力和最大压应力，其值分别为

$$\sigma_{Lmax} = \frac{F_N}{A} + \frac{|M|}{W_z}$$

$$\sigma_{Ymax} = \frac{F_N}{A} - \frac{|M|}{W_z}$$

偏心拉伸（或压缩）的强度条件同式（9-2a、b）。

必须指出，对于偏心受压杆件必须是短而粗的才能应用式（9-2a、b）进行强度计算，因为细长杆件在受压的情况下，存在着失稳问题，对此将在第 10 章中进行讨论。

例9-2 一钻床如图9-6a所示，钻孔时受到压力 $F=15$kN。已知立柱的横截面为圆形，其直径 $d=125$mm，偏心距 $e=400$mm，立柱的材料为铸铁，其许用拉应力 $[\sigma_L]=35$MPa，许用压应力 $[\sigma_Y]=120$MPa。校核立柱的强度。

解 1）外力分析。

根据力的平移定理，将力 F 平移到立柱的轴线上，得到轴向拉力 F 和附加力偶 $M_0=Fe$，如图9-6b所示。显然，轴向拉力 F 使立柱产生拉伸变形，力偶 M_0 使立柱产生弯曲变形，故立柱产生拉伸与弯曲的组合变形。

2）内力、应力分析。

分析可知，立柱各个横截面上的轴力均相等，且 $F_N=F$。与轴力 F_N 对应的应力分布图，如图9-6c所示，其应力值为

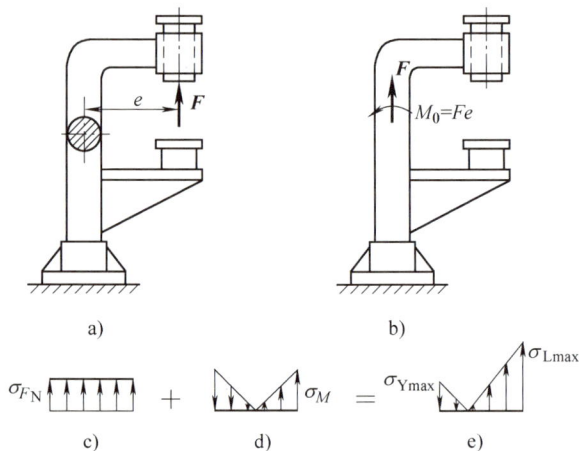

图 9-6

$$\sigma_{F_N}=\frac{F_N}{A}=\frac{F_N}{\pi d^2/4}=\frac{15\times10^3}{\pi\times125^2/4}\text{MPa}=1.22\text{MPa}$$

立柱各个横截面上的弯矩也都相等，且 $M=M_0=Fe$。与弯矩 M 对应的应力分布图，如图9-6d所示，其最大应力值为

$$\sigma_M=\frac{|M|}{W_z}=\frac{Fe}{\pi d^3/32}=\frac{15\times10^3\times400}{\pi\times125^3/32}\text{MPa}=31.29\text{MPa}$$

在弹性小变形条件下，可用叠加法求得组合变形的应力。本题中 $\sigma_N<\sigma_M$，叠加后的应力分布如图9-6e所示，在左、右边缘各点具有最大压应力和最大拉应力，其值分别为

$$\sigma_{Y\max}=\frac{F_N}{A}-\frac{|M|}{W_z}=1.22\text{MPa}-31.29\text{MPa}=-30.07\text{MPa}$$

$$\sigma_{L\max}=\frac{F_N}{A}+\frac{|M|}{W_z}=1.22\text{MPa}+31.29\text{MPa}=32.51\text{MPa}$$

3）校核强度。

铸铁是脆性材料，其许用拉应力和许用压应力不等，故应分别校核。

$$\sigma_{L\max}=\frac{F_N}{A}+\frac{|M|}{W_z}=32.51\text{MPa}<[\sigma_L]$$

$$|\sigma_{Y\max}|=\left|\frac{F_N}{A}-\frac{|M|}{W_z}\right|=30.07\text{MPa}<[\sigma_Y]$$

所以，立柱的强度足够。

式（9-2a、b）为强度计算公式，它仍然可以解决材料力学中的三类问题，即强度校核、设计截面尺寸、确定许可载荷。

例9-3 起重机架如图9-7a所示，AB 梁由两根槽钢组成，B 点作用一集中力 $F=35$kN，

材料的许用应力 $[\sigma]=140\mathrm{MPa}$。确定槽钢的型号。

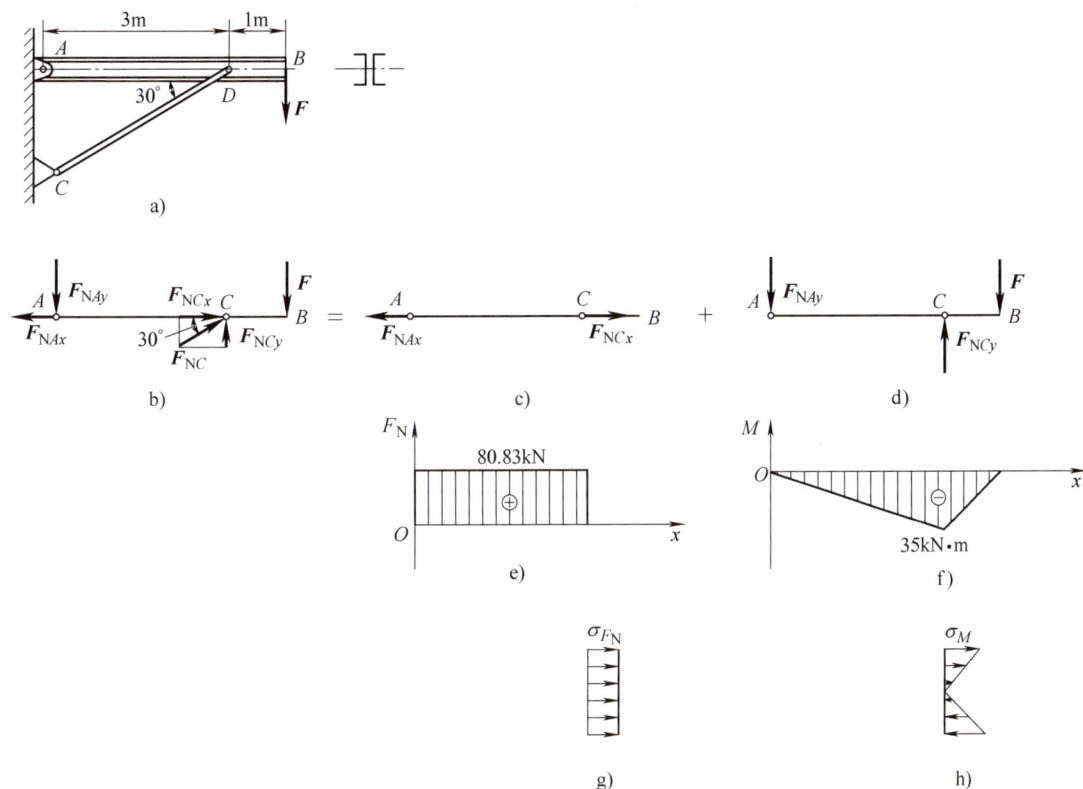

图 9-7

解 1）外力分析。

选 AB 梁为研究对象，进行受力分析，画受力图，如图 9-7b 所示。列平衡方程

$$\sum M_A(F)=0 \qquad F_{NC}\times 3\times \sin30° - F\times 4 = 0$$

得

$$F_{NC}=\frac{8}{3}F=93.33\mathrm{kN}$$

将 F_{NC} 分解为 F_{NCx} 和 F_{NCy}，得

$$F_{NCx}=F_{NC}\cos30°=80.83\mathrm{kN}$$
$$F_{NCy}=F_{NC}\sin30°=46.67\mathrm{kN}$$

再列平衡方程

$$\sum F_x=0 \qquad -F_{NAx}+F_{NCx}=0$$

得

$$F_{NAx}=F_{NCx}=80.83\mathrm{kN}$$

$$\sum F_y=0 \qquad -F_{NAy}+F_{NCy}-F=0$$

得

$$F_{NAy}=F_{NCy}-F=11.67\mathrm{kN}$$

由此可知，AB 梁在轴向拉力 F_{NAx}、F_{NCx} 作用下，产生轴向拉伸变形，其受力如图 9-7c 所示；在横向力 F_{NAy}、F_{NCy}、F 作用下，产生弯曲变形，其受力如图 9-7d 所示。因此 AB 梁

产生拉伸与弯曲的组合变形。

2）内力分析。

根据图9-7c、d绘制AB梁的轴力图和弯矩图，如图9-7e、f所示。据此，可以确定AB梁的截面C是危险截面，其轴力和弯矩值分别为

$$F_N = 80.83\text{kN}$$

$$M_C = M_{max} = -35\text{kN}\cdot\text{m}$$

3）应力分析。

危险截面C上与轴力F_N对应的应力分布图，如图9-7g所示。其应力值为

$$\sigma_{F_N} = \frac{F_N}{A}$$

危险截面C上与弯矩M_C对应的应力分布图，如图9-7h所示。其最大应力值为

$$\sigma_M = \frac{|M_{max}|}{W_z}$$

分析可知，危险截面C的上边缘各点产生绝对值最大的应力，即最大拉应力，其值为

$$\sigma_{Lmax} = \frac{F_N}{A} + \frac{|M_{max}|}{W_z}$$

4）根据强度条件确定槽钢的型号。

槽钢为塑性材料，只需对绝对值最大的应力进行强度计算，故强度计算公式为

$$\sigma_{Lmax} = \frac{F_N}{A} + \frac{|M_{max}|}{W_z} \le [\sigma]$$

即

$$\frac{80.83\times10^3}{A} + \frac{35\times10^6}{W_z} \le 140$$

上式中有两个未知量A和W_z，不能直接求解。工程中常用试凑法，即先按弯曲强度条件计算出W_z，确定槽钢型号；然后再代入组合变形的强度条件中进行校核，如数值相差较大，再作适当变更，如此以试凑的方法进行设计计算，最后确定槽钢的型号。

由弯曲强度条件得

$$\frac{|M_{max}|}{W_z} = \frac{35\times10^6}{W_z} \le 140$$

即

$$W_z \ge \frac{35\times10^6}{140}\text{mm}^3 = 2.5\times10^5\text{mm}^3$$

查附录型钢表，选两根18a号槽钢，其$W_z = 141\times2\text{cm}^3 = 2.82\times10^5\text{mm}^3$，$A = 25.699\times2\text{cm}^2 = 5.1398\times10^3\text{mm}^2$。将$W_z$和A值代入（a）式中，校核组合变形的强度

$$\sigma_{Lmax} = \frac{80.83\times10^3}{A} + \frac{35\times10^6}{W_z} = \frac{80.83\times10^3}{5.1398\times10^3}\text{MPa} + \frac{35\times10^6}{2.82\times10^5}\text{MPa} = 139.8\text{MPa} < [\sigma]$$

故选取两根18a号槽钢满足要求。

进一步分析可知，对于拉伸（或压缩）与弯曲的组合变形，随着σ_{F_N}和σ_M的比值不同，用叠加法叠加后组合变形的应力可能有三种不同的情况，如图9-8所示。图9-8a中的横截面上既有拉应力又有压应力；图9-8b中横截面的一个边缘上的应力恰好为零；图9-8c中的横

截面上只有一种正应力。设计拉伸（或压缩）与弯曲组合变形的构件，对于脆性材料，应尽可能使横截面上只产生压应力。

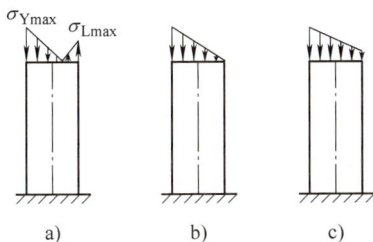

图 9-8

9.3 弯曲与扭转的组合变形

机械中的传动轴，大多产生弯曲与扭转的组合变形，简称弯扭组合变形。当弯曲变形较小时，可将弯曲变形略去不计，只对轴进行扭转强度条件计算；当弯曲变形较大时，便不能忽略弯曲变形的影响，必须按弯曲与扭转的组合变形进行强度计算。现以图 9-9 所示圆形截面轴为例，来说明弯曲与扭转组合变形的强度计算方法。

如图 9-9a 所示，一圆形截面轴 AB，左端 A 为固定端约束，自由端 B 处作用有集中力 F 和集中力偶 M_0。

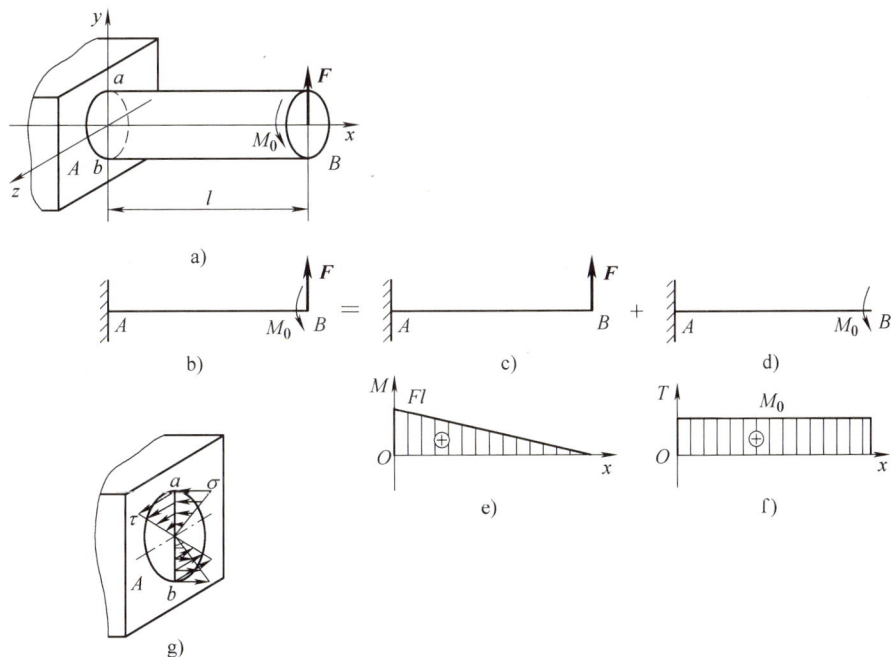

图 9-9

1. 外力分析

轴 AB 的计算简图如图 9-9b 所示。力 F 与轴线垂直相交，使轴产生弯曲变形，如图 9-9c 所示；力偶 M_0 使轴产生扭转变形，如图 9-9d 所示。所以，圆轴 AB 产生弯曲与扭转的组合变形。

2. 内力分析

根据图 9-9c 绘制轴的弯矩图，如图 9-9e 所示；根据图 9-9d 绘制轴的扭矩图，如图 9-9f 所示。由图可见，圆轴各横截面上的扭矩相同，弯矩不同，固定端 A 截面上的弯矩最大，所以 A 截面为危险截面，其上弯矩值和扭矩值分别为

$$M = Fl$$
$$T = M_0$$

3. 应力分析

在横截面 A 上，同时存在着弯矩和扭矩，相应的在该截面上存在弯曲正应力和扭转切应力。其应力分布如图 9-9g 所示，由图可见，危险截面上的扭转切应力是线性分布的，最大切应力在最外圈圆周上，其值为

$$\tau = \frac{|T|}{W_p} \tag{a}$$

弯曲正应力也是线性分布的，最大正应力在距中性轴最远的 a、b 两点，其值为

$$\sigma = \frac{|M|}{W_z} \tag{b}$$

故在 A 截面上的 a、b 两点，扭转切应力 τ 和弯曲正应力 σ 同时达到最大值，所以 a、b 两点为危险点。

4. 强度条件

如图 9-9g 所示，圆轴危险截面上的危险点 a、b 处同时存在扭转切应力 τ 和弯曲正应力 σ，由于 τ 和 σ 的方向不同，使得危险点的应力状态比较复杂，对其进行强度计算时，既不能采用应力的简单叠加，也不能按弯曲强度条件和扭转强度条件分别校核，而必须考虑它们的综合作用。人们通过长期的生产实践和科学实验，提出了四种不同的强度理论，根据这些强度理论可以得出四种不同的强度条件。目前，对于低碳钢类塑性材料，工程上普遍采用第三或第四强度理论。

根据第三强度理论，弯曲与扭转组合变形的强度条件为

$$\sigma_{xd3} = \sqrt{\sigma^2 + 4\tau^2} \leqslant [\sigma] \tag{9-3}$$

根据第四强度理论，弯曲与扭转组合变形的强度条件为

$$\sigma_{xd4} = \sqrt{\sigma^2 + 3\tau^2} \leqslant [\sigma] \tag{9-4}$$

式中　　σ_{xd3}——第三强度理论的相当应力；

　　　　σ_{xd4}——第四强度理论的相当应力；

　　　　σ——危险截面上危险点的弯曲正应力；

　　　　τ——危险截面上危险点的扭转切应力；

　　　　$[\sigma]$——材料的许用应力。

将式（a）、式（b）代入式（9-3）和式（9-4）得

$$\sigma_{xd3} = \sqrt{\left(\frac{M}{W_z}\right)^2 + 4\left(\frac{T}{W_p}\right)^2} \leqslant [\sigma] \tag{c}$$

$$\sigma_{xd4} = \sqrt{\left(\frac{M}{W_z}\right)^2 + 3\left(\frac{T}{W_p}\right)^2} \leqslant [\sigma] \tag{d}$$

对于圆形截面轴，抗弯截面系数和抗扭截面系数分别为

$$W_z = \frac{\pi d^3}{32} \qquad\qquad W_p = \frac{\pi d^3}{16} = 2W_z$$

将 $W_p = 2W_z$ 代入式（c）、式（d），得到用内力表达的第三、第四强度理论的强度条件分别为

$$\sigma_{xd3} = \frac{\sqrt{M^2 + T^2}}{W_z} \leqslant [\sigma] \tag{9-5}$$

$$\sigma_{xd4} = \frac{\sqrt{M^2 + 0.75T^2}}{W_z} \leqslant [\sigma] \tag{9-6}$$

式中　M——危险截面上的弯矩，单位为 N·mm；

　　　T——危险截面上的扭矩，单位为 N·mm；

　　　W_z——危险截面的抗弯截面系数，单位为 mm³。

应用式（9-5）、式（9-6）时，应注意以下两点：

1）公式只适用于圆形截面轴产生弯扭组合变形时的强度计算，对于非圆形截面的弯扭组合变形必须用式（9-3）或式（9-4）进行强度计算。

2）M 和 T 必须是同一截面（危险截面）上的弯矩和扭矩。

例 9-4　如图 9-10a 所示，电动机带动轴 AB 转动，在轴的中点安装一带轮，已知带轮的重力 $G = 3$kN，直径 $D = 500$mm，带的紧边拉力 $F_1 = 6$kN，松边拉力 $F_2 = 4$kN，$l = 1.2$m。若轴的许用应力 $[\sigma] = 80$MPa，试按第三强度理论设计轴的直径 d。

解　1）外力分析。

将带的紧边拉力 $\boldsymbol{F}_1$、松边拉力 $\boldsymbol{F}_2$ 分别向带轮的轴线平移，简化后得到一个作用于轴中点的横向力 $\boldsymbol{F}_R$ 和附加力偶 M_C，轴的计算简图如图 9-10b 所示。其中

$$F_R = G + F_1 + F_2 = 3\text{kN} + 6\text{kN} + 4\text{kN} = 13\text{kN}$$

$$M_C = F_1\frac{D}{2} - F_2\frac{D}{2} = (6-4) \times 0.25\text{kN·m} = 0.5\text{kN·m}$$

显然，在横向力 $\boldsymbol{F}_R$ 的作用下，轴产生弯曲变形，如图 9-10c 所示；在力偶 M_C 的作用下，轴产生扭转变形，如图 9-10d 所示。所以，轴产生弯曲与扭转的组合变形。

2）内力分析。

根据图 9-10c 绘制轴的弯矩图，如图 9-10e 所示；根据图 9-10d 绘制轴的扭矩图，如图 9-10f 所示。由图可见，轴 CB 段各横截面上的扭矩相同，弯矩不同，AB 的中点 C 截面上的弯矩最大，所以 C 截面为危险截面，其上弯矩值和扭矩值分别为

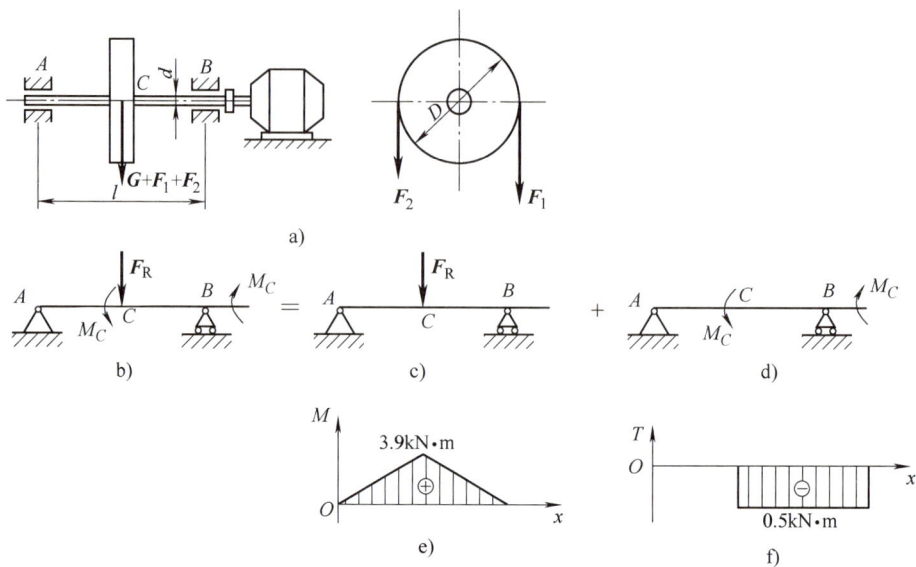

图 9-10

$$M = \frac{F_R l}{4} = \frac{13 \times 1.2}{4} \text{kN} \cdot \text{m} = 3.9 \text{kN} \cdot \text{m}$$

$$T = M_C = 0.5 \text{kN} \cdot \text{m}$$

3）按第三强度理论确定轴的直径 d。

由式（9-5）得

$$\sigma_{xd3} = \frac{\sqrt{M^2 + T^2}}{W_z} = \frac{\sqrt{M^2 + T^2}}{\pi d^3 / 32} \leqslant [\sigma]$$

则有

$$d \geqslant \sqrt[3]{\frac{32\sqrt{M^2 + T^2}}{\pi[\sigma]}} = \sqrt[3]{\frac{32\sqrt{(3.9 \times 10^6)^2 + (0.5 \times 10^6)^2}}{\pi \times 80}} \text{mm} = 79.4 \text{mm}$$

取轴的直径为 $d = 80 \text{mm}$。

有时，作用在轴上的横向力很多且方向各不相同，这时可将每一个横向力向水平和竖直两个方向进行分解，分别画出构件在水平和竖直平面内的弯矩图，再按下式计算危险截面上的合成弯矩

$$M_合 = \sqrt{M_{水平}{}^2 + M_{竖直}{}^2}$$

计算出合成弯矩后，将 $M_合$ 代入式（9-5）或式（9-6）中，即可进行弯扭组合的强度计算。

例 9-5 图 9-11a 所示齿轮轴，作用在齿轮 A 上的外力偶矩 $M_0 = 200 \text{N} \cdot \text{m}$，两轴承 B、C 中间安装一齿轮，其分度圆直径 $D = 80 \text{mm}$，齿轮上作用有圆周力 F_t 和径向力 F_r，且 $F_t = 5 \text{kN}$，$F_r = 1.8 \text{kN}$，轴的直径 $d = 50 \text{mm}$，材料的许用应力 $[\sigma] = 100 \text{MPa}$。用第四强度理论校核轴的强度。

解 1）外力分析。

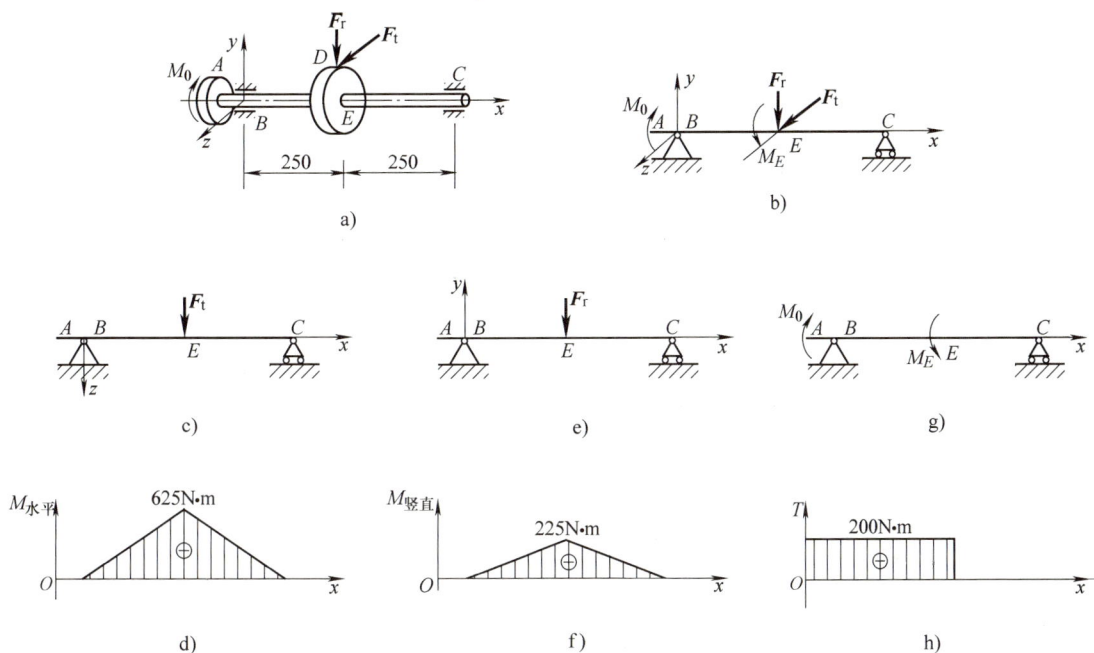

图 9-11

将圆周力 F_t 和径向力 F_r 向齿轮的转动中心平移，简化后得到两个作用于 E 点的横向力 F_t、F_r 和一附加力偶 M_E，轴的计算简图如图 9-11b 所示。其中

$$M_E = F_t \frac{D}{2} = 5 \times \frac{80}{2} \text{kN} \cdot \text{mm} = 200 \text{kN} \cdot \text{mm} = 200 \text{N} \cdot \text{m}$$

显然，在横向力 F_t 的作用下，轴在水平面 Bxz 内产生弯曲变形，如图 9-11c 所示；在横向力 F_r 的作用下，轴在竖直面 Bxy 内产生弯曲变形，如图 9-11e 所示；在力偶 M_E 的作用下，轴产生扭转变形，如图 9-11g 所示。故轴产生弯曲与扭转的组合变形。

2）内力分析。

根据图 9-11c 绘制轴在水平面内的弯矩图，如图 9-11d 所示；根据图 9-11e 绘制轴在竖直面内的弯矩图，如图 9-11f 所示；根据图 9-11g 绘制轴的扭矩图，如图 9-11h 所示。图中可见，齿轮的作用点 E 截面处的扭矩 T、水平面内的弯矩 $M_{水平}$ 和竖直平面内的弯矩 $M_{竖直}$ 均具有最大值，故 E 截面为危险截面，其上弯矩值和扭矩值分别为

$$M_{水平} = 625 \text{N} \cdot \text{m}$$
$$M_{竖直} = 225 \text{N} \cdot \text{m}$$
$$T = M_E = 200 \text{N} \cdot \text{m}$$

3）校核强度。

危险截面 E 处的合成弯矩值 $M_合$ 为

$$M_合 = \sqrt{M_{水平}^2 + M_{竖直}^2} = \sqrt{625^2 + 225^2} \text{N} \cdot \text{m} = 664.3 \text{N} \cdot \text{m}$$

将 $M_合$ 及 T 值代入式（9-6）得

$$\sigma_{xd4} = \frac{\sqrt{M_合^2 + 0.75T^2}}{W_z}$$

$$= \frac{\sqrt{(664.3\times10^3)^2 + 0.75\times(200\times10^3)^2}}{\pi\times50^3/32}\text{MPa} = 55.9\text{MPa} < [\sigma]$$

所以，轴的强度满足要求。

小　结

1. 构件在载荷作用下产生两种或两种以上的基本变形，称为组合变形。工程中常见的组合变形形式有两种，一是拉伸（或压缩）与弯曲的组合变形，二是弯曲与扭转的组合变形。

2. 在弹性小变形条件下，构件产生拉伸（或压缩）与弯曲的组合变形时，可用叠加法计算其危险截面的应力，故拉伸（或压缩）与弯曲组合变形的强度条件为

$$\sigma_{Lmax} = \frac{F_N}{A} + \frac{|M_{max}|}{W_z} \leqslant [\sigma_L]$$

$$|\sigma_{Ymax}| = \left|\frac{F_N}{A} - \frac{|M_{max}|}{W_z}\right| \leqslant [\sigma_Y]$$

3. 弯曲与扭转的组合变形，简称弯扭组合变形。弯扭组合变形的危险点是复杂应力状态，计算组合变形的应力时，不能进行简单的叠加，工程上经常采用第三、第四强度理论建立的强度条件，有两组计算公式，第一组用应力表示

$$\sigma_{xd3} = \sqrt{\sigma^2 + 4\tau^2} \leqslant [\sigma]$$

$$\sigma_{xd4} = \sqrt{\sigma^2 + 3\tau^2} \leqslant [\sigma]$$

第二组用内力表示

$$\sigma_{xd3} = \frac{\sqrt{M^2 + T^2}}{W_z} \leqslant [\sigma]$$

$$\sigma_{xd4} = \frac{\sqrt{M^2 + 0.75T^2}}{W_z} \leqslant [\sigma]$$

其中第二组只适用于圆形截面轴。

习　题

9-1　填空题

（1）两种或两种以上基本变形的组合，称为_____。

（2）在工程中最为常见的组合变形是_____和_____。

（3）在_____条件下，构件产生拉伸（或压缩）与弯曲的组合变形时，可用叠加法计算其危险截面的应力。

（4）当外力的作用线平行于构件的轴线，但不通过构件横截面的形心时，产生的变形称

为_____。

（5）偏心拉伸实际上是_____的组合变形。

（6）弯曲与扭转的组合变形，简称_____。

（7）弯扭变形的危险点是_____状态，计算组合变形的应力时，不能简单地进行叠加，工程上经常采用_____或_____建立的强度条件。

（8）正方形截面粗短立柱如图9-12所示，在其中间开一切槽，使横截面面积减少为原来的一半。则其最大正应力_____。（升高、降低、不变）

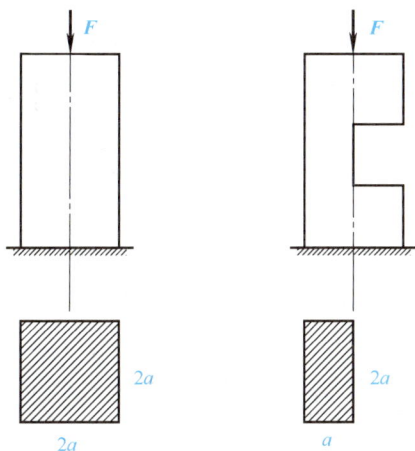

图 9-12

9-2 选择题

（1）应用叠加原理的前提条件是（　　）。

A. 线弹性构件

B. 小变形杆

C. 线弹性、小变形杆件

D. 线弹性、小变形、直杆

（2）三种受压杆件如图9-13所示，设杆1、杆2和杆3中的最大压应力（绝对值）分别用σ_{max1}、σ_{max2}、σ_{max3}表示，则（　　）。

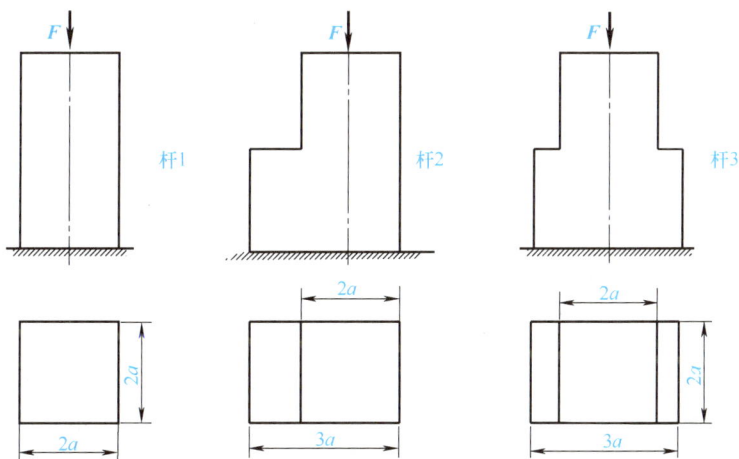

图 9-13

A. $\sigma_{max1} = \sigma_{max2} = \sigma_{max3}$

B. $\sigma_{max1} > \sigma_{max2} = \sigma_{max3}$

C. $\sigma_{max2} > \sigma_{max1} = \sigma_{max3}$

D. $\sigma_{max2} < \sigma_{max1} = \sigma_{max3}$

（3）如图 9-14 所示，矩形截面偏心受压杆件发生（　　）变形。

A. 轴向压缩、平面弯曲

B. 轴向压缩、平面弯曲、扭转

C. 轴向压缩、斜弯曲

D. 轴向压缩、斜弯曲、扭转

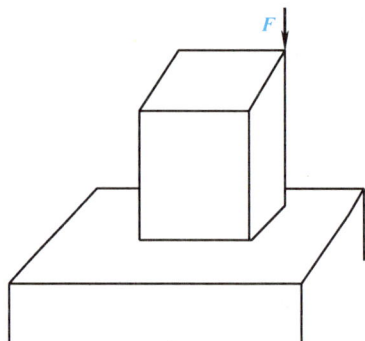

图　9-14

（4）如图 9-15 所示，AB 杆的 A 处靠在光滑的墙上，B 端铰支，在自重作用下发生变形，AB 杆发生（　　）变形。

A. 平面弯曲　　　　　B. 斜弯　　　　　　C. 拉弯组合　　　　　D. 压弯组合

（5）简支梁受力如图 9-16 所示，梁上（　　）。

A. AC 段发生弯曲变形、CB 段发生拉弯组合变形

B. AC 段发生压弯组合变形、CB 段发生弯曲变形

C. 两段只发生弯曲变形

D. AC 段发生压弯组合、CB 段发生拉弯组合变形

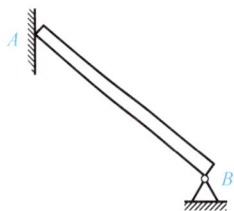

图　9-15

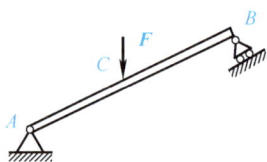

图　9-16

9-3　判断题

（1）只要杆件横截面上的轴力为零，则该横截面上的正应力各处为零。（　　）

（2）承受偏心拉伸的杆件，其中性轴仍然通过截面的形心。（　　）

（3）只要应力不超过材料的比例极限，组合变形就可用叠加原理计算。（　　）

（4）弯扭组合变形中，剪力引起的剪应力都可忽略不计。（　　）

（5）对于任何偏心受压杆件，强度条件都适用。（　　）

9-4*　一压力机如图 9-17 所示，机架由铸铁制成，$[\sigma_L]=35\text{MPa}$，$[\sigma_Y]=140\text{MPa}$，最大压力 $F=1400\text{kN}$，立柱的横截面尺寸如图，$h=700\text{mm}$，$y_C=200\text{mm}$，横截面面积 $A=1.8\times10^5\text{mm}^2$，截面对 z 轴的惯性矩 $I_z=8.0\times10^9\text{mm}^4$。校核立柱的强度。

9-5*　一矩形截面钢杆如图 9-18 所示，用应变片测得杆件上下表面的应变分别为 $\varepsilon_a=1\times10^{-3}$，$\varepsilon_b=0.4\times10^{-3}$，材料的弹性模量 $E=210\text{GPa}$。（1）试绘制钢杆横截面上的正应力分布图；（2）求拉力 F 和偏心距 e 的数值。

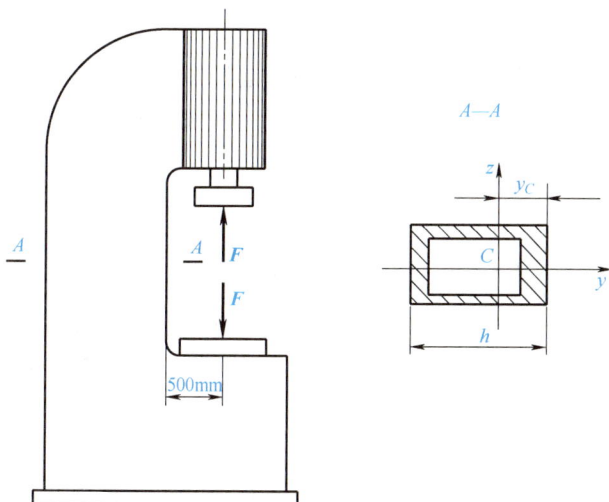

图 9-17

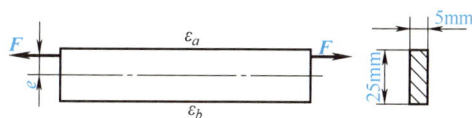

图 9-18

拓展园地

警钟长鸣——韩国三丰百货大楼事故

1995年夏天，韩国汉城（现更名为首尔）欣欣向荣，堪称20世纪末亚洲经济奇迹的代表。三丰百货大楼是地标性建筑，也是韩国在全球快速成功崛起的象征。6月29日下午，这里却成为一场恐怖浩劫的中心。在30秒内，五层百货大楼层层塌陷，导致501人被压死。到底是什么原因造成韩国历史上和平时期最惨重的灾难？

三丰百货大楼属于"平板"结构，平板结构施工优点多，却很敏感，它的规划必须更精确，完全不能出错。调查小组中的建筑师在检查大楼建筑蓝图后发现，设计图被施工单位大幅度更改，最关键的变动在五楼。五楼本来要当溜冰场，但后被改成传统的韩国餐厅，导致楼面重量增加了三倍。每家餐厅又加装了大型厨房设备，而这些多出的重量从未列入结构计算。紧接着，调查人员又发现屋顶的一项大修改：由于邻居抱怨噪声，大型冷却水塔从地面移至屋顶，水塔装满水重量可以达到30吨。上面楼层重量大增，理应加强支撑，但建筑商却反其道而行。调查小组在进行大楼的骨架与蓝图比对时，发现有些柱子与楼板间没有托板，但托板却是平板结构的要件，因为柱头的托板可以降低压强，分散混凝土楼板的荷载。实际调查的结果是许多托板的尺寸太小，有的柱头甚至没有托板。紧接着发现的是支撑四、五楼的柱子直径大幅缩水。顶楼的重量大幅度增加，结构支撑却大幅度缩水，这两大因素带来了致命的结果。调查人员看完三丰百货的蓝图即可看出灾难迟早发生，但为什么它还正常运营了5年多？压垮它的最后一根稻草又是什么？

具有讽刺意味的是，最后毁了大楼的，竟然是新添的安全设施。根据韩国的法规，百货公司必须在电扶梯旁加装防火墙。防火墙遇到火警会自动关闭，以免火势浓烟蔓延到其他楼层。而为腾出空间加装防火墙，工人切开电扶梯旁的混凝土柱。这个举动严重削弱了大楼的支撑结构。这一系列致命的组合就像颗定时炸弹。三丰百货倒塌的元凶，就是"贯穿剪力"。太细的柱子承受过多的重量，在强大的压强作用下就会像针一样贯穿上方的天花板。

1995年6月29日的情况就是如此。从一早员工开始上班时，三丰百货已经接近崩塌边缘。当天早晨，有员工发现楼板隆起，餐厅的天花板下陷，四楼电扶梯旁的那根被切割过的柱子受到剪力，开始贯穿楼板。建筑物开始摇晃，造成餐具部玻璃器皿晃动作响，但百货公司没人有警觉，还把晃动怪到屋顶的空调。上午9时40分，五楼的餐厅因地板出现裂缝而关闭。1小时后，四楼的柱子继续贯穿天花板，整片混凝土板下陷5厘米。上午11时30分到12时之间，店员听见四、五楼传来连续轰隆声。14时，三丰会长紧急召集主管，决定请结构工程师察看裂缝，评估损害。14时到15时，员工抽干屋顶冷却水塔，以减少负重。但这改变太小又太迟，结构损害已经造成，三丰百货已经踏上倒塌的不归路。16时，结构工程师向三丰主管建议在打烊之后进行补强。17时，百货公司挤满购物人潮。17时47分，四楼的柱子彻底贯穿了天花板，失去承载能力，载荷顿时转移到其余的柱子，但其他柱子无力支撑多出的重量开始发生破坏。17时52分，大楼开始倒塌。30秒内，三丰百货大楼化为飞扬尘土和一堆瓦砾。

由此次事故我们可以知道，在实际的工程与生产中，力学问题不可忽视，一旦发现构件变形或损坏，应引起高度重视，查明原因，防微杜渐，以免引起更严重的事故。2021年5月18日中午12点31分，高达355.8米的深圳华强北赛格大厦发生晃动，大楼管理处立即通过应急广播通知所有人撤离，40分钟内共疏散群众达一万五千人。经专家调查，证实是由于桅杆风致涡激共振引发大厦有感振动，大楼主体结构没有异常。这一事件说明我国民众的安全意识和管理部门的应急管理措施都十分到位。各位同学在今后的生活与工作中，也应牢记力学常识，时刻保持一定警惕性，保证人身安全、生产安全。

10

如图 10-1 所示，用 Q235 钢制成的三根受压等直杆，两端均为铰链支承，横截面尺寸均相同，长度 $l_1 > l_2 > l_3$。那么这三根杆件的抗压能力相同吗？要回答这类问题就需要学习压杆稳定方面的知识。

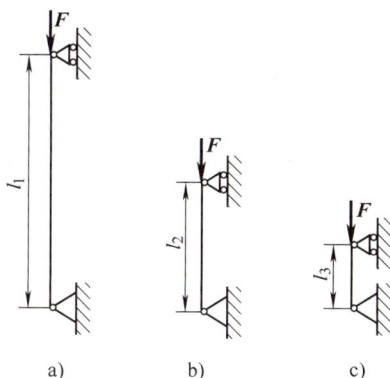

图 10-1

10.1 压杆稳定的概念及失稳分析

10.1.1 压杆稳定的概念

前面研究受压直杆时，认为它的破坏主要取决于强度，为保证构件安全可靠地工作，要求其工作应力小于许用应力。实际上，这个结论只对短粗的压杆才是正确的，若用于细长杆将导致错误的结论。例如，一根宽 30mm，厚 2mm，长 400mm 的条形钢板，其材料的许用应力为 $[\sigma]=120$MPa，按轴向压缩强度条件，其承载能力为

$$F \leqslant A[\sigma] = (30 \times 2 \times 120)\text{N} = 7.2 \times 10^3 \text{N} = 7.2\text{kN}$$

但实验发现，压力 F 达到 70N 时，它已经开始弯曲，如图 10-2 所示。若压力继续增大，则变形程度急剧增加直至折断，此时压力 F 远小于 7.2kN，产生破坏的原因是它不能保持原来的直线平衡状态。可见，细长压杆的承载能力不取决于它的压缩强度条件，而取决于它保持直线平衡状态的能力。压杆保持其原有直线平衡状态的能力，称为压杆的稳定性；反之，压杆丧失其原有直线平衡状态而破坏的现象，称为压杆的失稳。

机械中有许多细长压杆,例如,图 10-3a 所示螺旋千斤顶的螺杆,图 10-3b 所示内燃机的连杆等,都必须具有足够的稳定性,才能安全可靠地工作。

由于细长压杆的破坏主要是由于失稳引起的,所以对细长压杆必须进行稳定性计算。

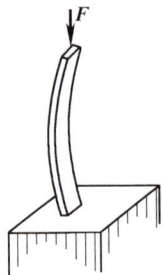

图 10-2

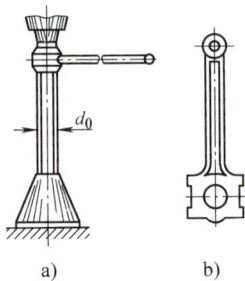

图 10-3

10.1.2　压杆失稳分析

为了研究细长压杆的失稳过程,可做如下试验。如图 10-4a 所示,取一细长直杆,在两端施加较小的轴向压力 F,压杆处于直线平衡状态。此时,若施加一微小干扰力 F_Q,压杆将处于微弯状态,如图 10-4b 所示。将干扰力 F_Q 除去,可以看到压杆左右摆动,且摆动幅度越来越小,最后回复到原来的直线平衡状态,如图 10-4c 所示。这种情况下压杆的直线平衡状态是稳定的。将压力 F 的数值逐渐增加,当 F 值较大时,压杆在微小干扰力作用下微弯后,即使除去干扰力 F_Q,也不再回复到原来的直线平衡状态,而是处于微弯平衡状态,如图 10-4d 所示。这种情况下压杆的直线平衡状态是不稳定的。继续增加压力 F,压杆的弯曲变形程度将急剧增加,直至折断。

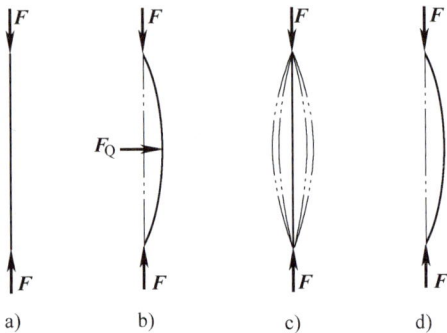

图 10-4

由此可见,对于细长压杆,其直线平衡状态是否稳定,与轴向压力 F 的大小有关。当压力 F 值较小时,压杆的直线平衡状态是稳定的;当压力 F 值较大时,压杆的直线平衡状态是不稳定的;当压力为某一数值 F_{lj} 时,压杆处于稳定的直线平衡状态和不稳定的直线平衡状态之间,这一状态称为临界状态。压杆处于临界状态的压力值,称为压杆的临界压力,简称临界力,用符号 F_{lj} 表示。临界力是压杆即将失稳时的压力,当 $0 \leqslant F < F_{lj}$ 时,压杆处于稳定的直线平衡状态,当 $F > F_{lj}$ 时,压杆就会失稳。临界力的大小表示压杆稳定性的强弱,临界力越大,则压杆的稳定性越强,越不易失稳;反之,压杆的稳定性越弱,越容易失稳。因此研究压杆的稳定性,关键在于确定临界力的大小。

应该指出,即使没有干扰力作用,当轴向压力 $F > F_{lj}$ 时,压杆也可能出现失稳现象,这是由于对压杆起干扰作用的因素常常是不可避免的,如材料的不均匀、加载的偏心或周围环境引起的微小振动等,都起着干扰力的作用。

10.2 临界力和临界应力

10.2.1 临界力的欧拉公式

科学实验和理论推导可得，细长压杆临界力的计算公式为

$$F_{lj} = \frac{\pi^2 EI}{(\mu l)^2} \tag{10-1}$$

式中　E——压杆材料的弹性模量，单位为 MPa；

I——压杆横截面对中性轴的惯性矩，单位为 mm^4；

μ——与支承情况有关的长度系数，其值见表 10-1；

l——压杆的长度，单位为 mm。

表 10-1　细长压杆的长度系数

支承情况	两端铰支	一端固定一端铰支	两端固定	一端固定一端自由
简图		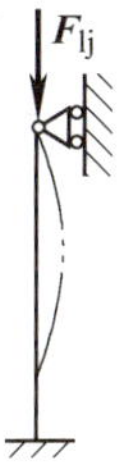		
长度系数 μ	1	0.7	0.5	2

式（10-1）称为临界力的欧拉公式，其中 EI 为压杆的抗弯刚度。欧拉公式表明：

1）压杆的临界力 F_{lj} 的大小与其抗弯刚度 EI 成正比，EI 值越大，压杆抵抗弯曲变形的能力越强，临界力 F_{lj} 越大。

2）压杆的临界力 F_{lj} 的大小与压杆长度 l 的平方成反比，l 越大，压杆抵抗弯曲变形的能力越弱，临界力 F_{lj} 越小。

3）压杆的临界力 F_{lj} 与压杆的支承情况有关，压杆两端的支承越牢固，压杆抵抗弯曲变形的能力越强，临界力 F_{lj} 越大。从表 10-1 中可见，两端固定的压杆，其长度系数 $\mu = 0.5$，一端固定、一端自由的压杆，其长度系数 $\mu = 2$，在其他条件均相同的情况下，前者的临界力为后者的 16 倍。这是因为前者的支承牢固，约束能力强，故 F_{lj} 值大。

10.2.2 临界应力的欧拉公式

压杆处于临界状态时，横截面上的平均应力称为压杆的临界应力，用 σ_{lj} 表示。若用 A 表示压杆的横截面面积，则

$$\sigma_{lj} = \frac{F_{lj}}{A} = \frac{\pi^2 EI}{(\mu l)^2 A}$$

令 $$i = \sqrt{\frac{I}{A}}$$ （10-2）

则有

$$\sigma_{lj} = \frac{\pi^2 E}{\left(\dfrac{\mu l}{i}\right)^2}$$

又令 $$\lambda = \frac{\mu l}{i}$$ （10-3）

式中 i——压杆横截面的惯性半径，单位为 mm。

则压杆的临界应力的计算公式为

$$\sigma_{lj} = \frac{\pi^2 E}{\lambda^2}$$ （10-4）

式中 λ——压杆的柔度，量纲为 1。

柔度综合反映了压杆的长度、支承情况、横截面形状和尺寸等因素对临界应力的影响。压杆越细长、支承情况越不牢固、横截面尺寸越小则柔度越大，临界应力越小。

式（10-4）称为临界应力的欧拉公式。公式表明，对于一定材料制成的压杆，$\pi^2 E$ 是常数，σ_{lj} 与 λ^2 成反比。因此，柔度越大，则临界应力越小，压杆越容易失稳。所以柔度 λ 是压杆稳定性计算中的一个重要的物理量。

10.2.3 欧拉公式的适用范围

欧拉公式是在材料服从胡克定律的条件下得出的，所以其适用范围是临界应力小于等于比例极限，即

$$\sigma_{lj} = \frac{\pi^2 E}{\lambda^2} \leqslant \sigma_p$$

将上面的条件用柔度表示，即

$$\lambda \geqslant \sqrt{\frac{\pi^2 E}{\sigma_p}}$$

令 $\lambda_p = \sqrt{\dfrac{\pi^2 E}{\sigma_p}}$，则欧拉公式的适用范围为

$$\lambda \geqslant \lambda_p = \sqrt{\frac{\pi^2 E}{\sigma_p}}$$ （10-5）

式中 λ_p 为临界应力等于材料比例极限时的柔度，是允许应用欧拉公式的最小柔度值。对于一定的材料，λ_p 为一常数。例如 Q235 钢，其弹性模量 $E = 200\text{GPa}$，比例极限 $\sigma_p = 200\text{MPa}$，则 λ_p 值为

$$\lambda_p = \sqrt{\frac{\pi^2 E}{\sigma_p}} = \sqrt{\frac{\pi^2 \times 200 \times 10^3}{200}} \approx 100$$

这就是说,对于 Q235 钢制成的压杆,只有当其柔度 $\lambda \geqslant 100$ 时,才能应用欧拉公式。

$\lambda \geqslant \lambda_p$ 的压杆称为大柔度杆或细长杆,其临界力或临界应力可用欧拉公式计算。几种常用材料的 λ_p 值见表 10-2。

表 10-2 几种常用材料的 λ_p 值

材料	a/MPa	b/MPa	λ_p	λ_s
Q235 钢、10 钢、25 钢	310	1.24		
35 钢	469	2.62	100	60
45 钢、55 钢	589	3.82		
铸铁	338.7	1.483	80	—
木材	29.3	0.194	110	40

10.2.4 中、小柔度杆临界应力的计算

工程中有许多压杆,柔度往往都小于 λ_p。由前面的分析可知,压杆的柔度越小,其稳定性越强,越不易失稳。实验表明,当柔度 λ 小到某一程度 λ_s 时,压杆就不会失稳,其承载能力由轴向压缩强度条件决定。$\lambda \leqslant \lambda_s$ 的压杆称为小柔度杆或短粗杆,几种常用材料的 λ_s 值见表 10-2。

小柔度杆的临界应力按其制作材料不同分为两种情况:

对于塑性材料 $\qquad\qquad\qquad\qquad \sigma_{lj} = \sigma_s$

对于脆性材料 $\qquad\qquad\qquad\qquad \sigma_{lj} = \sigma_{by}$

工程中还有一类压杆,其柔度介于大柔度杆和小柔度杆之间,即 $\lambda_s < \lambda < \lambda_p$,这类压杆称为中柔度杆。中柔度杆也会发生失稳现象,但其临界应力已超过比例极限,不能用欧拉公式计算。中柔度杆临界应力的计算,通常采用建立在实验基础上的经验公式,经验公式有直线公式和抛物线公式等。其中,直线公式比较简单,应用方便,其形式为

$$\sigma_{lj} = a - b\lambda \qquad\qquad\qquad (10\text{-}6)$$

式中 a、b——与材料性质有关的常数,单位为 MPa。一些常用材料的 a、b 值见表 10-2。

综合上述分析,将各类压杆的临界应力计算公式归纳如下:

1)对于大柔度杆($\lambda \geqslant \lambda_p$),用欧拉公式计算。

$$\sigma_{lj} = \frac{\pi^2 E}{\lambda^2}$$

2)对于中柔度杆($\lambda_s < \lambda < \lambda_p$),用经验公式计算。

$$\sigma_{lj} = a - b\lambda$$

3)对于小柔度杆($\lambda \leqslant \lambda_s$),材料为塑性材料时,$\sigma_{lj} = \sigma_s$;材料为脆性材料时,$\sigma_{lj} = \sigma_{by}$。

例 10-1 如图 10-5 所示,用 Q235 钢制成的三根压杆,两端均为铰链支承,横截面为圆形,直径 $d = 60\text{mm}$,长度分别为 $l_1 = 2.4\text{m}$,$l_2 = 1.2\text{m}$,$l_3 = 0.6\text{m}$,材料的弹性模量 $E = 200\text{GPa}$,屈服强度 $\sigma_s = 235\text{MPa}$。求三根压杆的临界应力和临界力。

解 1)计算各压杆的柔度。因压杆两端为铰链支承,查表 10-1 得长度系数 $\mu = 1$。圆形

截面对 y 轴和 z 轴的惯性矩相等，均为

$$I_y = I_z = I = \frac{\pi d^4}{64}$$

故圆形截面的惯性半径为

$$i = \sqrt{\frac{I}{A}} = \sqrt{\frac{\pi d^4/64}{\pi d^2/4}} = \sqrt{\frac{d^2}{16}} = \frac{d}{4} = \frac{60}{4}\text{mm}$$

$$= 15\text{mm}$$

由式（10-3）得，各压杆的柔度分别为

$$\lambda_1 = \frac{\mu l_1}{i} = \frac{1 \times 2400}{15} = 160$$

$$\lambda_2 = \frac{\mu l_2}{i} = \frac{1 \times 1200}{15} = 80$$

$$\lambda_3 = \frac{\mu l_3}{i} = \frac{1 \times 600}{15} = 40$$

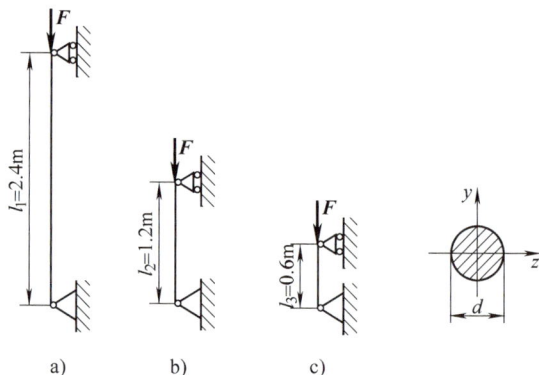

图　10-5

2）计算各压杆的临界应力和临界力。查表 10-2，对于 Q235 钢 $\lambda_p = 100$，$\lambda_s = 60$。

对于压杆 1，其柔度 $\lambda_1 = 160 > \lambda_p$，所以压杆 1 为大柔度杆，临界应力用欧拉公式计算。

$$\sigma_{lj} = \frac{\pi^2 E}{\lambda_1^2} = \frac{\pi^2 \times 200 \times 10^3}{160^2}\text{MPa} = 77.1\text{MPa}$$

临界力为

$$F_{lj} = \sigma_{lj} A = \sigma_{lj} \frac{\pi d^2}{4} = 77.1 \times \frac{\pi \times 60^2}{4}\text{N} = 2.18 \times 10^5\text{N} = 218\text{kN}$$

对于压杆 2，其柔度 $\lambda_2 = 80$，$\lambda_s < \lambda_2 < \lambda_p$，所以压杆 2 为中柔度杆，临界应力用经验公式计算。查表 10-2，对于 Q235 钢 $a = 310$MPa，$b = 1.24$MPa，故临界应力为

$$\sigma_{lj} = a - b\lambda = 310\text{MPa} - 1.24 \times 80\text{MPa} = 210.8\text{MPa}$$

临界力为

$$F_{lj} = \sigma_{lj} A = \sigma_{lj} \frac{\pi d^2}{4} = 210.8 \times \frac{\pi \times 60^2}{4}\text{N} = 5.96 \times 10^5\text{N} = 596\text{kN}$$

对于压杆 3，其柔度 $\lambda_3 = 40 < \lambda_s$，所以压杆 3 为小柔度杆。又因为 Q235 钢为塑性材料，故其临界应力为

$$\sigma_{lj} = \sigma_s = 235\text{MPa}$$

临界力为

$$F_{lj} = \sigma_s A = \sigma_s \frac{\pi d^2}{4} = 235 \times \frac{\pi \times 60^2}{4}\text{N} = 6.64 \times 10^5\text{N} = 664\text{kN}$$

由本例题可以看出，在其他条件均相同的情况下，压杆的长度越小，则其临界应力和临界力越大，压杆的稳定性越好。

例 10-2　如图 10-6 所示，一长度 $l = 780$mm 的压杆，两端固定，横截面为矩形，压杆的材料为 Q235 钢，其弹性模量 $E = 200$GPa。计算压杆的临界应力和临界力。

解　1）计算压杆的柔度。因压杆两端固定，查表 10-1 得长度系数 $\mu = 0.5$。矩形截面对

y 轴和 z 轴的惯性矩分别为

$$I_y = \frac{hb^3}{12} = \frac{20 \times 12^3}{12} \text{mm}^4 = 2880 \text{mm}^4$$

$$I_z = \frac{bh^3}{12} = \frac{12 \times 20^3}{12} \text{mm}^4 = 8000 \text{mm}^4$$

所以 $I_y < I_z$，因此压杆的横截面必定绕着 y 轴转动而失稳，将 I_y 代入式（10-2）中，得到截面对 y 轴的惯性半径为

$$i_y = \sqrt{\frac{I_y}{A}} = \sqrt{\frac{2800}{20 \times 12}} \text{mm} = 3.46 \text{mm}$$

由式（10-3）得，压杆的柔度为

$$\lambda = \frac{\mu l}{i_y} = \frac{0.5 \times 780}{3.46} = 112.7$$

2）计算临界应力和临界力。查表 10-2，对于 Q235 钢 $\lambda_p = 100$，则 $\lambda > \lambda_p$，故临界应力用欧拉公式计算。

$$\sigma_{lj} = \frac{\pi^2 E}{\lambda^2} = \frac{\pi^2 \times 200 \times 10^3}{112.7^2} \text{MPa} = 155.4 \text{MPa}$$

临界力为

$$F_{lj} = \sigma_{lj} A = 155.4 \times 20 \times 12 \text{N} = 3.73 \times 10^4 \text{N} = 37.3 \text{kN}$$

例 10-3　在例题 10-2 中，将压杆的截面形状变为圆形，并使此圆形截面与原矩形截面面积相等，如图 10-7 所示。其他条件不变，再求压杆的临界应力和临界力。

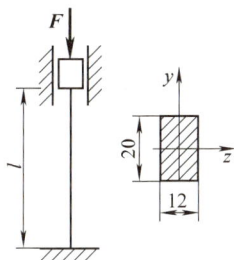 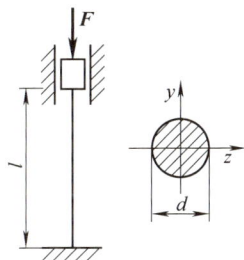

图 10-6 　　　　　　图 10-7

解　1）计算压杆的柔度。因为圆形截面与原矩形截面面积相等，故圆形截面的直径 d 为

$$d = \sqrt{\frac{4A}{\pi}} = \sqrt{\frac{4 \times 20 \times 12}{\pi}} \text{mm} = 17.48 \text{mm}$$

由例 10-1 得圆形截面的惯性半径为

$$i = \sqrt{\frac{I}{A}} = \frac{d}{4} = \frac{17.48}{4} \text{mm} = 4.37 \text{mm}$$

由式（10-3）得压杆的柔度为

$$\lambda = \frac{\mu l}{i} = \frac{0.5 \times 780}{4.37} = 89.2$$

2）计算临界应力和临界力。查表 10-2，对于 Q235 钢，$\lambda_p = 100$，$\lambda_s = 60$，则 $\lambda_s < \lambda < \lambda_p$，压杆为中柔度杆，故临界应力用经验公式计算。查表 10-2，对于 Q235 钢 $a = 310\text{MPa}$，$b = 1.24\text{MPa}$，故临界应力为

$$\sigma_{lj} = a - b\lambda = 310\text{MPa} - 1.24 \times 89.2\text{MPa} = 199.4\text{MPa}$$

临界力为

$$F_{lj} = \sigma_{lj} A = 199.4 \times 20 \times 12\text{N} = 4.79 \times 10^4\text{N} = 47.9\text{kNl}$$

比较例 10-2 和例 10-3 可知，在其他条件均相同的情况下，圆形截面压杆比矩形截面压杆的临界力大，稳定性强。其原因请读者思考。

10.3 压杆的稳定性计算

为了使压杆工作时具有足够的稳定性，不但要求其工作应力小于临界应力，而且需要有一定的安全储备。在工程设计中，常常根据强度条件和结构的要求，初步确定压杆的截面形状和尺寸，然后再校核其稳定性，校核方法通常采用安全系数法。

压杆的临界应力与工作应力之比，称为压杆的工作安全系数 n，它必须大于规定的稳定安全系数 n_w。故压杆的稳定性条件为

$$n = \frac{\sigma_{lj}}{\sigma} \geqslant n_w \tag{10-7}$$

或

$$n = \frac{F_{lj}}{F} \geqslant n_w \tag{10-8}$$

稳定安全系数 n_w，一般比强度安全系数规定得高些。这是因为压杆常常存在材料不均匀、加载偏心和支座缺陷等不利因素，这些因素对压杆稳定性的影响比对强度的影响更为严重。n_w 的数值可在有关手册中查取，静载荷条件下，可采用如下数值：

$$\text{钢材} \quad n_w = 1.8 \sim 3.0$$
$$\text{铸铁} \quad n_w = 4.5 \sim 5.5$$
$$\text{木材} \quad n_w = 2.5 \sim 3.5$$

例 10-4 如图 10-8a 所示千斤顶的螺杆，其旋出的最大长度 $l = 450\text{mm}$，螺纹内径 $d_0 = 40\text{mm}$，最大起重量 $F = 85\text{kN}$，材料为 45 钢，稳定安全系数 $n_w = 3$。校核螺杆的稳定性。

解 1）计算螺杆的柔度。螺杆可简化为下端固定、上端自由的压杆，如图 10-8b 所示。查表 10-1 得长度系数 $\mu = 2$。圆形截面的惯性半径为

$$i = \sqrt{\frac{I}{A}} = \frac{d_0}{4} = \frac{40}{4}\text{mm} = 10\text{mm}$$

螺杆的柔度为

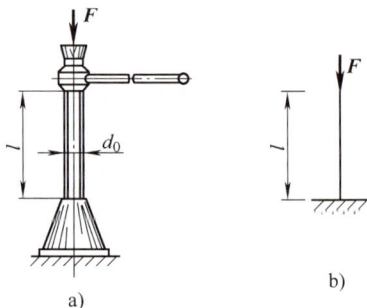

图 10-8

$$\lambda = \frac{\mu l}{i} = \frac{2 \times 450}{10} = 90$$

2）计算临界应力、校核螺杆的稳定性。查表 10-2，对于 45 钢 $\lambda_p = 100$，$\lambda_s = 60$，则 $\lambda_s < \lambda < \lambda_p$，所以螺杆为中柔度杆，临界应力用经验公式计算。查表 10-2，对于 45 钢 $a = 589$MPa，$b = 3.82$MPa，故临界应力为

$$\sigma_{lj} = a - b\lambda = 589\text{MPa} - 3.82 \times 90\text{MPa} = 245.2\text{MPa}$$

螺杆的工作应力为

$$\sigma = \frac{F}{A} = \frac{F}{\pi d_0^2 / 4} = \frac{85 \times 10^3}{\pi \times 40^2 / 4}\text{MPa} = 67.6\text{MPa}$$

由式（10-7）得

$$n = \frac{\sigma_{lj}}{\sigma} = \frac{245.2}{67.6} = 3.63 \geq n_w$$

故千斤顶螺杆的稳定性足够。

例 10-5 如图 10-9 所示，连杆 AB 上作用一轴向压力 $F = 90$kN，其材料为 Q235 钢，弹性模量 $E = 200$GPa，杆长 $l = 1.8$m，横截面为矩形，$b = 25$mm，$h = 75$mm，稳定安全系数 $n_w = 2$。校核连杆的稳定性。

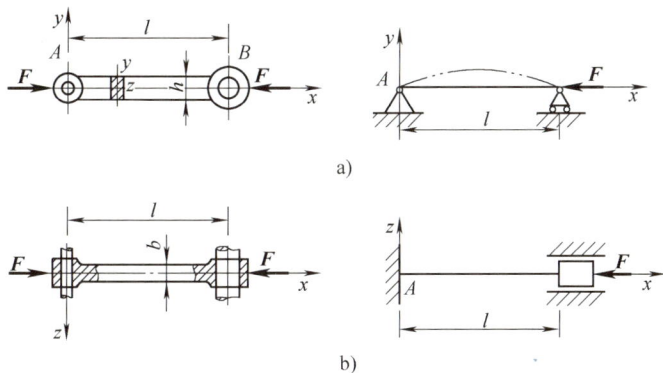

图 10-9

解 1）计算连杆的柔度。连杆在 Axy 平面内和 Axz 平面内支承情况不同，截面惯性矩不同，故应分别计算柔度。

连杆在 Axy 平面内可简化为两端铰链支承的压杆，如图 10-9a 所示。查表 10-1 得长度系数 $\mu = 1$。连杆在此平面内失稳时，z 为中性轴，此时惯性半径为

$$i_1 = \sqrt{\frac{I_z}{A}} = \sqrt{\frac{bh^3/12}{bh}} = \sqrt{\frac{h^2}{12}} = \sqrt{\frac{75^2}{12}}\text{mm} = 21.65\text{mm}$$

所以，连杆在 Axy 平面内的柔度为

$$\lambda_1 = \frac{\mu l}{i_1} = \frac{1 \times 1800}{21.65} = 83.1$$

连杆在 Axz 平面内可简化为两端固定的压杆，如图 10-9b 所示。查表 10-1 得长度系数 $\mu = 0.5$。连杆在此平面内失稳时，y 为中性轴，此时惯性半径为

$$i_2 = \sqrt{\frac{I_y}{A}} = \sqrt{\frac{hb^3/12}{bh}} = \sqrt{\frac{b^2}{12}} = \sqrt{\frac{25^2}{12}} \, \text{mm} = 7.22 \, \text{mm}$$

所以，连杆在 Axz 平面内的柔度为

$$\lambda_2 = \frac{\mu l}{i_2} = \frac{0.5 \times 1800}{7.22} = 124.7$$

2）计算临界应力、校核连杆的稳定性。因为 $\lambda_1 < \lambda_2$，所以连杆在 Axz 平面内更容易失稳，故只需校核连杆在此平面内的稳定性。查表 10-2，对于 Q235 钢 $\lambda_p = 100$，所以 $\lambda_2 > \lambda_p$，在 Axz 平面内连杆为大柔度杆，临界应力用欧拉公式计算。

$$\sigma_{lj} = \frac{\pi^2 E}{\lambda_2^2} = \frac{\pi^2 \times 200 \times 10^3}{124.7^2} \, \text{MPa} = 126.9 \, \text{MPa}$$

连杆的工作应力为

$$\sigma = \frac{F}{A} = \frac{F}{bh} = \frac{90 \times 10^3}{25 \times 75} \, \text{MPa} = 48 \, \text{MPa}$$

由式（10-7）得

$$n = \frac{\sigma_{lj}}{\sigma} = \frac{126.9}{48} = 2.64 \geqslant n_w$$

故连杆的稳定性足够。

通过以上例题分析可知，对压杆进行稳定性计算时，应首先计算压杆的柔度，根据柔度选择适当的临界应力计算公式，然后计算临界应力，校核压杆的稳定性。

10.4 提高压杆稳定性的措施

压杆临界应力的大小，反映了压杆稳定性的强弱。因此要提高压杆的稳定性，就必须设法增大其临界应力。由临界应力的计算公式 $\sigma_{lj} = \dfrac{\pi^2 E}{\lambda^2}$ 和 $\sigma_{lj} = a - b\lambda$ 可知，压杆的临界应力与材料的弹性模量和压杆的柔度有关，而柔度又与压杆的长度、压杆两端的支承情况和截面的几何性质等因素有关。下面从这几方面来讨论提高压杆稳定性的一些措施。

1. 合理选择材料

对于大柔度杆，临界应力 σ_{lj} 用欧拉公式计算。σ_{lj} 与材料的弹性模量 E 成正比，选 E 值大的材料可提高大柔度杆的稳定性。例如，钢杆的临界应力大于铁杆和铝杆的临界应力。但是，因为各种钢的 E 值相近，选用高强度钢，增加了成本，却不能提高其稳定性。所以，对于大柔度杆，宜选用普通钢材。

对于中柔度杆，临界应力 σ_{lj} 用经验公式计算。σ_{lj} 与材料的强度有关，材料的强度高，临界应力就大。所以，选用高强度钢，可有效地提高中柔度杆的稳定性。

2. 合理选择截面形状

截面的惯性半径和压杆柔度的计算公式分别为

$$i = \sqrt{\frac{I}{A}} \qquad\qquad \lambda = \frac{\mu l}{i}$$

因此，在横截面面积不变的条件下，合理选择截面形状，可以加大惯性矩，增大惯性半径，从而降低压杆的柔度，增加其临界应力。同时，当压杆的两端在各纵向平面内具有相同的支承条件时（例如两端球形铰链支承），其失稳总是发生在最小惯性矩所在的平面内，所以为了充分发挥材料的力学性能，提高压杆的承载能力，应该选择 $I_y = I_z$ 的截面，使压杆在各个平面内的稳定性相同。例 10-3 中圆形截面压杆的承载能力大于例 10-2 中的矩形截面压杆，就是这个道理。

通过以上分析可知，选择压杆的横截面形状时，在图 10-10 所示各组截面中，图 10-10c 中的截面优于图 10-10b 中的截面，图 10-10b 中的截面又优于图 10-10a 中的截面。

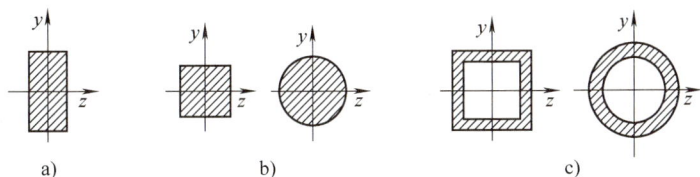

图 10-10

3. 减小压杆长度

由于柔度与压杆的长度成正比，因此，在条件允许时，应尽量减小压杆的长度或在压杆中间增加支座，以提高压杆的稳定性。

4. 改善支承条件

由表 10-1 可见，压杆两端的支承越牢固，则长度系数越小，柔度越小，临界应力越大。因此，压杆与其他构件连接时，应尽可能制作成刚性连接或采用较紧密的配合，以加强杆端约束的牢固性。

小 结

1. 压杆保持其原有直线平衡状态的能力，称为压杆的稳定性。压杆丧失其原有直线平衡状态而破坏的现象，称为压杆的失稳。将微小干扰力除去后，压杆仍然回复到原来的直线平衡状态，称压杆的直线平衡状态是稳定的；反之，称压杆的直线平衡状态是不稳定的。

2. 当压力为某一数值时，压杆处于稳定的直线平衡状态和不稳定的直线平衡状态之间，这一状态称为临界状态。压杆处于临界状态的压力值，称为压杆的临界压力，简称临界力，用符号 F_{lj} 表示。临界力是压杆即将失稳时的压力，临界力的大小表示压杆稳定性的强弱，临界力 F_{lj} 越大，则压杆的稳定性越强，反之，稳定性越弱。细长压杆临界力的计算公式为

$$F_{lj} = \frac{\pi^2 EI}{(\mu l)^2}$$

3. 压杆的柔度用符号 λ 表示，它综合反映了压杆的长度、支承情况、横截面形状和尺寸等因素对压杆稳定性的影响。其计算公式为

$$\lambda = \frac{\mu l}{i} \qquad i = \sqrt{\frac{I}{A}}$$

4. 压杆处于临界状态时，横截面上的平均应力称为压杆的临界应力，用 σ_{lj} 表示。各类

压杆的临界应力计算公式为

（1）对于大柔度杆（$\lambda \geqslant \lambda_p$），用欧拉公式计算。

$$\sigma_{lj} = \frac{\pi^2 E}{\lambda^2}$$

（2）对于中柔度杆（$\lambda_s < \lambda < \lambda_p$），用经验公式计算。

$$\sigma_{lj} = a - b\lambda$$

（3）对于小柔度杆（$\lambda \leqslant \lambda_s$），材料为塑性材料时，$\sigma_{lj} = \sigma_s$；材料为脆性材料时，$\sigma_{lj} = \sigma_{by}$。

5. 压杆的稳定性条件为

$$n = \frac{\sigma_{lj}}{\sigma} \geqslant n_w \quad \text{或} \quad n = \frac{F_{lj}}{F} \geqslant n_w$$

6. 常用提高压杆稳定性的措施有合理选择压杆的材料、合理选择截面形状、减小压杆长度和改善支承条件等。

习　题

10-1　填空题

（1）压杆保持其原有直线平衡状态的能力，称为_____。

（2）压杆丧失其原有直线平衡状态而破坏的现象，称为_____。

（3）当压力为某一数值时，压杆处于稳定的直线平衡状态和不稳定的直线平衡状态之间，这一状态称为_____。

（4）压杆处于临界状态的压力值，称为压杆的_____，简称____，用符号____表示。

（5）细长压杆临界力的计算公式为_____。

（6）_____综合反映了压杆的长度、支承情况、横截面形状和尺寸等因素对压杆稳定性的影响，用_____表示，其计算公式为_____。

（7）压杆处于临界状态时，横截面上的平均应力称为压杆的_____，用____表示。

（8）压杆的稳定性条件为_____或_____。

（9）常用提高压杆稳定性的措施有_____、_____、减小压杆长度和改善支承条件等。

10-2　选择题

（1）压杆失稳是指在轴向压力作用下：（　　）。

A. 局部横截面的面积迅速变化　　B. 危险面发生屈服或断裂

C. 不能维持平衡状态而发生运动　　D. 不能维持直线平衡而发生弯曲

（2）中心受压细长直杆丧失承载能力的原因为（　　）。

A. 横截面上的应力达到材料的比例极限　　B. 横截面上的应力达到材料的屈服极限

C. 横截面上的应力达到材料的强度极限　　D. 压杆丧失直线平衡状态的稳定性

（3）理想均匀压杆的工作压力 F 达到临界压力 F_{lj} 时处于直线平衡状态，受一干扰后发生微小弯曲变形，解除干扰后，则压杆（　　）。

A. 弯曲变形消失，恢复成直线状态　　B. 弯曲变形减小，不能恢复成直线状态

C. 微弯变形形态保持不变　　D. 变形继续增大

（4）一细长压杆当轴向压力 F 达到临界压力 F_{lj} 时受到微小干扰后发生失稳而处于微弯平衡状态，此时若解除压力 F，则压杆的微弯变形（　　）。

A. 完全消失　　　　 B. 有所缓和　　　　 C. 保持不变　　　　 D. 继续增大

（5）细长杆承受轴向压力 F，杆的临界压力 F_{lj} 与（　　）无关。

A. 杆的材质　　　　 B. 杆长　　　　　 C. 杆承受的压力　　 D. 杆的形状

（6）压杆的失稳将在（　　）的纵向面内发生。

A. 长度系数大　　　 B. 惯性半径小　　 C. 工作柔度大　　　 D. 工作柔度小

（7）在材料相同的情况下，随着工作柔度的增大，（　　）。

A. 细长杆的临界压力下降，中粗杆的临界压力不变

B. 细长杆的临界压力不变，中粗杆的临界压力下降

C. 细长杆的临界压力下降，中粗杆的临界压力下降

D. 细长杆的临界压力不变，中粗杆的临界压力不变

（8）采用（　　）措施，并不能提高细长杆的稳定性。

A. 增大横截面的面积　　　　　　　　 B. 提高表面粗糙度

C. 降低工作柔度　　　　　　　　　　 D. 选用优质钢

（9）如图 10-11 所示，在横截面面积相等，其他条件均相同的条件下，压杆采用（　　）截面形式，稳定性最好。

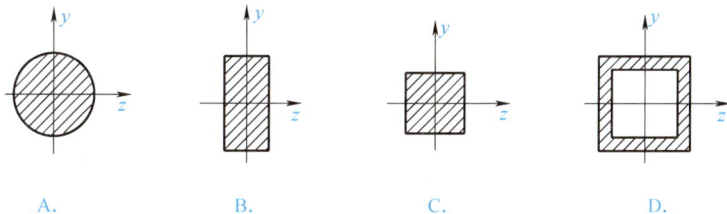

图　10-11

（10）如图 10-12 所示，力 F 由向下改成向上，则结构的稳定性（　　）。

A. 提高　　　　　　 B. 不变　　　　　 C. 降低　　　　　　 D. 不确定

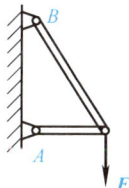

图　10-12

10-3　判断题

（1）压杆的柔度越大，压杆的稳定性越差。（　　　）

（2）压杆失稳的主要原因是由于外界干扰力的影响。（　　　）

（3）改善支承情况，加强杆端约束，可以提高压杆的稳定性。（　　　）

（4）当压杆的中心压力 F 大于临界压力时，杆原来的直线形式的平衡是不稳定的平衡。（　　　）

（5）临界力只与压杆的长度及两端的支承情况有关。（　　　）

（6）对于细长压杆，临界压力的值不应大于比例极限。（　　　）

（7）从压杆的稳定性考虑，当两端沿两个方向支承情况不同时，选取矩形或工字形截面比较合理。

（　　　）

（8）细长压杆的长度加倍，其他条件不变，则临界力变为原来的1/4；长度减半，则临界力变为原来的4倍。（ ）

10-4* 如图10-13所示，压杆的材料为Q235钢，弹性模量$E=200\text{GPa}$，横截面为圆形，其面积为3600mm^2。求压杆的临界应力和临界力。

10-5* 如图10-14所示支架中，$F=60\text{kN}$，AB杆的直径$d=40\text{mm}$，两端为铰链支承，材料为45钢，弹性模量$E=200\text{GPa}$，稳定安全系数$n_\text{w}=2$。校核AB杆的稳定性。

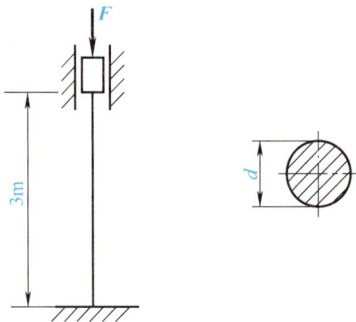

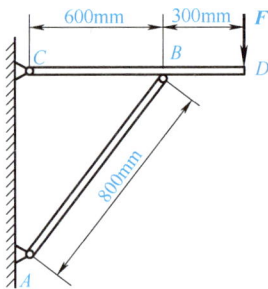

图 10-13   图 10-14

拓展园地

屹立千年的力学奇迹——应县木塔

应县木塔，本名为佛宫寺释迦塔，是中国现存最高、最古老的一座木构塔式建筑，也是唯一一座木结构楼阁式塔。木塔建于辽清宁二年（公元1056年），距今有近一千年的历史，塔高67.31m，底层直径为30.27m，呈平面八角形，第一层立面重檐，以上各层均为单檐。共五层六檐；外观是五层，但是塔内夹有暗层四级，实为九层。九层高塔全部用红松木建造，耗材红松木料3000立方米，2600多吨。全塔无钉无铆、精巧绝伦。

应县木塔与意大利比萨斜塔、巴黎埃菲尔铁塔并称"世界三大奇塔"。2016年9月，它被吉尼斯世界纪录认定为"全世界最高的木塔"。但是，这还不算是它的最神奇之处。要说应县木塔最神奇的地方，莫过于它不费一钉一铆，却历经千年严寒酷暑，任凭地震（有历史记载的地震5次）和炮击（在近代战争中遭遇多次炮击），仍然屹立至今。

应县木塔全靠斗拱、柱梁镶嵌穿插吻合，不用钉不用铆。木塔每层檐下及暗层平座围栏之下，都是一组挨一组的斗拱，转角处更是三组斗拱组合在一起，犹如多朵盛开的硕大莲花。据专家统计，应县木塔共使用54种240组不同形式的斗拱，是我国古代建筑中使用斗拱最多的塔，堪称"斗拱博物馆"。斗拱犹如汽车上的减振系统，它的摩擦力和旋转能吸收地震中的能量。由于斗拱系统本身是由若干小木料即斗、拱等卯接在一起，相当于许多小型的悬臂，它们能够调整倾角、平衡弯矩，因此在受到地震、炮击等异常振动时，斗拱成为一种阻尼装置，通过斗拱卯窍间的摩擦、错位，消耗掉外来的巨大能量。即使在现代，这也是一种理想的抗震结构。

应县木塔的内部结构与现代高层建筑所采用的"内外筒体加水平桁架"近似，对木塔颇有研究的应县文管所原所长马良先生说，木塔能抗住多次地震，是因为木塔明层夹暗层，形成了柔体结构和刚体结构的有机结合。明层结构仅有立柱，且其顶底与梁为平搭浮置，在地震作用时，地面的瞬间位移只作用于立柱底端，立柱底端摆动，顶端不移，因而有效缓解了地震作用向上的传递。暗层在柱间采用诸多斜撑杆，提高了暗层刚度，且暗层结构比明层结构高两倍多，产生了良好的抗风面，风力对塔体产生的弯矩，绝大部分由暗层承担（其机理是视暗层结构为一具有刚性的整体，其下散落的浮置柱为一弹性地基，受风后，迎风侧的柱压力会减小，而背风侧的柱压力会加大，这就形成了散落柱为整体来承受其暗层传来的风力弯矩值，风生成的层剪力则由明层柱平均分担），明层柱承担的上部风力弯矩仅是层剪力乘以柱高之半的微小量值。正是这一高明的技术，才使得纯木构成的高层建筑能经受住千年风雨地震的侵袭。

应县木塔充分体现了我国古代匠人的技艺水平和工匠精神，木塔建造时，力学理论尚未面世，古代匠人凭借经验和智慧设计建造了这样一座奇迹般的建筑，恰如中国现代伟大建筑学家梁思成先生所说："这塔真是独一无二的伟大作品，不见此塔，不知木构可能性到了什么程度。我佩服极了，佩服建造这塔的时代，和那时代里不知名的大建筑师，不知名的匠人。"

11

有限元法与 ANSYS 软件简介

前面我们所介绍的四种基本变形及其组合变形都有一个共同的特点：发生在等直杆上，且载荷均比较简单。但在工程实际中，产生变形的构件往往形状比较复杂、载荷也会发生周期性的变化，所以运用前述知识对其进行准确的强度和刚度分析就会有一定的困难。计算机技术的飞速发展使得有限元法在复杂构件的强度和刚度计算中得到了广泛的应用，本章以此为立足点，对有限元法及其 ANSYS 软件进行简单的介绍。

11.1 有限元结构分析的基础理论

11.1.1 有限元法的概念

有限元法是一种采用电子计算机求解结构静态、动态力学特性等问题的数值解法。目前，该方法不仅能用于工程中复杂的线性和非线性问题的求解，而且还能用于工程设计中复杂结构的静、动力学分析，并能精确地计算形状复杂零件的应力分布和变形情况，是复杂零件强度和刚度计算的高效分析方法。

有限元法的基本思想是把要分析的连续体假想地分割成有限个单元所组成的组合体，简称离散化。离散后的单元仅在节点处相互连接，各单元之间除了节点之外再无任何关联，但是这种连接要满足变形谐调条件，既不能出现裂缝也不允许发生重叠。当连续体受到外力作用发生变形时，组成它的各个单元也将发生变形，因而各个节点要产生不同程度的位移。在有限元中，常以节点位移为基本未知量，建立节点力与节点位移之间的力学关系，得到一组以节点位移为未知量的代数方程，求解节点的位移分量，然后利用插值函数确定单元集合体上的场函数。显然，如果单元满足问题的收敛性要求，那么随着单元尺寸的缩小，求解域内单元的数目将不断增加，解的近似程度将不断改进，近似解将最终收敛于精确解。

11.1.2 有限元法的分析步骤

有限元法求解问题可以分为以下几个步骤：

1. 结构离散

结构离散指的是把要分析的结构分割成有限个单元体，并在单元体的指定点设置节点，使相邻单元的有关参数具有一定的连续性，并构成一个单元的集合体，用它代替原来的结构，并把弹性体边界的约束用位于弹性体边界上节点的约束代替。

2. 单元分析

单元分析指的是用固体力学理论研究单元的性质，从建立单元位移模式入手，导出计算单元的应变、应力、单元刚度矩阵和单元等效节点载荷向量的计算公式，讨论单元平衡条件，建立单元节点力与节点位移之间的关系。

（1）建立单元位移模式　为了能用节点位移表示单元体的位移、应变和应力，在分析连续体问题时，必须对单元中位移的分布做出一定的假设，也就是假定位移是坐标的某种简单的函数，这种函数称为位移模式或插值函数。选择适当的位移模式是有限元分析的关键。通常选择多项式作为位移模式，其原因是多项式的数学运算比较方便，并且所有函数的局部都可以用多项式逼近。至于多项式的项数和阶次的选择则要考虑到单元的自由度和解的收敛性要求。一般来说，多项式的项数应等于单元的自由度数，它的阶次应包含常数项和线性项等。

根据选定的位移模式，即可导出单元位移与节点位移的关系为

$$\{f\} = [N]\{\delta\}^e \qquad (11\text{-}1)$$

式中　$\{f\}$——单元内任一点的位移列阵；

　　　$\{\delta\}^e$——单元的节点位移列阵；

　　　$[N]$——单元形态矩阵。

（2）单元应变分析　由式（11-1）可导出用结点位移表示的单元应变关系式为

$$\{\varepsilon\} = [B]\{\delta\}^e \qquad (11\text{-}2)$$

式中　$\{\varepsilon\}$——单元内任一点的应变列阵；

　　　$[B]$——单元几何矩阵，$[B] = [N]'$。

（3）单元应力分析　根据式（11-2）可导出应力与节点位移关系式为

$$\{\sigma\} = [D][B]\{\delta\}^e \qquad (11\text{-}3)$$

式中　$\{\sigma\}$——单元内任一点的应力列阵；

　　　$[D]$——与单元有关的弹性矩阵。

（4）单元刚度矩阵与单元平衡方程

单元刚度矩阵 $[K]^e$ 为

$$[K]^e = \iiint [B]^{\mathrm{T}}[D][B]\mathrm{d}x\mathrm{d}y\mathrm{d}z \qquad (11\text{-}4)$$

单元刚度矩阵是单元特性分析的核心内容。

根据最小势能原理，导出单元平衡方程为

$$\{F\}^e = [K]^e\{\delta\}^e \qquad (11\text{-}5)$$

式中　$\{F\}^e$——等效节点力。

3. 整体分析

整体分析指的是在单元分析的基础上，建立系统总势能计算公式，应用最小势能原理建立有限元基本方程，引入位移边界条件，求解弹性体的有限元方程，解出全部节点位移，最后逐个计算单元的应力。

（1）建立整体有限元方程　这一过程包括两方面内容：一是将各个单元的刚度矩阵组合成整体刚度矩阵；二是将作用于各单元的等效节点力列阵组合成总的载荷列阵。

最常用的组合刚度矩阵的方法是直接刚度法，即要求所有相邻的单元在公共节点处的位

移相等。推导可得有限元基本方程为

$$\{F\} = [K]\{\delta\} \tag{11-6}$$

（2）引入边界条件并求解 由式（11-6）可求解出未知节点的位移，再由式（11-3）可求解出各单元的应力。

11.1.3 影响有限元法分析精度的因素

有限元法分析的精度主要取决于单元尺寸 h 和插值函数（形函数）的次数 m。具体分析如下：

1. 单元类型

不同单元类型的插值精度和计算规模不同。在结构静力分析中，常用的单元类型有：线单元、壳单元、实体单元（包括二维实体单元和三维实体单元）等。总的来讲，单元插值函数的次数越高，单元的形状越复杂，单元的适应能力就越强，计算精度也就越高，但耗费的时间也就越长。同时，对于结构形状比较复杂的构件，如果采用精度很高的单元类型，建立有限元模型时必须对原构件进行很多的简化，也使计算产生较大误差，从而得不偿失。所以，在选择单元类型的时候，应该综合考虑具体问题的物理性质、要达到的精度要求以及对计算的速度要求等因素，一个基本的原则是尽量采用维数较低的单元，即选择优先级从高到低依次为点、线、面、壳等。也可以对同一个零件采用不同的单元类型进行分析，通过比较结果的差异来获得更准确的结果。

2. 网格划分

网格划分非常重要，它将直接影响分析结果的正确性和经济性。一般来说，网格越细，计算精度就越高，但网格太细会占用大量的分析时间，造成资源浪费。同时太细的网格在复杂的结构中，常会引起划分不同网格时的连接困难。使用者可以通过查看云图是否与物理现象一致来分析网格划分是否合理，也可以通过显示节点的平均结果云图和单元结果云图来确定网格的划分是否合适。

3. 舍入误差

舍入误差的来源主要有两个：一是求解总体刚度矩阵时，由于计算机的存储位数限制，造成运算中的舍入误差；二是对于复杂的构件，建立的有限元模型不能与原结构完全吻合造成的舍入误差。

11.2 有限元软件 ANSYS 简介

11.2.1 ANSYS 的功能及特点

ANSYS 不仅具有结构静力学分析、结构动力学分析、热分析、电磁场分析、流体动力学分析、声场分析、压电分析等基本功能，而且还具有优化设计、拓扑优化、子结构、子模型等高级应用功能。

尽管 ANSYS 功能强大、涉及范围广，但其友好的图形界面（GUI）及优秀的程序构架使其易学易用。通过 GUI 可以方便地交互访问程序的各种功能、命令、用户手册和参考材料，并一步一步地完成整个分析，同时 ANSYS 还提供了完整的在线帮助系统。

ANSYS 的特点可以概括为三个"强大"：强大的前处理能力、强大的加载求解能力和强大的后处理能力。另外，良好的开放性使得用户能够在 ANSYS 系统上进行二次开发和扩展新的功能。

1）强大的前处理能力：包括强大的几何建模能力、强大的网格划分能力、强大的参数设置功能和与 CAD 软件的无缝集成能力。

在几何建模上，ANSYS 不仅具有依次生成点、线、面和体的自底向上建模方式，还具有通过调用几何体素和采用布尔运算而生成几何模型的自顶向下建模方式。

进行网格划分时，ANSYS 主要有自由网格划分和映射网格划分两种方式。针对不同的几何体，ANSYS 还有拖拉生成网格、层网格划分、局部细化等网格划分方法。

此外，ANSYS 还开发了与主流 CAD 软件（如 Creo、Unigraphics、SolidEdge、SolidWorks 和 AutoCAD 等）的数据接口，实现了双向数据交换。用户可以利用 CAD 软件进行几何建模，然后将模型导入到 ANSYS 中进行后续操作，从而及时调整设计方案，有效地提高分析效率。

2）强大的加载求解能力：在 ANSYS 中，包括位移、力、温度在内的任何载荷均可以直接施加在任意几何实体或有限元实体上，载荷可以是具体数值，也可以是与时间或者坐标有关的任意函数。

求解时有多种求解器可供选择，例如，波前求解器（Frontal）采用直接求解法，适用于大多数模型；雅可比共轭梯度求解器（JCG）采用迭代求解法，适用于分析结构谐波响应、多物理场等问题；子空间迭代求解器（Subspace）采用模态特征求解法，适用于求解大规模对称特征值的问题。

3）强大的后处理能力：利用 ANSYS 可以获得任意节点、单元的数据。这些数据具有列表输出、图形显示、动画模拟等多种数据输出形式。

4）良好的开放性：ANSYS 为扩大自己的市场份额，满足用户的需求，在软件的功能、易用性等方面花费了大量的投资。然而用户的要求毕竟千差万别，只有给用户一个开放的环境，允许用户根据自己的实际情况对软件进行扩充，才能从根本上满足用户的需求。这个开放的环境允许用户自定义单元特性、材料本构（结构本构、热本构、流体本构）、流场边界条件、结构断裂判据和裂纹扩展规律等。此外，ANSYS 的二次开发环境还可以满足不同类型用户的需求。

11.2.2 ANSYS 的基本组成

ANSYS 主要包括三个部分：前处理模块、分析计算模块和后处理模块。

1）前处理模块：提供了一个强大的实体建模及网格划分工具，用户可以方便地构造有限元模型。软件提供了 100 多种单元类型，用来模拟工程中的各种结构和材料。

2）分析计算模块：可以进行结构分析、流体动力学分析、电磁场分析、声场分析、压电分析以及多物理场的耦合分析，可以模拟多种物理介质的相互作用，具有灵敏度分析及优化分析能力。

3）后处理模块：包括通用后处理模块和时间历程后处理模块。通用后处理模块可以很容易地获得求解过程的计算结果并对其进行显示，这些结果包括位移、温度、应力、应变、速度及热流等，输出形式有图形显示和列表显示两种。时间历程后处理模块用于检查在一个时间段或子步历程中的结果，如节点位移、应力或支反力，这些结果可以通过绘制曲线或列表查看。

11.3 有限元静力分析实例

ANSYS 中有七种结构分析类型，包括静力分析、模态分析、谐波分析等，而静力分析则是诸多分析中最为基础的部分，应用十分广泛。本节用几个实例重点讲解常见结构静力问题的分析方法与过程。

11.3.1 有限元静力分析的基本步骤

静力分析时施加了固定不变的载荷，即假定载荷随时间变化得非常缓慢。静力分析一般可以分为四个基本步骤：建立模型和划分网格；添加载荷和约束；求解；后处理。下面分别加以说明。

1. 建立模型和划分网格

有限元模型的建立包括建立几何模型和划分网格，此过程还需要设定单元类型和材料属性、实常数等一些参数。实际操作中可以先设定单元类型和材料属性、实常数，也可以先建立几何模型，再在划分网格前设定上述参数。

2. 添加载荷和约束

载荷和约束的添加大致可以分为两种方法：一是将约束和载荷施加在有限元模型上，即加在节点和单元上；二是将约束和载荷施加在几何模型上，即直接加载在几何模型的点、线、面和体上。这两种方法各有利弊也各有特色，但是无论用何种途径添加载荷和约束，程序都会自动地将其转移到有限元模型的节点和单元上。

约束主要是自由度约束，通过位移（Displacement）约束选项，可以分别设定对 6 个自由度的约束。

载荷主要有力（Force）、力偶（Moment）和均布载荷（Pressure）等。

3. 求解

利用 ANSYS 可以有多种方法求解由有限元法建立的联立方程组。

4. 后处理

在求解过程完成以后，用户可以查看各种结果，并可以选择下列方式浏览结果：结构变形显示、彩色云图显示、图形显示、等值线显示、列表显示等，还可以生成播放应力的动画。

11.3.2 有限元静力分析实例解析

前面所述关于基本步骤的描述说明只是有限元分析的一般过程。实际中针对不同的应用，操作过程并不相同，需要设定的参数也各有区别。为了能够更加清晰地介绍有限元静力分析过程，下面我们举两个实例来说明其分析方法。

例 11-1 矩形截面悬臂梁受力如图 11-1 所示，已知 $F = 15\text{kN}$，材料的弹性模量 $E = 200\text{GPa}$，泊松比 $\mu = 0.3$，其他尺寸如图所示。试用 ANSYS 软件求解该梁的变形情况和约束反力。

解 （1）指定存取路径、文件名和文件标题

1）指定存取路径：选择 Utility Menu | File | Change Directory 命令，弹出如图 11-2 所示对话框后，在 Directory name 文本框中输入路径，或者直接选择存取路径，然后单击 OK 按钮。

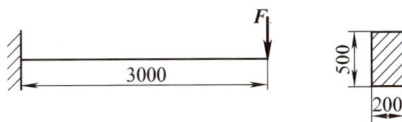

图 11-1

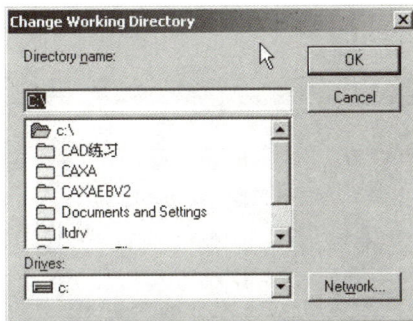

图 11-2

2）修改文件名：选择 Utility Menu | File | Change Jobname 命令，弹出如图 11-3 所示对话框后，输入"beam"，并且选择 New Log and error files 复选框，然后单击 OK 按钮。

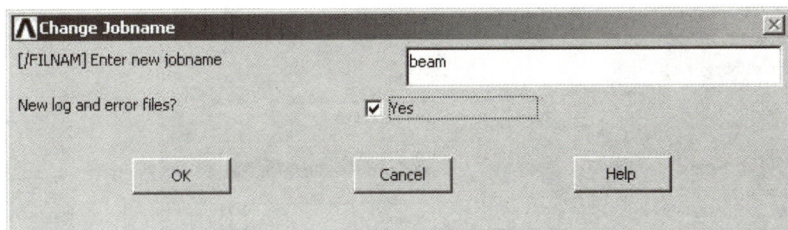

图 11-3

3）修改文件标题：选择 Utility Menu | File | Change Title 命令，弹出如图 11-4 所示对话框后，输入"The analysis of beam"，然后单击 OK 按钮。

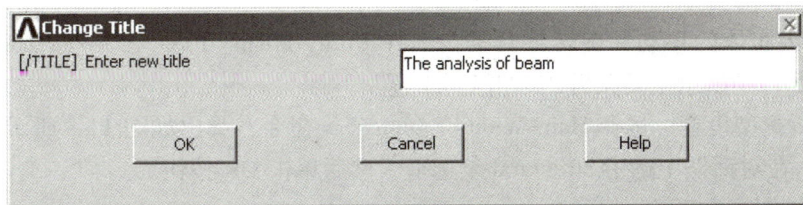

图 11-4

4）刷新显示：选择 Utility Menu | Plot | Replot 命令。

（2）工作平面操作工具

1）显示或者隐藏工作平面：选择 Utility Menu | Workplane | Display Working Plane 命令。

2）关闭全局坐标系：选择 Utility Menu｜PlotCtrls｜Window Controls｜Window Options 命令，弹出如图 11-5 所示对话框后，在 Location of triad 下拉列表框中选择 Not shown 即可隐藏全局坐标系，然后单击 OK 按钮。

3）工作平面的移动和旋转工具条：选择 Utility Menu｜Workplane｜Offset WP by Icrements 命令，如图 11-6 所示。

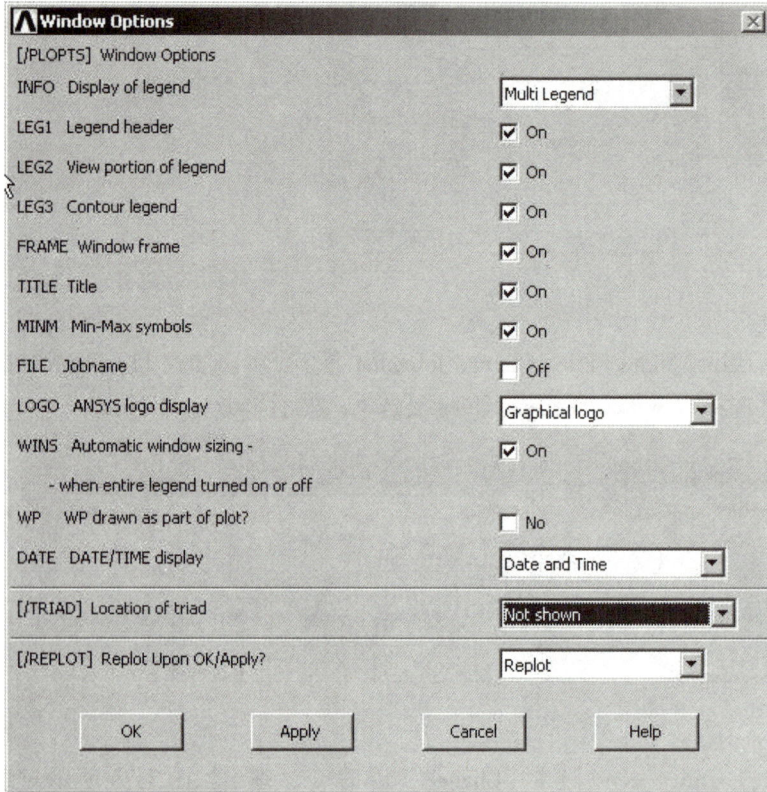

图 11-5

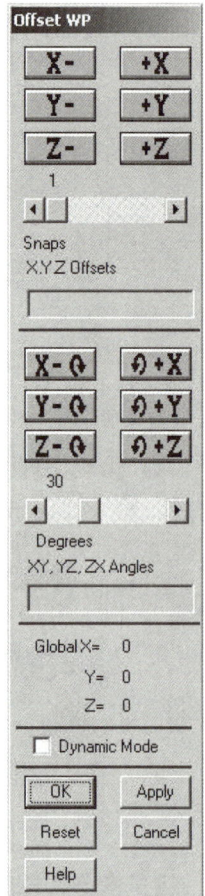

图 11-6

4）平面内实体的移动和旋转工具条：选择 Utility Menu｜PlotCtrls｜Pan Zoom Rotate 命令，弹出如图 11-7 所示工具条后，单击 Front 键。

（3）分析类型设置　选择 Main Menu｜Preferences 命令，弹出如图 11-8 所示的分析类型设置对话框。在对话框中选中 Structural 复选框，然后单击 OK 按钮。

（4）建立有限元模型

1）定义单元类型：选择 Main Menu｜Preprocessor｜Element Type｜Add/Edit/Delete 命令，在弹出如图 11-9 所示的对话框后单击 Add 按钮。弹出如图 11-10 所示的对话框后，在单元库中选择相应的单元类型，此处选择 Beam｜2D elastic 3 选项，并单击 OK 按钮确认，然后单击图 11-9 所示的 Close 按钮完成单元类型的选择。

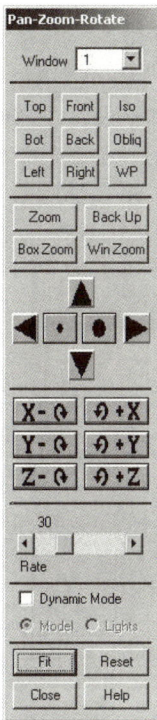

图 11-7

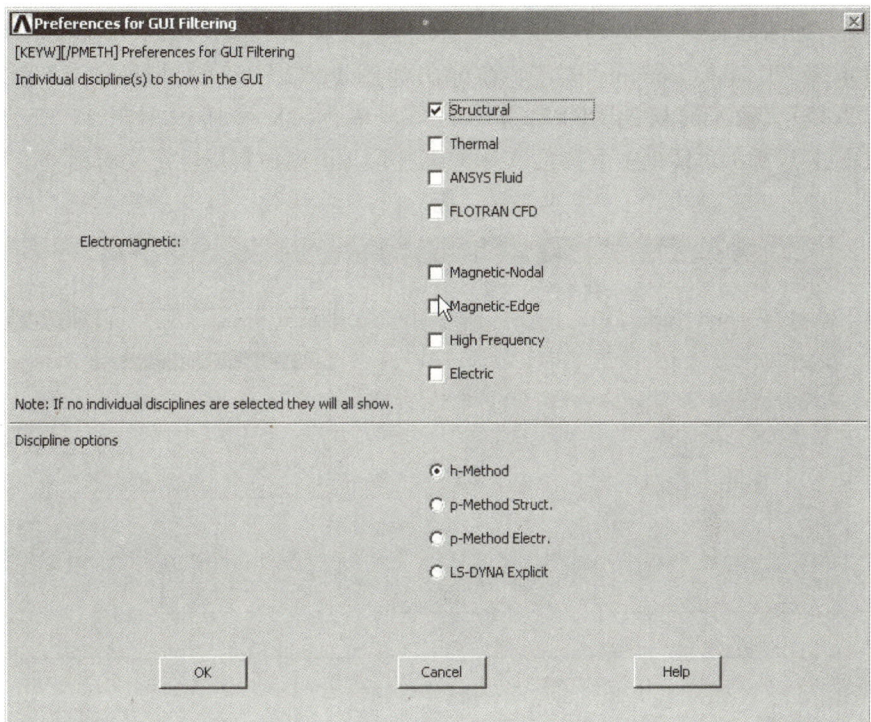

图 11-8

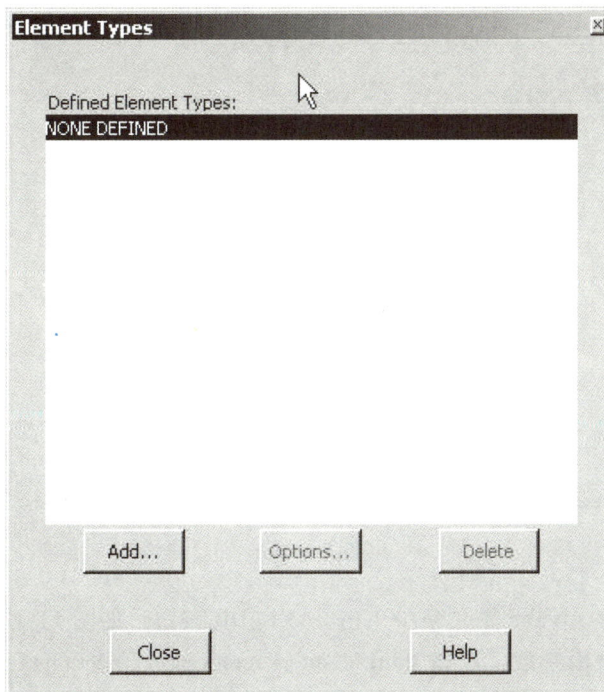

图 11-9

2）定义材料属性：选择 Main Menu │ Preprocessor │ Material Props │ Material Models 命令，弹出如图 11-11 所示的材料属性定义对话框，在 Material Models Available 框中选择 Structual │ Linear │ Elastic │ Isotropic 选项。在弹出如图 11-12 所示的对话框后，输入弹性模量 EX 为 "2e11"，输入泊松比 PRXY 为 "0.3"。单击 OK 按钮退出图 11-12 所示对话框。选择图 11-11所示对话框中下拉菜单 Material │ Exit 退出材料属性定义对话框。

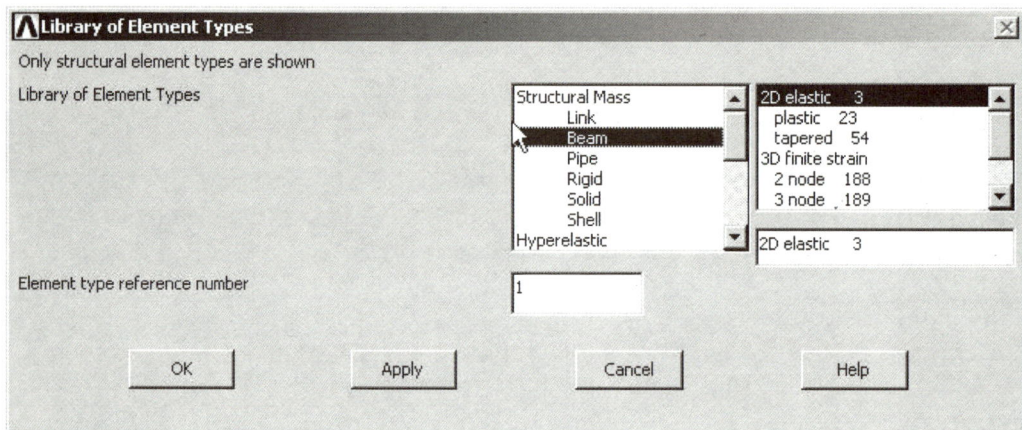

图　11-10

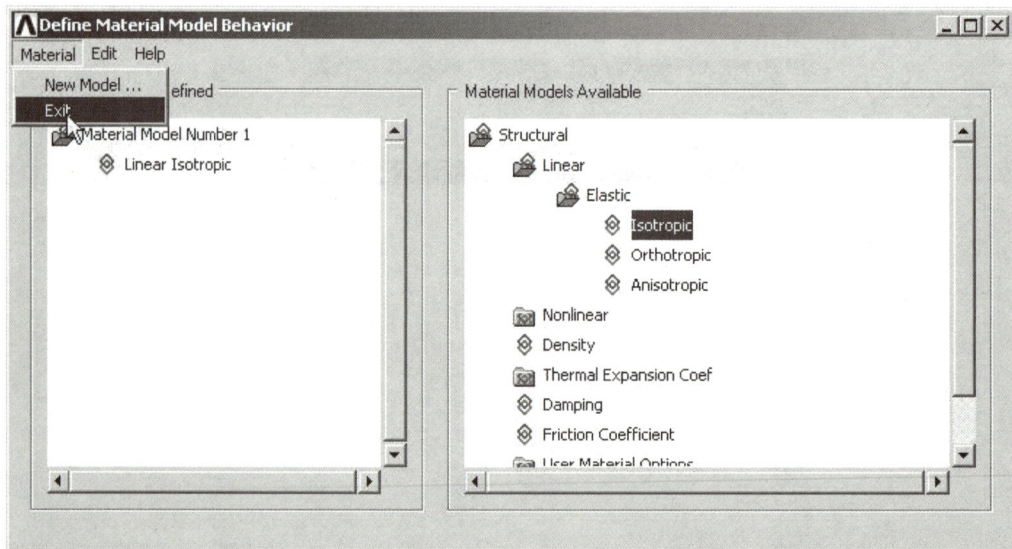

图　11-11

3）保存数据：在 ANSYS 工具条中单击 SAVE_DB 按钮，如图 11-13 所示。

4）定义梁的横截面参数：选择 Main Menu │ Preprocessor │ Sections │ Beam │ Common Sectns 命令，弹出截面参数设定对话框，打开下拉列表框，选择矩形截面。按照图 11-1 所示的尺寸设定各项参数，如图 11-14 所示。单击 OK 按钮完成横截面参数设定。

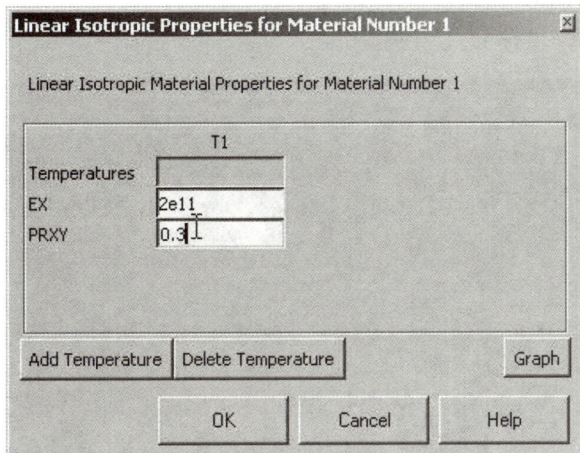

图　11-12

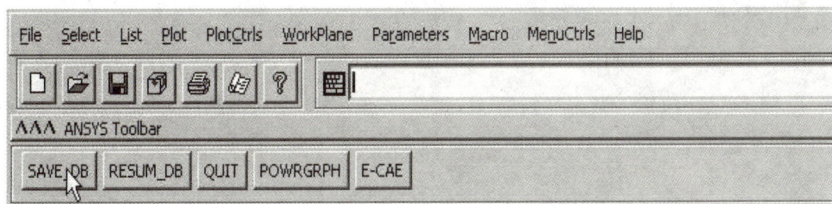

图　11-13

5）计算横截面其他惯性参数：选择 Main Menu｜Preprocessor｜Sections｜Beam｜Common Sectns 命令，弹出如图 11-14 所示的对话框后，单击右下角的 Meshview 按钮，利用 ANSYS 软件自动计算在设定实常数时所需要的数据。计算结果如图 11-15 所示，从图中可以得到如下数据：Area＝0.1，Izz＝0.333E－03。

6）设定实常数：选择 Main Menu｜Preprocessor｜Real Constants｜Add/Edit/Delete 命令，弹出如图 11-16 所示的对话框后，单击 Add 按钮。在弹出如图 11-17 所示的对话框中确认要输入的实常数所属单元类型为 BEAM3，并单击 OK 按钮。在随后弹出的图 11-18 所示实常数输入对话框中输入上一步的计算结果。

7）保存几何模型：选择 Utility Menu｜File｜Save As 命令，在弹出的对话框中 Save Database to 的下面输入自定义文件名"beam_model.db"，然后单击 OK 按钮。

8）生成关键点：选择 Main Menu｜Preprocessor｜Modeling｜Create｜Keypoints｜In Active CS 命令，弹出如图 11-19 所示的对话框。在 Keypoint number 文本框中输入关键点的编号，在 Location in active CS 后面的三个文本框中分别输入关键点 X、Y、Z 的三个坐标值。此例中应生成下面两个关键点。

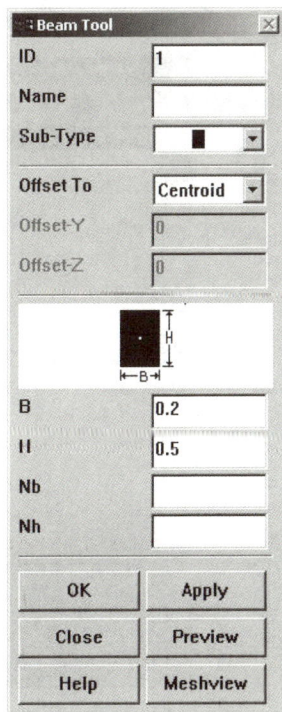

图　11-14

第一点：编号为1，坐标为（0, 0, 0）

第二点：编号为2，坐标为（3, 0, 0）

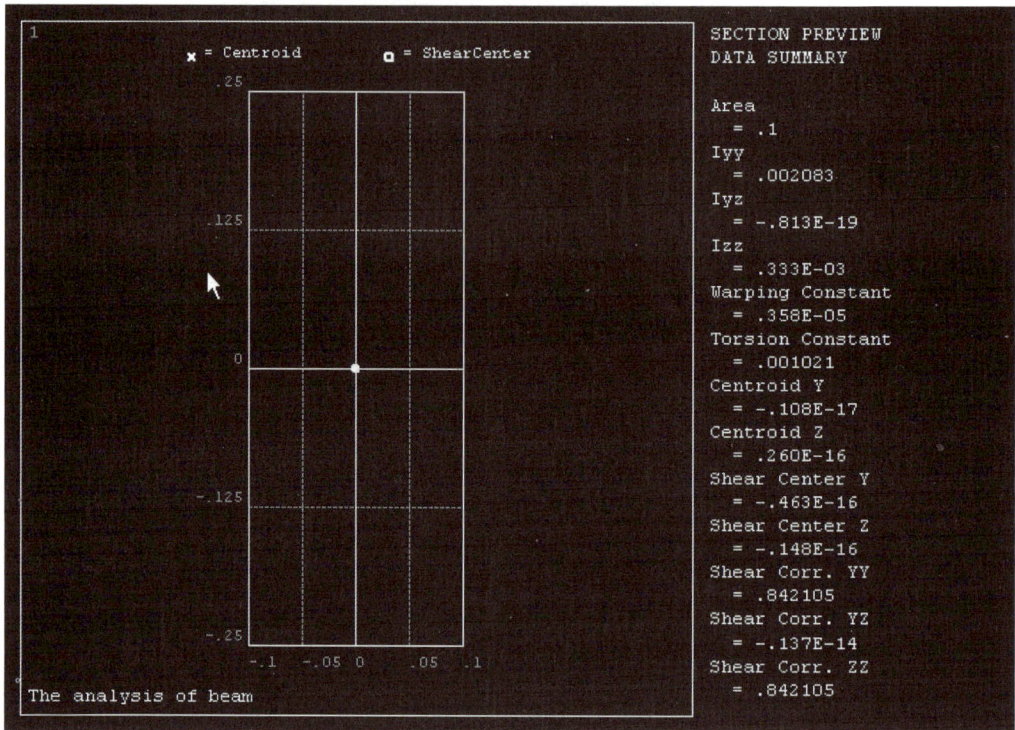

图　11-15

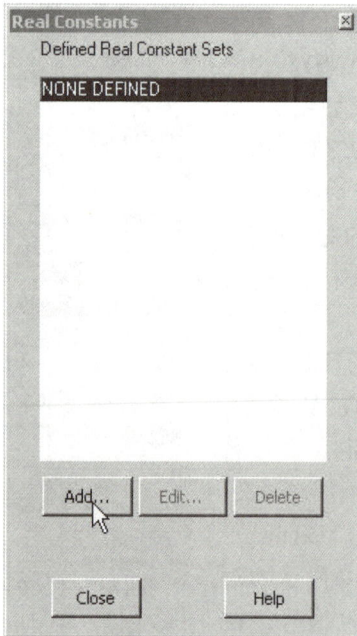

图　11-16

图　11-17

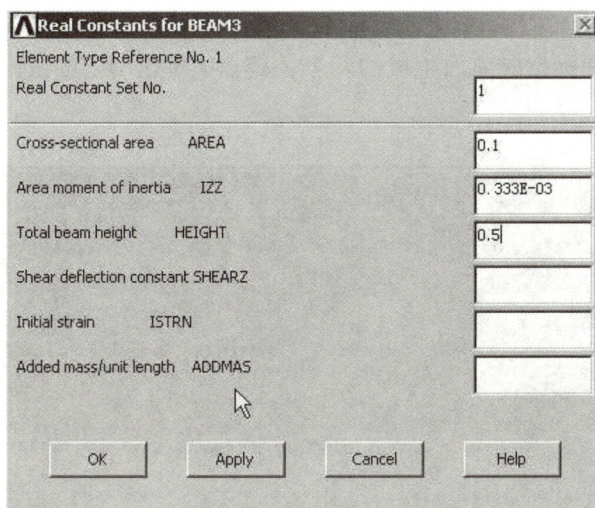

图 11-18

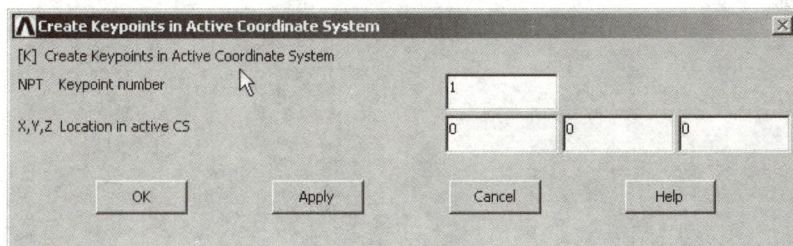

图 11-19

9）打开点的编号控制：选择 Utility Menu｜PlotCtrls｜Numbering 命令，弹出如图 11-20 所示对话框后，选中 Keypoint numbers 复选框，然后单击 OK 按钮。

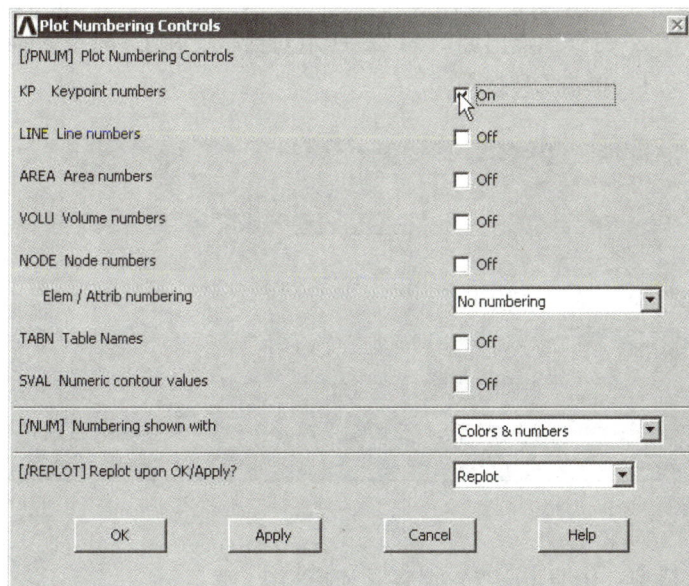

图 11-20

10) 连线：选择 Main Menu｜Preprocessor｜Modeling｜Create｜Lines｜Straight Line 命令，在出现拾取框后，用鼠标拾取前面生成的两个关键点，单击 OK 按钮，生成图形如图 11-21 所示。

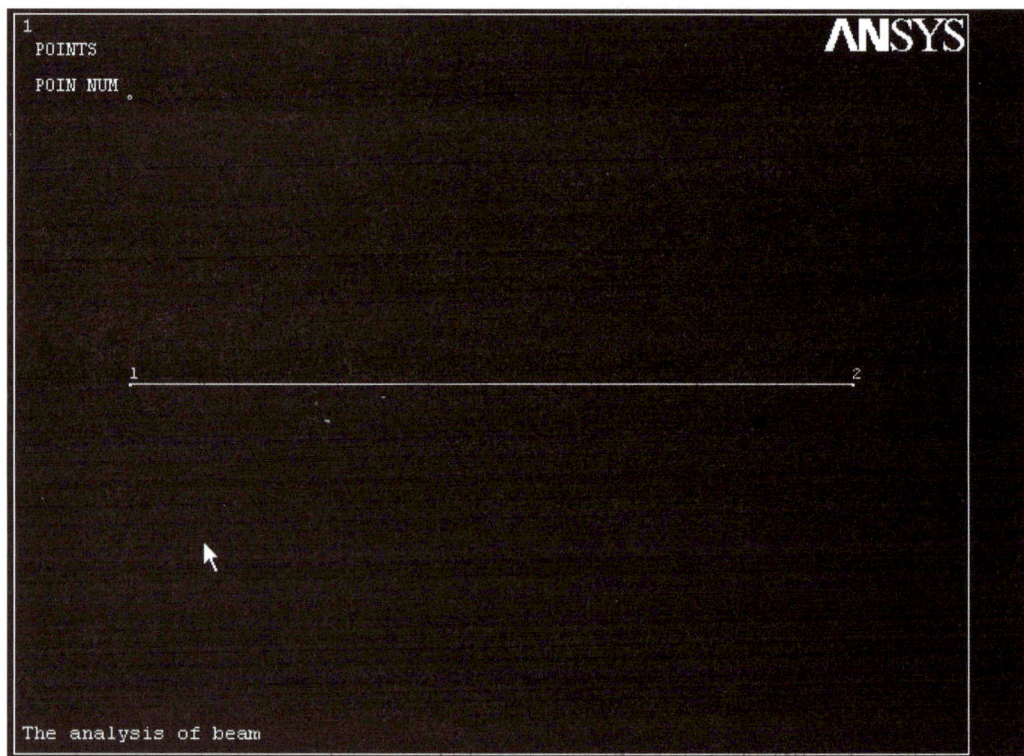

图 11-21

11) 设置单元尺寸大小：选择 Main Menu｜Preprocessor｜Meshing｜Size Cntrls｜ManualSize｜Global｜Size 命令，弹出如图 11-22 所示对话框，在 Element edge length 文本框中输入单元尺寸大小 0.1，单击 OK 按钮。

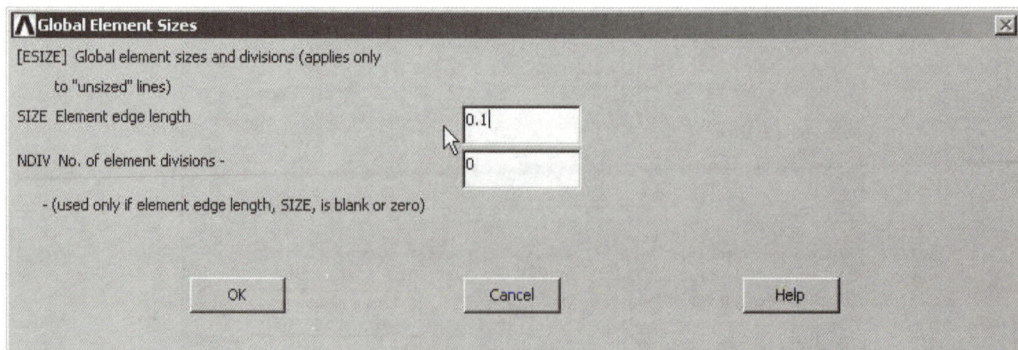

图 11-22

12) 保存几何模型：仿照步骤 7) 保存几何模型。

13）划分网格：选择 Main Menu｜Preprocessor｜Meshing｜Meshtool 命令，在出现的对话框中选择 Mesh 按钮，并在随后出现的拾取框中单击 Pick All 按钮，然后单击 OK 按钮确定。

14）保存有限元模型：仿照步骤 7）保存有限元模型，并设定新的文件名为"beam_mesh. db"。

（5）施加载荷

1）施加边界条件：选择 Main Menu｜Solution｜Define Loads｜Apply｜Structural｜Displacement｜On Keypoints 命令，出现拾取框以后用鼠标选择编号为 1 的关键点（左端点），单击 OK 按钮确认，弹出如图 11-23 所示的对话框。在 DOFs to be constrained 列表框中选取 ALL DOF 选项，并单击 OK 按钮保存设置。

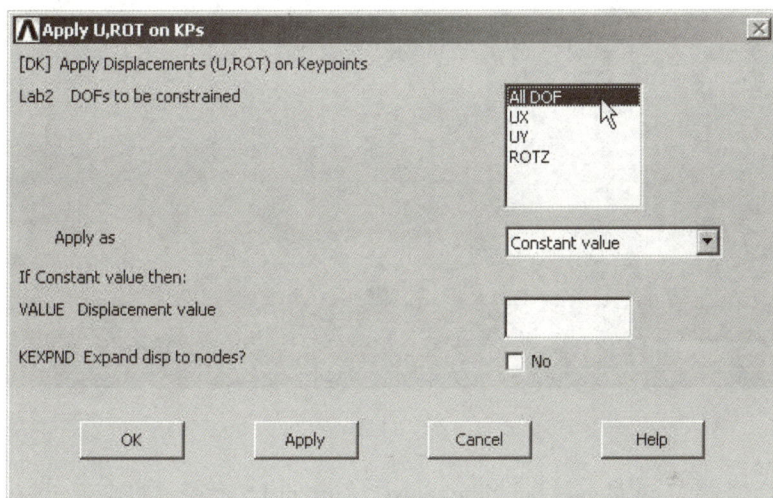

图 11-23

2）施加集中力：选择 Main Menu｜Solution｜Define Loads｜Apply｜Structural｜Force/Moment｜On Keypoints 命令，出现拾取框以后用鼠标选择编号为 2 的关键点（右端点），单击 OK 按钮确认，弹出如图 11-24 所示的对话框。在 Direction of force/mom 列表框中选取 FY 选项，在 Apply as 列表框中选取 Constant value 选项，在 Force/moment value 后面的文本框中输入集中力的大小-15000，单击 OK 按钮保存设置。最后工作平面上显示的图中将包括所加的约束和集中力，如图 11-25 所示。

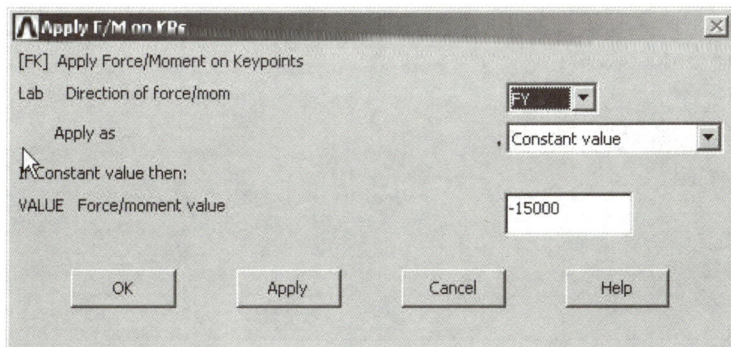

图 11-24

215

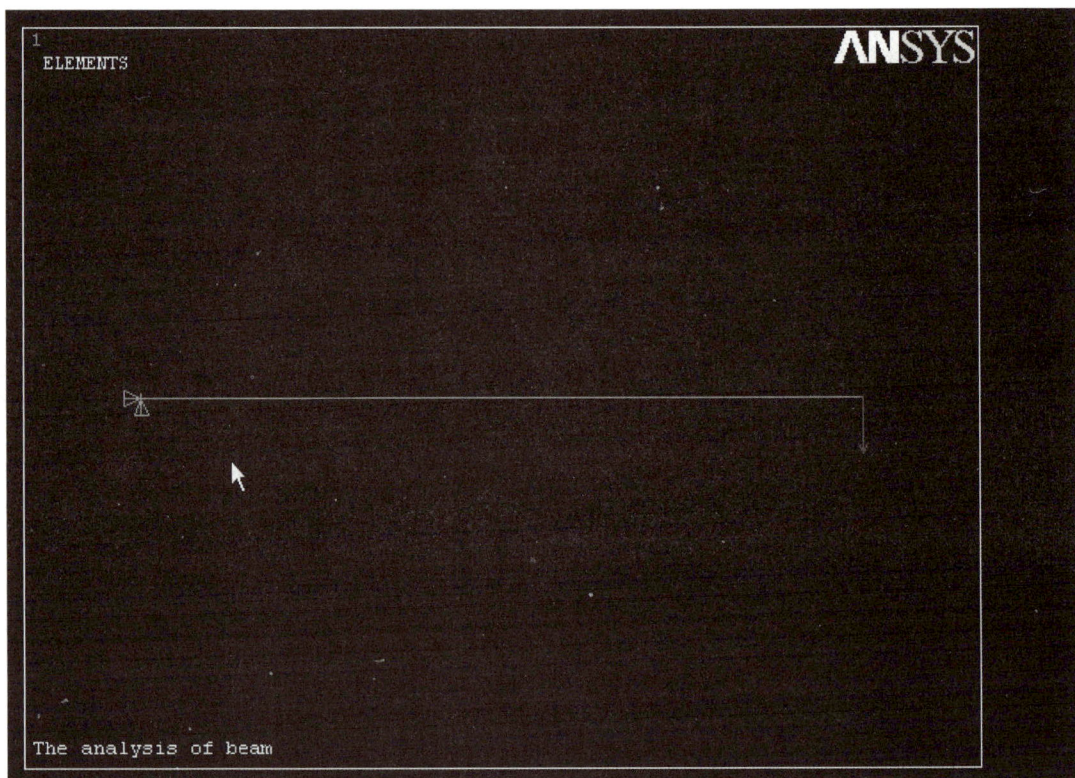

图　11-25

（6）求解　选择 Main Menu｜Solution｜Slove｜Current LS 命令，将会弹出一个信息检查窗口和一个求解确认窗口。浏览信息后，若确认无误，即可关闭信息检查窗口。然后单击求解确认窗口的 OK 按钮，系统将开始分析计算，当出现 Solution is done 对话框后，即表示计算结束，即可关闭此对话框。在 ANSYS 工具条中单击 SAVE_DB 按钮可保存求解结果。

（7）后处理（查看结果）

1）显示变形形状：选择 Main Menu｜General Postproc｜Plot Results｜Deformed Shape 命令，弹出如图 11-26 所示的对话框后，选中 Items to be plotted 的 Def+undeformed 单选框，并单击 OK 按钮确认。显示出来的变形结果如图 11-27 所示。

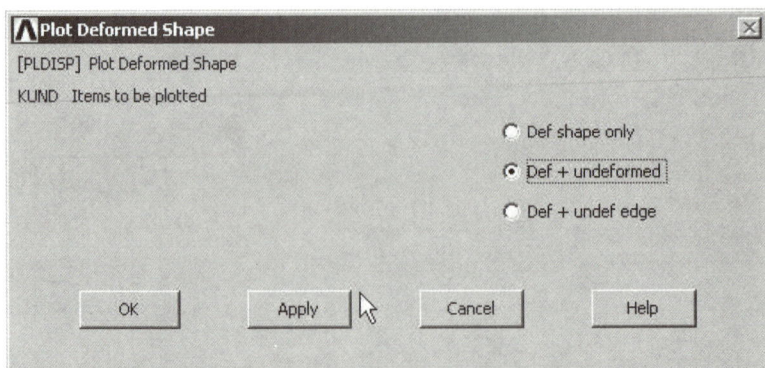

图　11-26

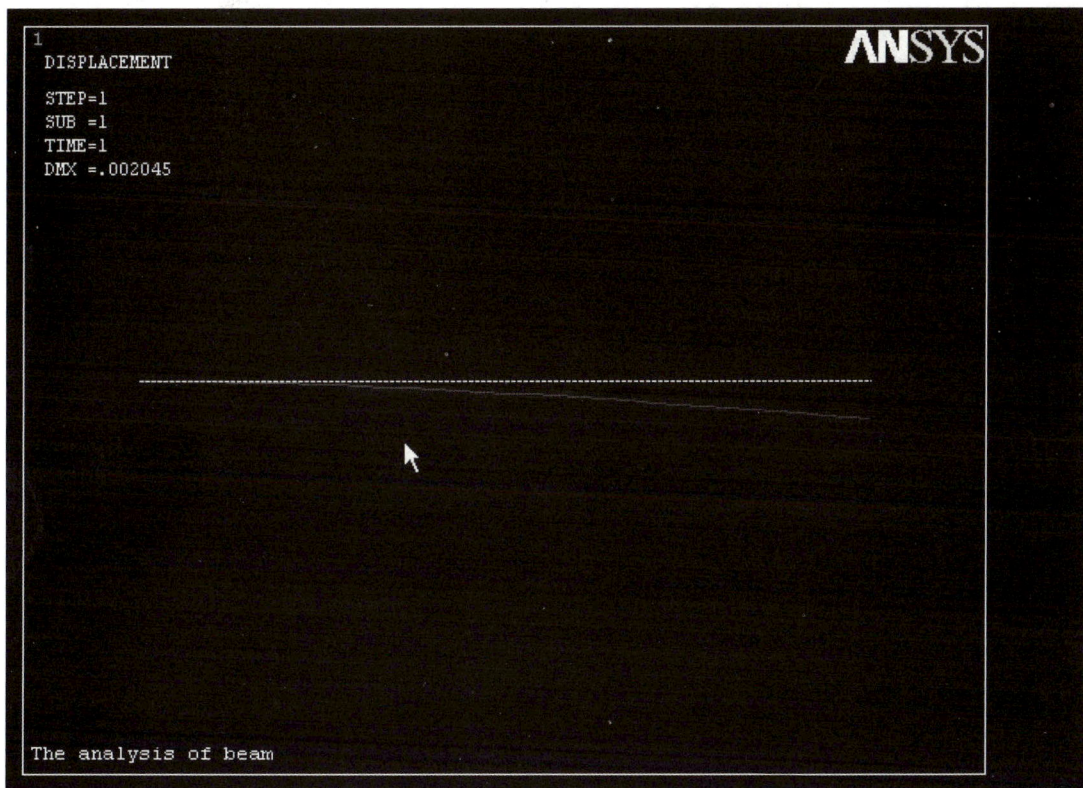

DISPLACEMENT

STEP=1
SUB =1
TIME=1
DMX =.002045

The analysis of beam

图　11-27

2）列出节点反作用力：选择 Main Menu｜General Postproc｜List Results｜Reaction Solu 命令，弹出如图 11-28 所示的对话框后，在 Item to be listed 后面的列表框中选择 All items 选项，并单击 OK 按钮确认。列出的节点反作用力如图 11-29 所示。

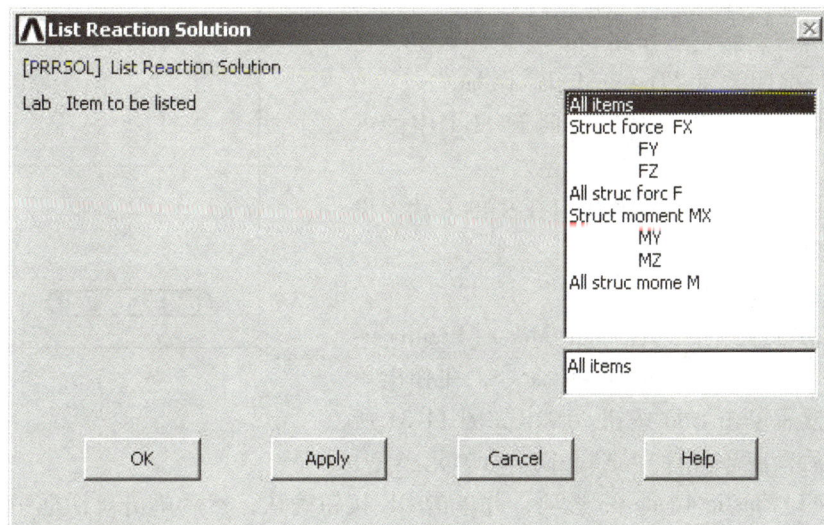

List Reaction Solution

[PRRSOL] List Reaction Solution

Lab　Item to be listed

All items
Struct force FX
            FY
            FZ
All struc forc F
Struct moment MX
            MY
            MZ
All struc mome M

All items

| OK | Apply | Cancel | Help |

图　11-28

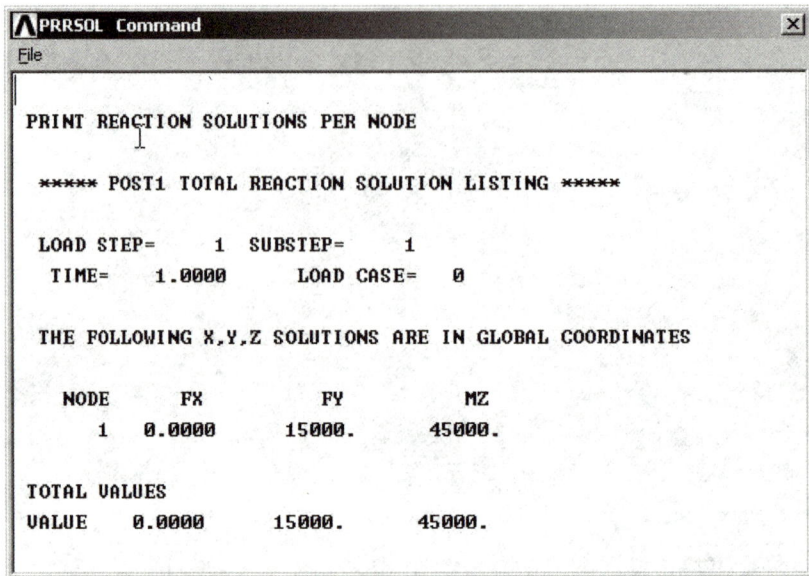

图　11-29

（8）退出 ANSYS

在 ANSYS 工具条中单击 QUIT 按钮，出现退出对话框以后选中 Quit-No Save! 单选框，单击 OK 按钮退出 ANSYS。

例 11-2 　一平板受力如图 11-30 所示，已知均布载荷 $q=12\text{N}/\text{m}^2$，材料的弹性模量 $E=200\text{GPa}$，泊松比 $\mu=0.3$，板厚 3mm，其他尺寸如图所示。试用 ANSYS 软件求解该平板的变形情况和应力云图。

解 　根据平板的对称性，只需要分析平板的四分之一即可。本例中，只分析四分之一右下角。

（1）指定存取路径、文件名和文件标题　参照例 11-1 中的方法，指定工作路径并将文件名定义为"plate"。文件标题改为"The analysis of plate"。

（2）工作平面操作工具　参照例 11-1 中的方法，显示工作平面，关闭全局坐标系。

（3）分析类型设置　参照例 11-1 中的方法，设置 Structural 选项。

（4）建立有限元模型

1）定义单元类型：选择 Main Menu│Preprocessor│Element Type│Add/Edit/Delete 命令，在弹出单元类型对话框后单击 Add 按钮。弹出如图 11-31 所示的对话框后，在单元库中选择相应的单元类型，

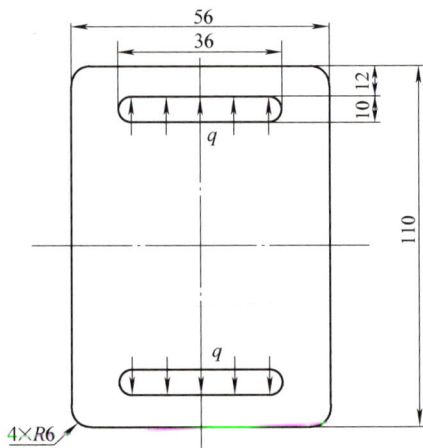

图　11-30

此处选择 Shell│Elastic 4node 63 选项，并单击 OK 按钮确认，然后单击对话框中的 Close 按钮完成单元类型的选择。

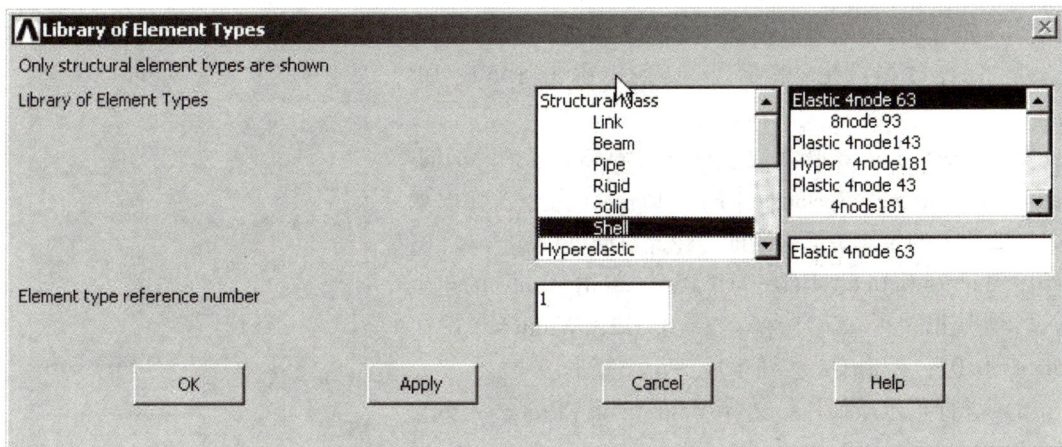

图 11-31

2）设定实常数：选择 Main Menu｜Preprocessor｜Real Constants｜Add/Edit/Delete 命令，弹出 Real Constants 对话框后，单击 Add 按钮。在弹出实常数所属类型对话框后确认要输入的实常数所属单元类型为 SHELL63，并单击 OK 按钮。在随后弹出的图 11-32 所示对话框中，输入板厚 Shell thickness at node I TK（I）为"0.003"。

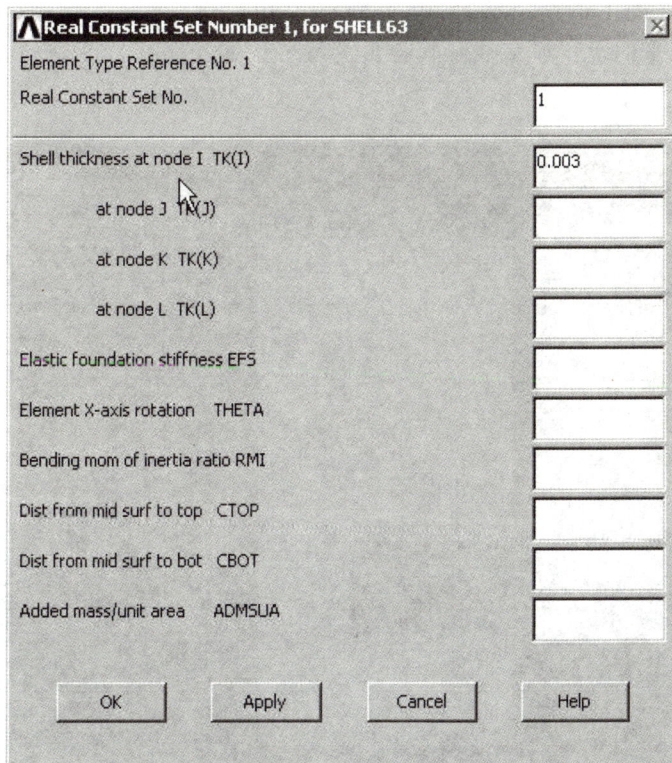

图 11-32

3）定义材料属性：参照例11-1中的方法，输入弹性模量 EX 为 "2e11"，输入泊松比 PRXY 为 "0.3"。

4）保存数据：在 ANSYS 工具条中单击 SAVE_DB 按钮。

5）生成矩形：选择 Main Menu | Preprocessor | Modeling | Create | Areas | Rectangle | By 2 Corners 命令，弹出如图 11-33 所示的生成矩形对话框。在此对话框中输入 X=0，Y=0，Width=0.028，Height=0.055，单击 Apply 按钮生成一个大矩形；再输入 X=0，Y=0.012，Width=0.018，Height=0.01，单击 OK 按钮生成一个小矩形。

6）进行布尔减操作：选择 Main Menu | Preprocessor | Modeling | Operate | Booleans | Subtract | Areas 命令，出现拾取框以后，用鼠标拾取大的矩形，然后单击 OK 按钮；再次出现拾取框以后用鼠标拾取小的矩形，最后单击 OK 按钮，生成的结果如图 11-34 所示。

7）打开线的编号控制：选择 Utility Menu | Plotctrls | Numbering 命令，在弹出的编号控制对话框中选中 Line numbers 复选框，同时关闭其他项开关。

8）显示工作平面上的线：选择 Main Menu | Plot | Lines 命令，则工作平面上仅显示线及其各自的编号，如图 11-35 所示。

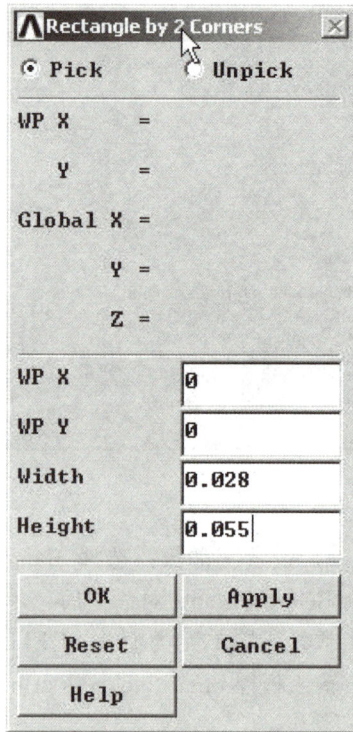

图 11-33

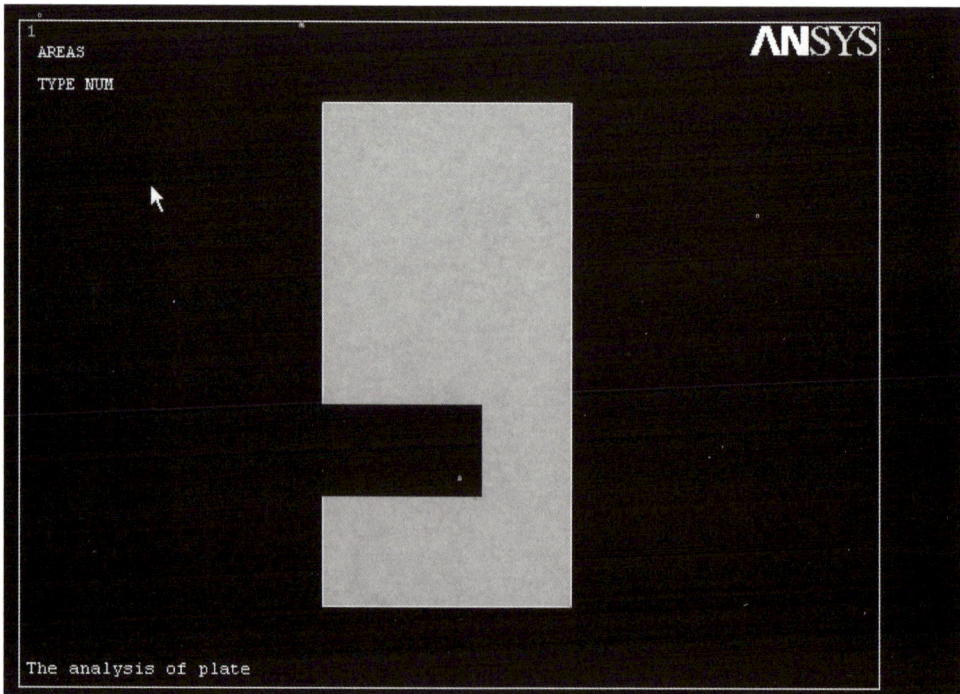

图 11-34

9）形成圆弧及倒角：选择 Main Menu｜Preprocessor｜Modeling｜Create｜Lines｜Line Fillet 命令，在出现拾取框后，用鼠标拾取图 11-35 中的 L1、L2 两条线，单击 Apply 按钮后弹出如图 11-36 所示的对话框。在 Fillet radius 后面的文本框中输入倒角半径"0.006"，然后单击 Apply 按钮生成 R6 倒角。同理在 L6、L7 两条线和 L5、L6 两条线间生成 R5 圆弧。圆弧和倒角生成后，模型如图 11-37 所示。

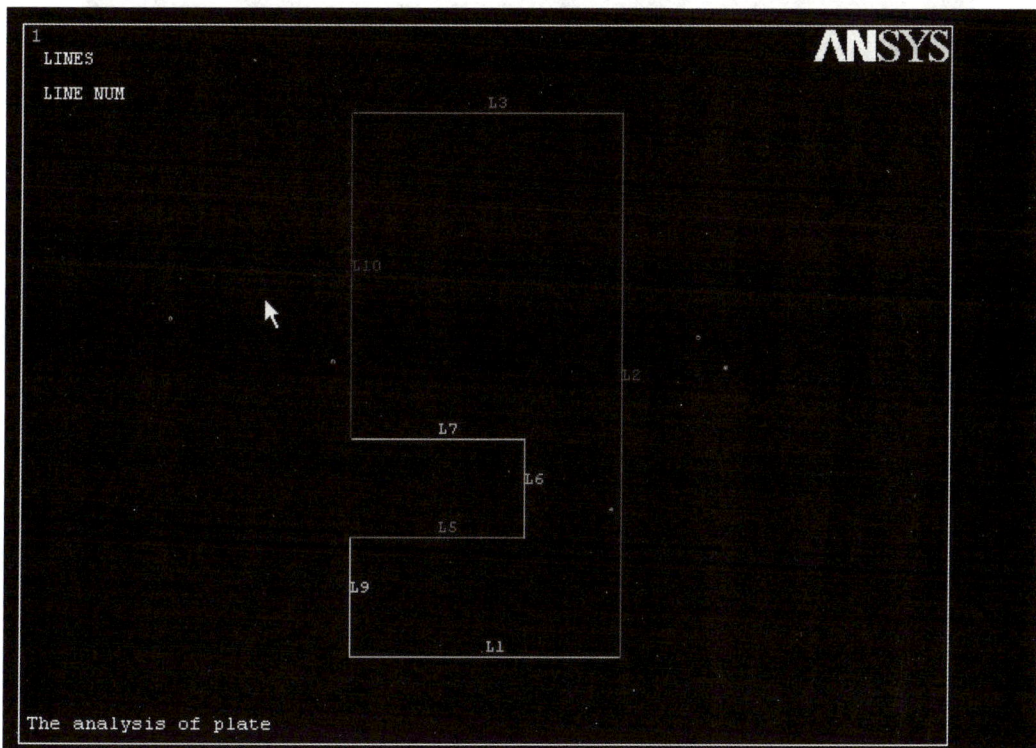

图　11-35

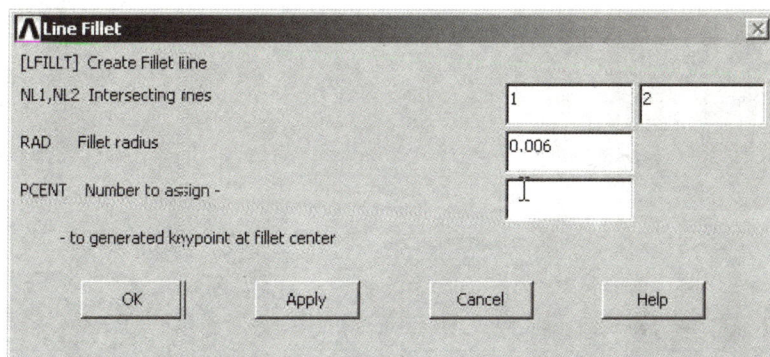

图　11-36

10）由倒角的边界生成面：选择 Main Menu｜Preprocessor｜Modeling｜Create｜Areas｜Arbitrary｜By Lines 命令，在出现拾取框后，用鼠标拾取图 11-37 中右下角的倒角及附近闭合的两条短直线，单击 Apply 按钮。同理，对其他两处圆弧进行操作。

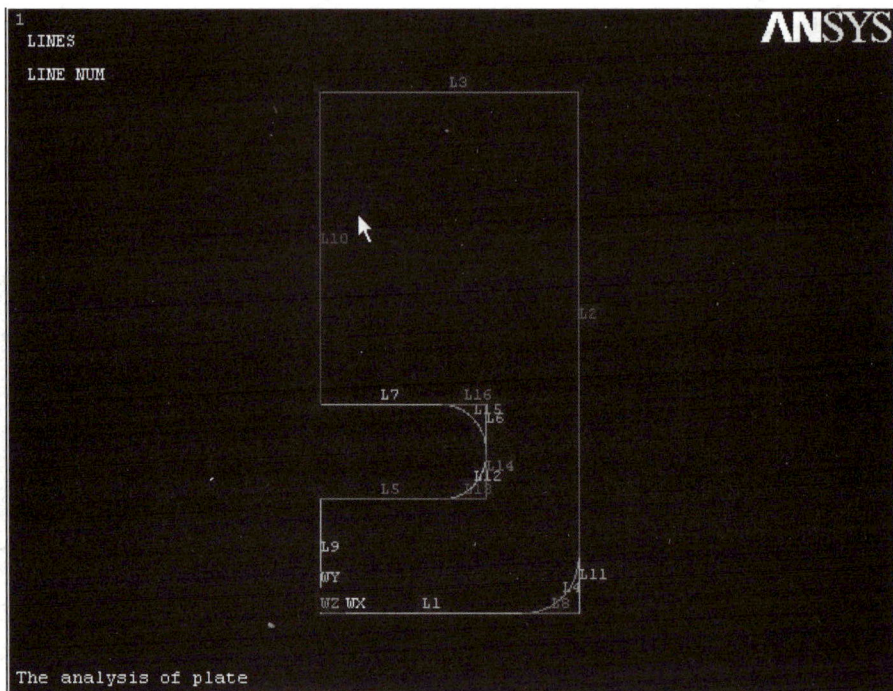

图 11-37

11）打开面的编号控制：选择 Utility Menu│Plotctrls│Numbering 命令，在弹出的编号控制对话框中选中 Area numbers 复选框，同时关闭其他项开关。此时工作面上的模型显示如图 11-38 所示。

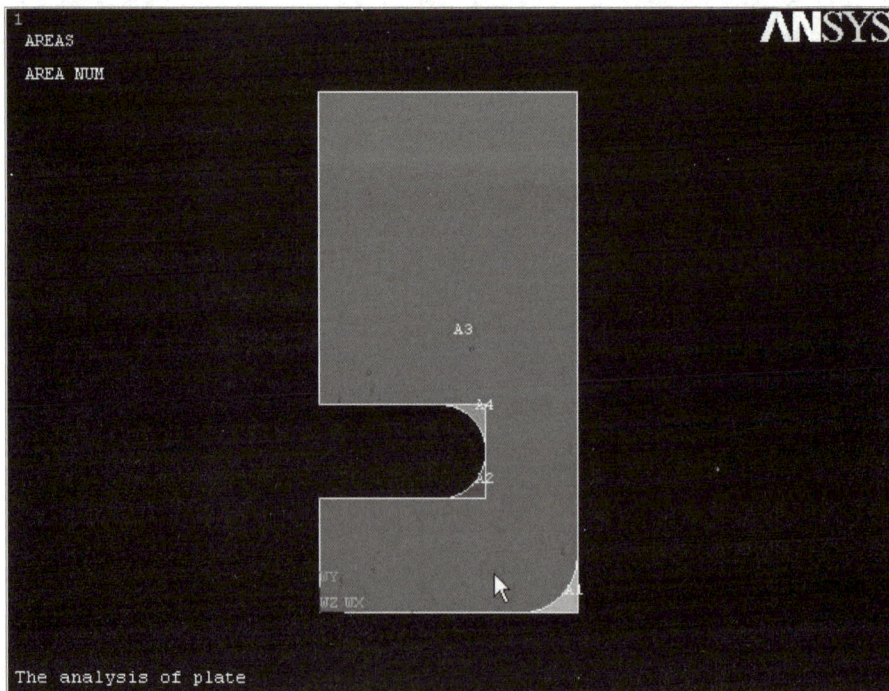

图 11-38

12) 用加操作形成内倒角：选择 Main Menu｜Preprocessor｜Modeling｜Operate｜Booleans｜Add｜Areas 命令，出现拾取框以后，用鼠标拾取图 11-38 中的 A2、A3 和 A4 三个面，单击 OK 按钮。

13) 用减操作形成外倒角：选择 Main Menu｜Preprocessor｜Modeling｜Operate｜Booleans｜Subtract｜Areas 命令，出现拾取框以后，用鼠标拾取图 11-38 中的 A3 面，单击 OK 按钮后再拾取 A1 面，再次单击 OK 按钮。此时工作面上的模型显示如图 11-39 所示。

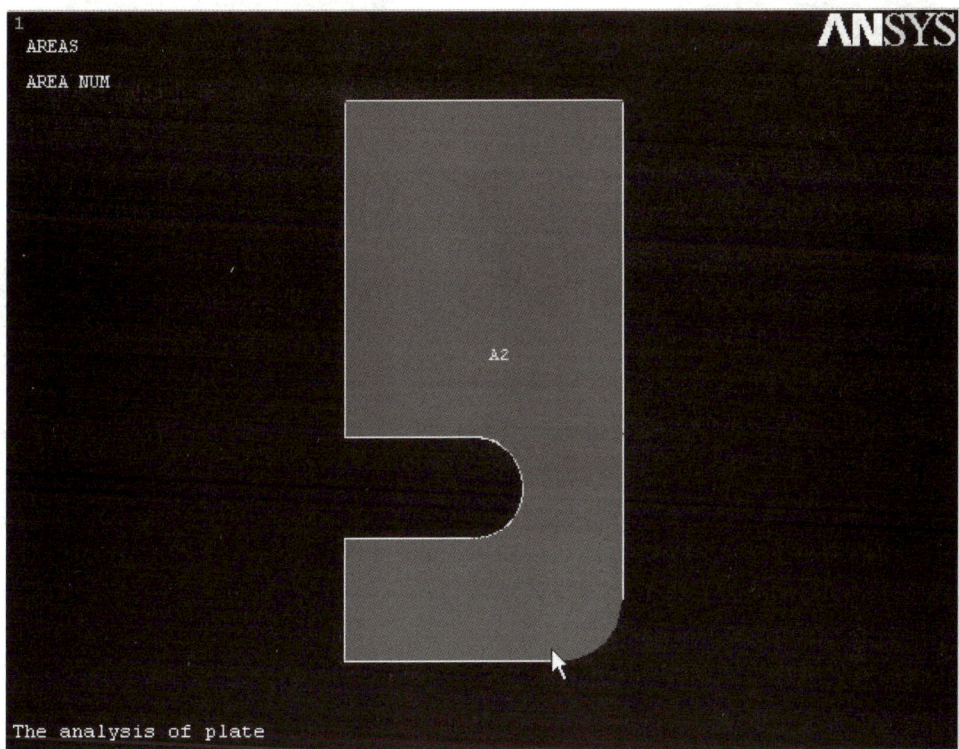

图 11-39

14) 保存几何模型：选择 Utility Menu｜File｜Save As 命令，在弹出的对话框中 Save Database to 的下面输入自定义文件名 "plate_model. db"，然后单击 OK 按钮。

15) 设置单元尺寸大小：选择 Main Menu｜Preprocessor｜Meshing｜Size Cntrls｜ManualSize｜Global｜Size 命令，弹出单元尺寸设定对话框，在 Element edge length 文本框中输入单元尺寸大小 0.0025，单击 OK 按钮。

16) 划分网格：选择 Main Menu｜Preprocessor｜Meshing｜Meshtool 命令，在出现的对话框中选择 Mesh 按钮，并在随后出现的拾取框中单击 Pick All 按钮，然后单击 OK 按钮确定。网格划分结果如图 11-40 所示。

17) 保存有限元模型：仿照步骤 14) 保存有限元模型，并设定新的文件名为 "plate_mesh. db"。

(5) 施加约束和载荷

1) 显示线条模型：选择 Utility Menu｜Plot｜Lines 命令，则工作平面上的模型只显示线。

223

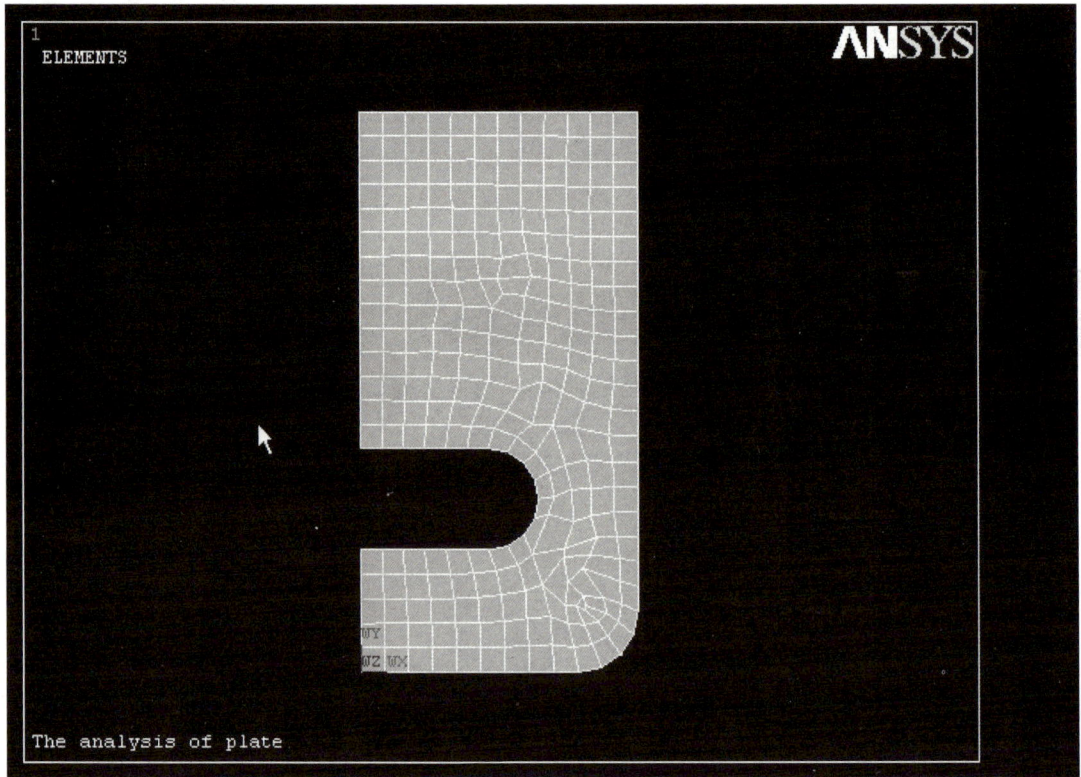

图 11-40

2）施加边界条件：选择 Main Menu｜Solution｜Define Loads｜Apply｜Structural｜Displace-ment｜On Lines 命令，出现拾取框以后用鼠标选择编号为 L3 的直线（最上端的直线），单击 Apply 按钮弹出施加约束对话框后，在 DOFs to be constrained 列表框中选取 UY 选项，并单击 Apply 按钮；继续拾取编号为 L9、L10 的两条直线（最左端的两条直线），单击 Apply 按钮，在 DOFs to be constrained 列表框中选取 UX 选项，并单击 OK 按钮保存设置。

3）施加均布载荷：选择 Main Menu｜Solution｜Define Loads｜Apply｜Structural｜Pressure｜On Lines 命令，出现拾取框以后用鼠标选择编号为 L5 的直线（长孔下边直线），单击 OK 按钮确认，在弹出施加载荷对话框中 Load PRES value 后面的文本框中输入均布载荷"12"。单击 OK 按钮。最后工作平面上显示的图中将包括所施加的约束和载荷，如图 11-41 所示。

（6）求解 参照例 11-1 中的方法，求解此例。计算结束后，注意保存求解结果。

（7）后处理（查看结果）

1）显示变形形状：选择 Main Menu｜General Postproc｜Plot Results｜Deformed Shape 命令，在弹出的对话框中选中 Items to be Plotted 后面的 Def+Undeformed 单选框，并单击 OK 按钮确认。显示出来的变形结果如图 11-42 所示。

2）显示应力云图：选择 Main Menu｜General Postproc｜Plot Results｜Contour Plot｜Nodal Solu 命令，弹出如图 11-43 所示对话框后，在 Item to be contoured 后面的列表框中选择 Stress｜Von Mises SEQV 选项，并单击 OK 按钮确认。显示出的应力云图如图 11-44 所示。

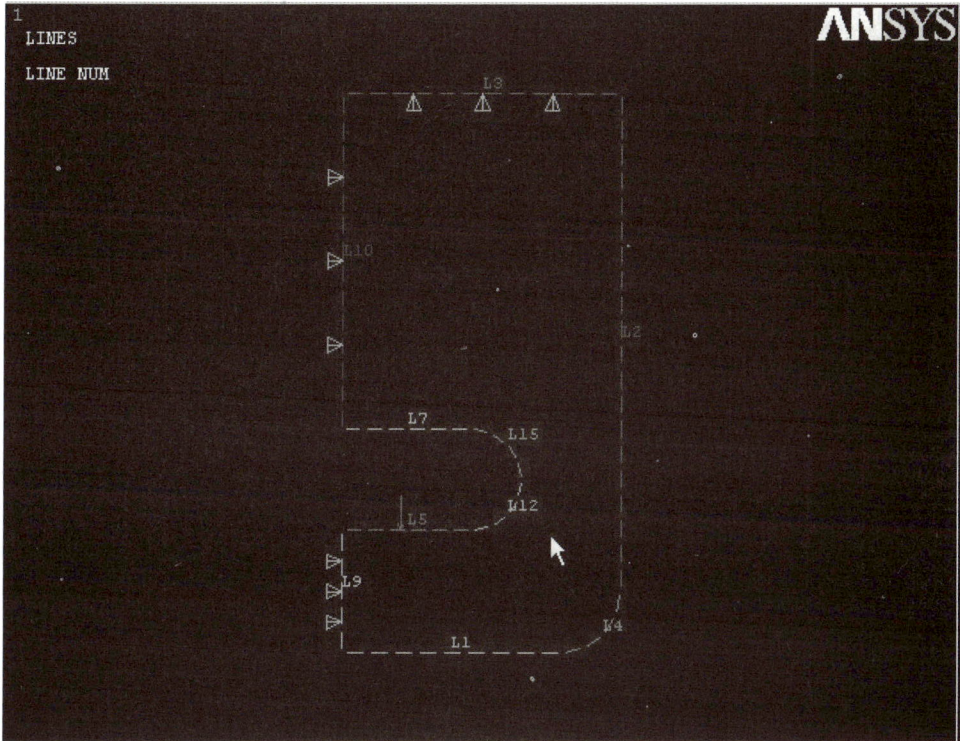

图 11-41

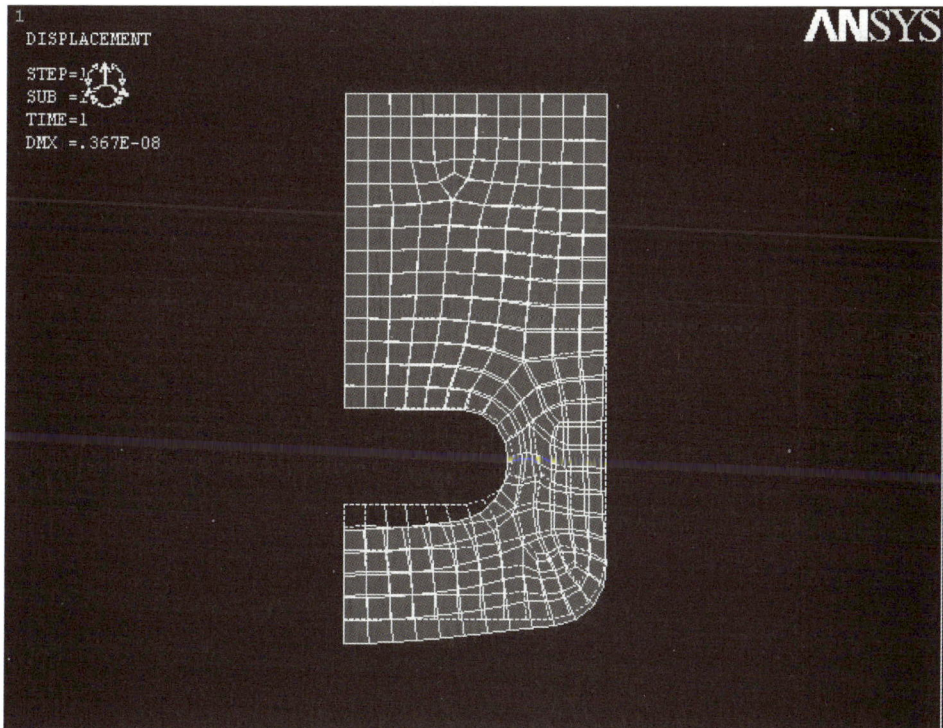

图 11-42

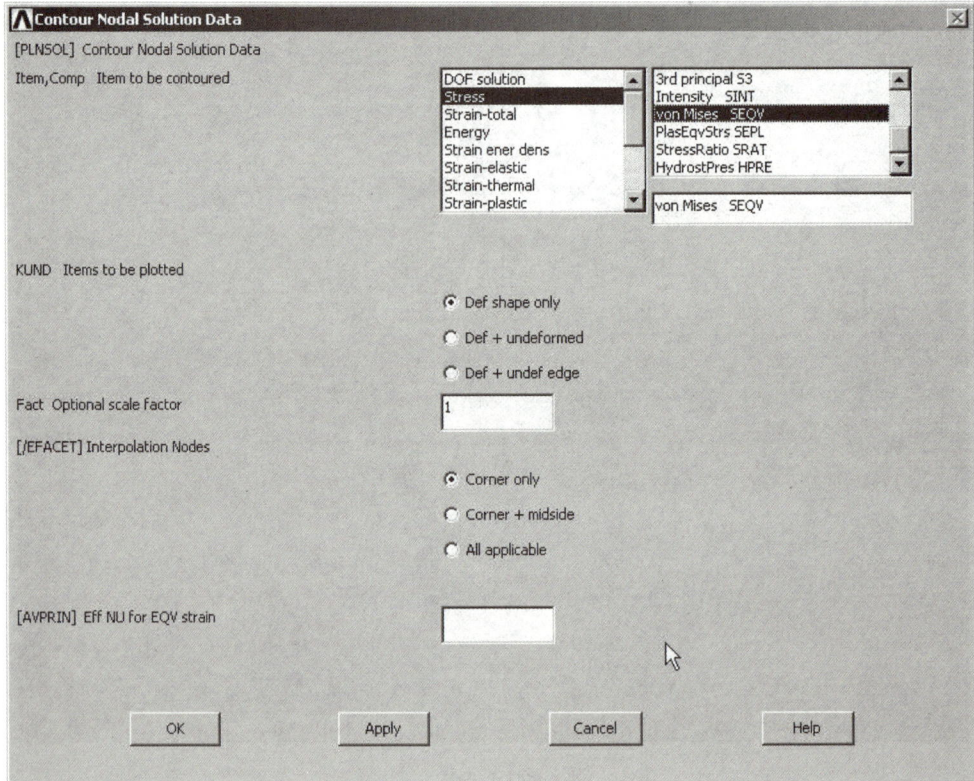

图　11-43

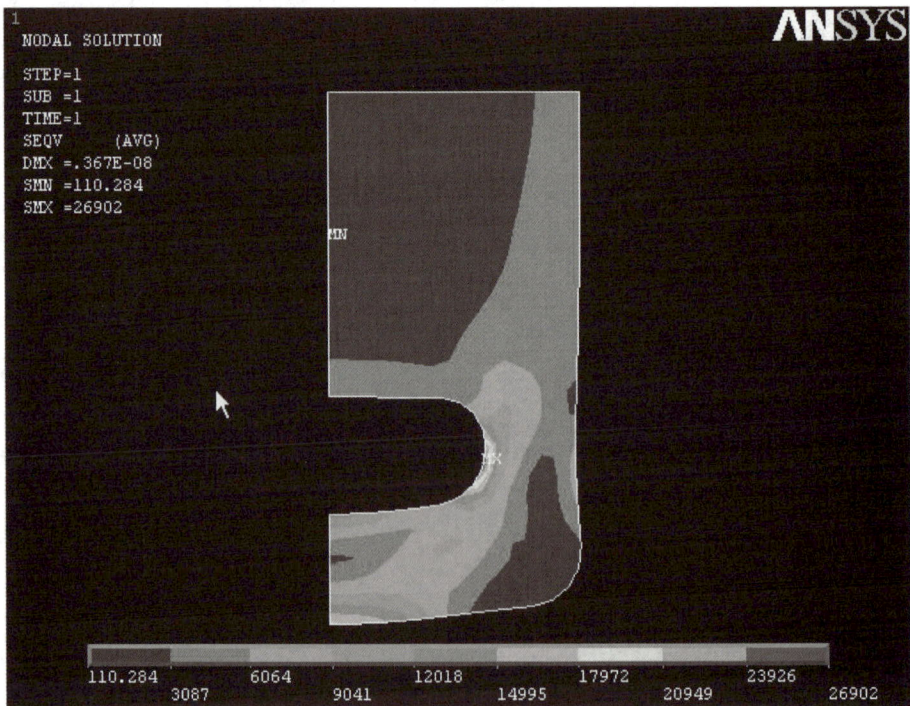

图　11-44

（8）退出 ANSYS 参照例 11-1 中的方法，退出 ANSYS。

小　　结

1. 有限元法是一种采用电子计算机求解结构静态、动态力学特性等问题的数值解法。
2. 有限元法求解问题可以分为三个步骤：结构离散、单元分析和整体分析。
3. 影响有限元法分析精度的因素主要有：单元类型、网格划分和舍入误差。
4. ANSYS 的功能及特点主要有：强大的前处理能力、强大的加载求解能力、强大的后处理能力和良好的开放性。
5. ANSYS 软件主要由三部分组成：前处理模块、分析计算模块和后处理模块。
6. 有限元静力分析的基本步骤主要有：建立模型和划分网格、添加载荷和约束、求解和后处理。

习　题

11-1　试说明有限元法求解问题的主要步骤。

11-2　简单分析一下影响有限元法分析精度的因素。

11-3　ANSYS 软件的特点主要有哪些？

11-4　ANSYS 软件主要由哪几部分组成？

11-5　简述有限元静力分析的基本步骤。

11-6　工字形截面简支梁受力如图 11-45 所示，已知力 F 作用在梁的中点且 $F=20kN$，材料的弹性模量 $E=200GPa$，泊松比 $\mu=0.3$，其他尺寸如图 11-45 所示。试用 ANSYS 软件求该梁的挠度。

11-7　一平板受力如图 11-46 所示，已知均布载荷 $q=10N/mm^2$，材料的弹性模量 $E=200GPa$，泊松比 $\mu=0.3$，板厚 4mm，其他尺寸如图 11-46 所示。试用 ANSYS 软件求解该平板的变形情况和应力云图。

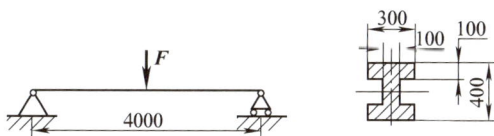

图　11-45

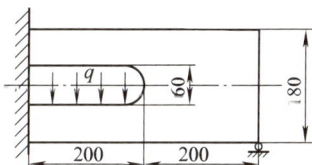

图　11-46

拓展园地

绿色清洁能源——风电

2020 年 9 月 22 日，习近平总书记在第 75 届联合国大会上庄严承诺："中国将提高国家自主贡献力度，采取更加有力的政策和措施，二氧化碳排放力争于 2030 年前达到峰值，努力争取 2060 年前实现碳中和。"2021 年 10 月，国务院新闻办发布《中国应对气候变化的政策与行动》白皮书，根据白皮书内容，中国将坚定走绿色低碳发展道路，实施减污降碳协同治理，积极探索低碳发展新模式。

绿色、低碳发展正在成为世界各国的共识，要实现碳达峰、碳中和，改变能源结构、减少化石能源的使用、探索绿色新能源是必不可少的。

"过江千尺浪，入竹万竿斜。"看不见摸不到的风，却蕴含着巨大的能量。风电作为最具潜力的能源形式，具有天然绿色的属性，不会产生任何碳排放，发展风电正是实现"30·60"双碳目标的有效途径之一。

我国幅员辽阔，风能资源比较丰富。据国家气象局估算，全国风能密度为$100W/m^2$，风能资源总储量约$1.6×10^5MW$，特别是沿海区域及附近岛屿、内蒙古和甘肃走廊、东北、西北、华北和青藏高原等地区，每年风速在3m/s以上的时间近4000h，一些地区年平均风速可达6~7m/s，具有很大的开发利用价值。在很多地区，都可以看到一座座高大的风车矗立于大地上，转动着修长的扇叶，这些就是风力发电机，为我国经济建设源源不断地提供着动力。

风力发电机由机舱、叶片、齿轮轴、齿轮箱、发电机、液压系统、冷却元件、塔、风速计及风向标、尾舵等组成。风电塔是一种典型的压杆结构，高一般在60m以上，最高可达160m，它的顶端承受着叶片及各种设备的重力载荷，还有叶片受风载转动时产生的水平载荷，风电塔的稳定性是确保风力发电机安全运行的重要指标。此外，由于自然条件的复杂多变，在力学校核时要充分考虑极端天气下风电塔的受力情况。我国各地风电站每年都会发生一些倒塔事故，造成经济损失。风力发电机中的齿轮轴也是关键受力部件，叶片通常日夜不停地转动，将风能转换为机械能，通过齿轮轴传递给齿轮箱，再输入发电机转换为电能。因此，齿轮轴所受的是高频率、低载荷的交变应力，经常会因疲劳破坏产生故障，甚至断裂。选用合理的材料并进行疲劳强度计算，对于风力发电机设计来说至关重要。

目前，我国的风力发电设备已经全部实现国产化，并且开始向其他国家出口。截至2020年，我国风电累计装机容量达262.10GW，累计装机容量处于世界领先地位，新增装机容量位列全球第一。在未来，我国风电规模将继续保持高速增长，助力"30·60"双碳目标的实现。

附录 A　热轧等边角钢（GB/T 706—2016）

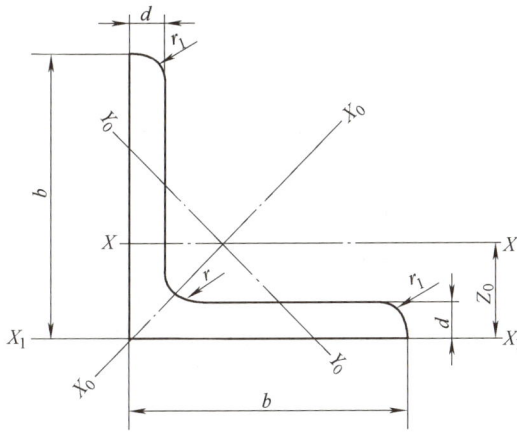

图　A-1

b—边宽度　d—边厚度　r—内圆弧半径　r_1—边端内圆弧半径，$r_1 = \frac{1}{3}d$　Z_0—重心距离

型号	截面尺寸/mm			截面面积/ cm²	理论重量/ (kg/m)	外表面积/ (m²/m)	惯性矩/cm⁴				惯性半径/cm			截面模数/cm³			重心距离/ cm
	b	d	r				I_x	I_{x1}	I_{x0}	I_{y0}	i_x	i_{x0}	i_{y0}	W_x	W_{x0}	W_{y0}	Z_0
2	20	3	3.5	1.132	0.89	0.078	0.40	0.81	0.63	0.17	0.59	0.75	0.39	0.29	0.45	0.20	0.60
		4		1.459	1.15	0.077	0.50	1.09	0.78	0.22	0.58	0.73	0.38	0.36	0.55	0.24	0.64
2.5	25	3		1.432	1.12	0.098	0.82	1.57	1.29	0.34	0.76	0.95	0.49	0.46	0.73	0.33	0.73
		4		1.859	1.46	0.097	1.03	2.11	1.62	0.43	0.74	0.93	0.48	0.59	0.92	0.40	0.76

（续）

型号	截面尺寸/mm			截面面积/cm²	理论重量/(kg/m)	外表面积/(m²/m)	惯性矩/cm⁴				惯性半径/cm			截面模数/cm³			重心距离/cm
	b	d	r				I_x	I_{x1}	I_{x0}	I_{y0}	i_x	i_{x0}	i_{y0}	W_x	W_{x0}	W_{y0}	Z_0
3.0	30	3	4.5	1.749	1.37	0.117	1.46	2.71	2.31	0.61	0.91	1.15	0.59	0.68	1.09	0.51	0.85
		4		2.276	1.79	0.117	1.84	3.63	2.92	0.77	0.90	1.13	0.58	0.87	1.37	0.62	0.89
3.6	36	3	4.5	2.109	1.66	0.141	2.58	4.68	4.09	1.07	1.11	1.39	0.71	0.99	1.61	0.76	1.00
		4		2.756	2.16	0.141	3.29	6.25	5.22	1.37	1.09	1.38	0.70	1.28	2.05	0.93	1.04
		5		3.382	2.65	0.141	3.95	7.84	6.24	1.65	1.08	1.36	0.70	1.56	2.45	1.00	1.07
4	40	3	5	2.359	1.85	0.157	3.59	6.41	5.69	1.49	1.23	1.55	0.79	1.23	2.01	0.96	1.09
		4		3.086	2.42	0.157	4.60	8.56	7.29	1.91	1.22	1.54	0.79	1.60	2.58	1.19	1.13
		5		3.792	2.98	0.156	5.53	10.7	8.76	2.30	1.21	1.52	0.78	1.96	3.10	1.39	1.17
4.5	45	3	5	2.659	2.09	0.177	5.17	9.12	8.20	2.14	1.40	1.76	0.89	1.58	2.58	1.24	1.22
		4		3.486	2.74	0.177	6.65	12.2	10.6	2.75	1.38	1.74	0.89	2.05	3.32	1.54	1.26
		5		4.292	3.37	0.176	8.04	15.2	12.7	3.33	1.37	1.72	0.88	2.51	4.00	1.81	1.30
		6		5.077	3.99	0.176	9.33	18.4	14.8	3.89	1.36	1.70	0.80	2.95	4.64	2.06	1.33
5	50	3	5.5	2.971	2.33	0.197	7.18	12.5	11.4	2.98	1.55	1.96	1.00	1.96	3.22	1.57	1.34
		4		3.897	3.06	0.197	9.26	16.7	14.7	3.82	1.54	1.94	0.99	2.56	4.16	1.96	1.38
		5		4.803	3.77	0.196	11.2	20.9	17.8	4.64	1.53	1.92	0.98	3.13	5.03	2.31	1.42
		6		5.688	4.46	0.196	13.1	25.1	20.7	5.42	1.52	1.91	0.98	3.68	5.85	2.63	1.46
5.6	56	3	6	3.343	2.62	0.221	10.2	17.6	16.1	4.24	1.75	2.20	1.13	2.48	4.08	2.02	1.48
		4		4.39	3.45	0.220	13.2	23.4	20.9	5.46	1.73	2.18	1.11	3.24	5.28	2.52	1.53
		5		5.415	4.25	0.220	16.0	29.3	25.4	6.61	1.72	2.17	1.10	3.97	6.42	2.98	1.57
		6		6.42	5.04	0.220	18.7	35.3	29.7	7.73	1.71	2.15	1.10	4.68	7.49	3.40	1.61
		7		7.404	5.81	0.219	21.2	41.2	33.6	8.82	1.69	2.13	1.09	5.36	8.49	3.80	1.64
		8		8.367	6.57	0.219	23.6	47.2	37.4	9.89	1.68	2.11	1.09	6.03	9.44	4.16	1.68
6	60	5	6.5	5.829	4.58	0.236	19.9	36.1	31.6	8.21	1.85	2.33	1.19	4.59	7.44	3.48	1.67
		6		6.914	5.43	0.235	23.4	43.3	36.9	9.60	1.83	2.31	1.18	5.41	8.70	3.98	1.70
		7		7.977	6.26	0.235	26.4	50.7	41.9	11.0	1.82	2.29	1.17	6.21	9.88	4.45	1.74
		8		9.02	7.08	0.235	29.5	58.0	46.7	12.3	1.81	2.27	1.17	6.98	11.0	4.88	1.78
6.3	63	4	7	4.978	3.91	0.248	19.0	33.4	30.2	7.89	1.96	2.46	1.26	4.13	6.78	3.29	1.70
		5		6.143	4.82	0.248	23.2	41.7	36.8	9.57	1.94	2.45	1.25	5.08	8.25	3.90	1.74
		6		7.288	5.72	0.247	27.1	50.1	43.0	11.2	1.93	2.43	1.24	6.00	9.66	4.46	1.78
		7		8.412	6.60	0.247	30.9	58.6	49.0	12.8	1.92	2.41	1.23	6.88	11.0	4.98	1.82
		8		9.515	7.47	0.247	34.5	67.1	54.6	14.3	1.90	2.40	1.23	7.75	12.3	5.47	1.85
		10		11.66	9.15	0.246	41.1	84.3	64.9	17.3	1.88	2.36	1.22	9.39	14.6	6.36	1.93

（续）

型号	截面尺寸/mm			截面面积/cm²	理论重量/(kg/m)	外表面积/(m²/m)	惯性矩/cm⁴				惯性半径/cm			截面模数/cm³			重心距离/cm
	b	d	r				I_x	I_{x1}	I_{x0}	I_{y0}	i_x	i_{x0}	i_{y0}	W_x	W_{x0}	W_{y0}	Z_0
7	70	4	8	5.570	4.37	0.275	26.4	45.7	41.8	11.0	2.18	2.74	1.40	5.14	8.44	4.17	1.86
		5		6.876	5.40	0.275	32.2	57.2	51.1	13.3	2.16	2.73	1.39	6.32	10.3	4.95	1.91
		6		8.160	6.41	0.275	37.8	68.7	59.9	15.6	2.15	2.71	1.38	7.48	12.1	5.67	1.95
		7		9.424	7.40	0.275	43.1	80.3	68.4	17.8	2.14	2.69	1.38	8.59	13.8	6.34	1.99
		8		10.67	8.37	0.274	48.2	91.9	76.4	20.0	2.12	2.68	1.37	9.68	15.4	6.98	2.03
7.5	75	5	9	7.412	5.82	0.295	40.0	70.6	63.3	16.6	2.33	2.92	1.50	7.32	11.9	5.77	2.04
		6		8.797	6.91	0.294	47.0	84.6	74.4	19.5	2.31	2.90	1.49	8.64	14.0	6.67	2.07
		7		10.16	7.98	0.294	53.6	98.7	85.0	22.2	2.30	2.89	1.48	9.93	16.0	7.44	2.11
		8		11.50	9.03	0.294	60.0	113	95.1	24.9	2.28	2.88	1.47	11.2	17.9	8.19	2.15
		9		12.83	10.1	0.294	66.1	127	105	27.5	2.27	2.86	1.46	12.4	19.8	8.89	2.18
		10		14.13	11.1	0.293	72.0	142	114	30.1	2.26	2.84	1.46	13.6	21.5	9.56	2.22
8	80	5	9	7.912	6.21	0.315	48.8	85.4	77.3	20.3	2.48	3.13	1.60	8.34	13.7	6.66	2.15
		6		9.397	7.38	0.314	57.4	103	91.0	23.7	2.47	3.11	1.59	9.87	16.1	7.65	2.19
		7		10.86	8.53	0.314	65.6	120	104	27.1	2.46	3.10	1.58	11.4	18.4	8.58	2.23
		8		12.30	9.66	0.314	73.5	137	117	30.4	2.44	3.08	1.57	12.8	20.6	9.46	2.27
		9		13.73	10.8	0.314	81.1	154	129	33.6	2.43	3.06	1.56	14.3	22.7	10.3	2.31
		10		15.13	11.9	0.313	88.4	172	140	36.8	2.42	3.04	1.56	15.6	24.8	11.1	2.35
9	90	6	10	10.64	8.35	0.354	82.8	146	131	34.3	2.79	3.51	1.80	12.6	20.6	9.95	2.44
		7		12.30	9.66	0.354	94.8	170	150	39.2	2.78	3.50	1.78	14.5	23.6	11.2	2.48
		8		13.94	10.9	0.353	106	195	169	44.0	2.76	3.48	1.78	16.4	26.6	12.4	2.52
		9		15.57	12.2	0.353	118	219	187	48.7	2.75	3.46	1.77	18.3	29.4	13.5	2.56
		10		17.17	13.5	0.353	129	244	204	53.3	2.74	3.45	1.76	20.1	32.0	14.5	2.59
		12		20.31	15.9	0.352	149	294	236	62.2	2.71	3.41	1.75	23.6	37.1	16.5	2.67
10	100	6	12	11.93	9.37	0.393	115	200	182	47.9	3.10	3.90	2.00	15.7	25.7	12.7	2.67
		7		13.80	10.8	0.393	132	234	209	54.7	3.09	3.89	1.99	18.1	29.6	14.3	2.71
		8		15.64	12.3	0.393	148	267	235	61.4	3.08	3.88	1.98	20.5	33.2	15.8	2.76
		9		17.46	13.7	0.392	164	300	260	68.0	3.07	3.86	1.97	22.8	36.8	17.2	2.80
		10		19.26	15.1	0.392	180	334	285	74.4	3.05	3.84	1.96	25.1	40.3	18.5	2.84
		12		22.80	17.9	0.391	209	402	331	86.8	3.03	3.81	1.95	29.5	46.8	21.1	2.91
		14		26.26	20.6	0.391	237	471	374	99.0	3.00	3.77	1.94	33.7	52.9	23.4	2.99
		16		29.63	23.3	0.390	263	540	414	111	2.98	3.74	1.94	37.8	58.6	25.6	3.06

（续）

型号	截面尺寸/mm			截面面积/cm²	理论重量/(kg/m)	外表面积/(m²/m)	惯性矩/cm⁴				惯性半径/cm			截面模数/cm³			重心距离/cm
	b	d	r				I_x	I_{x1}	I_{x0}	I_{y0}	i_x	i_{x0}	i_{y0}	W_x	W_{x0}	W_{y0}	Z_0
11	110	7	12	15.20	11.9	0.433	177	311	281	73.4	3.41	4.30	2.20	22.1	36.1	17.5	2.96
		8		17.24	13.5	0.433	199	355	316	82.4	3.40	4.28	2.19	25.0	40.7	19.4	3.01
		10		21.26	16.7	0.432	242	445	384	100	3.38	4.25	2.17	30.6	49.4	22.9	3.09
		12		25.20	19.8	0.431	283	535	448	117	3.35	4.22	2.15	36.1	57.6	26.2	3.16
		14		29.06	22.8	0.431	321	625	508	133	3.32	4.18	2.14	41.3	65.3	29.1	3.24
12.5	125	8	14	19.75	15.5	0.492	297	521	471	123	3.88	4.88	2.50	32.5	53.3	25.9	3.37
		10		24.37	19.1	0.491	362	652	574	149	3.85	4.85	2.48	40.0	64.9	30.6	3.45
		12		28.91	22.7	0.491	423	783	671	175	3.83	4.82	2.46	41.2	76.0	35.0	3.53
		14		33.37	26.2	0.490	482	916	764	200	3.80	4.78	2.45	54.2	86.4	39.1	3.61
		16		37.74	29.6	0.489	537	1050	851	224	3.77	4.75	2.43	60.9	96.3	43.0	3.68
14	140	10	14	27.37	21.5	0.551	515	915	817	212	4.34	5.46	2.78	50.6	82.6	39.2	3.82
		12		32.51	25.5	0.551	604	1100	959	249	4.31	5.43	2.76	59.8	96.9	45.0	3.90
		14		37.57	29.5	0.550	689	1280	1090	284	4.28	5.40	2.75	68.8	110	50.5	3.98
		16		42.54	33.4	0.549	770	1470	1220	319	4.26	5.36	2.74	77.5	123	55.6	4.06
15	150	8		23.75	18.6	0.592	521	900	827	215	4.69	5.90	3.01	47.4	78.0	38.1	3.99
		10		29.37	23.1	0.591	638	1130	1010	262	4.66	5.87	2.99	58.4	95.5	45.5	4.08
		12		34.91	27.4	0.591	749	1350	1190	308	4.63	5.84	2.97	69.0	112	52.4	4.15
		14		40.37	31.7	0.590	856	1580	1360	352	4.60	5.80	2.95	79.5	128	58.8	4.23
		15		43.06	33.8	0.590	907	1690	1440	374	4.59	5.78	2.95	84.6	136	61.9	4.27
		16		45.74	35.9	0.589	958	1810	1520	395	4.58	5.77	2.94	89.6	143	64.9	4.31
16	160	10	16	31.50	24.7	0.630	780	1370	1240	322	4.98	6.27	3.20	66.7	109	52.8	4.31
		12		37.44	29.4	0.630	917	1640	1460	377	4.95	6.24	3.18	79.0	129	60.7	4.39
		14		43.30	34.0	0.629	1050	1910	1670	432	4.92	6.20	3.16	91.0	147	68.2	4.47
		16		49.07	38.5	0.629	1180	2190	1870	485	4.89	6.17	3.14	103	165	75.3	4.55
18	180	12		42.24	33.2	0.710	1320	2330	2100	543	5.59	7.05	3.58	101	165	78.4	4.89
		14		48.90	38.4	0.709	1510	2720	2410	622	5.56	7.02	3.56	116	189	88.4	4.97
		16		55.47	43.5	0.709	1700	3120	2700	699	5.54	6.98	3.55	131	212	97.8	5.05
		18		61.96	48.6	0.708	1880	3500	2990	762	5.50	6.94	3.51	146	235	105	5.13
20	200	14	18	54.64	42.9	0.788	2100	3730	3340	864	6.20	7.82	3.98	145	236	112	5.46
		16		62.01	48.7	0.788	2370	4270	3760	971	6.18	7.79	3.96	164	266	124	5.54
		18		69.30	54.4	0.787	2620	4810	4160	1080	6.15	7.75	3.94	182	294	136	5.62
		20		76.51	60.1	0.787	2870	5350	4550	1180	6.12	7.72	3.93	200	322	147	5.69
		24		90.66	71.2	0.785	3340	6460	5290	1380	6.07	7.64	3.90	236	374	167	5.87

（续）

型号	截面尺寸/mm			截面面积/ cm²	理论重量/ (kg/m)	外表面积/ (m²/m)	惯性矩/cm⁴				惯性半径/cm			截面模数/cm³			重心距离/ cm
	b	d	r				I_x	I_{x1}	I_{x0}	I_{y0}	i_x	i_{x0}	i_{y0}	W_x	W_{x0}	W_{y0}	Z_0
22	220	16	21	68.67	53.9	0.866	3190	5680	5060	1310	6.81	8.59	4.37	200	326	154	6.03
		18		76.75	60.3	0.866	3540	6400	5620	1450	6.79	8.55	4.35	223	361	168	6.11
		20		84.76	66.5	0.865	3870	7110	6150	1590	6.76	8.52	4.34	245	395	182	6.18
		22		92.68	72.8	0.865	4200	7830	6670	1730	6.73	8.48	4.32	267	429	195	6.26
		24		100.5	78.9	0.864	4520	8550	7170	1870	6.71	8.45	4.31	289	461	208	6.33
		26		108.3	85.0	0.864	4830	9280	7690	2000	6.68	8.41	4.30	310	492	221	6.41
25	250	18	24	87.84	69.0	0.985	5270	9380	8370	2170	7.75	9.76	4.97	290	473	224	6.84
		20		97.05	76.2	0.984	5780	10400	9180	2380	7.72	9.73	4.95	320	519	243	6.92
		22		106.2	83.3	0.983	6280	11500	9970	2580	7.69	9.69	4.93	349	564	261	7.00
		24		115.2	90.4	0.983	6770	12500	10700	2790	7.67	9.66	4.92	378	608	278	7.07
		26		124.2	97.5	0.982	7240	13600	11500	2980	7.64	9.62	4.90	406	650	295	7.15
		28		133.0	104	0.982	7700	14600	12200	3180	7.61	9.58	4.89	433	691	311	7.22
		30		141.8	111	0.981	8160	15700	12900	3380	7.58	9.55	4.88	461	731	327	7.30
		32		150.5	118	0.981	8600	16800	13600	3570	7.56	9.51	4.87	488	770	342	7.37
		35		163.4	128	0.980	9240	18400	14600	3850	7.52	9.46	4.86	527	827	364	7.48

注：截面图中的 $r_1 = 1/3d$ 及表中 r 的数据用于孔型设计，不做交货条件。

附录 B　热轧工字钢（GB/T 706—2016）

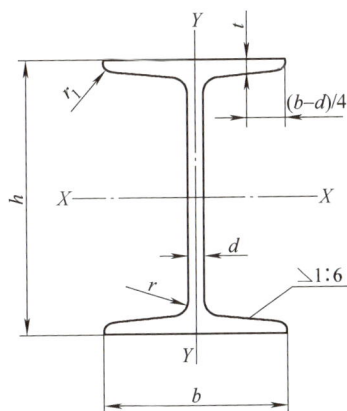

图　B-1

h—高度　b—腿宽度　d—腰厚度　t—平均腿厚度
r—内圆弧半径　r_1—腿端圆弧半径

型号	截面尺寸/mm						截面面积/cm²	理论重量/(kg/m)	外表面积/(m²/m)	惯性矩/cm⁴		惯性半径/cm		截面模数/cm³	
	h	b	d	t	r	r_1				I_x	I_y	i_x	i_y	W_x	W_y
10	100	68	4.5	7.6	6.5	3.3	14.33	11.3	0.432	245	33.0	4.14	1.52	49.0	9.72
12	120	74	5.0	8.4	7.0	3.5	17.80	14.0	0.493	436	46.9	4.95	1.62	72.7	12.7
12.6	126	74	5.0	8.4	7.0	3.5	18.10	14.2	0.505	488	46.9	5.20	1.61	77.5	12.7
14	140	80	5.5	9.1	7.5	3.8	21.50	16.9	0.553	712	64.4	5.76	1.73	102	16.1
16	160	88	6.0	9.9	8.0	4.0	26.11	20.5	0.621	1130	93.1	6.58	1.89	141	21.2
18	180	94	6.5	10.7	8.5	4.3	30.74	24.1	0.681	1660	122	7.36	2.00	185	26.0
20a	200	100	7.0	11.4	9.0	4.5	35.55	27.9	0.742	2370	158	8.15	2.12	237	31.5
20b	200	102	9.0	11.4	9.0	4.5	39.55	31.1	0.746	2500	169	7.96	2.06	250	33.1
22a	220	110	7.5	12.3	9.5	4.8	42.10	33.1	0.817	3400	225	8.99	2.31	309	40.9
22b	220	112	9.5	12.3	9.5	4.8	46.50	36.5	0.821	3570	239	8.78	2.27	325	42.7
24a	240	116	8.0	13.0	10.0	5.0	47.71	37.5	0.878	4570	280	9.77	2.42	381	48.4
24b	240	118	10.0	13.0	10.0	5.0	52.51	41.2	0.882	4800	297	9.57	2.38	400	50.4
25a	250	116	8.0	13.0	10.0	5.0	48.51	38.1	0.898	5020	280	10.2	2.40	402	48.3
25b	250	118	10.0	13.0	10.0	5.0	53.51	42.0	0.902	5280	309	9.94	2.40	423	52.4
27a	270	122	8.5	13.7	10.5	5.3	54.52	42.8	0.958	6550	345	10.9	2.51	485	56.6
27b	270	124	10.5	13.7	10.5	5.3	59.92	47.0	0.962	6870	366	10.7	2.47	509	58.9
28a	280	122	8.5	13.7	10.5	5.3	55.37	43.5	0.978	7110	345	11.3	2.50	508	56.6
28b	280	124	10.5	13.7	10.5	5.3	60.97	47.9	0.982	7480	379	11.1	2.49	534	61.2
30a	300	126	9.0	14.4	11.0	5.5	61.22	48.1	1.031	8950	400	12.1	2.55	597	63.5
30b	300	128	11.0	14.4	11.0	5.5	67.22	52.8	1.035	9400	422	11.8	2.50	627	65.9
30c	300	130	13.0	14.4	11.0	5.5	73.22	57.5	1.039	9850	445	11.6	2.46	657	68.5
32a	320	130	9.5	15.0	11.5	5.8	67.12	52.7	1.084	11100	460	12.8	2.62	692	70.8
32b	320	132	11.5	15.0	11.5	5.8	73.52	57.7	1.088	11600	502	12.6	2.61	726	76.0
32c	320	134	13.5	15.0	11.5	5.8	79.92	62.7	1.092	12200	544	12.3	2.61	760	81.2
36a	360	136	10.0	15.8	12.0	6.0	76.44	60.0	1.185	15800	552	14.4	2.69	875	81.2
36b	360	138	12.0	15.8	12.0	6.0	83.64	65.7	1.189	16500	582	14.1	2.64	919	84.3
36c	360	140	14.0	15.8	12.0	6.0	90.84	71.3	1.193	17300	612	13.8	2.60	962	87.4
40a	400	142	10.0	16.5	12.5	6.3	86.07	67.6	1.285	21700	660	15.9	2.77	1090	93.2
40b	400	144	12.5	16.5	12.5	6.3	94.07	73.8	1.289	22800	692	15.6	2.71	1140	96.2
40c	400	146	14.5	16.5	12.5	6.3	102.1	80.1	1.293	23900	727	15.2	2.65	1190	99.6
45a	450	150	11.5	18.0	13.5	6.8	102.4	80.4	1.411	32200	855	17.7	2.89	1430	114
45b	450	152	13.5	18.0	13.5	6.8	111.4	87.4	1.415	33800	894	17.4	2.84	1500	118
45c	450	154	15.5	18.0	13.5	6.8	120.4	94.5	1.419	35300	938	17.1	2.79	1570	122

（续）

型号	截面尺寸/mm						截面面积/cm²	理论重量/(kg/m)	外表面积/(m²/m)	惯性矩/cm⁴		惯性半径/cm		截面模数/cm³	
	h	b	d	t	r	r_1				I_x	I_y	i_x	i_y	W_x	W_y
50a		158	12.0				119.2	93.6	1.539	46500	1120	19.7	3.07	1860	142
50b	500	160	14.0	20.0	14.0	7.0	129.2	101	1.543	48600	1170	19.4	3.01	1940	146
50c		162	16.0				139.2	109	1.547	50600	1220	19.0	2.96	2080	151
55a		166	12.5				134.1	105	1.667	62900	1370	21.6	3.19	2290	164
55b	550	168	14.5				145.1	114	1.671	65600	1420	21.2	3.14	2390	170
55c		170	16.5	21.0	14.5	7.3	156.1	123	1.675	68400	1480	20.9	3.08	2490	175
56a		166	12.5				135.4	106	1.687	65600	1370	22.0	3.18	2340	165
56b	560	168	14.5				146.6	115	1.691	68500	1490	21.6	3.16	2450	174
56c		170	16.5				157.8	124	1.695	71400	1560	21.3	3.16	2550	183
63a		176	13.0				154.6	121	1.862	93900	1700	24.5	3.31	2980	193
63b	630	178	15.0	22.0	15.0	7.5	167.2	131	1.866	98100	1810	24.2	3.29	3160	204
63c		180	17.0				179.8	141	1.870	102000	1920	23.8	3.27	3300	214

注：表中 r、r_1 的数据用于孔型设计，不做交货条件。

附录 C 热轧槽钢（GB/T 706—2016）

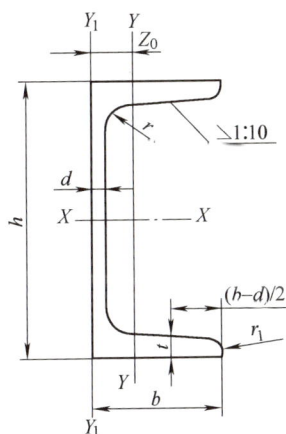

图 C-1
h—高度 b—腿宽度 d—腰厚度 t—平均腿厚度 r—内圆弧半径
r_1—腿端圆弧半径 Z_0—Y-Y 轴与 Y_1-Y_1 轴线间距离

型号	截面尺寸/mm						截面面积/cm²	理论重量/(kg/m)	外表面积/(m²/m)	惯性矩/cm⁴			惯性半径/cm		截面模数/cm³		重心距离/cm
	h	b	d	t	r	r_1				I_x	I_y	I_{y1}	i_x	i_y	W_x	W_y	Z_0
5	50	37	4.5	7.0	7.0	3.5	6.925	5.44	0.226	26.0	8.30	20.9	1.94	1.10	10.4	3.55	1.35
6.3	63	40	4.8	7.5	7.5	3.8	8.446	6.63	0.262	50.8	11.9	28.4	2.45	1.19	16.1	4.50	1.36
6.5	65	40	4.3	7.5	7.5	3.8	8.292	6.51	0.267	55.2	12.0	28.3	2.54	1.19	17.0	4.59	1.38
8	80	43	5.0	8.0	8.0	4.0	10.24	8.04	0.307	101	16.6	37.4	3.15	1.27	25.3	5.79	1.43
10	100	48	5.3	8.5	8.5	4.2	12.74	10.0	0.365	198	25.6	54.9	3.95	1.41	39.7	7.80	1.52
12	120	53	5.5	9.0	9.0	4.5	15.36	12.1	0.423	346	37.4	77.7	4.75	1.56	57.7	10.2	1.62
12.6	126	53	5.5	9.0	9.0	4.5	15.69	12.3	0.435	391	38.0	77.1	4.95	1.57	62.1	10.2	1.59
14a	140	58	6.0	9.5	9.5	4.8	18.51	14.5	0.480	564	53.2	107	5.52	1.70	80.5	13.0	1.71
14b	140	60	8.0	9.5	9.5	4.8	21.31	16.7	0.484	609	61.1	121	5.35	1.69	87.1	14.1	1.67
16a	160	63	6.5	10.0	10.0	5.0	21.95	17.2	0.538	866	73.3	144	6.28	1.83	108	16.3	1.80
16b	160	65	8.5	10.0	10.0	5.0	25.15	19.8	0.542	935	83.4	161	6.10	1.82	117	17.6	1.75
18a	180	68	7.0	10.5	10.5	5.2	25.69	20.2	0.596	1270	98.6	190	7.04	1.96	141	20.0	1.88
18b	180	70	9.0	10.5	10.5	5.2	29.29	23.0	0.600	1370	111	210	6.84	1.95	152	21.5	1.84
20a	200	73	7.0	11.0	11.0	5.5	28.83	22.6	0.654	1780	128	244	7.86	2.11	178	24.2	2.01
20b	200	75	9.0	11.0	11.0	5.5	32.83	25.8	0.658	1910	144	268	7.64	2.09	191	25.9	1.95
22a	220	77	7.0	11.5	11.5	5.8	31.83	25.0	0.709	2390	158	298	8.67	2.23	218	28.2	2.10
22b	220	79	9.0	11.5	11.5	5.8	36.23	28.5	0.713	2570	176	326	8.42	2.21	234	30.1	2.03
24a	240	78	7.0	12.0	12.0	6.0	34.21	26.9	0.752	3050	174	325	9.45	2.25	254	30.5	2.10
24b	240	80	9.0	12.0	12.0	6.0	39.01	30.6	0.756	3280	194	355	9.17	2.23	274	32.5	2.03
24c	240	82	11.0	12.0	12.0	6.0	43.81	34.4	0.760	3510	213	388	8.96	2.21	293	34.4	2.00
25a	250	78	7.0	12.0	12.0	6.0	34.91	27.4	0.722	3370	176	322	9.82	2.24	270	30.6	2.07
25b	250	80	9.0	12.0	12.0	6.0	39.91	31.3	0.776	3530	196	353	9.41	2.22	282	32.7	1.98
25c	250	82	11.0	12.0	12.0	6.0	44.91	35.3	0.780	3690	218	384	9.07	2.21	295	35.9	1.92
27a	270	82	7.5	12.5	12.5	6.2	39.27	30.8	0.826	4360	216	393	10.5	2.34	323	35.5	2.13
27b	270	84	9.5	12.5	12.5	6.2	44.67	35.1	0.830	4690	239	428	10.3	2.31	347	37.7	2.06
27c	270	86	11.5	12.5	12.5	6.2	50.07	39.3	0.834	5020	261	467	10.1	2.28	372	39.8	2.03
28a	280	82	7.5	12.5	12.5	6.2	40.02	31.4	0.846	4760	218	388	10.9	2.33	340	35.7	2.10
28b	280	84	9.5	12.5	12.5	6.2	45.62	35.8	0.850	5130	242	428	10.6	2.30	366	37.9	2.02
28c	280	86	11.5	12.5	12.5	6.2	51.22	40.2	0.854	5500	268	463	10.4	2.29	393	40.3	1.95
30a	300	85	7.5	13.5	13.5	6.8	43.89	34.5	0.897	6050	260	467	11.7	2.43	403	41.1	2.17
30b	300	87	9.5	13.5	13.5	6.8	49.89	39.2	0.901	6500	289	515	11.4	2.41	433	44.0	2.13
30c	300	89	11.5	13.5	13.5	6.8	55.89	43.9	0.905	6950	316	560	11.2	2.38	463	46.4	2.09

（续）

型号	截面尺寸/mm						截面面积/cm²	理论重量/(kg/m)	外表面积/(m²/m)	惯性矩/cm⁴			惯性半径/cm		截面模数/cm³		重心距离/cm
	h	b	d	t	r	r_1				I_x	I_y	I_{y1}	i_x	i_y	W_x	W_y	Z_0
32a		88	8.0				48.50	38.1	0.947	7600	305	552	12.5	2.50	475	46.5	2.24
32b	320	90	10.0	14.0	14.0	7.0	54.90	43.1	0.951	8140	336	593	12.2	2.47	509	49.2	2.16
32c		92	12.0				61.30	48.1	0.955	8690	374	643	11.9	2.47	543	52.6	2.09
36a		96	9.0				60.89	47.8	1.053	11900	455	818	14.0	2.73	660	63.5	2.44
36b	360	98	11.0	16.0	16.0	8.0	68.09	53.5	1.057	12700	497	880	13.6	2.70	703	66.9	2.37
36c		100	13.0				75.29	59.1	1.061	13400	536	948	13.4	2.67	746	70.0	2.34
40a		100	10.5				75.04	58.9	1.144	17600	592	1070	15.3	2.81	879	78.8	2.49
40b	400	102	12.5	18.0	18.0	9.0	83.04	65.2	1.148	18600	640	1140	15.0	2.78	932	82.5	2.44
40c		104	14.5				91.04	71.5	1.152	19700	688	1220	14.7	2.75	986	86.2	2.42

注：表中 r、r_1 的数据用于孔型设计，不做交货条件。

参 考 文 献

[1] 奚绍中，邱秉权. 工程力学教程 [M]. 3 版. 北京：高等教育出版社，2016.
[2] 唐静静，范钦珊. 工程力学习题全解 [M]. 3 版. 北京：高等教育出版社，2020.
[3] 唐静静，范钦珊. 工程力学 [M]. 3 版. 北京：高等教育出版社，2017.
[4] 徐淑娟，沈火明. 工程力学学习指导 [M]. 4 版. 北京：高等教育出版社，2019.
[5] 张春梅，段翠芳. 工程力学 [M]. 2 版. [M] 北京：机械工业出版社，2020.
[6] 刘思俊. 工程力学 [M]. 4 版. 北京：机械工业出版社，2019.